FONTES CHRISTIANI

ABAELARD
RÖMERBRIEFKOMMENTAR
II

D1666857

FONTES CHRISTIANI

Zweisprachige Neuausgabe christlicher Quellentexte
aus Altertum und Mittelalter

Im Auftrag der Görres-Gesellschaft
herausgegeben von
Norbert Brox, Siegmar Döpp, Wilhelm Geerlings,
Gisbert Greshake, Rainer Ilgner, Rudolf Schieffer

Band 26/2

ABAELARD

RÖMERBRIEFKOMMENTAR

II

LATEINISCH
DEUTSCH

HERDER

FREIBURG · BASEL · WIEN
BARCELONA · ROM · NEW YORK

ABAELARD

EXPOSITIO IN EPISTOLAM AD ROMANOS

RÖMERBRIEFKOMMENTAR

ZWEITER TEILBAND

ÜBERSETZT UND EINGELEITET
VON
ROLF PEPPERMÜLLER

HERDER

FREIBURG · BASEL · WIEN
BARCELONA · ROM · NEW YORK

Fontes-Redaktion:
Katharina Götte, Sabine Harwardt, Maren Saiko,
Horst Schneider

Die Deutsche Bibliothek – CIP-Einheitsaufnahme

Abaelardus, Petrus
Expositio in epistulam ad Romanos : Römerbrief-
kommentar / Abaelard.: Rolf Peppermüller.
- Freiburg (Breisgau) : Herder
   (Fontes Christiani ; Bd. 26)
   Einheitssacht.: Expositio in epistulam Pauli ad
   Romanos
Teilbd. 2 . – (2000)
   ISBN 3-451-23809-8 kart.
   ISBN 3-451-23909-4 geb.

Umschlagbild: Marmorplatte eines Lesepults,
Ravenna, S. Apollinare Nuovo, 6. Jh.

Satz: Arbeitsstelle Fontes Christiani, Bochum
Herstellung: Freiburger Graphische Betriebe 2000
ISBN 3-451-23809-8 kartoniert
ISBN 3-451-23909-4 gebunden

INHALTSVERZEICHNIS

ERSTER TEILBAND

EINLEITUNG

TEXT UND ÜBERSETZUNG

ZWEITER TEILBAND

DRITTER TEILBAND

Anhang

TEXT UND ÜBERSETZUNG

3, 19 Scimus autem quoniam quaecumque lex loquitur, iis qui in lege sunt loquitur, ut omne os obstruatur, et subditus fiat omnis mundus Deo;
20 quia ex operibus legis non iustificabitur omnis caro coram illo: per legem enim còmnitio peccati.

21 Nunc autem sine lege iustitia Dei manifestata est, testificata a lege et prophetis.

22 Iustitia autem Dei per fidem Iesu Christi in omnes et super omnes qui credunt in eum; non enim est distinctio:

23 omnes enim peccaverunt, et egent gloria Dei,

24 iustificati gratis per gratiam ipsius, per redemptionem quae est in Christo Iesu,
25 quem proposuit Deus propitiationem, per fidem in sanguine suo, ad ostensionem iustitiae suae, propter remissionem praecedentium delictorum,
26 in sustentatione Dei ad ostensionem iustitiae eius in hoc tempore; ut sit ipse iustus, et iustificans eum qui ex fide est Iesu Christi.
27 Ubi est ergo gloriatio tua? Exclusa est. Per quam legem? Factorum? Non; sed per legem fidei.

28 Arbitramur enim iustificari hominem per fidem sine operibus legis.
29 An Iudaeorum Deus tantum nonne et gentium? Immo et gentium.
30 Quoniam quidem unus est Deus, qui iustificat circumcisionem ex fide, et praeputium per fidem.

31 Legem ergo destruimus per fidem? Absit; sed legem statuimus.

BUCH II

3,19 Wir wissen aber, daß das Gesetz alles, was es redet, zu denen sagt, die unter dem Gesetze stehen, damit jeder Mund verstumme und die ganze Welt Gott unterworfen sei,

20 denn aus den Werken des Gesetzes wird alles Fleisch nicht vor ihm gerechtfertigt werden; durch das Gesetz nämlich kommt Erkenntnis der Sünde.

21 Jetzt aber ist ohne das Gesetz Gottes Gerechtigkeit offenbar geworden, die bezeugt ist vom Gesetz und den Propheten,

22 und zwar die Gerechtigkeit Gottes durch den Glauben an Jesus Christus bei allen und über alle, welche an ihn glauben; denn es gibt keinen Unterschied.

23 Denn alle haben gesündigt und haben das Rühmen Gottes nötig,

24 indem sie umsonst gerechtfertigt werden durch seine Gnade, durch die Erlösung, welche in Christus Jesus ist,

25 welchen Gott dargestellt hat als Versöhnung durch den Glauben in seinem Blute, zur Offenbarung seiner Gerechtigkeit wegen der Vergebung der vorher geschehenen Sünden

26 bei der Langmut Gottes, zur Offenbarung seiner Gerechtigkeit in dieser Zeit; damit er selbst gerecht sei und denjenigen rechtfertige, der aus dem Glauben an Jesus Christus ist.

27 Wo ist nun dein Sich-Rühmen? Es ist ausgeschlossen. Durch welches Gesetz? Durch das Gesetz der Werke? Nein, sondern durch das Gesetz des Glaubens.

28 Denn wir halten dafür, daß der Mensch durch den Glauben gerechtfertigt werde ohne die Werke des Gesetzes.

29 Oder ist Gott nur der Juden Gott, nicht auch der Heiden? Ja, auch der Heiden.

30 Denn es ist nur ein Gott, der die Beschneidung aus dem Glauben und die Unbeschnittenheit durch den Glauben rechtfertigt.

31 So heben wir also das Gesetz durch den Glauben auf? Das sei ferne! Vielmehr richten wir das Gesetz auf.

4, 1 Quid ergo dicemus invenisse Abraham, patrem nostrum, secundum carnem?

2 Si enim Abraham ex operibus iustificatus est, habet gloriam, sed non apud Deum.

3 Quid enim dicit scriptura? Credidit Abraham Deo, et reputatum est illi ad iustitiam.

4 Ei autem qui operatur, merces non inputatur secundum gratiam, sed secundum debitum.

5 Ei vero qui non operatur, credenti autem in eum qui iustificat impium, reputatur fides eius ad iustitiam, secundum propositum gratiae dei.

6 Sicut et David dicit beatitudinem hominis, cui Deus accepto fert iustitiam sine operibus:

7 Beati quorum remissae sunt iniquitates, et quorum tecta sunt peccata.

8 Beatus vir cui non inputavit Dominus peccatum.

9 Beatitudo ergo haec in circumcisione tantum manet, an etiam in praeputio? Dicimus enim quia reputata est Abrahae fides ad iustitiam.

10 Quomodo ergo reputata est? In circumcisione, an in praeputio? Non in circumcisione, sed in praeputio.

11 Et signum accepit circumcisionis signaculum iustitiae fidei quae est in praeputio, ut sit pater omnium credentium per praeputium, ut reputetur et illis ad iustitiam;

12 et sit pater circumcisionis, non iis tantum qui sunt ex circumcisione, sed et iis qui sectantur vestigia fidei, quae est in praeputio patris nostri Abrahae.

4,1 Was also werden wir sagen, hat Abraham, unser Vater dem Fleische nach, gefunden?

2 Denn wenn Abraham aus Werken gerechtfertigt worden ist, so hat er zwar Ruhm, aber nicht vor Gott.

3 Denn was sagt die Schrift? Abraham glaubte Gott, und das ist ihm zur Gerechtigkeit angerechnet worden.

4 Dem aber, der Werke tut, wird der Lohn nicht nach Gnade, sondern nach Schuldigkeit angerechnet.

5 Dem hingegen, der keine Werke tut, wohl aber an den glaubt, der den Gottlosen rechtfertigt, wird sein Glaube nach dem Ratschluß der Gnade Gottes zur Gerechtigkeit angerechnet.

6 Wie ja auch David die Seligkeit des Menschen nennt, dem Gott, wenn er angenommen ist, die Gerechtigkeit bringt ohne Werke:

7 Selig die, deren Missetaten vergeben und deren Sünden bedeckt sind!

8 Selig der Mann, dem der Herr die Sünde nicht angerechnet hat!

9 Gilt also diese Seligkeit nur von der Beschnittenheit oder auch von der Unbeschnittenheit? Denn wir sagen: Abraham ist der Glaube zur Gerechtigkeit angerechnet worden.

10 Auf welche Weise wurde er ihm also angerechnet? Als er in der Beschnittenheit war oder in der Unbeschnittenheit? Nicht in der Beschneidung, sondern in der Vorhaut.

11 Und er empfing das Zeichen der Beschneidung als Siegel der Glaubensgerechtigkeit, die es auch in der Unbeschnittenheit gibt, auf daß er der Vater aller unbeschnittenen Gläubigen sei, damit es auch ihnen zur Gerechtigkeit zugerechnet werde

12 und damit er der Vater der Beschneidung sei, nicht nur denen, welche aus der Beschneidung sind, sondern auch denen, welche in den Fußstapfen des Glaubens unseres Vaters Abraham wandeln, welcher in der Unbeschnittenheit ist.

13 Non enim per legem promissio Abrahae, aut semini eius, ut heres esset mundi; sed per iustitiam fidei.

14 Si enim qui ex lege, heredes sunt, exinanita est fides, abolita est promissio.

15 Lex enim iram operatur: ubi enim non est lex, nec praevaricatio.
16 Ideo ex fide, ut secundum gratiam firma sit promissio omni semini, non ei qui ex lege est solum, sed et ei qui ex fide est Abrahae, qui pater est omnium nostrum

17 (sicut scriptum est: Quia patrem multarum gentium posui te), ante Deum, cui credidit, qui vivificat mortuos, et vocat ea quae non sunt, tamquam ea quae sunt.

18 Qui contra spem in spem credidit, ut fieret pater multarum gentium, secundum quod dictum est ei: Sic erit semen tuum.
19 Et non infirmatus est fide, nec consideravit corpus suum emortuum, cum iam fere centum esset annorum, et emortuam vulvam Sarae.

20 In repromissione etiam Dei non haesitavit diffidentia, sed confortatus est fide, dans gloriam Deo;

21 plenissime sciens quia quaecumque promisit, potens est et facere.
22 Ideo et reputatum est illi ad iustitiam.
23 Non est autem scriptum tantum propter ipsum, quia reputatum est illi ad iustitiam,
24 sed et propter nos, quibus reputabitur credentibus in eum qui suscitavit Iesum Christum Dominum nostrum a mortuis,

13 Denn nicht durch das Gesetz ist dem Abraham oder seiner Nachkommenschaft die Verheißung geworden, daß er der Erbe der Welt sein sollte, sondern durch die Glaubensgerechtigkeit.

14 Denn wenn auch die, die aus dem Gesetze sind, Erben sind, so wäre der Glaube entleert und die Verheißung aufgehoben.

15 Das Gesetz nämlich wirkt Zorn; denn wo kein Gesetz ist, da ist auch keine Übertretung.

16 Darum ist es aus dem Glauben, damit die Verheißung nach der Gnade für die ganze Nachkommenschaft fest bestehe, nicht nur für den aus dem Gesetze allein, sondern auch für den aus dem Glauben Abrahams; er ist Vater von uns allen,

17 (wie geschrieben steht: Ich habe dich zum Vater vieler Völker gesetzt), vor Gott, dem er geglaubt hat, der die Toten lebendig macht und das Nichtseiende ruft wie das Seiende.

18 Er hat gegen die Hoffnung an Hoffnung geglaubt, daß er Vater vieler Völker werden würde, dem gemäß, was zu ihm gesagt worden ist: So wird deine Nachkommenschaft sein!

19 Und er wurde nicht schwach im Glauben, und er zog nicht seinen schon erstorbenen Leib in Betracht, als er schon fast hundert Jahre alt war, und nicht den erstorbenen Mutterschoß Saras.

20 Auch bei der erneuten Verheißung Gottes zweifelte er nicht im Unglauben, sondern erwies sich stark im Glauben, indem er Gott die Ehre gab

21 und vollkommen überzeugt war, daß, was immer er verheißen hat, er auch zu tun vermag.

22 Darum wurde es ihm auch zur Gerechtigkeit angerechnet.

23 Es ist aber nicht bloß seinetwegen geschrieben, daß es ihm zur Gerechtigkeit angerechnet wurde,

24 sondern auch um unseretwillen, denen es angerechnet werden wird, wenn wir an den glauben, der Jesus Christus, unseren Herrn, von den Toten auferweckt hat,

25 qui traditus est propter delicta nostra, et resurrexit propter iustificationem nostram.

5,1 Iustificati ergo ex fide, pacem habeamus ad Deum per Dominum nostrum Iesum Christum,

2 per quem et habemus accessum per fidem in gratiam istam, in qua stamus, et gloriamur in spe gloriae filiorum Dei.

3 Non solum autem, sed et gloriamur in tribulationibus, scientes quod tribulatio patientiam operatur,

4 patientia autem probationem, probatio vero spem.

5 Spes autem non confundit, quia caritas Dei diffusa est in cordibus nostris per Spiritum Sanctum, qui datus est nobis.

6 Ut quid enim Christus, cum adhuc infirmi essemus, secundum tempus pro impiis mortuus est?

7 Vix enim pro iusto quis moritur; nam pro bono forsitan quis audeat mori.

8 Commendat autem caritatem suam Deus in nobis, quoniam cum adhuc peccatores essemus, secundum tempus

9 Christus pro nobis mortuus est. Multo igitur magis nunc iustificati in sanguine ipsius, salvi erimus ab ira per ipsum.

10 Si enim cum inimici essemus, reconciliati sumus Deo per mortem Filii eius, multo magis reconciliati, salvi erimus in vita ipsius.

11 Non solum autem, sed et gloriamur in Deo per Dominum nostrum Iesum Christum, per quem nunc reconciliationem accepimus.

12 Propterea sicut per unum hominem peccatum in hunc mundum intravit, et per peccatum mors; et ita in omnes homines mors pertransiit, in quo omnes peccaverunt.

25 ihn, der unserer Sünden wegen dahingegeben worden ist und um unserer Rechtfertigung willen auferstanden ist.

5,1 Da wir also aus Glauben gerechtfertigt worden sind, so laßt uns Frieden haben bei Gott durch unseren Herrn Jesus Christus,

2 durch den wir auch mittels des Glaubens Zutritt zu dieser Gnade haben, in welcher wir stehen und uns rühmen in der Hoffnung auf die Herrlichkeit der Kinder Gottes.

3 Aber nicht allein dies, sondern wir rühmen uns auch in Bedrängnissen, weil wir wissen, daß Bedrängnis Geduld bewirkt,

4 die Geduld aber Bewährung, die Bewährung aber Hoffnung,

5 die Hoffnung aber läßt nicht zuschanden werden, weil die Liebe Gottes in unseren Herzen ausgegossen ist durch den Heiligen Geist, der uns gegeben ist.

6 Denn warum ist Christus, als wir noch schwach waren, der Zeit nach für die Gottlosen gestorben?

7 Denn kaum stirbt jemand für einen Gerechten; für einen Guten mag ja vielleicht jemand es über sich gewinnen zu sterben.

8 Gott aber empfiehlt seine Liebe zu uns, weil, als wir noch Sünder waren, zur rechten Zeit

9 Christus für uns gestorben ist. Um wieviel mehr also werden wir, da wir jetzt in seinem Blute gerechtfertigt sind, durch ihn vor dem Zorn gerettet sein.

10 Denn wenn wir, als wir noch Feinde waren, mit Gott durch den Tod seines Sohnes versöhnt worden sind, wieviel mehr werden wir als Versöhnte in seinem Leben gerettet werden.

11 Nicht allein aber dies, sondern wir rühmen uns auch in Gott durch unseren Herrn Jesus Christus, durch welchen wir jetzt die Versöhnung erlangt haben.

12 Deshalb ist, gleichwie durch einen Menschen die Sünde in diese Welt eingetreten ist und durch die Sünde der Tod, so auch auf alle Menschen der Tod übergegangen; in dem alle gesündigt haben.

13 Usque ad legem enim peccatum erat in mundo; peccatum autem non inputabatur, cum lex non esset.

14 Sed regnavit mors ab Adam usque ad Moysen, etiam in eos qui non peccaverunt in similitudinem praevaricationis Adae, qui est forma futuri.
15 Sed non sicut delictum, ita et donum; si enim unius delicto multi mortui sunt, multo magis gratia Dei et donum in gratia unius hominis Iesu Christi in plures abundavit.

16 Et non sicut per unum peccatum, ita et donum; nam iudicium quidem ex uno in condemnationem, gratia autem ex multis delictis in iustificationem.

17 Si enim unius delicto mors regnavit per unum, multo magis abundantiam gratiae, et donationis, et iustitiae accipientes, in vita regnabunt per unum Iesum Christum.

18 Igitur sicut per unius delictum in omnes homines in condemnationem, sic et per unius iustitiam in omnes homines in iustificationem vitae.

19 Sicut enim per inoboedientiam unius hominis peccatores constituti sunt multi, ita et per unius oboeditionem iusti constituentur multi.

20 Lex autem subintravit ut abundaret delictum. Ubi autem abundavit delictum, superabundavit gratia;

21 ut sicut regnavit peccatum in mortem, ita et gratia regnet per iustitiam in vitam aeternam, per Iesum Christum Dominum nostrum.

6,1 Quid ergo dicemus? Permanebimus in peccato ut gratia abundet?

13 Denn bis zum Gesetz war die Sünde in der Welt; nur wurde die Sünde nicht angerechnet, da das Gesetz noch nicht da war.

14 Aber es herrschte der Tod von Adam bis auf Mose, auch über die, welche nicht durch eine ähnliche Übertretung wie Adam sündigten, der das Vorbild des künftigen ist.

15 Allein nicht wie das Vergehen so ist auch die Gabe; denn wenn durch das Vergehen des einen viele gestorben sind, so ist weit mehr die Gnade Gottes und die Gabe in der Gnade des einen Menschen Jesus Christus auf mehrere überreich geströmt.

16 Und nicht wie die Sünde durch einen, so auch die Gabe; das Urteil nämlich kam zwar aus einer Sünde zur Verdammung, die Gnade aber rettet aus vielen Vergehen heraus zur Rechtfertigung.

17 Denn wenn durch des einen Sünde der Tod herrschte durch den einen, so werden um so mehr die, welche die Fülle der Gnade und des Schenkens und der Gerechtigkeit erhalten, im Leben herrschen durch den einen Jesus Christus.

18 Wie nun also durch des einen Vergehen über alle das Verdammungsurteil gekommen ist, so kommt auch durch die Gerechtigkeit eines zu allen Menschen die Rechtfertigung des Lebens.

19 Denn wie durch den Ungehorsam des einen Menschen die vielen zu Sündern geworden sind, so werden auch durch den Gehorsam des einen die vielen zu Gerechten gemacht werden.

20 Das Gesetz aber ist danach eingetreten, damit die Sünde überhandnehme; wo aber die Sünde überhandnahm, nahm auch die Gnade überhand,

21 damit, so wie die Sünde zum Tode herrschte, so auch die Gnade durch die Gerechtigkeit zum ewigen Leben herrsche durch Jesus Christus, unsern Herrn.

6,1 Was also werden wir sagen? Werden wir in der Sünde verharren, damit die Gnade um so reichlicher werde?

2 Absit. Qui enim mortui sumus peccato, quomodo adhuc vivemus in illo?

3 An ignoratis quia quicumque baptizati sumus in Christo Iesu, in morte ipsius baptizati sumus?

4 Consepulti enim sumus cum illo per baptismum in mortem, ut quomodo surrexit Christus a mortuis per gloriam Patris, ita et nos in novitate vitae ambulemus.

5 Si enim conplantati facti sumus similitudini mortis eius, simul et resurrectionis erimus;

6 hoc scientes, quia vetus homo noster simul crucifixus est, ut destruatur corpus peccati, et ultra non serviamus peccato.

7 Qui enim mortuus est, iustificatus est a peccato.

8 Si autem mortui sumus cum Christo, credimus quia simul etiam vivemus cum Christo,

9 scientes quod Christus resurgens ex mortuis iam non moritur, mors illi ultra non dominabitur.

10 Quod enim mortuus est peccato, mortuus est semel; quod autem vivit, vivit Deo.

11 Ita et vos, existimate vos mortuos quidem esse peccato, viventes autem Deo, in Christo Iesu Domino nostro.

12 Non ergo regnet peccatum in vestro mortali corpore, ut oboediatis concupiscentiis eius.

13 Sed neque exhibeatis membra vestra arma iniquitatis peccato; sed exhibete vos Deo tamquam ex mortuis viventes, et membra vestra arma iustitiae Deo.

14 Peccatum enim vobis non dominabitur: non enim sub lege estis, sed sub gratia.

15 Quid ergo? peccabimus, quoniam non sumus sub lege, sed sub gratia? Absit.

2 Das sei ferne! Wenn wir nämlich der Sünde gestorben
sind, wie sollten wir noch in ihr leben?

3 Oder wißt ihr nicht, daß wir alle, die wir auf Christus
Jesus getauft sind, auf seinen Tod getauft sind?

4 Denn wir sind mit ihm durch die Taufe zum Tode mitbegraben, damit, wie Christus von den Toten durch die
Herrlichkeit des Vaters auferstanden ist, so auch wir in
einem neuen Leben wandeln.

5 Denn wenn wir mit ihm in der Ähnlichkeit seines Todes
eingepflanzt sein werden, so werden wir es auch zugleich
zur Ähnlichkeit bei der Auferstehung sein.

6 Dies wissend, daß unser alter Mensch zugleich mitgekreuzigt worden ist, damit der Leib der Sünde vernichtet
werde und wir weiterhin nicht mehr der Sünde dienen.

7 Denn wer gestorben ist, ist von der Sünde gerechtfertigt.

8 Wenn wir aber mit Christus gestorben sind, so glauben
wir, daß wir auch zugleich mit ihm leben werden,

9 wissend, daß Christus, wenn er von den Toten aufersteht, nicht mehr stirbt, der Tod nicht mehr über ihn Gewalt haben wird.

10 Denn da er der Sünde gestorben ist, ist er ein für allemal
gestorben; da er aber lebt, lebt er für Gott.

11 So haltet auch ihr dafür, daß ihr zwar der Sünde abgestorben seid, daß ihr aber Gott lebt in Christus Jesus,
unserem Herrn.

12 Nicht also soll die Sünde in eurem sterblichen Leibe
herrschen, so daß ihr seinen Begierden gehorcht.

13 Aber stellt auch eure Glieder nicht der Sünde zu Gebote als Werkzeuge der Ungerechtigkeit, sondern stellt euch
Gott zur Verfügung als aus Toten lebendig Gewordenen
und eure Glieder Gott als Werkzeuge für die Gerechtigkeit.

14 Denn die Sünde wird über euch nicht Gewalt haben,
weil ihr nicht unter dem Gesetz steht, sondern unter der
Gnade.

15 Was also? Werden wir sündigen, weil wir nicht unter
dem Gesetz stehen, sondern unter der Gnade? Das sei ferne!

16 Nescitis quoniam cui exhibetis vos servos ad oboediendum, servi estis eius cui oboeditis, sive peccati ad mortem,
sive oboeditionis ad iustitiam?

17 Gratias autem Deo quod fuistis servi peccati, oboe-
distis autem ex corde in eam formam doctrinae in quam
traditi estis.

18 Liberati autem a peccato, servi facti estis iustitiae.

3, 19. *Scimus autem.* Redit Apostolus ad invectionem Iudae- 110
orum, ut, sicut abstulit eis gloriationem de circumcisione,
auferat et de lege vel quibuscumque carnalibus observantiis, ne forte maxime legem in eo commendasse videretur
quod dixerat: „Primum quidem quia credita sunt illis elo- 5
quia Dei." Legis ergo gloriationem per hoc primum aufert,
quod eos per legem magis argui quam iustificari convincit.
Continuatio: Induxi testimonia ex lege, per quae omnes
reos esse, tam Iudaeos scilicet quam gentiles, adstruerem.
Sed scimus Iudaeos maxime his argui, quibus quidem solis, 10
non de solis, lex loquitur, cum eis solis data fuerit atque
imposita. Et hoc est quod ait: „Scimus autem", etc.; ac si
diceret: Quamvis praemissa testimonia contra gentiles quoque ex lege collegerimus, tamen scimus legem non eis fuisse
locutam quibus data non fuerat, licet de eis; sed *his* tan- 15

---

[1] Das heißt dem Alten Testament.

16 Wißt ihr nicht, daß, wenn ihr euch als Knechte hingebt zum Gehorsam, ihr Knechte dessen seid, dem ihr gehorcht, sei es der Sünde zum Tode, sei es des Gehorsams zur Gerechtigkeit?

17 Dank aber sei Gott, daß ihr, die ihr Knechte der Sünde gewesen seid, aber von Herzen gehorsam geworden seid gegen die Gestalt der Lehre, in die ihr überwiesen worden seid.

18 Frei geworden von der Sünde, seid ihr der Gerechtigkeit dienstbar geworden.

3,19. *Wir wissen aber.* Der Apostel kehrt zum Angriff auf die Juden zurück, um ihnen ebenso, wie er ihnen das Sich-Rühmen aufgrund der Beschneidung genommen hat, auch das wegen des Gesetzes oder aller möglichen äußerlichen Riten zu nehmen, damit er nicht zufällig den Anschein erwecke, er habe das Gesetz ganz besonders dadurch empfohlen, daß er gesagt hatte: „Zunächst ja, weil ihnen die Aussprüche Gottes anvertraut sind" (Röm 3,2). Das Sich-Rühmen aufgrund des Gesetzes nimmt er ihnen zunächst dadurch, daß er beweist, daß sie durch das Gesetz mehr beschuldigt als gerechtfertigt werden.

Fortsetzung: Ich habe Zeugnisse aus dem Gesetz[1] angeführt (Röm 3,10–18), um durch sie zu beweisen, daß alle schuldig sind, die Juden nämlich ebenso wie die Heiden. Aber wir wissen, daß die Juden besonders durch das beschuldigt werden, worüber ja zu ihnen allein — nicht über sie allein — das Gesetz spricht, da es ihnen allein gegeben und auferlegt worden ist. Und dies bedeutet, daß er sagt: „Wir wissen aber ...", wie wenn er sagen wollte: Obwohl wir die vorausgeschickten Zeugnisse aus dem Gesetz auch gegen die Heiden zusammengetragen haben, wissen wir trotzdem, daß das Gesetz nicht zu ihnen gesprochen hat — ihnen war es nicht gegeben worden, mag es auch über sie gesprochen haben —, sondern daß es nur *zu denen* gespro-

tum *qui in lege sunt,* id est professione susceptae legis tenentur adstricti.

Notandum legis nomine quandoque proprie quinque libros tantum Moysi comprehendi, quandoque etiam totum Vetus Testamentum sicut in hoc loco. Unde Augusti- 5 nus, „De Trinitate" libro XV: „Legis nomine aliquando omnia Veteris Instrumenti eloquia, aliquando autem proprie lex dicitur quae per Moysen data est."

Ut ita *omne os obstruatur,* id est compescatur et conticescat a sua gloriatione et non aperiatur nisi in glorifica- 10 tionem Dei — cum scilicet intellexerimus illius quoque peculiaris populi Dei maximam gloriam, quam ex lege habebant, tamquam per eius opera se iustificari arbitrantes, nullam esse reputandam — *et* ita *subditus,* id est humiliet se, *Deo,* nihil | de sua gloriatione praesumens, quae eis 15
etiam, qui magni apud Deum videbantur, ablata est.

20. *Quia ex operibus legis,* id est corporalibus eius observantiis, quae maxime populus ille attendebat veluti circumcisionem, sacrificia, observationem sabbati et ceterorum huiusmodi figuralium praeceptorum, „non iustificabitur" 20
coram illo, id est apud Deum, *omnis caro,* id est omnis ea carnaliter tantum, non spiritualiter adimplens, licet coram hominibus, id est humano iudicio, quod de exterioribus et visibilibus iudicat, iusti tales reputentur.

Per legem enim. Ad duo praemissa duo refert: Ad illud 25
quod ait: „Ut omne os obstruatur et subditus", etc. istud subiungit: „Per legem enim"; ad illud vero aliud: „quia ex

| 11

---

[2] AUGUSTINUS, *trin.* 17,30 (CCL 50A,504).

chen hat, *die unter dem Gesetze stehen,* das heißt durch das
Bekenntnis, das Gesetz auf sich genommen zu haben, verpflichtet sind.

Anzumerken ist, daß durch den Namen „Gesetz" bald
im eigentlichen Sinne nur die fünf Bücher Moses zusammengefaßt werden, bald auch das ganze Alte Testament so
wie an dieser Stelle. Daher schreibt Augustinus im 15. Buch
„Über die Dreifaltigkeit": „Mit dem Namen Gesetz werden bald alle Aussprüche des Alten Testaments, bald aber
im eigentlichen Sinne das Gesetz bezeichnet, das durch
Mose gegeben worden ist."[2]

Damit so *jeder Mund verstumme,* das heißt im Zaum gehalten wird und verstummt von seinem Sich-Rühmen und
sich nur zum Ruhme Gottes öffnet — wenn wir nämlich
eingesehen haben, daß auch der größte Ruhm jenes besonderen Volkes Gottes für nichts angesehen werden muß; ihn
hatten sie aufgrund des Gesetzes, weil sie glaubten, sie
würden sozusagen durch seine Werke gerechtfertigt —,
und so *Gott unterworfen sei,* das heißt sich erniedrigt,
indem er sich nichts auf sein Sich-Rühmen einbildet, das
sogar denen, die bei Gott groß erschienen, genommen ist.

20. *Denn aus Werken des Gesetzes,* das heißt aus seinen
äußerlichen Riten, die jenes Volk besonders beachtete, wie
zum Beispiel Beschneidung, Opfer, Beachtung des Sabbats
und der übrigen derartigen vorbildhaften Vorschriften,
wird nicht vor ihm gerechtfertigt werden, das heißt bei
Gott, *alles Fleisch,* das heißt jeder, der sie nur fleischlich,
nicht geistlich erfüllt, mögen solche Leute auch vor den
Menschen als Gerechte gelten, das heißt nach menschlichem Urteil, das nach dem Äußerlichen und Sichtbaren
urteilt.

Durch das Gesetz nämlich. Auf zwei vorangestellte Formulierungen bezieht er zweierlei: Daran nämlich, daß er
gesagt hat: „Damit jeder Mund verstumme und unterworfen sei ..." (Röm 3,19), schließt er dies an: „Durch das
Gesetz nämlich"; an jenes andere aber: „Denn aus Wer-

operibus", etc. istud subponit: „Nunc autem sine", etc. Sic
continua: Quare per legem compesci a sua gloriatione homines debeant? Quia per eam inexcusabiles de peccatis suis
maxime redduntur, quae per eam cognoverunt potius quam
amiserunt, immo etiam auxerunt, ut in sequentibus dictu- 5
rus est: „Ut fiat supra modum peccans peccatum per mandatum."

21. *Nunc autem.* Dixi ex operibus propriis legis scriptae,
id est figurativis illis praeceptis quae lex naturalis ignorat,
neminem iustificari apud Deum. Sed nunc, id est in tempore 10
gratiae, *iustitia Dei,* id est quam Deus approbat et per quam
apud Deum iustificamur, id est caritas, *est manifestata,* per
evangelicam scilicet doctrinam, *sine lege,* hoc est carnalibus
illis et propriis observantiis legis, illa tamen, dico, iustitia
testificata a lege et prophetis, quae eam quoque praecipiunt. 15

22. Ex quo vero haec iustitia pendeat, statim adnectit
dicens: *Iustitia autem Dei. Fidem Christi* dicit, quam de ipso
habemus, eum sive ei vel in eum credendo. Unde et cum
adiecit *qui credunt,* non addidit horum aliquid, ut aeque ad
omnia se haberet. Ex fide quam de Christo habemus, caritas 20
| in nobis est propagata, quia per hoc, quod tenemus Deum | 112
in Christo nostram naturam sibi unisse et in ipsa patiendo
summam illam caritatem nobis exhibuisse, — de qua ipse
ait: „Maiorem hac dilectionem nemo habet", etc. — tam ipsi
quam proximo propter ipsum indissolubili amoris nexu 25

---

[3] Augustinus' Unterscheidung: An Gottes Existenz glauben, seinen
Worten glauben, ihm in gläubiger Liebe verbunden sein; vgl. Abaelards
Auslegung zu Röm 4,5, unten 304 mit Anm. 21.

[4] Vgl. den großen Exkurs unten zu Röm 3,26, unten 278–290.

ken …" fügt er dies an: „Jetzt aber ist ohne …" (Röm 3, 21).
— Fahre folgendermaßen fort: Warum müssen die Menschen durch das Gesetz wohl vor ihrem Sich-Rühmen im
Zaum gehalten werden? Weil sie durch das Gesetz besonders unentschuldbar für ihre Sünden gemacht werden
(Röm 2, 1): Sie haben sie durch das Gesetz eher erkannt als
aufgegeben, ja sogar vermehrt, wie er im folgenden sagen
wird: „damit die Sünde über alles Maß hinaus sündigt
durch das Gesetz" (Röm 7, 13).

21. *Jetzt aber.* Ich habe gesagt, daß aus den Werken, die
dem geschriebenen Gesetz eigentümlich sind, das heißt aus
jenen vorbildhaften Vorschriften, die das natürliche Gesetz
nicht kennt, niemand bei Gott gerechtfertigt werde. Aber
jetzt, das heißt in der Zeit der Gnade, ist *Gottes Gerechtigkeit,* das heißt die, die Gott billigt und durch die wir bei
Gott gerechtfertigt werden, das heißt die Liebe, *offenbar
geworden,* durch die Lehre des Evangeliums nämlich, *ohne
das Gesetz,* das heißt ohne jene äußerlichen und dem Gesetz eigentümlichen Riten, obwohl jene Gerechtigkeit
trotzdem, sage ich, *bezeugt ist vom Gesetz und den Propheten,* die auch sie vorschreiben.

22. Wovon aber diese Gerechtigkeit abhängt, fügt er
sogleich an, indem er sagt: *Und zwar die Gerechtigkeit
Gottes. Glauben an Christus* nennt er den, den wir in bezug
auf ihn haben, indem wir ihn oder ihm oder an ihn glauben.[3]
Daher hat er auch, wenn er hinzugesetzt hat: *welche glauben,* nichts von diesen (*sc.* näheren Bestimmungen) hinzugefügt, damit es sich gleichermaßen auf alles beziehe. Aus
dem Glauben heraus, den wir über Christus haben, ist die
Liebe in uns ausgebreitet worden; denn dadurch, daß wir
daran festhalten, daß Gott in Christus sich mit unserer
Natur vereint und durch sein Leiden in ihr uns seine höchste Liebe erwiesen hat — von ihr sagt er selbst: „Eine
größere Liebe als diese hat niemand …" (Joh 15, 13) —, sind
wir ebenso mit ihm wie mit unserem Nächsten seinetwegen
durch ein unlösbares Band der Liebe verbunden.[4] Daher

cohaeremus. Unde et in sequentibus scriptum est: „Quis
ergo nos separabit a caritate Dei, tribulatio" etc?, et rursum:
„Certus sum enim, quia neque mors", etc. „Iustitia", dico,
habita *super omnes* fideles, hoc est: in superiori eorum
parte, id est in anima, ubi tantum dilectio esse potest, non 5
exhibitione operum exteriorum.

Non est enim. Bene dixi „super omnes" pariter, tam
gentiles scilicet quam Iudaeos, quia nulla est eorum diffe-
rentia ex hac „iustitia Dei per fidem Christi" sicut olim erat
ex operibus legis, quia, sicut omnes peccaverunt, ita indif- 10
ferenter iustificati sunt per hanc summam gratiam a Deo
nobis exhibitam.

23. Et hoc est quod ait: *Omnes enim peccaverunt et egent*
gloria Dei, hoc est: Opus habent quasi ex debito Deum
glorificare.   15

24. *Iustificati gratis,* id est quia iustificati sunt non prae-
venientibus meritis eorum, sed *per gratiam ipsius,* id est
Dei, qui „prior dilexit nos". Quae vero sit illa gratia, id est
gratuitum et spirituale ipsius donum, subponit dicens: *Per*
redemptionem nostram factam per Christum.   20

25. *Quem proposuit nobis Deus* Pater *propitiatorem,* id
est reconciliatorem, *in sanguine suo,* id est per mortem
suam. Et quia non omnibus sed solis credentibus haec
propitiatio proponitur a Deo, id est constituitur, addit *per*
fidem, quia eos solos haec reconciliatio contingit, qui eam 25
crediderunt et exspectaverunt. *Ad ostensionem iustitiae*
suae, id est caritatis, quae nos, ut dictum est, apud eum
iustificat, hoc est: ad exhibendam nobis suam dilectionem
vel ad insinuandum nobis, quantum eum diligere debe-

---

[5] Vgl. die Erklärung des *super* zu Röm 1,18, oben 144 Anm. 61.

[6] Vg.: Versöhnung *(propitiationem).*

[7] Zu Röm 3,21, oben 274.

steht auch im folgenden geschrieben: „Wer also wird uns
scheiden von der Liebe Gottes? Bedrängnis …?“ (Röm
8,35), und wiederum: „Denn ich bin gewiß, daß weder
Tod …“(Röm 8,38). „Gerechtigkeit“, sage ich, die sich
findet, *über*[5] *allen* Gläubigen, das heißt in ihrem höheren
Teil, das heißt in der Seele, wo allein Liebe sein kann, nicht
im Vorzeigen äußerlicher Werke.

Denn es gibt keinen. Zu Recht sagte ich: gleichermaßen
„über allen“, ebenso Heiden nämlich wie Juden; denn es
gibt keinen Unterschied zwischen ihnen aufgrund dieser
„Gerechtigkeit Gottes aus Glauben an Christus“, so wie er
einst aufgrund der Gesetzeswerke bestand. Denn ebenso
wie alle gesündigt haben, so sind sie ohne Unterschied
gerechtfertigt worden durch diese höchste uns von Gott
erwiesene Gnade.

23. Und dies bedeutet, daß er sagt: *Denn alle haben
gesündigt und haben das Rühmen Gottes nötig,* das heißt:
Sie müssen gewissermaßen aus Verpflichtung Gott rühmen.

24. *Umsonst gerechtfertigt,* das heißt, weil sie nicht aufgrund ihrer vorausgehenden Verdienste gerechtfertigt sind,
sondern *durch seine,* das heißt Gottes, *Gnade,* der „uns
zuerst geliebt hat“ (1 Joh 4,10). Was aber jene Gnade ist,
das heißt sein umsonst gegebenes geistliches Geschenk,
fügt er an, indem er sagt: *durch unsere Erlösung,* die in
Christus ist.

25. *Welchen uns Gott* Vater *als Versöhner*[6] *dargestellt hat,*
das heißt als Wieder-Versöhner, *in seinem Blute,* das heißt
durch seinen Tod. Und da diese Versöhnung nicht allen,
sondern allein den Gläubigen von Gott versprochen, das
heißt bestimmt wird, fügt er hinzu: *durch den Glauben;*
denn es betrifft diese Versöhnung allein die, die an sie
geglaubt und sie erwartet haben. *Zur Offenbarung seiner
Gerechtigkeit,* das heißt der Liebe, die uns, wie gesagt
worden ist[7], bei ihm rechtfertigt, das heißt, um uns seine
Liebe zu erweisen oder um uns mitzuteilen, wie sehr wir

amus, qui „proprio Filio non pepercit" pro nobis. *Propter
remissionem,* id est ut per hanc iustitiam, id est caritatem,
remissionem peccatorum | assequamur, sicut et per semet- | 113
ipsam Veritas de beata peccatrice ait: „Remittuntur ei peccata multa, quoniam dilexit multum." Remissionem, dico, 5
habitam, vel: praecedentium, inquam, delictorum.

26. *In sustentatione Dei,* id est propter patientiam Dei,
quae non statim punit reos et perdit peccatores, sed diu
exspectat, ut redeant per poenitentiam et cessent a peccato
et sic indulgentiam consequantur. *Ad ostensionem.* Primo 10
dixerat simpliciter „ad ostensionem iustitiae suae", nunc
vero addit *in hoc tempore,* in tempore scilicet gratiae, hoc
est amoris potius quam timoris. Cum itaque ait: *iustitiae
eius,* id est suae, „in hoc tempore", per hoc quod subditur:
„in hoc tempore", videlicet gratiae, aperte insinuat, quam 15
iustitiam primo intellexerit, id est caritatem, quae hominibus nostri temporis, id est temporis gratiae, tamquam
propria convenit.

Potest etiam quod dicitur „in sustentatione Dei" ad con-
sequens referri, id est ad hoc quod subiungitur: „ad osten- 20
sionem iustitiae eius in hoc tempore", ut sit videlicet sensus:
Deum ad hoc sustinuisse vel distulisse in praecedenti tempore, ut manifestaret iustitiam suam quam diximus, id est
caritatem, „in hoc tempore", *ut sit ipse iustus* voluntate *et
iustificans* operatione, hoc est: ut et velit implere per Chri- 25
stum quod promiserat, de redemptione scilicet vel iustificatione nostra, et sicut voluerit opere adimpleat. *Eum qui*

ihn lieben müssen, der „seinen eigenen Sohn nicht verschont hat" (Röm 8,32) für uns. *Wegen der Vergebung,* das
heißt, damit wir durch diese Gerechtigkeit, das heißt die
Liebe, die Vergebung der Sünden erlangen — so wie auch
die Wahrheit persönlich über die selige Sünderin sagt: „Ihr
werden viele Sünden vergeben, weil sie ja viel geliebt hat"
(Lk 7,47). Vergebung, sage ich, die stattgefunden hat;
oder: Vergebung selbst für vorausgegangene Vergehen,
sage ich.

26. *Bei der Langmut Gottes,* das heißt wegen Gottes
Geduld, die nicht sogleich die Schuldigen straft und die
Sünder vernichtet, sondern lange wartet, daß sie durch
Buße zurückkehren und sich von der Sünde entfernen und
so Nachsicht erlangen. *Zur Offenbarung.* Zuerst hatte er
ohne nähere Bestimmung gesagt: „zur Offenbarung seiner
Gerechtigkeit" (Röm 3,25); jetzt aber setzt er hinzu: *in
dieser Zeit,* in der Zeit der Gnade nämlich, das heißt eher
der Zeit der Liebe als der Furcht. Wenn er daher sagt: *seiner
Gerechtigkeit,* das heißt seiner eigenen, „in dieser Zeit",
weist er dadurch, daß angefügt wird: „in dieser Zeit" —
nämlich der der Gnade —, darauf hin, welche Gerechtigkeit
er zuerst gemeint hat: das heißt die Liebe, die den Menschen
unserer Zeit, das heißt der Zeit der Gnade, als eigentümlich
zukommt.

Man kann auch den Ausdruck: „Bei der Langmut Gottes" auf das folgende beziehen, das heißt auf das, was
angeschlossen wird: „zur Offenbarung seiner Gerechtigkeit in dieser Zeit", so daß nämlich der Sinn ist: Gott habe
deshalb in der vorausgehenden Zeit innegehalten oder ge-
wartet, um seine Gerechtigkeit, von der wir gesprochen
haben, das heißt die Liebe, „in dieser Zeit" zu offenbaren,
damit er selbst gerecht sei durch seinen Willen *und rechtfertige* durch sein Handeln, das heißt: daß er sowohl durch
Christus erfüllen will, was er versprochen hatte — von
unserer Erlösung oder Rechtfertigung nämlich —, als es
auch, so wie er gewollt hat, durch die Tat erfüllen. *(Recht-*

ex fide est Iesu Christi, hoc est: qui credit eum Iesum, id
est salvatorem per hoc, quod Christus est, id est Deus et
homo.

<Quaestio>

§ Maxima hoc loco quaestio se ingerit: quae sit videlicet 5
ista nostra redemptio per mortem Christi aut quomodo nos
in eius sanguine iustificari Apostolus dicat, qui maiori
supplicio digni videmur, quia id commisimus iniqui servi,
propter quod innocens Dominus occisus sit.

Primo itaque quaerendum videtur, qua necessitate Deus 10
| hominem assumpserit, ut nos secundum carnem moriendo | 114
redimeret, vel a quo nos redemerit, qui nos vel iustitia vel
potestate captos teneret, et qua iustitia nos ab eius potestate
liberaverit quodve pretium dederit, quod ille suscipere vellet, ut nos dimitteret.   15

Et quidem dicitur, quod a potestate diaboli nos redemerit, qui per transgressionem primi hominis, qui se ei
sponte oboediendo subiecerat, iure quodam omnem quoque eius posteritatem possidebat ac semper possideret, nisi
liberator veniret. Sed cum solos electos liberaverit, quo- 20
modo eos diabolus possidebat sive in hoc saeculo sive in
futuro magis quam modo? Numquid etiam pauperem illum, qui in sinu Abrahae requiescebat, sicut et divitem
damnatum diabolus cruciabat, licet minus eum torqueret?
Aut etiam in ipsum Abraham dominium habebat ceteros- 25
que electos? Quomodo tortor ille malignus dominium in
eum haberet, qui portatus ab angelis in sinum Abrahae
commemoratur? De quo etiam ipse Abraham testatur di-

---

4 Quaestio $R^{mg}mO$ ‖ 5 Maxima hoc loco … § *vorangestellt bei A*

---

8 Übersetzung des hebräischen Namens Jesus.

fertige) den, der aus dem Glauben an Jesus Christus ist, das
heißt, der an ihn als Jesus glaubt, das heißt als Retter[8]
dadurch, daß er der Christus ist, das heißt Gott und Mensch.

<*Frage*>

Eine sehr große Frage drängt sich an dieser Stelle auf: Was
nämlich diese unsere Erlösung durch den Tod Christi ist
oder auf welche Weise wir — wie der Apostel sagt (Röm
3,25) — in seinem Blute gerechtfertigt werden, die wir eine
noch größere Strafe verdient zu haben scheinen, da wir ja
als ungerechte Knechte das begangen haben, um dessentwillen der unschuldige Herr getötet worden ist.

Zuerst muß man daher, wie es scheint, fragen, aus welcher Notwendigkeit heraus Gott einen Menschen angenommen hat, um uns durch sein Sterben dem Fleische nach
zu erlösen, oder von wem er uns erlöst hat, der uns aus
Gerechtigkeit oder mit Gewalt gefangen hielt, und aufgrund welcher Gerechtigkeit er uns aus seiner Gewalt befreit hat und welchen Preis er bezahlt hat, den jener empfangen wollte, damit er uns entließe.

Und man sagt ja doch, daß er uns von der Gewalt des
Teufels erlöst habe, der durch die Übertretung des ersten
Menschen, der sich ihm freiwillig im Gehorsam unterworfen hatte, mit einem gewissen Recht auch seine ganze Nachkommenschaft besaß und sie immer besitzen würde, wenn
nicht ein Befreier gekommen wäre. Aber da er nur die
Erwählten befreit hat: Wieso besaß sie der Teufel, sei es in
dieser Zeit, sei es in der kommenden mehr als jetzt? Peinig-
te etwa der Teufel auch jenen Armen, der im Schoß Abrahams ruhte, so wie auch den verdammten Reichen (Lk
16,19–31), auch wenn es sein mag, daß er ihn weniger quäl-
te? Oder besaß er auch Herrschaft über Abraham selbst und
die übrigen Erwählten? Wie hätte jener böswillige Peiniger
wohl Herrschaft über den haben sollen, der, wie erwähnt
wird, von Engeln in Abrahams Schoß getragen worden ist?
Von ihm bezeugt Abraham selbst mit folgenden Worten:

cens: „Nunc autem hic consolatur, tu vero cruciaris", et
insuper „chaos magnum firmatum" esse asserit inter electos
et reprobos, ut nequaquam hi ad illos transire possint,
nedum diabolus omnibus nequior ibi dominium habeat,
ubi nullus iniquus locum vel etiam transitum habet. Quod 5
etiam ius in possidendo hominem diabolus habere poterat,
nisi forte quia eum Domino permittente aut etiam tradente
ad torquendum ipsum susceperat? Numquid enim, si aliquis servus dominum suum deserere vellet et alterius po-
testati se dedere, ei sic agere liceret, ut non iure, si vellet, 10
eum dominus requireret atque reduceret? Quis etiam dubi-
tet quod, si servus alicuius domini persuasionibus suis con-
servum suum seducat et ab oboedientia proprii domini
declinare faciat, quanto amplius | apud dominum suum reus | 115
constituatur seductor quam seductus, et quam iniustum sit, 15
ut is, qui alium seduxerit, aliquod inde privilegium vel
potestatem in eum, quem seduxit, habere meruerit, qui,
etiam si quod prius in eum ius haberet, ex hac ipsa seduc-
tionis suae nequitia ius illud amittere meruit? Scriptum
quippe est: ,Privilegium meretur amittere, qui commissa 20
sibi abutitur potestate.' Quod si alter alteri ex his conservis
praeponendus esset et potestatem in eum accepturus, nequaquam oporteret nequiorem praeesse, qui nullam penitus habet privilegii rationem, sed magis rationi consentaneum esset, ut is, qui seductus est, in eum qui sibi sedu- 25
cendo nocuit, districtionem exerceret vindictae. Praeterea
diabolus immortalitatem, quam homini ex transgressione

---

[9] Vgl. DECRETUM GRATIANI c.11 q.3 c.63 (1,660 FRIEDBERG/RICHTER).

„Jetzt aber wird dieser getröstet, du aber wirst gepeinigt"
(Lk 16,25), und überdies behauptet er, es sei „ein großer
Abgrund gegründet" zwischen Erwählten und Verworfenen, so daß diese keineswegs zu jenen hinübergehen können (Lk 16,26), geschweige denn, daß der Teufel, der nichts-
würdiger als alle ist, dort wohl seine Herrschaft hätte, wo
kein Ungerechter einen Platz oder auch nur einen Zugang
hat. Was für ein Recht konnte der Teufel auch auf den
Besitz des Menschen haben, außer daß er diesen zufällig
zur Peinigung empfangen hatte, weil Gott es erlaubte oder
er ihn ihm sogar übergab? Stünde es denn irgendeinem
Knecht frei, wenn er seinen Herrn im Stich lassen und sich
der Gewalt eines anderen unterstellen wollte, so zu handeln, ohne daß der Herr ihn zu Recht, falls er wollte,
zurückverlangte und zurückbrächte? Wenn aber der
Knecht irgendeines Herrn durch seine Überredungskunst
seinen Mitknecht verführt und erreicht, daß er sich vom
Gehorsam gegenüber seinem eigenen Herrn abwendet:
Wer hat dann wohl noch Zweifel, um wieviel mehr der
Verführer bei seinem Herrn angeklagt wird als der Verführte und wie ungerecht es wohl wäre, daß der, der einen
anderen verführt hat, daraus irgendein Vorrecht oder Gewalt über den zu besitzen verdiente, den er verführt hat?
Selbst wenn er zuvor irgendein Recht auf ihn hatte, hat er
gerade durch die Schlechtigkeit seiner Verführung verdient, jenes Recht zu verlieren. Es steht ja geschrieben: ‚Ein
Vorrecht verdient zu verlieren, wer die ihm anvertraute
Gewalt mißbraucht.'[9] Wenn aber von diesen Mitknechten
der eine dem anderen vorgesetzt werden müßte und Macht
über ihn bekommen sollte, dürfte keineswegs der schlechtere Vorgesetzter sein, der überhaupt keine Berechtigung
für ein Vorrecht hat, sondern es wäre vernünftiger, daß der
Verführte an dem, der ihm durch seine Verführung geschadet hat, eine scharfe Bestrafung durchführte. Außerdem
konnte der Teufel die Unsterblichkeit, die er dem Menschen für seine Übertretung versprach (Gen 3,5), gar nicht

promisit, dare non potuit, ut per hoc eum iure aliquo retinere posset.

His itaque rationibus convinci videtur, quod diabolus in hominem, quem seduxit, nullum ius seducendo acquisierit, nisi forte, ut diximus, quantum ad permissionem Domini 5 pertinebat, qui eum illi quasi carcerario vel tortori suo ad puniendum tradiderat. Non enim ille nisi in Dominum suum peccaverat, cuius oboedientiam deseruerat. Si ergo Dominus ei peccatum suum dimittere vellet, sicut et Mariae virgini factum est et multis etiam ante passionem suam 10 Christus fecit, ut dictum est de Maria Magdalene et quemadmodum scriptum est ipso ad paralyticum dicente: „Confide, fili, remittuntur tibi peccata tua." —: Si ita, inquam, sine passione homini transgressori ignoscere Dominus vellet et dicere tortori suo: ‚Nolo ut amplius eum punias', quid 15 iuste conqueri posset tortor qui nihil, ut ostensum est, iuris in torquendo acceperat nisi ex ipsa Domini permissione? Si ergo Dominus hoc permittere cessaret, nullum tortori ius superesset; cui quidem conquerenti vel murmuranti adversus Dominum statim responderi a Domino conveniret: „An 20 oculus tuus nequam est, quia ego bonus sum?"

Non fecit Dominus iniuriam diabolo, cum de massa 116 peccatrice carnem mundam et hominem ab omni peccato immunem susceperit. Qui quidem homo non hoc meritis obtinuit, ut sine peccato conciperetur, nasceretur et per- 25 severaret, sed per gratiam suscipientis eum Domini. Numquid eadem gratia, si ceteris hominibus peccata dimittere vellet, liberare eos a poenis potuisset? Peccatis

verleihen, so daß er ihn dadurch mit irgendeinem Recht (*sc.*
in seiner Macht) behalten könnte.

Durch diese Überlegungen scheint daher bewiesen zu
werden, daß der Teufel über den Menschen, den er verführt
hat, durch seine Verführung kein Recht erworben hat, außer zufällig — wie wir gesagt haben —, soweit es sich auf
die Erlaubnis des Herrn bezog, der den Menschen jenem
gewissermaßen als seinem Kerkermeister oder Folterknecht zur Bestrafung übergeben hatte. Denn jener hatte
nur gegen seinen Herrn gesündigt, dem er ungehorsam
geworden war. Wenn also der Herr ihm seine Sünde hätte
vergeben wollen, wie es auch der Jungfrau Maria geschehen
ist und Christus es vielen auch vor seiner Passion getan hat,
wie von Maria Magdalena gesagt ist (Lk 8,2) und wie es
geschrieben steht, indem er selbst zu dem Gelähmten sagt:
„Glaube, Sohn, dir werden deine Sünden vergeben!" (Mt
9,2): Wenn so, sage ich, der Herr einem Übertreter ohne
Leiden verzeihen wollte und seinem Folterknecht sagen:
‚Ich will nicht, daß du ihn noch weiter strafst!': Was könnte
sich der Folterknecht zu Recht beschweren, der — wie
gezeigt wurde — überhaupt kein Recht zum Foltern bekommen hatte außer gerade aus der Erlaubnis des Herrn?
Wenn also der Herr aufhören würde, dies zu erlauben, hätte
der Folterknecht weiterhin kein Recht mehr. Wenn er sich
beklagen oder gegen den Herrn murren sollte, wäre es
jedenfalls angemessen, daß ihm vom Herrn sogleich geantwortet würde: „Oder ist dein Auge schlecht, weil ich gut
bin?" (Mt 20,15).

Der Herr hat dem Teufel kein Unrecht getan, weil er aus
der sündhaften Masse reines Fleisch und einen von aller
Sünde freien Menschen angenommen hat. Dieser Mensch
allerdings hat dies nicht durch Verdienste bekommen, daß
er ohne Sünde empfangen wurde, geboren wurde und
blieb, sondern durch die Gnade des Herrn, der ihn annahm.
Hätte dieselbe Gnade, wenn sie den übrigen Menschen die
Sünden vergeben wollte, sie nicht von den Strafen befreien

quippe dimissis, propter quae in poenis erant, nulla super-
esse ratio videretur, ut propter ipsa amplius punirentur. Qui
ergo tantam homini exhibuit gratiam, ut eum sibi uniret in
personam, non posset minorem impendere, dimittendo scilicet ei peccata? Quae itaque necessitas aut quae ratio vel 5
quid opus fuit, cum sola iussione sua divina miseratio liberare hominem a diabolo potuisset? Quid, inquam, opus fuit
propter redemptionem nostram Filium Dei carne suscepta
tot et tantas inedias, opprobria, flagella, sputa, denique
ipsam crucis asperrimam et ignominiosam mortem sus- 10
tinere, ut etiam cum iniquis patibulum sustineret?

Quomodo etiam nos iustificari vel reconciliari Deo per
mortem Filii sui dicit Apostolus, qui tanto amplius adversus hominem irasci debuit, quanto amplius homines in
crucifigendo Filium suum deliquerunt quam in transgredi- 15
endo primum eius in paradiso praeceptum unius pomi gu-
stu? Quo enim amplius multiplicata sunt per homines peccata, irasci Deum hominibus amplius iustum fuerat. Quod
si tantum fuerat illud Adae peccatum, ut expiari non posset
nisi morte Christi, quam expiationem habebit ipsum homi- 20
cidium quod in | Christo commissum est? Tot et tanta | 117
scelera in ipsum vel in suos commissa? Numquid mors
innocentis Filii in tantum Deo Patri placuit, ut per ipsam
reconciliaretur nobis, qui hoc peccando commisimus,
propter quod innocens Dominus est occisus? Nec nisi hoc 25
maximum fieret peccatum, illud multo levius potuit ignoscere, nec nisi multiplicatis malis tantum bonum facere?

können? Nach der Vergebung der Sünden, derentwegen sie
bestraft wurden, schien ja kein Grund mehr übrig zu sein,
daß sie ihretwegen weiter bestraft würden. Der also dem
Menschen eine so große Gnade erwiesen hat, daß er ihn mit
sich zu einer Person vereinte, sollte nicht eine kleinere
aufwenden können, indem er ihm nämlich die Sünden ver-
gäbe? Welcher Zwang bestand daher oder welcher Plan
oder wozu war es nötig, da das göttliche Erbarmen doch
durch seinen Befehl allein den Menschen vom Teufel hätte
befreien können? Wozu, sage ich, war es nötig, daß wegen
unserer Erlösung Gottes Sohn, nachdem er Fleisch angenommen hatte, so viele große Fasten, Schmähungen, Gei-
ßelungen, Bespeiungen, schließlich gar den härtesten und
schändlichsten Tod ertrug, so daß er sogar zusammen mit
Verbrechern den Kreuzestod erduldete?

   Auf welche Weise auch werden wir nach den Worten des
Apostels (Röm 3,24) gerechtfertigt oder durch den Tod
seines Sohnes mit Gott versöhnt, der doch um so zorniger
auf den Menschen hätte werden müssen, wie die Menschen
bei der Kreuzigung seines Sohnes mehr sündigten als bei
der Übertretung seines ersten Gebotes im Paradies durch
das Essen eines Apfels? (Gen 3,16–19). Je mehr nämlich die
Sünden durch die Menschen vermehrt worden sind, desto
mehr wäre es gerecht gewesen, daß Gott auf die Menschen
zornig wurde. Wenn aber jene Sünde Adams so groß gewesen war, daß sie nur durch den Tod Christi gesühnt werden
konnte, welche Sühne wird dann gerade der Mord haben,
der an Christus begangen worden ist? So viele große gegen
ihn oder die Seinen begangene Verbrechen? Hat etwa der
Tod des unschuldigen Sohnes dem Vater so sehr gefallen,
daß er durch ihn mit uns versöhnt wurde, die das durch
unsere Sünde begangen haben, dessentwillen der unschuldige Herr getötet worden ist? Und hätte er nicht, ohne daß
diese größte Sünde geschehen wäre, jene viel leichtere vergeben können und, ohne daß die Übel vermehrt worden
wären, ein so großes Gut vollbringen?

In quo etiam iustiores facti sumus per mortem Filii Dei
quam ante eramus, ut a poenis iam liberari debeamus? Cui
et pretium sanguinis datum est ut redimeremur, nisi ei in
cuius potestate eramus, hoc est: ipsius, ut dictum est, Dei,
qui nos tortori suo commiserat? Neque enim tortores, sed 5
domini eorum pretia captivorum componunt aut suscipiunt. Quomodo etiam hoc pretio captivos dimisit, si ipse
prius hoc pretium exegerit aut instituerit, ut captivos dimitteret? Quam vero crudele et iniquum videtur, ut sanguinem
innocentis in pretium aliquod quis requisierit aut ullo 10
modo ei placuerit innocentem interfici, nedum Deus tam
acceptam Filii mortem habuerit, ut per ipsam universo
reconciliatus sit mundo.

Haec et similia non mediocrem movere quaestionem
nobis videntur, de redemptione scilicet vel iustificatione 15
nostra per mortem Domini nostri Iesu Christi.

⟨Solutio⟩

Nobis autem videtur, quod in hoc iustificati sumus in
sanguine Christi et Deo reconciliati, quod per hanc singularem gratiam nobis exhibitam, quod Filius suus nostram 20
susceperit naturam et in ipsa nos tam verbo quam exemplo
instituendo usque ad mortem perstitit, nos sibi amplius
per amorem adstrinxit, ut tanto divinae gratiae accensi
beneficio nihil iam tolerare propter ipsum vera reformidet
caritas. Quod quidem beneficium antiquos etiam patres 25
hoc per fidem exspectantes in summum amorem Dei tam-
quam homines temporis gratiae | non dubitamus accendis- | 118

---

17 Solutio $R^{mg}mO$

Worin auch sind wir durch den Tod des Sohnes Gottes
gerechter geworden, als wir vorher waren, so daß wir nunmehr von den Strafen befreit werden müssen? Wem auch
ist der Blutpreis gezahlt worden, damit wir erlöst würden,
wenn nicht dem, in dessen Gewalt wir waren — das heißt
gerade in Gottes Gewalt, wie gesagt, der uns seinem Folterknecht anvertraut hatte? Denn auch nicht die Folter-
knechte, sondern ihre Herren setzen die Lösegelder für
Gefangene fest oder nehmen sie entgegen. Wie auch hat er
für dieses Lösegeld die Gefangenen entlassen, wenn er
selbst vorher dieses Lösegeld eingetrieben oder bereitge-
stellt hat, um die Gefangenen zu entlassen? Wie grausam
aber und ungerecht erscheint es, daß jemand unschuldiges
Blut als irgendein Lösegeld verlangt haben sollte oder daß
es ihm auf irgendeine Weise gefallen haben sollte, daß ein
Unschuldiger getötet würde, geschweige denn, daß Gott
den Tod seines Sohnes für so angenehm gehalten haben
sollte, daß er durch ihn der ganzen Welt versöhnt worden
ist (vgl. 2 Kor 5,19)!

Dieses und ähnliches scheint uns keine geringe Frage
aufzuwerfen, über unsere Erlösung oder Rechtfertigung
nämlich durch den Tod unseres Herrn Jesus Christus.

<Lösung>

Uns aber scheint, daß wir darin im Blute Christi gerechtfertigt und mit Gott versöhnt sind, daß er uns noch mehr
durch Liebe an sich gebunden hat durch diese einzigartige
uns erwiesene Gnade, daß sein Sohn unsere Natur angenommen hat und in ihr, indem er uns ebenso durch das
Wort wie durch das Beispiel unterwies, bis zum Tode
ausgehalten hat. Daher schreckt die wahre Liebe von jemand, der durch eine so große Wohltat göttlicher Gnade
entflammt ist, nicht mehr davor zurück, etwas seinetwegen
zu ertragen. Daß allerdings diese Wohltat auch die alten
Väter, die sie im Glauben erwarteten, zu höchster Liebe zu
Gott — so wie die Menschen der Gnadenzeit — entflammt

se, cum scriptum sit: „Et qui praeibant et qui sequebantur clamabant dicentes: Hosanna filio David", etc. Iustior quoque, id est amplius Deum diligens, quisque fit post passionem Christi quam ante, quia amplius in amorem accendit completum beneficium quam speratum. 5

Redemptio itaque nostra est illa summa in nobis per passionem Christi dilectio, quae nos non solum a servitute peccati liberat, sed veram nobis filiorum Dei libertatem acquirit, ut amore eius potius quam timore cuncta impleamus, qui nobis tantam exhibuit gratiam qua maior inveniri 10 ipso attestante non potest: „Maiorem hac", inquit, „dilectionem nemo habet quam ut animam suam ponat quis pro amicis suis." De hoc amore idem alibi dicit: „Ignem veni mittere in terram, et quid volo nisi ut ardeat?" Ad hanc itaque veram caritatis libertatem in hominibus propagan- 15 dam se venisse testatur. Quod diligenter attendens Apostolus in sequentibus ait: „Quia caritas Dei diffusa est in cordibus nostris per Spiritum Sanctum qui datus est nobis. Ut quid enim Christus", etc.; et iterum: „Commendat autem caritatem suam Deus in nobis, quoniam sicut adhuc", 20 etc. Quae quidem plenius suo loco exponemus.

Nunc autem succincte, quantum ad expositionis brevitatem pertinet, de modo nostrae redemptionis quod videtur nobis, sufficiat. Si qua vero desunt, perfectiori „Tropologiae" nostrae tractatui reservamus. 25

27. *Ubi est ergo.* Dixi sine lege iustitiam Dei nunc manifestari per fidem Christi super omnes pariter qui credunt. Igitur, o Iudaee, „ubi est" amplius *gloriatio tua,* illa scilicet

---

[10] Zu Röm 5,5–8, unten 384–388.
[11] Vgl. zu dieser Stelle oben Einleitung 36 Anm. 151.

hat, bezweifeln wir nicht, da geschrieben steht: „Sowohl die, die vorangingen, als auch die, die folgten, riefen mit folgenden Worten: Hosianna dem Sohne Davids …" (Mk 11,9). Noch gerechter, das heißt in größerem Maße Gott liebend, wird jeder nach der Passion Christi als vor ihr; denn die schon erfüllte Wohltat entflammt ja in größerem Maße zur Liebe als eine noch erhoffte.

Unsere Erlösung ist daher jene höchste in uns durch die Passion Christi entstandene Liebe, die uns nicht allein von der Knechtschaft der Sünde befreit, sondern uns die wahre Freiheit der Kinder Gottes erwirbt (Röm 8,21), so daß wir eher als aus Furcht aus Liebe zu dem alles erfüllen, der uns eine so große Gnade erwiesen hat, wie man sie größer nicht finden kann, wie er selbst bezeugt: „Eine größere Liebe als diese", sagt er, „hat niemand, als daß jemand sein Leben gibt für seine Freunde" (Joh 15,13). Von dieser Liebe sagt derselbe anderswo: „Ein Feuer auf die Erde zu schicken, bin ich gekommen, und was will ich anders, als daß es brennt?" (Lk 12,49). Um diese wahre Freiheit der Liebe bei den Menschen zu verbreiten, ist er daher, wie er bezeugt, gekommen. Dies beachtet der Apostel sorgsam und sagt im folgenden: „Denn die Liebe Gottes ist ausgegossen in unseren Herzen durch den Heiligen Geist, der uns gegeben worden ist. Denn wozu ist Christus …" (Röm 5,5 f); und wiederum: „Es empfiehlt aber Gott seine Liebe in uns, da ja, als wir noch …" (Röm 5,8). Dieses werden wir jedenfalls ausführlicher an der betreffenden Stelle auslegen.[10]

Für jetzt aber mag kurz, so weit es sich für die Kürze der Auslegung gehört, genügen, was unsere Meinung über die Art unserer Erlösung ist. Wenn aber irgend etwas fehlt, heben wir es auf für die vollständigere Behandlung unserer „Tropologia".[11]

27. *Wo ist nun.* Ich sagte, ohne Gesetz werde die Gerechtigkeit Gottes jetzt durch den Glauben an Christus über allen gleichermaßen offenbart, die glauben. Also, o Jude, „wo ist" ferner *dein Sich-Rühmen,* jenes einzigartige

singularis, quam habebas de lege et corporalibus eius observantiis? Iam *exclusa est,* id est ablata tibi et annullata. *Per
quam legem,* scilicet „exclusa est"? „Per legem" *factorum,*
| id est aliquorum exteriorum operum? *Non, sed per legem* | 119
fidei, ut dictum est „Iesu Christi", id est caritatem ex fide 5
nostrae salvationis per Christum venientem. Nam et antequam aliquis baptizetur, si iam credit et diligit — sicut
Abraham de quo scriptum est: „Credidit Abraham Deo et
reputatum est ei ad iustitiam", et fortasse Cornelius nondum baptizatus cuius eleemosynae susceptae sunt a Deo 10
— et de praeteritis peccatis vere poenitet — sicut publica-
nus, qui de templo descendit iustificatus —, eum iustum
dicere non dubito seu iustitiam habere, quae unicuique
reddit quod suum est. Unde et ex utero sanctificatos Ieremiam et Iohannem dicimus, ubi spiritualiter illuminati 15
Deum iam cognoscebant et diligebant, quamvis adhuc eis
necessarium esset sacramentum suscipere circumcisionis,
quod tunc locum obtinebat baptismi.

Quare ergo, inquies, istos tales postea circumcidi vel
baptizari oportuit, qui iam antea erant iusti, ex fide scilicet 20
et caritate quam habebant, et quos, si tunc morerentur,
salvari necesse esset? Nemo quippe iustus mori potest vel
habens caritatem, qui damnetur. Rursus nemo sine baptismo vel martyrio post datam de baptismo sententiam salvari
potest. Mori tamen tunc poterat, cum caritatem habebat 25
ante baptismum vel martyrium, eo quidem tempore quo,

---

[12] Zu dieser — auch bei Bernhard von Clairvaux mehrfach gebrauch-
ten Definition (*tractatus de consideratione ad Eugenium papam* 8,11
[*Opera omnia* 3,406]; *sermones per annum,* sermo 3 in adventu 4; sermo
4 in nativitate 2; sermo 3 in circumcisione; sermo 4 in quadragesima 2
[*Opera omnia* 4,178.265.286.369]; *sermones varii,* sermo in adventu 7–8
[*Opera omnia* 6/1,17]; *sermones de diversi,* sermo 19,4; sermo 54; sermo
125,3 [*Opera omnia* 6/1,163.279.406]); bei Abaelard noch unten 398,22f
und 416,27 – 418,1; ähnlich zu 7,13, unten 524,28 – 526,1) — vgl. Cicero,
rep. 3,7,10 (86 Ziegler); vgl. ders., *fin.* 5,23,65 (189 Schiche).
[13] Vgl. Gregor der Grosse, *moral.* 4,3 (CCL 143,160).

nämlich, welches du hattest wegen des Gesetzes und seiner äußerlichen Riten? *Es ist* schon *ausgeschlossen,* das heißt dir fortgenommen und ungültig gemacht. *Durch welches Gesetz,* nämlich „ist es ausgeschlossen worden"? „Durch das Gesetz" *der Werke,* das heißt irgendwelcher äußerlichen Werke? *Nein, sondern durch das Gesetz des Glaubens,* wie gesagt wurde, an „Jesus Christus", das heißt durch die Liebe, die aus dem Glauben an unsere Rettung durch Christus kommt. Denn wenn jemand, auch ehe er getauft wird, schon glaubt und Liebe hat — wie zum Beispiel Abraham, von dem geschrieben steht: „Abraham glaubte Gott, und das wurde ihm als Gerechtigkeit angerechnet" (Röm 4,3; vgl. Gen 15,6; Gal 3,6; Jak 2,23), und vielleicht vor seiner Taufe Kornelius, dessen Almosen von Gott angenommen worden sind (Apg 10,4) — und wenn er wegen der vorausgegangenen Sünden wahrhaft Buße tut — wie zum Beispiel der Steuerpächter, der gerechtfertigt vom Tempel fortging (Lk 18,14): dann habe ich keine Bedenken, ihn als gerecht zu bezeichnen oder zu sagen, er besitze Gerechtigkeit, die jedem gibt, was sein ist.[12] Daher sagen wir auch, Jeremia und Johannes seien vom Mutterleibe an geheiligt gewesen (Jer 1,5; Lk 1,15), wo sie — geistlich erleuchtet — Gott schon erkannten und liebten, obwohl es für sie noch nötig war, das Sakrament der Beschneidung zu empfangen, das damals die Stelle der Taufe einnahm.[13]

Weshalb also, wirst du sagen, mußten diese derartigen Menschen später beschnitten oder getauft werden, die schon zuvor gerecht waren — aufgrund ihres Glaubens nämlich und der Liebe, die sie besaßen — und die, wenn sie damals gestorben wären, hätten gerettet werden müssen? Niemand, der gerecht ist oder die Liebe besitzt, kann ja so sterben, daß er verdammt wird. Andererseits kann niemand ohne Taufe oder Martyrium nach Erlaß der Entscheidung über die Taufe gerettet werden. Dennoch hätte er damals, als er Liebe besaß, vor der Taufe oder dem Martyrium sterben können, zu der Zeit ja, in der er, wirst

inquies, si moreretur, et salvari eum necesse esset et damnari. Nos autem credimus omnem, qui Deum sincere et
pure propter ipsum diligit, iam praedestinatum ad vitam
nec umquam praeveniendum morte, donec ei vel per prae-
dicationem vel per Spiritum Dominus revelet, quidquid ei 5
de sacramentis fuerit necessarium, et insuper facultatem
hoc percipiendi tribuat.

   Quod vero opponitur eum, qui ante baptismum iam
iustus erat, credendo scilicet atque diligendo Deum, in eo
| tempore tunc esse, in quo, si moreretur, et salvari eum et 10 | 12
damnari oporteret: — hoc opponi potest de quolibet crimi-
naliter peccante, qui ad vitam praedestinatus est, sicut de
David adulterante. Sicut enim illum qui iustus erat salvari
oporteret, sic istum quia praedestinatus; et sicut non baptizatum damnari necesse esset, sic istum adulterantem.   15

   Fuit itaque et David in quodam tempore in quo, si moreretur, et damnari eum et salvari oportebat. Sed rursus in
nullo tempore fuit, in quo non posset bene mori, in nullo in
quo non posset male mori, quamdiu liberum habuit voluntatis arbitrium. Non tamen ideo in aliquo fuit, in quo ne- 20
cesse esset eum et bene et male mori, immo in nullo tempore
necesse fuit aliquem bene mori vel in nullo aliquem male
mori, sed in singulis temporibus, in quibus potest aliquis
bene mori, potest in eisdem male mori. In nullo tamen

---

[14] Zum Verständnis des folgenden Gedankenganges vgl. die *Quaestio* zu
Röm 3, 4, oben 226, 15 – 232, 20.

du sagen, wenn er gestorben wäre, sowohl hätte gerettet als
auch verdammt werden müssen. Wir aber glauben, daß
jeder, der Gott aufrichtig und rein wegen seiner selbst liebt,
schon zum Leben vorherbestimmt ist und daß ihn niemals
der Tod eher treffen darf, als bis ihm der Herr entweder
durch die Verkündigung oder durch den Heiligen Geist
offenbart, was auch immer ihm betreffs der Sakramente
noch nötig ist, und ihm darüber hinaus die Möglichkeit
verschafft, dies zu empfangen.

Was[14] aber betrifft, daß eingewandt wird, der, der schon
vor der Taufe gerecht war — dadurch, daß er nämlich
glaubte und Gott liebte —, habe sich damals in dem Zeitraum befunden, in dem er — wenn er gestorben wäre —
hätte sowohl gerettet als auch verdammt werden müssen:
Dies kann bezüglich eines jeden beliebigen eingewandt
werden, der eine Todsünde begeht und der zum Leben
vorherbestimmt ist, wie zum Beispiel bei David, der
Ehebruch beging (2 Sam 11, 4 f). So wie nämlich jener, der
gerecht war, hätte gerettet werden müssen, so dieser, weil
er vorherbestimmt war; und wie ein Ungetaufter hätte
verdammt werden müssen, so dieser, als er Ehebruch beging.

Es hat sich daher auch David in einem gewissen Zeitraum befunden, in dem er — wenn er gestorben wäre —
sowohl hätte verdammt als auch gerettet werden müssen.
Aber andererseits hat er sich in keinem Zeitraum befunden,
in dem er nicht auf gute Weise hätte sterben können, in
keinem, in dem er nicht auf schlechte Weise hätte sterben
können, solange er seinen freien Willen gehabt hat. Trotzdem hat er sich deshalb in keinem Zeitraum befunden, in
dem er sowohl auf gute als auch auf schlechte Weise hätte
sterben müssen, ja in keinem Zeitraum hat jemand auf gute
Weise sterben oder in keinem hat jemand auf schlechte
Weise sterben müssen, sondern in den einzelnen Zeiten, in
denen jemand auf gute Weise sterben kann, in ebendensel-
ben kann er auch auf schlechte Weise sterben. Trotzdem ist

coniunctim verum est dicere eum posse mori simul bene et male.

Sic et de illo, qui caritatem habet ante baptismum et per hoc iustus est, concedimus, quod in nullo tempore fuerit, in quo necesse esset eum salvari et damnari simul, si more- 5 retur. Posset quippe is, qui caritatem habet ante baptismum, sine caritate tunc esse et sic mori et damnari tantum; posset et mori baptizatus in eo tempore, in quo nondum est baptizatus, et sic salvari.

Quod si dicas coniunctim eum posse simul et habentem 10 caritatem et non baptizatum, non recipio magis quam si diceres aliquem posse mori adulterum et praedestinatum. Sicut vero eum, qui praedestinatus est, bene agere oportet, ut salvetur, sic eum, qui iam iustus est credendo et diligendo, baptizari propter praefixam Domini sententiam de 15 baptismo vel propter ipsam iustitiae perseverantiam. Si enim is, qui caritatem antequam baptizetur habet, priusquam baptizetur vitam finiret, nequaquam in ipsa caritate perseveraret, cum de aeterna | beatitudine penitus despera- | 121 ret et se statim in ipso exitu esse in perpetuo damnandum 20 praesentiret.

Sicut autem ante baptismum aliquem ex fide et dilectione iustum iam dicimus, cui tamen in baptismate nondum sunt peccata dimissa, id est poena eorum penitus condonata, sic et post baptismum parvulos et qui nullius discretionis sunt, 25 quamvis remissionem perceperint peccatorum, nondum tamen iustos dicimus, quamvis mundi sint apud Deum, qui nondum aut caritatis aut iustitiae capaces esse possunt nec

---

[15] So mRcO; möglich wäre jedoch auch mit AR*, die das *posse* nicht haben, zu lesen: *Quod si dicas coniunctim eum simul et habentem caritatem et non baptizatum* (Wenn du ... ihn bezeichnest als sowohl Liebe besitzend als auch nicht getauft).

[16] Wörtlich: die ohne Unterscheidungsvermögen (zwischen Gut und Böse) sind.

bei keinem die verbundene Aussage wahr, er könne zugleich auf gute und auf schlechte Weise sterben.

So geben wir auch bei jenem zu, der vor der Taufe Liebe besitzt und dadurch gerecht ist, daß er sich in keinem Zeitraum befunden hat, in dem er zugleich hätte gerettet und verdammt werden müssen, wenn er gestorben wäre. Es könnte ja der, der vor der Taufe Liebe besitzt, dann ohne Liebe sein und so sterben und nur verdammt werden; es könnte auch ein Getaufter (*sc.* der die Liebe besitzt) in der Zeit sterben, in der er noch nicht getauft ist, und so gerettet werden.

Wenn du aber möglicherweise als verbundene Aussage behauptest, er könne[15] zugleich sowohl im Besitz der Liebe als auch nicht getauft sterben, dann akzeptiere ich das nicht mehr, als wenn du sagtest, jemand könne als Ehebrecher und zugleich Vorherbestimmter sterben. Ebenso wie aber der, der vorherbestimmt ist, gut handeln muß, um gerettet zu werden, so muß auch der, der schon durch Glauben und Lieben gerecht ist, sich taufen lassen wegen der vorgegebenen Entscheidung des Herrn über die Taufe (vgl. Joh 3,5) oder gerade wegen der Beständigkeit der Gerechtigkeit. Denn wenn der, der vor seiner Taufe die Liebe besitzt, sein Leben beenden würde, ehe er getauft werden könnte, dann würde er keinesfalls in der Liebe selbst verharren, da er völlig hinsichtlich der ewigen Glückseligkeit verzweifelte und im voraus merkte, daß er sogleich unmittelbar beim Tode auf ewig verdammt werden müßte.

So wie wir aber schon vor der Taufe jemand aufgrund von Glaube und Liebe gerecht nennen, dem dennoch in der Taufe noch nicht die Sünden vergeben sind, das heißt die Strafe für sie völlig erlassen ist, so nennen wir auch nach der Taufe die kleinen Kinder und die, die die Vernunft nicht gebrauchen können[16], auch wenn sie die Vergebung der Sünden empfangen haben, trotzdem noch nicht gerecht, obwohl sie rein sind bei Gott. Sie können noch nicht die Liebe oder die Gerechtigkeit fassen und

aliqua merita habere. Qui tamen, si in hac imbecillitate moriantur, cum incipiunt de corpore exire et vident sibi per misericordiam Dei gloriam praeparatam, simul cum discretione caritas Dei in eis nascitur.

Ne quis itaque Iudaeorum nobis, immo Apostolo posset 5 opponere nos quoque „per legem factorum", id est exteriorum operum sicuti baptismi, iustificari, sufficiat nos hoc de nostra iustificatione, immo omnium, quae in caritate consistit, interposuisse, et antequam sacramenta suscipiantur, sive nostra sive illorum. Quod et propheta considerans 10 dicebat: „In quacumque hora peccator ingemuerit peccata sua, salvus erit."

28. *Arbitramur enim,* nos scilicet quos Dominus ecclesiae suae praeposuit, id est censemus vel testificamur. — ‚Unde‘, ut ait Haymo, arbitros dicimus ‚iudices sive testes‘ — *homi-* 15 *nem,* omnem scilicet tam Iudaeum quam gentilem, *per fidem* tamquam sibi necessariam, quia „sine fide impossibile est placere Deo". „Per fidem", dico, sine operibus legis, illis videlicet exterioribus et corporalibus observantiis.

29. *An Iudaeorum.* „Arbitramur", et bene, quia etiam 20 gentes gratiam Dei assequuntur „per fidem", quae tamen legis opera non servant, sicuti Iob gentilis olim et nunc etiam gentiles conversi. Et hoc est quod ostendit dicens: „An Iudaeorum" *tantum* est *Deus* per gratiam?

30. *Quoniam quidem.* Ac si diceret: Utrorumque est per 25 gratiam, quia utrosque *iustificat per fidem,* quae ad cari-

---

[17] Ps.-Haymo von Halberstadt, *Expositio* 3 (PL 117,393B); zugrunde liegt die etymologische Verwandtschaft von *arbitramur* (wir glauben) und *arbiter* (Schiedsrichter).

keine Verdienste haben. Wenn diese trotzdem in dieser Schwachheit sterben sollten, entsteht in ihnen, wenn sie sich anschicken, ihren Körper zu verlassen, und sehen, daß ihnen durch das Erbarmen Gottes die Herrlichkeit bereitet worden ist, zugleich mit dem Unterscheidungsvermögen die Liebe zu Gott.

Damit daher niemand von den Juden uns, ja dem Apostel, vorwerfen könnte, auch wir würden „durch das Gesetz der Taten", das heißt äußerlicher Werke wie zum Beispiel der Taufe, gerechtfertigt, mag es genügen, daß wir dies über unsere Rechtfertigung — ja die aller Menschen — als Exkurs eingeschoben haben; sie besteht in der Liebe, und zwar bevor die Sakramente genommen werden, seien es unsere, seien es ihre. Dies bedachte auch der Prophet und sagte: „In welcher Stunde auch immer der Sünder über seine Sünden seufzen wird, wird er gerettet sein" (vgl. Ez 33,12.19).

28. *Denn wir halten dafür,* wir nämlich, die der Herr an die Spitze seiner Kirche gestellt hat, das heißt, wir meinen oder bezeugen — ‚daher', wie Haymo sagt, nennen wir Schiedsrichter ‚Richter oder Zeugen'[17] —, daß *der Mensch,* jeder nämlich, ebenso der Jude wie der Heide, *durch den Glauben* als für ihn notwendig (sc. gerechtfertigt wird); denn „ohne Glauben ist es ja unmöglich, Gott zu gefallen" (Hebr 11,6). „Durch den Glauben", sage ich, ohne Gesetzeswerke, jene äußerlichen und körperlichen Riten nämlich.

29. *(Sc. Ist Gott)* denn *nur der Juden (sc. Gott)?* „Wir glauben", und zu Recht, daß durch den Glauben auch die Heiden Gottes Gnade erlangen, die dennoch die Werke des Gesetzes nicht befolgen, wie zum Beispiel einst der Heide Ijob und auch jetzt die bekehrten Heiden. Und dies ist es, was er zeigt, indem er sagt: Ist denn Gott *nur Gott* der Juden aus Gnade?

30. *Denn es ist.* Wie wenn er sagen wollte: Er ist beider Gott aus Gnade, da er ja beide *durch den Glauben recht-*

tatem, ut diximus, perducit: *circumcisionem,* id est Iudaeos,
| *et praeputium,* id est gentiles. Quod dicit *ex fide — per* | 122
fidem, diversitas est locutionis, non sententiae. Unde
Augustinus in libro „De spiritu et littera": „Non ad differentiam dictum est tamquam aliud sit ‚ex fide', aliud ‚per 5
fidem', sed ad varietatem locutionis."

31. *Legem ergo.* Quoniam quidem „per fidem sine operibus legis" dicimus homines posse salvari, „ergo legem"
destruimus per fidem, id est per commendationem fidei eam
irritam monstramus? *Absit! Sed legem statuimus,* id est 10
volumus, ut lex per omnia compleatur. Ille enim veraciter
etiam figuralia nunc implet praecepta, qui illud facit vel
credit, quod nunc tantum illa habent figurare, non efficere,
non tam sonum vocis quam sensum et intentionem attendens iubentis. Denique, ut ipse ait Apostolus, „plenitudo 15
legis est dilectio." De qua etiam commemoratis eius praeceptis Dominus ait diviti: „Hoc fac, et vives."

4,1. *Quid ergo?* Quandoquidem exteriora illa opera legis
iustitiam non habent conferre, „quid ergo" iustitiae vel
utilitatis *dicemus invenisse Abraham secundum carnem,* id 20
est per illas carnales observantias veluti circumcisionis vel
sacrificiorum? Ac si diceret: Nihil. Cum dicit *patrem no-*
strum, id est quem imitari debemus quasi filii eius per
doctrinam, quaestionem suam aggravat, quasi et nos eum
in istis sequi debeamus.   25

---

[18] Zu Röm 3,27, oben 290,26 – 298,12.
[19] AUGUSTINUS, *spir. et litt.* 29,50 (CSEL 60,205).
[20] Gemeint: der Liebe.

fertigt, der, wie wir sagten[18], zur Liebe führt: *die Beschnei-*
dung, das heißt die Juden, *und die Unbeschnittenheit,* das
heißt die Heiden. Daß er sagt: *aus Glauben — durch Glau-*
ben, ist eine Verschiedenheit der Ausdrucksweise, nicht der
Bedeutung. Daher sagt Augustinus in seinem Buch „Vom
Geist und Buchstaben": „Nicht zur Unterscheidung ist es
gesagt, als ob ‚aus Glauben' und ‚durch Glauben' jeweils
etwas Verschiedenes sei, sondern zur Abwechslung im
Ausdruck."[19]

31. *Das Gesetz also.* Da wir ja sagen, die Menschen
könnten „durch den Glauben ohne Gesetzeswerke" (Röm
3,28) gerettet werden, *heben wir* „also das Gesetz" *durch*
den Glauben auf, das heißt zeigen wir durch die Empfehlung des Glaubens, daß es ungültig sei? *Das sei ferne!*
Vielmehr richten wir das Gesetz auf, das heißt, wir wollen,
daß das Gesetz in allem erfüllt wird. Denn jener erfüllt jetzt
wahrhaft auch die vorbildhaften Vorschriften, der das tut
oder glaubt, was jene jetzt nur als Vorbilder zeigen, aber
nicht bewirken können, wenn er nicht so sehr auf den
Klang der Stimme als vielmehr auf die Bedeutung und die
Absicht dessen achtet, der befiehlt. Schließlich ist, wie der
Apostel selbst sagt, „die Liebe die Erfüllung des Gesetzes"
(Röm 13,10). Von ihr sagt auch der Herr, nachdem er ihre[20]
Gebote erwähnt hat, zu dem Reichen: „Dies tu, und du
wirst leben" (Lk 10,28).

4,1. *Was also?* Da ja jene äußerlichen Gesetzeswerke die
Gerechtigkeit nicht herbeiführen können, „was also" an
Gerechtigkeit oder Nutzen, *werden wir sagen, hat Abra-*
ham dem Fleische nach gefunden, das heißt durch jene
äußerlichen Riten wie zum Beispiel der Beschneidung oder
von Opfern? Wie wenn er sagen wollte: Nichts. Wenn er
sagt: *unser Vater,* das heißt, den wir nachahmen müssen —
gewissermaßen als seine Söhne durch die Lehre —, er-
schwert er seine Frage noch, als ob auch wir ihm in diesen
Dingen folgen müßten.

2. *Si enim*. Et vere non est per illa exteriora iustitiam
assecutus divino iudicio, quia per illa nullum apud Deum
pretium habet. Et hoc est: „Si" *iustificatus est ex operibus,*
hoc est: exteriora quae iustitiae hominibus videbantur ex-
ercuit, *habet* quidem *gloriam, sed non apud Deum,* hoc est: 5
Apud homines, qui de visibilibus iudicant, magnus per hoc
habetur, „non apud Deum", qui cordis inspector est et
renum probator et in abscondito videt.

3. *Quid enim?* Et bene dico non „ex operibus" Abraham 123
iustificari apud Deum sed ex fide, quia sic habemus ex 10
testimonio Scripturae. Et hoc est: „Quid enim" *dicit scrip-*
tura? Hoc est: Attendamus quod scriptum est in Genesi,
hoc videlicet quod sequitur: *Credidit Abraham Deo,* hoc
est promissionibus divinis, sive exeundo de terra sua ut
multiplicaretur in aliena, sive de promissione filii, sive de 15
quacumque ei promisit, quantumcumque incredibilia vel
magna videntur. Haec autem vera est illa „fides quae per
dilectionem operatur." Cum itaque dicit: „Credidit Deo",
tale est: Credendo exsecutus est libenter iussa Domini, *et*
reputatum est hoc ei a Domino *ad iustitiam,* hoc est: Haec 20
oboedientia fidei eum apud Deum iustum constituit, non
circumcisio vel ceterae corporales observantiae, quae in
lege postea scriptae sunt.

4. *Ei autem*. Ac si diceret: Non sine causa dico quod
Abraham, si ex operibus iustificaretur, haberet „gloriam", id 25
est maximam laudem, inter homines, „sed non apud Deum";
sed propter hoc dico, quod „ei" *qui operatur, imputatur* ab

2. *Denn wenn.* Und wahrhaftig hat er nach göttlichem Urteil nicht durch jene Äußerlichkeiten die Gerechtigkeit erlangt, da er durch jene bei Gott keinen Lohn hat. Und dies bedeutet: „Wenn" *er aus Werken gerechtfertigt worden ist,* das heißt sich in äußerlichen Werken geübt hat, die den Menschen zur Gerechtigkeit zu gehören schienen, *hat er* zwar *Ruhm, aber nicht vor Gott,* das heißt: Bei den Menschen, die nach dem Sichtbaren urteilen, wird er hierdurch für groß gehalten, „nicht bei Gott", der in das Herz schaut (Spr 24,12) und die Nieren prüft (Jer 11,20; 17,10) und im Verborgenen sieht (Mt 6,4.6.18).

3. *Denn was?* Und zu Recht sage ich, daß Abraham nicht „aufgrund von Werken" bei Gott gerechtfertigt werde (Röm 4,2), sondern aufgrund des Glaubens; denn so haben wir es aus dem Zeugnis der Schrift. Und dies bedeutet: „Denn was" *sagt die Schrift?,* das heißt, laßt uns beachten, was in der Genesis geschrieben steht, dies nämlich, was folgt: *Abraham glaubte Gott* (Gen 15,6), das heißt den göttlichen Verheißungen, sei es dadurch, daß er sein Land verließ, um sich in einem fremden zu vermehren (Gen 12,1–3), sei es bezüglich der Verheißung seines Sohnes (Gen 15,4; 17,19), sei es bezüglich welcher Verheißung auch immer, wie unglaublich und groß es auch erscheint. Dies aber ist jener wahre „Glaube, der durch die Liebe wirkt" (Gal 5,6). Wenn er daher sagt: „Er glaubte Gott", bedeutet das etwas Derartiges: Aus Glauben hat er gerne die Befehle des Herrn befolgt, *und* das *ist* ihm vom Herrn *zur Gerechtigkeit angerechnet worden,* das heißt: Dieser Glaubensgehorsam hat ihn bei Gott gerecht gemacht, nicht die Beschneidung oder die übrigen äußerlichen Riten, die im Gesetz später aufgeschrieben worden sind.

4. *Dem aber.* Wie wenn er sagen wollte: Nicht ohne Grund sage ich, daß Abraham, wenn er aufgrund von Werken gerechtfertigt worden wäre, Ruhm hätte, das heißt höchstes Ansehen, unter den Menschen, „aber nicht bei Gott" (Röm 4,2); aber deshalb sage ich, daß „dem", *der Werke tut,* von

hominibus *merces secundum debitum,* hoc est: Suae acqui-
sitionis et propriae virtutis id dicitur esse, non ex aliena
gratia conferri, cum apud Deum sola amantis fides ad iustitiam sufficiat.

5. Et hoc est quod sequitur: *Ei vero qui non operatur,* 5
legalia videlicet opera, sed per fidem ei vere cohaeret, „qui
iustificat impium" — et hoc est: *credenti in eum, qui iustificat impium —, reputatur,* ab eo scilicet, „qui iustificat
impium", id est a Deo, *fides eius ad iustitiam,* hoc est:
remunerat eum pro hac fide tamquam iustum. Hic aperte 10
Apostolus determinavit, cum ait: „credenti in eum", qua-
lem fidem intelligit. Aliud est enim credere Deum, ut videlicet ipse sit; aliud est Deo, id est promissis vel verbis eius,
quod vera sint; aliud in Deum: Tale quippe est credere in
Deum, ut ait Augustinus, „Super Iohannem": „Credendo 15
amare, credendo diligere, credendo tendere ut membrum
eius efficiatur." Credunt itaque | daemones quoque et re- | 124
probi Deum, credunt Deo, sed non in Deum, quia non
diligunt nec diligendo se ei incorporant, id est ecclesiae,
quae eius corpus est, per devotionem aggregant. 20

Quomodo autem deputatur, subponit: *secundum propositum gratiae Dei,* id est secundum hoc, quod in proposito
divinae bonitatis consistit, quae magis animum quam opera
remunerat. Alioquin multi, qui facultatem operandi non
habent, cum tamen habeant voluntatem, reprobarentur. 25

6. *Sicut et David dicit,* hoc est: exponit nobis, *beatitudinem hominis, cui Deus accepto,* hoc est: per suam miseri-

---

[21] Lateinisch: *credere Deum — credere Deo — credere in Deum;* vgl. die
Auslegungen zu Röm 3,22, oben 274,16 – 276,12; zu Röm 4,23f, unten
378,9–27; zu Röm 10,12, unten 668,26 – 670,9, zur Herkunft vgl. MOHR-
MANN, *Credere in Deum;* PEPPERMÜLLER, *Auslegung* 80f.

[22] Das lateinische *amare* und *diligere* läßt sich im Deutschen nicht unterscheiden; vgl. AUGUSTINUS, *in evang. Ioh.* 29,6 (CCL 36,287).

den Menschen *Lohn nach Schuldigkeit angerechnet wird,*
das heißt: Man sagt, dies sei Sache seines Erwerbs und
seiner eigenen Tüchtigkeit, werde aber nicht aus unver-
dienter Gnade erwiesen, während bei Gott allein der Glaube dessen, der Liebe hat, zur Gerechtigkeit genügt.

5. Und dies bedeutet, was folgt: *Demhingegen, der keine
Werke tut,* Gesetzeswerke nämlich, sondern im Glauben
dem wahrhaft verbunden ist, „der den Gottlosen rechtfertigt" — und dies bedeutet: *dem, der an den glaubt, der den
Gottlosen rechtfertigt —, wird angerechnet,* von dem nämlich, „der den Gottlosen rechtfertigt", das heißt von Gott,
sein Glaube zur Gerechtigkeit, das heißt, er belohnt ihn für
diesen Glauben gleichsam als Gerechten. Hier hat der Apostel offenkundig definiert, was für einen Glauben er meint,
wenn er sagt: „der an ihn glaubt". Etwas anderes ist es
nämlich, Gott zu glauben, daß er nämlich existiert; etwas
anderes ist es, Gott zu glauben, das heißt seinen Verheißungen oder Worten, daß sie wahr sind; etwas anderes ist es, an
Gott zu glauben[21]: So etwas bedeutet es ja, an Gott zu glauben, wie Augustinus in seiner „Auslegung des Johannesevan-
geliums" sagt: „Im Glauben aus Neigung zu lieben, im Glauben in Ehrfurcht zu lieben[22], im Glauben danach zu streben,
zu seinem Glied zu werden." Es glauben daher auch Dämonen und Verworfene an die Existenz Gottes, sie glauben
Gott, aber nicht an Gott, da sie keine Liebe haben und sich
nicht durch Liebe ihm eingliedern, das heißt seiner Kirche,
die sein Leib ist (Kol 1,24), in Verehrung zugesellen.

Wie aber angerechnet wird, fügt er an: *nach dem Ratschluß der Gnade Gottes,* das heißt nach dem, was im
Vorsatz der göttlichen Güte besteht, die mehr die Gesinnung als die Werke belohnt. Andernfalls würden viele verworfen, die keine Möglichkeit zum Handeln haben, obwohl sie doch den Willen dazu besitzen.

6. *Wie auch David nennt,* das heißt uns erklärt, *die
Seligkeit des Menschen, dem Gott, wenn er angenommen
ist,* das heißt durch seine Barmherzigkeit aufgenommen ist,

cordiam suscepto, cum ipse surgere per se ad eum non
valeret, *fert iustitiam,* quam ipse, cui affertur, sumere per se
non poterat. „Fert", inquam, *sine operibus legis,* scilicet
legalibus.

7. Quod enim ait: *Beati quorum remissae sunt iniqui-* 5
tates, etc., generaliter dicit, quicumque sint, sive Iudaei sive
gentiles. Remittitur iniquitas, quando poena eius condonatur per gratiam, quae exigi poterat per iustitiam, ac per hoc
iam ipsam gratiam quasi fundamentum Scriptura constituit,
ut, quidquid deinceps superaedificetur, praeeunti gratiae 10
deputetur. Remissis autem iniquitatibus qualiter ad perfectionem divina gratia hominem perducat, prosequitur, cum
deinde addit peccata tegi ac denique nec imputari. Remittuntur quidem peccata per poenitentiae gemitum, de quo
dicitur: „Quacumque hora peccator ingemuerit", quia pri- 15
usquam ei vere displicet iniquitas et omnis mala eius voluntas abscedit, iam ita est cum Deo peccator reconciliatus, ut
a gehennae poenis sit liberatus nec umquam gehennam
incurret, si in hoc gemitu moreretur, paratus ad omnem
quam posset satisfactionem. Tunc autem *tecta sunt peccata,* 20
quando in hoc saeculo satisfactio poenitentiam sequitur.
Quae quidem satisfactio etiam purgatorias extinguit alterius saeculi poenas, cum prius poenitentia poenas deleverit
damnatorias, id est gehennales. Tunc igitur „tecta sunt"
ante oculos iudicis „peccata", quando iam pro eis nihil videt 25
quod puniat.

8. *Beatus vir.* Cum primum plurali numero ,beatos' pro- 125
poneret dicens: „Beati quorum", etc., quid est, quod nunc
singulari numero ,beatum' enuntiat et ,virum' nominat dicens: „Beatus vir", etc., nisi quia divinae gratiae beneficia 30

da er sich von sich aus nicht zu ihm erheben konnte, *die Gerechtigkeit bringt,* die der, dem sie gebracht wird, von sich aus nicht ergreifen konnte. „Er bringt sie", sage ich, *ohne Werke,* nämlich gesetzliche Werke.

7. Daß er nämlich sagt: *Selig die, deren Missetaten vergeben sind* ... meint er allgemein, wer auch immer sie sind, seien es Juden, seien es Heiden. Eine Missetat wird vergeben, wenn die Strafe dafür aus Gnade erlassen wird, die aus Gerechtigkeit gefordert werden konnte; und hierdurch hat die Schrift schon gerade die Gnade sozusagen als Fundament hingestellt, so daß alles, was von da an darauf gebaut wird, der vorausgehenden Gnade zugeschrieben wird. Wie aber nach der Vergebung der Missetaten die göttliche Gnade den Menschen zur Vollendung führt, führt er weiter aus, indem er danach hinzufügt, die Sünden würden bedeckt und schließlich auch nicht angerechnet. Vergeben werden ja die Sünden durch den Seufzer der Buße, von dem es heißt: „Zu welcher Stunde auch immer der Sünder seufzen wird" (vgl. Ez 33,12.19); denn noch bevor ihm seine Missetat wahrhaft mißfällt und sein böser Wille sich ganz entfernt, ist der Sünder schon so mit Gott versöhnt, daß er von den Höllenstrafen frei ist und niemals in die Hölle kommen wird, falls er in diesem Seufzen sterben sollte, bereit zu jeder Genugtuung, die er leisten könnte. Dann aber *sind die Sünden bedeckt,* wenn in dieser Zeit die Genugtuung auf die Buße folgt. Diese Genugtuung löscht ja sogar die Reinigungsstrafen des anderen Zeitalters aus, nachdem zuvor die Buße die Strafen der Verdammnis beseitigt hat, das heißt die Höllenstrafen. Dann also sind vor den Augen des Richters „die Sünden bedeckt", wenn er an ihrer Stelle schon nichts mehr sieht, was er bestrafen sollte.

8. *Selig der Mann.* Während er doch zuerst ‚Selige' im Plural voranstellte, als er sagte: „Selig, deren ..." (Röm 4,7): was bedeutet es anderes, daß er nun im Singular ‚selig' sagt und ‚den Mann' nennt, indem er sagt: „Selig der Mann ...", als daß er die Wohltaten der göttlichen Gnade bis auf jenen

usque ad singularem illum hominem extendit, qui in una
Christi persona Deo unitus est? Cuius etiam beatitudinem
eodem propheta describente in ipso statim capite libri
scriptum est: „Beatus vir qui non abiit." Vir quippe a ‚viribus' dictus est ideo, quia ille, qui nihil debilitatis ex corrup- 5
tione peccati traxit, qui fortior fortem alligavit et arma eius
diripuit, quasi vir singulariter per excellentiam dicitur; alii
vero comparatione ipsius quasi effeminati et molles omnes
existunt, terrenis voluptatibus subiacentes. Huic autem,
cum omnino sit immunis a peccato, nullum *Dominus im-* 10
putavit peccatum, quia nulla eum poena pro peccato
dignum iudicavit aliquo vel originali vel proprio, qui nec in
peccato conceptus fuerit nec peccatum aliquod commiserit.

Possumus etiam ter beatitudine nominata tria hominum
salvandorum genera intelligere: Unum quidem genus est 15
parvulorum baptismo vel martyrio sanctificatorum et quorumlibet vere poenitentium, quibus in hac vita satisfactionem poenitentiae non licet explere; aliud vero genus est, qui
per condignam satisfactionem peccata corrigunt; tertium
vero genus in unius Salvatoris singularitate, ut expositum 20
est, permanet. Cum itaque ait: „Beati quorum remissae sunt
iniquitates", solam intelligit remissionem, quam scilicet
nulla hic satisfactio sequitur. Parvulis autem, qui iuxta
psalmistam in iniquitatibus concepti sunt, illae, in quibus
concepti et nati, iniquitates remittuntur, dum originalis 25
peccati damnationem pro eis, ut diximus, non incurrunt.
Ceteri vero, sicut supra | quoque meminimus, satisfactione | 126

---

[23] Vgl. MOJSISCH, *Glückseligkeit.*
[24] Etymologische Erklärung von *vir* (Mann) aus *vis* (Kraft).
[25] Gemeint: den Teufel.
[26] So Abaelards Text und einige Hss der Vg.; in den meisten Hss steht das
Futur *imputabit.*
[27] Zu Röm 3,27, oben 290,26 – 298,12.
[28] Zu Röm 4,7, oben 306,5–26.

einzigartigen Menschen ausdehnt, der in der einen Person des Christus mit Gott vereint ist? Dessen Glückseligkeit[23] beschreibt auch derselbe Prophet, und es steht unmittelbar zu Beginn des Buches: „Selig der Mann, der nicht gefolgt ist" (Ps 1,1). Mann ist er ja deshalb nach den ‚Kräften'[24] genannt worden, weil jener, der sich nichts an Schwäche aus der Verderbnis der Sünde zugezogen hat, der als Stärkerer den Starken[25] gebunden (vgl. Mt 12,29) und seine Waffen zerstört hat, gewissermaßen einzigartig nach seiner überragenden Stellung „Mann" genannt wird. Die anderen aber sind im Vergleich mit ihm sozusagen alle verweiblicht und weich, da sie irdischen Vergnügungen unterliegen. Da dieser jedoch völlig frei von Sünde ist, *hat*[26] ihm *Gott* keine *Sünde angerechnet;* denn er hat ihn keiner Strafe für irgendeine Sünde — sei es die Erbsünde oder eine eigene — für würdig erachtet, der weder in Sünde empfangen worden ist noch irgendeine Sünde begangen hat.

Wir können auch in der dreimaligen Nennung der Glückseligkeit drei Arten von Menschen erkennen, die gerettet werden sollen: Die eine Art ist ja die der kleinen Kinder, die durch Taufe oder Martyrium geheiligt sind, und die aller beliebigen aufrichtigen Büßer, denen es in diesem Leben nicht möglich ist, die Genugtuung der Buße zu leisten. Die zweite Art aber besteht aus denen, die durch angemessene Genugtuung ihre Sünden berichtigen. Die dritte Art aber bleibt einzig und allein in der Einzigartigkeit des Heilands bestehen, wie dargelegt wurde. Wenn er daher sagt: „Selig, deren Ungerechtigkeiten vergeben sind" (Röm 4,7), versteht er darunter die Vergebung allein, der nämlich hier keine Genugtuung folgt. Den kleinen Kindern aber, die nach dem Psalmisten in Ungerechtigkeiten empfangen sind (vgl. Ps 51,7), werden jene Ungerechtigkeiten, in denen sie empfangen und geboren sind, vergeben, indem sie sich für sie, wie wir gesagt haben[27], nicht die Verdammnis der Erbsünde zuziehen. Die übrigen aber, wie wir auch oben erwähnt haben[28], bedecken mit der

bonorum operum peccata contegunt praeterita. Et hoc quidem ipsa constructionis proprietas exigere videtur, ut, cum
hic dicitur „quorum" et „quorum", non eosdem intelligamus sed diversos. Alius est enim sensus si semel proferatur
„quorum", hoc modo: „Beati quorum remissae sunt iniqui- 5
tates et tecta sunt peccata", alius si repetitum bis dicatur,
sicut praesens habet littera. Semel quippe dictum eosdem,
duplicatum diversos insinuat.

<Quaestio>

§ Quaestio de gratia Dei et meritis hominum hoc loco se 10
ingerit: quae sint apud Deum videlicet merita nostra, cum
omnia bona eius tantum gratiae tribuenda sunt, „qui in
nobis operatur", eodem attestante Apostolo, „et velle et
perficere pro bona voluntate". Unde et alibi ait: „Quid
autem habes quod non accepisti? Si autem accepisti, quid 15
gloriaris quasi non acceperis?" Quaerendum etiam, in quo
merita nostra consistant, in voluntate videlicet tantum an
etiam in operatione, id est: quid ad gloriam sive poenam
Deus in nobis remuneret; et utrum virtus ad beatitudinem
sufficiat, etiam si in operationem non prorumpat; et utrum 20
opus exterius, quod bonam vel malam voluntatem sequitur,
meritum augeat; et cum omnis virtus sit animi et in ipso
fundata consistat, utrum omne peccatum similiter animi sit;
et quid inter vitium animi et peccatum differat et quot
modis peccatum dicatur. — Sed quia hoc maxime ad ethi- 25
cam pertinet considerationem et diutius in his definiendis

---

9 Quaestio *R^{mg}* ‖ 10 Quaestio de gratia … § *vorangestellt bei* O

Genugtuung durch gute Werke die vorausgegangenen Sünden. Und dies scheint gerade die Eigenart der Konstruktion zu erfordern, daß wir, wenn es hier heißt „deren" und „deren", darunter nicht dieselben verstehen, sondern verschiedene. Anders ist nämlich die Bedeutung, wenn auf folgende Weise „deren" nur einmal ausgesagt wird: „Selig, deren Ungerechtigkeiten vergeben und Sünden bedeckt sind!", anders, wenn es mit Wiederholung zweimal gesagt wird, wie es beim gegenwärtigen Text der Fall ist. Einmal gesagt, weist es ja auf dieselben, verdoppelt auf verschiedene hin.

‹Frage›

Die Frage nach der Gnade Gottes und den Verdiensten der Menschen drängt sich an dieser Stelle auf: was nämlich bei Gott unsere Verdienste sind, wo doch alles Gute allein der Gnade dessen zuzuschreiben ist, „der in uns" — nach dem Zeugnis desselben Apostels — „das Wollen und das Vollbringen nach seinem guten Willen wirkt" (Phil 2,13). Daher sagt er auch an anderer Stelle: „Was aber hast du, das du nicht empfangen hast? Wenn du es aber empfangen hast, was rühmst du dich, als hättest du es nicht empfangen?" (1 Kor 4,7). Zu fragen ist auch, worin unsere Verdienste bestehen, ob nämlich allein im Willen oder auch im Tun, das heißt was Gott in uns zur Herrlichkeit oder zur Strafe vergilt; und ob Tugend zur Glückseligkeit genügt, auch wenn sie nicht zum Handeln gelangt; und ob ein äußerliches Werk, das dem guten oder schlechten Willen folgt, das Verdienst vergrößert. Und da jede Tugend zum Geist gehört und in ihm begründet ist, ist zu fragen, ob ähnlich jede Sünde zum Geist gehört und was der Unterschied ist zwischen einem geistigen Laster und einer Sünde und auf wieviel Weisen man von Sünde spricht. — Aber weil sich dies in erster Linie auf die Betrachtung der Ethik bezieht und man sich bei der näheren Bestimmung dieser Probleme

immorandum esset quam brevitas expositionis postulat,
nostrae id „Ethicae" discussioni reservemus.

9. *Beatitudo ergo.* Quandoquidem ostensum est, quot
modis beatitudo dicatur sive habeatur, illud etiam videamus, a quibus habeatur, id est a circumcisis tantum an etiam 5
a praeputiatis. Et hoc est quod quaerendo ait: Ergo haec
beatitudo, | quam videlicet in Deum assequimur sine ope- | 127
ribus etiam legis credendo, *manet in circumcisione tantum,*
id est in circumcisis, *an etiam in* praeputiatis? Quae vero
sit haec „beatitudo", determinat dicens eam esse, quam 10
Abraham consecutus est, cum ex fide fuerit iustificatus. Et
hoc est quod subdit: *Dicimus enim,* id est ex supraposito
convincimus testimonio, *quia Abrahae fides* qua, ut expositum est, in Deum credidit, „reputata est ei apud Deum"
ad iustitiam, id est: Deus iustum eum esse reputavit et 15
remuneratione iustorum dignum iudicavit.

10. Dixi: „Reputata est." Ergo quaeramus in ipso Abraham, *quomodo,* id est quando, sit ei *reputata* „fides" eius
„ad iustitiam", utrum videlicet antequam circumcideretur
vel post, ut per eum videlicet etiam de ceteris hominibus 20
iudicare possimus, utrum videlicet soli circumcisi hanc beatitudinem iustitiae assequantur an non. Et hoc est quod ait:

<Quaestio>

„Quomodo?" quaerendo et statim solvendo: *In circumci-*
sione, id est postquam circumcisus fuit, *an in praeputio,* id 25

---

23 Quaestio R^{mg}

---

[29] Vgl. *Ethica* 2 (36 LUSCOMBE).

länger aufhalten müßte, als die Kürze einer Auslegung es
erfordert, wollen wir es der Diskussion in unserer „Ethik"
vorbehalten.[29]

9. *Seligkeit also.* Da ja gezeigt wurde, auf wie viele Weisen
man die Seligkeit benennt oder besitzt, wollen wir auch
jenes betrachten, wer sie besitzt, das heißt, ob nur die Beschnittenen oder auch die Unbeschnittenen. Und dies bedeutet, was er in Form einer Frage sagt: *Gilt* also diese
Seligkeit, die wir ja erlangen, wenn wir an Gott auch ohne
Gesetzeswerke glauben, *nur in der Beschnittenheit,* das
heißt in den Beschnittenen, *oder auch in* den Unbeschnittenen? Was dies aber für eine „Seligkeit" ist, bestimmt er näher,
indem er sagt, es sei die, die Abraham erreicht hat, da er aus
Glauben gerechtfertigt worden ist. Und dies bedeutet, was
er anfügt: *Denn wir sagen,* das heißt, aus dem oben angeführten Zeugnis beweisen wir, *daß der Glaube Abrahams,*
durch den er, wie ausgelegt worden ist[30], an Gott geglaubt
hat, „ihm bei Gott" *zur Gerechtigkeit* „angerechnet worden ist"[31], das heißt, Gott hat ihn als gerecht angesehen und
hat ihn der Belohnung der Gerechten für würdig erachtet.

10. Ich sagte: „Ist angerechnet worden." Also wollen wir
an Abraham selbst untersuchen, *auf welche Weise,* das heißt
wann, ihm sein „Glaube zur Gerechtigkeit" *angerechnet
worden ist,* ob nämlich vor seiner Beschneidung oder danach, so daß wir durch ihn nämlich auch bezüglich der
übrigen Menschen urteilen können, ob nämlich allein Be-
schnittene diese Glückseligkeit der Gerechtigkeit erlangen
oder nicht. Und dies bedeutet, daß er sagt:

<Frage>

„Auf welche Weise?", indem er fragt und sogleich die
Lösung gibt: *In der Beschnittenheit,* das heißt, nachdem er
beschnitten worden ist, *oder in der Unbeschnittenheit,* das

---

[30] Zu Röm 4,2f, oben 302,1–23.
[31] Zu Röm 4,4, oben 302,24 – 304,4.

est antequam circumcideretur, dum adhuc videlicet praeputium retineret?

11. *Et signum accepit.* Forte quaereret aliquis, quare superflue circumcisionem acceperit Abraham, cum ante iustificatus fuerit nihilque in ea iustificationis acceperit. Et 5 ideo hanc questionem praeveniens ait non ad iustificationem aliquam eum hoc signum exterius suscepisse, sed ad significationem et ostensionem iustitiae, quam iam habebat in mente, dum adhuc in praeputio esset. Et hoc est quod dicitur: „Et signum accepit" *circumcisionis,* hoc est: Cir- 10 cumcisionem accepit pro signo. Et cuius rei signo, statim subponit: *signaculum,* id est pro signaculo, id est signo, *iustitiae fidei quae est* etiam *in praeputio,* id est in praeputiatis nihilo minus quam in circumcisis, ut videlicet tali signo iustitiam potius | designaret quam adipisceretur. ,Iu- 15 | 1
stitia fidei' dicit, quae est in mente, ad differentiam illius, quam solent homines iustitiam appellare, quam scilicet exterius exercent in vindicta malorum et in beneficiis aliquibus erogandis. Unde scriptum est: „Attendite ne iustitiam vestram faciatis coram hominibus, ut videamini ab 20 eis."

Possumus etiam ita variare „signum" et „signaculum", ut circumcisio ipsa alterius rei sit signum, alterius vero signaculum; signum quidem sit carnalium Abrahae filiorum et signaculum spiritualium, cum ipse tam Iudaeorum 25 secundum carnem quam gentilium per fidem pater sit constitutus. Est quippe, iuxta Haymonem, ,signaculum' quasi sigillum ,quod alicui rei imprimitur ut lateat', atque ideo bene referendum videtur ad spirituales filios Abrahae ex

---

32 PS.-HAYMO VON HALBERSTADT, *Expositio* 4 (PL 117,396CD).

heißt, bevor er beschnitten wurde, solange er nämlich noch
seine Vorhaut behielt?

11. *Und er empfing das Zeichen.* Vielleicht könnte jemand fragen, warum Abraham überflüssigerweise die Beschneidung empfangen habe, da er doch zuvor gerechtfertigt gewesen sei und er in ihr nichts von der Rechtfertigung
empfangen habe. Und daher sagt der Apostel, der Frage
zuvorkommend, er habe dieses äußere Zeichen nicht zu
irgendeiner Rechtfertigung empfangen, sondern als Zeichen und Erweis der Gerechtigkeit, die er schon im Geiste
besaß, während er sich noch in der Unbeschnittenheit be-
fand. Und dies bedeutet, daß gesagt wird: „Und er empfing
das Zeichen" *der Beschneidung,* das heißt, er empfing die
Beschneidung als Zeichen. Und wofür Zeichen, fügt er
sogleich an: *Siegel,* das heißt als Siegel, das heißt Zeichen,
der Glaubensgerechtigkeit, die es auch *in der Unbeschnit-*
tenheit gibt, das heißt in den Unbeschnittenen um nichts
weniger als in den Beschnittenen, so daß er nämlich durch
ein solches Zeichen die Gerechtigkeit eher bezeichnete als
erwarb. ‚Glaubensgerechtigkeit', sagt er, die im Geiste ist,
zur Unterscheidung von jener, die die Menschen gewöhnlich Gerechtigkeit nennen, die sie nämlich äußerlich ausüben bei der Bestrafung der Bösen und beim Erweis von
irgendwelchen Wohltaten. Daher steht geschrieben: „Seht
zu, daß ihr eure Gerechtigkeit nicht vor den Menschen
ausübt, um von ihnen gesehen zu werden!" (Mt 6,1).

Wir können auch so zwischen „Zeichen" und „Siegel"
unterscheiden, daß die Beschneidung selbst für eine Sache
Zeichen, für eine andere aber Siegel ist: Zeichen ja für die
leiblichen Söhne Abrahams und Siegel für die geistlichen,
da er selbst zum Vater ebenso für die Juden dem Fleische
nach wie für die Heiden durch den Glauben (Röm 4,12)
bestellt worden ist. Es ist ja nach Haymo ‚das Zeichen'
gewissermaßen ein Siegel, ‚das irgendeiner Sache so eingeprägt wird, daß es verborgen ist'[32]; und daher kann man es
offenbar passend auf die geistlichen Söhne Abrahams be-

gentibus futuros, qui nondum apparebant. Circumcisio itaque, quae in ipso incepit et in carnali eius posteritate est
reservata, tam signum quam signaculum fuit, quia et per
eam distinguebantur a ceteris populis filii Abrahae carnales,
et praesignabantur futuri ex gentibus filii eius spirituales, 5
qui eum videlicet per fidem imitarentur. Unde et bene
Ismael, quem secundum carnem, non secundum virtutem
miraculi genuit, circumcisus legitur: per quod videlicet carnalium Abrahae filiorum circumcisio signaretur exterior,
per quam, ut dictum est, carnalis Israel cognosceretur. Isaac 10
vero, qui postea natus est, gentilis populi postea vocati
spiritualem a vitiis circumcisionem exprimit, quam et proselyti praefigurabant.

Recte itaque Apostolus — „signum" et „signaculum"
distinguens quantum ad Iudaeos carnales Abrahae filios et 15
gentiles filios eiusdem spirituales — dixit primitus „signum
circumcisionis", id est signum carnalis Israel, per quod
videlicet populus ille a ceteris distinguebatur, et postmodum „signaculum iustitiae fidei", quae est in praeputio, id
est sacramentum spiritualis circumcisionis, quam solam 20
habent fideles ex gentibus collecti.

Potest etiam signaculum quasi expressum signum intelligi, iuxta quod in laude apostatae angeli dicitur: „Tu,
signaculum | similitudinis", etc. Per hoc quippe circum- | 129
cisionis signum maxime iustus ac spiritualis homo expri- 25
mitur, qui voluptatibus carnis propter Deum renuntiat et
a se illas amputat, quae maxime in renibus dominantur et
per genitalia exercentur.

---

[33] Bei Ezechiel handelt es sich um den König von Tyrus.
[34] Als Sitz der Gefühle.

ziehen, die aus den Heiden kommen sollten und die noch
nicht sichtbar waren. Die Beschneidung, die bei ihm begonnen hat und seiner leiblichen Nachkommenschaft vorbehalten worden ist, ist daher ebenso ein Zeichen wie ein Siegel
gewesen. Denn durch sie wurden einerseits die leiblichen
Söhne Abrahams von den übrigen Völkern unterschieden
und wurden andererseits seine künftigen geistlichen Söhne
aus den Heiden vorherbezeichnet, die ihn nämlich im Glauben nachahmen sollten. Daher liest man auch passend, daß
Ismael beschnitten war, den er nach dem Fleische, nicht aus
der Kraft eines Wunders gezeugt hat (Gen 17,23–26): Hierdurch sollte nämlich die äußerliche Beschneidung der leiblichen Söhne Abrahams bezeichnet werden; durch sie sollte, wie gesagt wurde, das fleischliche Israel erkannt werden.
Isaak aber, der später geboren worden ist (Gen 17,24;
21,1f), drückt die geistliche Beschneidung von den Sünden
beim später berufenen heidnischen Volk aus; diese bezeich-
neten auch die Proselyten im voraus.

Richtig hat daher der Apostel zwischen „Zeichen" und
„Siegel" unterschieden, soweit es die Juden als leibliche
Söhne Abrahams und die Heiden als geistliche Söhne desselben betrifft, und zuerst das „Zeichen der Beschneidung"
genannt, das heißt das Zeichen des leiblichen Israel, durch
das ja jenes Volk sich von den übrigen unterschied, und
danach das „Siegel der Glaubensgerechtigkeit", die sich in
der Unbeschnittenheit findet, das heißt das Sakrament der
geistlichen Beschneidung, die allein die Gläubigen besitzen, die aus den Heiden gesammelt worden sind.

Man kann auch Siegel gewissermaßen als deutliches Zeichen auffassen, gemäß dem, was zum Ruhm des abtrünni-
gen Engels gesagt wird: „Du Siegel der Ähnlichkeit ..." (Ez
28,12).[33] Durch dieses Zeichen der Beschneidung wird ja
vor allem der gerechte und geistliche Mensch dargestellt: Er
entsagt Gottes wegen den Verlockungen des Fleisches und
trennt sie von sich ab, die besonders in den Nieren[34] herrschen und durch die Geschlechtsorgane ausgeübt werden.

Potest etiam signaculum quasi diminutivum accipi a ‚signo‘, id est parvum signum iustitiae Abrahae. Non enim erat magnum illam cuticulam ad imperium Dei amputare, ad comparationem eorum, quae postea spirituales Abrahae filii, tam martyres quam reliqui sancti, pro Christo susti- 5 nuerunt.

Potest etiam sic distingui „signum“ et „signaculum“ ut, quod signum magnum est in carne, tam bonis videlicet quam malis commune, parvum est signum iustitiae Abrahae, quia pauci sunt, qui Abrahae ita per iustitiam cohae- 10 reant sicut per carnem. Signum itaque est secundum carnem, sed signaculum, id est parvum signum, secundum iustitiam, quia in multis Abrahae posteris secundum carnem est dilatatum, sed in paucis secundum iustitiam contractum. Unde bene dicit „signum circumcisionis“, scilicet 15 exterioris, quae omnibus aeque convenit, et „signaculum iustitiae“, quae paucorum est.

§ Nunc vero pauca de virtute et sacramento circumcisionis discutienda sunt: quid videlicet ipsa conferret aut significaret, et quare potius in membro genitali et virili, non 20 femineo, instituta sit, et in octava die iussa fieri in infantibus. In adultis quippe nullum erat circumcidendi determinatum tempus, nisi quando ad Iudaismum converterentur.

Constat autem hoc idem apud antiquos circumcisionem 25 valuisse quod nunc apud nos baptismus efficit. Unde Augustinus, „De nuptiis et concupiscentia“ libro primo: „Ex quo enim instituta est circumcisio in populo Dei, quod erat tunc ‚signaculum iustitiae fidei‘, ad significationem purgationis valebat et in parvulis veteris originalis peccati, sicut 30

---

18 Nunc vero § *vorangestellt bei AOR*

---

[35] Im Lateinischen: *signaculum* Diminutivum von *signum*.

Man kann auch Siegel gewissermaßen als Verkleine-
rungsform von ‚Zeichen' auffassen[35], das heißt als kleines
Zeichen der Gerechtigkeit Abrahams. Denn es war keine
große Sache, jene kleine Haut auf Gottes Befehl hin abzuschneiden, im Vergleich zu dem, was später die geistlichen
Söhne Abrahams — ebenso die Märtyrer wie die übrigen
Heiligen — für Christus ertragen haben.

Man kann auch so zwischen „Zeichen" und „Siegel"
unterscheiden, daß das, was als Zeichen im Fleisch groß ist,
da es nämlich sowohl Guten wie Bösen gemeinsam ist,
klein ist als Zeichen der Gerechtigkeit Abrahams, da es ja
nur wenige gibt, die mit Abraham so durch ihre Gerechtigkeit verbunden sind wie durch ihre leibliche Abstammung.
Das Zeichen besteht daher dem Fleische nach, aber das
Siegel, das heißt das kleine Zeichen, der Gerechtigkeit
nach. Denn in vielen Nachkommen Abrahams ist es nach
dem Fleische verbreitet worden, aber auf wenige nur nach
der Gerechtigkeit beschränkt. Daher sagt er zu Recht „Zeichen der Beschneidung", nämlich der äußerlichen, die allen
in gleicher Weise zukommt, und „Siegel der Gerechtigkeit", die Sache nur weniger ist.

Jetzt aber muß einiges wenige über die Kraft und das
Sakrament der Beschneidung erörtert werden: was sie nämlich darbrachte oder bezeichnete und weshalb sie lieber am
männlichen Glied, nicht am weiblichen, eingeführt worden
und warum angeordnet worden ist, daß sie am achten Tage
bei Kindern zu geschehen habe (Gen 17,10–12). Bei Er-
wachsenen war ja keine Zeit für die Beschneidung bestimmt
worden, außer wenn sie sich zum Judentum bekehrten.

Es steht aber fest, daß bei den Alten die Beschneidung
genau dasselbe vermocht hat, was jetzt bei uns die Taufe
bewirkt. Daher schreibt Augustinus im ersten Buch „Über
Hochzeit und Begierde": „Denn seit die Beschneidung im
Volke Gottes eingeführt worden ist, galt, was damals ‚Zeichen für Glaubensgerechtigkeit' war, als Bezeichnung für
die Reinigung von der alten Erbsünde auch bei den kleinen

et baptismus ex illo valere cepit ad innovationem hominis,
ex quo est institutus." Gregorius in „Moralibus" libro
quarto: „Quod valet apud nos aqua baptismatis, hoc egit
apud veteres vel pro | parvulis sola fides, vel pro maioribus | 130
virtus sacrificii, vel pro his, qui ex Abrahae stirpe descen- 5
derant, mysterium circumcisionis."

Ex his itaque liquet circumcisionem apud antiquos eam-
dem vim obtinuisse in remissione peccatorum quam habet
modo baptismus; et tamen qui modo baptizati statim moriuntur, regnum caelorum statim ingrediuntur, quod tunc 10
non fiebat, quia scilicet hostia nondum erat soluta, in effusione videlicet sanguinis Christi, sicut nec illi, qui baptismo
Christi baptizati fortassis ante passionem eius mortui sunt,
ianuae caelestis aditum adhuc habere poterant. Non enim
nisi per mare Rubrum transitum habuerunt Israelitae ad 15
terram promissionis, hoc est: Baptismus, qui per mare designatur, non potest sine rubore, id est sanguinis Christi
effusione, quemquam ad veram promissionis terram, id est
caelestem Ierusalem, transmittere. Quemadmodum vero
baptismo Christi hostia postmodum adiuncta regnum cae- 20
lorum contulit, ita eadem circumcisioni praecedentium
subsecuta idem eis praestitit.

Est autem circumcisio carnis signum interioris animae
circumcisionis sicut ablutio exterior baptismi signum interioris animae mundationis per peccatorum remissionem. 25
Maxime autem in genitali membro, quo per carnalem concupiscentiam culpae originalis peccatum una cum prole
propagatur, hoc sacramentum fieri oportuit, ut illud merito

---

[36] AUGUSTINUS, *nupt. et concup.* 2,24 (CSEL 42,276f).
[37] GREGOR DER GROSSE, *moral.* 4,3 (CCL 143,160).

Kindern, so wie die Taufe seit der Zeit, seit sie eingesetzt
worden ist, begonnen hat, zur Erneuerung des Menschen in
Kraft zu sein."[36] Gregorius schreibt in den „Moralischen
Auslegungen" im vierten Buch: „Was bei uns das Wasser der
Taufe vermag, das stellte bei den Alten entweder für die
kleinen Kinder der Glaube allein oder für die Älteren die
Kraft des Opfers oder für die, die aus der Wurzel Abrahams
hervorgegangen waren, das Wunder der Beschneidung dar."[37]
    Hieraus geht daher klar hervor, daß bei den Alten die
Beschneidung dieselbe Kraft bei der Vergebung der Sünden
besaß, die jetzt die Taufe hat; und doch gehen die, die
neugetauft sogleich sterben, sogleich in das himmlische
Reich ein, was damals nicht geschah; denn das Schlachtop-
fer war ja noch nicht dargebracht, im Vergießen des Blutes
Christi nämlich. Ebenso konnten auch jene, die mit der
Taufe Jesu Christi getauft waren und vielleicht vor seiner
Passion gestorben sind, noch keinen Zugang zur Him-
melspforte haben. Denn nur durch das Rote Meer hatten
die Israeliten einen Durchgang zum Lande der Verheißung
(Ex 14,21–25), das heißt: Die Taufe, die durch das Meer
vorherbezeichnet wird, kann niemanden ohne rote Farbe,
das heißt das Vergießen des Blutes Christi, zum wahren
Land der Verheißung, das heißt zum himmlischen Jerusa-
lem, hinüberbringen. Ebenso aber wie das Opfer Christi,
nachdem es später zur Taufe hinzugefügt worden war, das
himmlische Reich herbeigebracht hat, hat dieses selbe Opfer, nachdem es auf die Beschneidung der vorausgegangenen Menschen gefolgt ist, ihnen dasselbe gewährt.
    Es ist aber die Beschneidung des Fleisches ebenso das
Zeichen für die innerliche Beschneidung der Seele wie die
äußerliche Abwaschung in der Taufe das Zeichen für die
innerliche Reinigung der Seele durch die Vergebung der
Sünden. Insbesondere aber mußte dies Sakrament am Geschlechtsglied ausgeführt werden, durch das durch fleischliche Begierde die Sünde der Urschuld zusammen mit der
Nachkommenschaft verbreitet wird, damit verdienterma-

membrum plecteretur, per quod peccatum ipsum ad posteros transmittitur. Mulier vero cui dictum est: „In dolore
paries filios", non huiusmodi poena afficienda fuit, cui ad
poenam satis esse debuit in genitali suo, per quod similiter
peccatum transfunditur, partus gravissimus dolor quem in 5
eo sustinet. Cui, ni fallor, sexui sacrificium pro eo oblatum
ad indulgentiam sufficit atque ad originalis peccati remedium.

Videtur insuper nobis ob hoc praecipue genitale viri
potius quam mulieris circumcidendum fuisse, ut in hoc 10
signaretur omnibus in populo illo, qui per illud membrum
gignerentur, huius sacramenti remedium esse necessarium,
per quod ipsi a veteris hominis expiarentur contagione.
Quod non ita | est de muliere, cum Dominus Iesus ex | 131
muliere absque omni peccato natus fuerit.   15

Potest etiam viri circumcisio beatum eumdem virum
spiritualiter designare, qui solus sine concupiscentia conceptus carnem puram et penitus absque praeputio immunditiae suscepit. In cuius quidem typo femur Abrahae, quod
primo circumcisum est, servus eius in sacramento suscepit 20
quasi in eum iurans, qui ex semine illo nasciturus ei primo
fuerat promissus, id est in Christum.

Circumcisioni vero infantium certa dies, id est octava,
recte praefixa est, ut in hoc videlicet praefiguraretur illius
octavae claritatem et beatitudinem, quae sanctis promissa 25
est, illis solis deberi, qui innocenter more parvulorum vixe-

---

[38] Wörtlich: In dessen Vorbild.
[39] Vgl. AUGUSTINUS, *gen. ad litt.* 4,13 (CSEL 28/1,110f).

ßen jenes Glied gestraft werde, durch das die Sünde selbst
an die Nachkommen weitergegeben wird. Der Frau aber,
der gesagt worden ist: „In Schmerz wirst du Kinder gebären" (Gen 3,16), brauchte nicht eine derartige Strafe ange-
tan zu werden; für sie mußte zur Bestrafung an ihrem
Geschlechtsorgan, durch das in ähnlicher Weise die Sünde
weitergegeben wird, der äußerst heftige Geburtsschmerz
genügen, den sie daran erduldet. Für dieses Geschlecht (*sc.*
der Frau) genügt, wenn ich mich nicht täusche, das dafür
dargebrachte Opfer (vgl. Lev 12,6–8) zur Verzeihung und
als Heilmittel für die Erbsünde.

Es scheint uns darüber hinaus, daß deshalb vornehmlich
eher das Geschlechtsorgan des Mannes als das der Frau
beschnitten werden mußte, damit hierin angezeigt würde,
daß für alle in jenem Volke, die durch jenes Glied gezeugt
wurden, das Heilmittel dieses Sakraments notwendig war,
durch das sie von der Befleckung durch den alten Menschen gereinigt werden sollten. Dies ist nicht so bei der
Frau, da der Herr Jesus Christus von einer völlig sündlosen
Frau geboren worden ist (vgl. Hebr 4,15).

Es kann auch die Beschneidung des Mannes — geistlich
verstanden — denselben seligen Mann (*sc.* Jesus Christus)
bezeichnen, der, allein ohne Begierde empfangen, Fleisch
angenommen hat, das rein und völlig ohne die unreine
Unbeschnittenheit war. Auf ihn vorausweisend[38] empfing
ja sein Knecht im Sakrament die Beschnittenheit Abrahams, die zuerst erfolgt ist (Gen 24,2–9), indem er sich
sozusagen auf den verpflichtete, der aus jenem Samen geboren werden sollte und ihm (*sc.* Abraham) zuerst verheißen worden war, das heißt auf Christus.

Für die Beschneidung der Kinder aber ist ein bestimm-
ter Tag, das heißt der achte, zu Recht vorgeschrieben worden (Gen 17,12), damit in ihm nämlich vorausgezeigt werde, daß die Reinheit und Glückseligkeit jenes achten Ta-
ges, die den Heiligen verheißen ist[39], allein denen zustehe,
die unschuldig wie die kleinen Kinder gelebt haben, und

runt, nec purificationis sacramentum ad hoc sufficere, nisi
innocentia custodiatur vitae. Ad quod nos Dominus adhortans constituto in medio parvulo ait: „Nisi conversi
fueritis et efficiamini sicut parvulus iste", etc.

Octava dies, qua circumciditur parvulus, futuram sanc- 5
torum claritatem in die resurrectionis significat, quando
videlicet resumptae carnis veritas permanebit sine super-
addita corruptela peccati; quae erit vera circumcisio, in
exspoliatione scilicet veteris hominis „cum actibus suis",
cum iam nullis carnalis concupiscentiae stimulis manen- 10
tibus angelice nobis vivendum fuerit, ubi, inquit Veritas,
„neque nubent neque nubentur, sed erunt sicut angeli Dei."
Quia vero totum praesentis vitae tempus per septem dies
peragitur, recte illa perpetua vitae futurae claritas per octavam intelligitur. Unde et psalmos, qui intitulantur „Pro 15
octava", ad diem resurrectionis certum est pertinere.

Quaeritur autem de infantibus ante octavam diem mori-
entibus, utrum damnentur, cum eos videlicet nondum iuxta
praeceptum Domini circumcidi liceat nec pro eis legamus
sacrificia esse offerenda ante diem maternae purificationis, 20
id est | a nativitate masculi quadragesimum. At vero cum | 132
scriptum sit: „Omnis anima cuius caro praeputii circumcisa
non fuerit, peribit de populo suo" et rursus praecepto
Domini ante octavam diem a circumcisione pueri inhibe-
antur, videtur crudelis divina sententia in damnatione tali- 25
um, qui et his circumcisionem necessariam instituit et cir-

daß das Sakrament der Reinigung hierzu nicht genüge,
wenn nicht die Unschuld des Lebens bewahrt werde. Hierzu ermahnt uns der Herr, nachdem ein kleines Kind in die
Mitte gestellt worden ist, und sagt: „Wenn ihr euch nicht
bekehrt und werdet wie dieses Kind ..." (Mt 18,3).

Der achte Tag, an dem das Kind beschnitten wird, bezeichnet die künftige Reinheit der Heiligen am Tage der
Wiederauferstehung, wenn nämlich die Wahrheit des wie-
derangenommenen Fleisches Bestand haben wird ohne zu-
sätzliche Verderbnis durch die Sünde. Dies wird die wahre
Beschneidung sein (Kol 3,9), beim Ausziehen des alten
Menschen nämlich „mit seinen Taten", wenn wir, ohne daß
noch irgendwelche Stachel fleischlicher Begierde bleiben,
engelsgleich dort werden leben dürfen, wo — sagt die Wahrheit —„(sc. die Menschen) weder heiraten werden noch
geheiratet, sondern sein werden wie Engel Gottes" (Mt
22,30). Da aber die ganze gegenwärtige Lebenszeit sich in
sieben Tagen vollzieht, wird zu Recht jene beständige Reinheit des künftigen Lebens unter dem achten Tag verstanden. Daher ist sicher, daß sich auch die Psalmen, die über-
schrieben sind: „Für den achten Tag" (Ps 6,1; Ps 111,1 Vg.)
auf den Tag der Wiederauferstehung beziehen.

Man fragt aber bezüglich der Kinder, die vor dem achten
Tag sterben, ob sie verdammt werden, da sie ja noch nicht
gemäß dem Gebot des Herrn beschnitten werden dürfen
und wir auch nicht lesen, daß für sie vor dem Tage der
mütterlichen Reinigung, das heißt dem vierzigsten seit der
Geburt eines Knaben (vgl. Lev 12,1–5), Opfer dargebracht
werden dürfen. Und in der Tat, da geschrieben steht: „Jede
Person, deren Vorhaut nicht beschnitten ist, soll aus ihrem
Stammesverband ausgerottet werden!" (Gen 17,14), und
andererseits durch das Gebot des Herrn eine Beschneidung
von Knaben vor dem achten Tage verhindert wird, erscheint die göttliche Entscheidung bei der Verdammung
solcher Kinder grausam: Er hat einerseits die Beschneidung
auch für sie als notwendig eingesetzt, läßt aber andererseits

cumcidi quando possent non permittit. Neque enim a Sal-
vatore quidquam praecipi vel institui oportuit, quod saluti
obsisteret; nec enervari debuit remedium quod pluribus
proficere posset, utpote fides parentum sive sacrificiorum
ritus, quibus antea parvulos sive adultos mundari constat 5
iuxta illud Gregorii quod novissime adiecimus. Sed haec
quidem obiectio in nostri quoque sacramenti institutione,
id est baptismi, redundare videtur, cum videlicet propter
aquae tantum absentiam deesse nonnullis baptismum con-
tingat, quem in aqua solummodo Dominus instituit; nec 10
tamen eos, cum vel ipsi ad hoc nitantur vel alii propter eos,
salvandos esse definimus absque baptismo, nisi interveniat
martyrium.

Providentiae itaque divinae omnem eius dispositionem
committentes, qui solus novit quare hunc elegerit illum 15
vero reprobaverit, auctoritatem Scripturae, quam ipse dedit, immobilem teneamus, ut videlicet tempore circumcisionis nullos „de semine Abrahae" sine illa mortuos te-
mere asseramus salvari, nisi forte pro Domino interfecti
sint, sicut de innocentibus creditur. 20

Attende autem quod dictum est: „de semine Abrahae",
cum nonnulli fideles et post institutionem circumcisionis
ante adventum Christi incircumcisi morientes lege naturali nihilo minus quam circumcisi salvati sint — sicut Iob
et nonnulli fortasse alii gentilium naturali lege contenti — 25
et sacrificiorum ritu, quae Iob quoque pro filiis obtulisse

---

[40] Zu Beginn des Exkurses über die Beschneidung, oben 320,2–6.

[41] Nec ... definimus — wörtlich: „definieren wir nicht".

[42] Das cum ist hier ein cum causale und begründet, daß es außerhalb der
direkten Nachkommenschaft Abrahams doch Menschen gegeben hat, die
ohne Beschneidung gerettet wurden. Daher müßte das Prädikat salvati
sint et expiati heißen, obwohl alle Hss sunt lesen.

nicht zu, daß sie dann beschnitten werden, wenn sie könnten. Denn selbst vom Heiland hätte nichts vorgeschrieben
oder eingerichtet werden dürfen, was dem Heil entgegen-
stünde; und auch hätte das Heilmittel nicht unwirksam
werden dürfen, das noch mehr Leuten helfen könnte: wie
nämlich der Glaube der Eltern oder der Brauch der Opfer,
durch die zuvor bekanntlich die kleinen Kinder oder Her-
anwachsenden gereinigt wurden nach jenem Ausspruch
des Gregorius, den wir soeben angeführt haben.[40] Aber
dieser Einwand scheint ja auch auf die Einführung unseres
Sakraments, das heißt der Taufe, überzugreifen: Denn es
kann nämlich passieren, daß nur wegen des Fehlens von
Wasser einige ohne Taufe sind, die der Herr allein in Gestalt
von Wasser eingesetzt hat (Joh 3,5). Trotzdem behaupten
wir nicht[41], daß sie ohne Taufe gerettet werden müssen, weil
sie selbst oder andere ihretwegen sich hierum bemühen —
es sei denn, es tritt ein Martyrium dafür ein.

Wir wollen daher der göttlichen Vorsehung seine ganze
Planung anvertrauen — er allein weiß, warum er diesen
erwählt, jenen aber verworfen hat — und die Autorität der
Schrift, die er selbst gegeben hat, unveränderlich festhalten,
so daß wir nämlich nicht leichtfertig behaupten, zur Zeit
der Beschneidung seien keine „aus der Nachkommenschaft
Abrahams", die ohne Beschneidung gestorben waren, ge-
rettet worden — es sei denn sie wären zufällig für den
Herrn getötet worden, so wie man es bei den unschuldigen
Kindern annimmt.

Beachte jedoch, daß gesagt ist: „aus der Nachkommenschaft Abrahams" (vgl. Röm 11,1); denn[42] einige, die gläubig waren und nach der Einsetzung der Beschneidung vor
der Ankunft Christi unbeschnitten starben, sind doch durch
das natürliche Gesetz nicht weniger gerettet worden als die
Beschnittenen — zum Beispiel Ijob und vielleicht einige
andere von den Heiden, die sich mit dem natürlichen Gesetz
begnügten —, und sie sind durch den Brauch der Opfer —
die auch Ijob, wie man liest, für seine Söhne dargebracht

legitur, ab originali peccato seu propriis expiati sicut Abel vel Noe ante legem vel circumcisionis institutionem. De qualibus supra Apostolus meminit dicens: „Cum enim gentes quae legem non habent", etc. Unde et Isidorus, „De summo bono", libro primo capitulo XV: | „Christi", inquit, 5 | 133 „adventum non tantum plebis Iudaeae sancti prophetantes exspectaverunt, sed fuisse⁵ etiam in nationibus plerosque sanctos viros prophetiae donum habentes, quibus per Spiritum Sanctum Christus revelabatur et a quibus exspectabatur, sicut Iob, Balaam, qui Christi utique praedicaverunt 10 adventum."

Licet autem Iob ex Abraham quoque et Isaac per Esau descendisse credatur, non tamen „in semine Abrahae" vel Isaac quisquam est computandus, qui ex patriarcharum filiis in cultu Dei minime remanentibus sit procreatus. Unde et 15 Dominus Abrahae leniens molestiam eius, de expellenda scilicet Agar ancilla et Ismaele filio eius ad imperium Sarae: „Non tibi", inquit, „videatur asperum super puero et super ancilla tua. Omnia quae dixerit tibi Sara, audi vocem eius, quia in Isaac vocabitur tibi semen. Sed et filium ancillae 20 faciam in gentem magnam, quia semen tuum est." Hoc et Apostolus in inferioribus praesentis epistolae prosecutus et quasi spiritualiter exponens ait: „Non enim omnes qui ex Israel, hi sunt Israelitae, neque qui semen sunt Abrahae, omnes filii; sed: In Isaac vocabitur tibi semen, id est: non qui 25

---

5 *So im Text PL 83,570B*

---

[43] ISIDOR VON SEVILLA, *sent.* 1,15,9 (PL 83,570B).

hat (Ijob 1,5) —, vor der Zeit des Gesetzes oder der Einsetzung der Beschneidung von der Erbsünde oder den
persönlichen Sünden erlöst worden, wie zum Beispiel Abel
und Noach (Gen 4,4; 8,20). An solche hat der Apostel oben
erinnert, als er sagte: „Wenn nämlich die Heiden, die das
Gesetz nicht haben ..." (Röm 2,14). Daher sagt auch Isidorus im ersten Buch, Kapitel 15, „Vom höchsten Gut":
„Christi Ankunft haben nicht nur die Heiligen des jüdischen Volkes vorausgesagt und erwartet, sondern es gab
auch bei den Völkern sehr viele heilige Männer, die die
Gabe der Prophetie hatten. Diesen wurde durch den Heiligen Geist Christus offenbart, und von diesen wurde er
erwartet, wie zum Beispiel von Ijob oder Bileam, die auf
jeden Fall die Ankunft Christi verkündigt haben."[43]

Mag man aber auch glauben, daß Ijob über Esau von
Abraham und Isaak abstammte, so darf trotzdem niemand
„zur Nachkommenschaft Abrahams" oder Isaaks gezählt
werden, der von den Söhnen der Patriarchen hervorge-
bracht worden ist, die keineswegs bei der Verehrung Gottes
blieben.[44] Daher sagte auch der Herr zu Abraham, weil er
seinen Kummer lindern wollte — wegen der Vertreibung
der Magd Hagar nämlich und ihres Sohnes Ismael auf
Befehl Saras —: „Es soll dir nicht hart erscheinen betreffs
des Knaben und betreffs deiner Magd! Höre in allem, was
dir Sara sagt, auf ihre Stimme! Denn in Isaak wird dir eine
Nachkommenschaft berufen werden. Doch auch den Sohn
der Magd will ich zu einem großen Volk machen, weil er
dein Nachkomme ist" (Gen 21,12f). Dem ist auch der
Apostel weiter unten im gegenwärtigen Briefe nachgegan-
gen und sagt, indem er es gewissermaßen geistlich auslegt:
„Denn nicht alle, die aus Israel stammen, sind Israeliten;
auch sind nicht die, die Nachkommen Abrahams sind, alle
seine Kinder, sondern: In Isaak wird dir eine Nachkommenschaft berufen werden, das bedeutet: Nicht die leibli-

---

[44] Sie waren nämlich nicht — wie Isaak — Träger der Verheißung.

filii carnis hi filii Dei, sed qui filii promissionis sunt, aesti-
mantur in semine."

Itaque iuxta historiae veritatem neque Iob neque alii
multi, licet de genere sint Abrahae, tamen semen Abrahae
vocandi non sunt, quia de infidelibus, ut dictum est, nati 5
sunt. Patres tamen talium, licet infideles fuerint utpote
Ismael sive Esau, semen Abrahae sunt, quia non de infidelibus geniti; iuxta quod Dominus Abrahae supra dixit de
Ismael „quia semen tuum est", non tamen in illis semen
Abrahae vocandum erat sicut in Isaac. Aliud est itaque Isaac 10
sive Ismael „esse" semen Abrahae, aliud in Isaac sive Ismael
‚vocari' semen Abrahae. Tale quippe est: „In Isaac vocabitur
tibi semen", ac si diceretur: in posteris Isaac, tam videlicet
carne quam fide ei | coniunctis, non aliquibus intervenien- | 134
tibus patribus a cultu Dei recedentibus. 15

Hoc enim credo significari, cum Dominus circumcisionis
pactum cum Abraham et semine eius iniens praemissis istis:
„Statuam pactum meum inter me et te et inter semen tuum
post te in generationibus suis", mox adiunxit: „foedere sempiterno, ut sim Deus tuus et Deus seminis tui post te." Tale 20
quippe est: „in generationibus suis foedere sempiterno, ut
sim", etc.; ac si diceretur: in posteris tuis mihi continue per

chen Kinder sind Kinder Gottes, sondern die, die Kinder
der Verheißung sind, werden als Nachkommenschaft aner-
kannt" (Röm 9,6–8).

Daher darf man nach der geschichtlichen Wahrheit weder Ijob noch viele andere, mögen sie auch aus dem Geschlechte Abrahams sein, als Nachkommenschaft Abrahams bezeichnen, da sie ja, wie gesagt, von Ungläubigen
abstammten. Die Väter solcher Personen sind trotzdem —
mögen sie auch ungläubig gewesen sein wie zum Beispiel
Ismael oder Esau — Nachkommenschaft Abrahams, da sie
ja nicht von Ungläubigen gezeugt sind. Demgemäß hat der
Herr Abraham an der oben angeführten Stelle von Ismael
gesagt: „… weil er dein Nachkomme ist" (Gen 21,13).
Trotzdem durfte in ihnen nicht die Nachkommenschaft
Abrahams berufen werden so wie in Isaak. Etwas anderes
bedeutet es daher, daß Isaak oder Ismael Nachkommenschaft Abrahams „sind", etwas anderes, daß in Isaak oder
Ismael die Nachkommenschaft Abrahams ‚berufen wird'.
Derartiges bedeutet ja: „In Isaak wird dir eine Nachkommenschaft berufen werden" (Gen 21,12 = Röm 9,7), wie
wenn gesagt würde: in den Nachkommen Isaaks, die ihm
nämlich ebenso dem Fleische wie dem Glauben nach verbunden sind, ohne daß irgendwelche Vorfahren dazwi-
schenträten, die sich von der Verehrung Gottes abwandten.

Dies nämlich, glaube ich, wird dadurch ausgedrückt, daß
der Herr, als er den Bund der Beschneidung mit Abraham
und seiner Nachkommenschaft einging — nachdem er dies
vorausgeschickt hatte: „Ich will meinen Bund aufrichten
zwischen mir und dir und zwischen deiner Nachkommenschaft nach dir in ihren Generationenfolgen" (Gen
17,7) —, bald darauf hinzugefügt hat: „nach einem ewigwährenden Bund, daß ich dein Gott bin und Gott deiner
Nachkommenschaft nach dir" (Gen 17,7). Derartiges bedeutet ja: „in ihren Generationenfolgen nach einem ewigwährenden Bund, daß ich bin …" (Gen 17,7), wie wenn gesagt würde: in deinen Nachkommen, die mir ohne Unterbrechung

oboedientiam foederatis nec a cultu meo per interpositionem infidelium patrum disiunctis.

Hoc autem modo neque Iob neque ceteri gentiles ab Ismael vel Esau descendentes in semine Abrahae sunt aestimandi nec ad eos quidquam vel circumcisio vel ce- 5 tera legis figuralia praecepta pertinent, cum haec solummodo Abrahae et semini eius, ut supra determinavimus, iniuncta sint. Scriptum quippe est de circumcisione Domino sic eam Abrahae primo praecipiente: „Statuam pactum meum inter me et te et semen tuum post te in genera- 10 tionibus suis foedere sempiterno, ut sim Deus tuus et seminis tui post te, daboque tibi et semini tuo terram peregrinationis tuae, omnem terram Chanaan, in possessionem aeternam eroque Deus eorum. Et tu ergo custodies pactum meum et semen tuum post te in generationibus 15 suis. Hoc est pactum, quod observabitis inter me et vos et semen tuum post te: Circumcidetur ex vobis omne masculinum et circumcidetis carnem praeputii vestri, ut sit in signum foederis inter me et vos. Infans octo dierum circumcidetur in vobis. Omne masculinum in generatio- 20 nibus vestris tam vernaculus quam emptitius circumcidetur et quicumque non fuerit de stirpe vestra, eritque pactum meum in carne vestra in foedus aeternum. Masculus cuius praeputii caro circumcisa non fuerit, peribit anima illa de populo suo, quia pactum meum irritum 25 fecit.“ Et post aliqua: „Super Ismael quoque exaudivi te et

---

45 Gemeint: ihr Leben.

in Gehorsam verbunden sind und von meiner Verehrung nicht durch das zeitliche Dazwischentreten ungläubiger Vorfahren getrennt sind.

Auf diese Weise aber dürfen weder Ijob noch die übrigen Heiden, die von Ismael oder Esau abstammen, zur Nachkommenschaft Abrahams gezählt werden, und auch beziehen sich auf sie in keiner Weise die Beschneidung oder die übrigen vorbildhaften Gebote des Gesetzes; denn diese sind ganz allein Abraham und seiner Nachkommenschaft, wie wir sie oben näher bestimmt haben, auferlegt worden. Es steht ja von der Beschneidung geschrieben, als der Herr sie so Abraham als erstem vorschrieb: „Ich will meinen Bund aufrichten zwischen mir und dir und deiner Nachkommenschaft nach dir in ihren Generationenfolgen nach einem ewigwährenden Bund, daß ich dein Gott bin und der deiner Nachkommenschaft nach dir; und ich will dir und deiner Nachkommenschaft das Land geben, in dem du als Fremder weilst, das ganze Land Kanaan, zu ewigem Besitz; und ich will ihr Gott sein. Du also sollst meinen Bund halten und deine Nachkommenschaft nach dir in ihren Generationenfolgen. Dies ist der Bund, den ihr halten sollt, zwischen mir und euch und deiner Nachkommenschaft nach dir: Es soll aus euch alles Männliche beschnitten werden, und ihr sollt das Fleisch eurer Vorhaut beschneiden, daß es zum Zeichen des Bundes zwischen mir und euch diene. Ein Kind von acht Tagen soll bei euch beschnitten werden. Alles Männliche in euren Generationenfolgen, ebenso ein im Hause geborener wie ein käuflich erworbener Sklave soll beschnitten werden und jeder, der nicht von eurem Geschlecht ist; und es soll mein Bund an eurem Fleische ein ewiger Bund sein. Eine männliche Person, deren Vorhaut nicht beschnitten ist — jene Seele[45] soll aus ihrem Stammesverband ausgerottet werden, weil sie meinen Bund gebrochen hat" (Gen 17,7–14). Und etwas später: „Auch wegen Ismaels habe ich dich erhört und will ihn sehr

multiplicabo eum valde. Pactum vero meum statuam ad
Isaac quem pariet tibi Sara."

Augustinus, „De nuptiis et concupiscentia" libro primo:
„De | circumcidendis Deus sic mandavit infantibus: ‚Mas- | 135
culus qui non circumcidetur carne praeputii sui octavo die, 5
disperiet anima eius de genere suo, quia testamentum meum
dissipavit.' Dicat iste, si potest, quomodo puer ille octo
dierum testamentum dissipavit, quantum ad ipsum proprie
attinet innocens infans! Tunc ergo dissipavit testamentum
Dei, non hoc de imperata circumcisione sed illud de ligni 10
prohibitione, quando ‚per unum hominem peccatum <in-
travit in mundum> et per peccatum mors, et ita in omnes
homines pertransiit, in quo omnes peccaverunt'."

Ecce, beato exponente Augustino, quomodo unusquisque in primis parentibus testamentum sive pactum Domini, 15
id est primam eis a Domino legem datam in paradiso,
transgressi sunt, ut saltem originalis peccati vinculo tene-
antur, ut et parvulus etiam de Abraham ceterisque fidelibus
natus parentibus de populo suo, id est a sorte et beatitudine
fidelium patrum suorum, sit excludendus, nisi ei circum- 20
cisionis, ut dictum est, remedio subventum fuerit.

Quod vero in praecepto circumcisionis additum est: „Tam
vernaculus quam emptitius circumcidetur et quicumque non
fuerit de stirpe vestra", ita est intelligendum, ut de vernaculis
vel emptitiis eorum, sive fuerint Hebraei, id est de stirpe sua, 25

11–12 intravit in mundum *fehlt in den Hss*

---

[46] AUGUSTINUS bezieht das *in quo* Röm 5,12 (philologisch fragwürdig)
auf Adam („in dem ...").

[47] AUGUSTINUS, *nupt. et concup.* 2,11,24 (CSEL 42,276).

[48] *Constructio ad sensum:* ein jeder = alle.

[49] Adam und Eva.

zahlreich werden lassen. Meinen Bund aber will ich mit
Isaak aufrichten, den dir Sara gebären wird" (Gen 17,20f).

Augustinus schreibt im ersten Buch „Über Hochzeit
und Begierde": „Bezüglich der Beschneidung der Kinder
hat Gott folgendermaßen befohlen: ‚Eine männliche Person, die nicht am achten Tage am Fleisch ihrer Vorhaut
beschnitten wird, deren Leben soll aus ihrem Stammesverband ausgerottet werden, da sie meinen Bund gebrochen
hat' (Gen 17,14). Es soll dieser doch sagen, wenn er kann,
auf welche Weise jener acht Tage alte Knabe den Bund
gebrochen hat, soweit es das unschuldige Kind persönlich
betrifft! Damals also hat er den Bund Gottes gebrochen —
nicht den in bezug auf das Gebot der Beschneidung, sondern jenen in bezug auf das Verbot des Baumes (*sc.* der
Erkenntnis) —, als ‚durch einen Menschen die Sünde <in
die Welt eingetreten ist> und durch die Sünde der Tod und
so zu allen Menschen übergegangen ist durch den, in dem[46]
alle gesündigt haben'" (Röm 5,12).[47]

Sieh, wie sie nach der Auslegung des seligen Augustinus
ein jeder[48] in den Ureltern[49] das Testament oder den Bund
Gottes, das heißt das erste ihnen vom Herrn im Paradies
gegebene Gesetz, übertreten haben, so daß sie jedenfalls
durch die Fessel der Erbsünde gefangengehalten werden.
Daher muß auch ein kleines Kind — trotz seiner Abstammung von Abraham und den übrigen gläubigen Eltern —
aus seinem Volke, das heißt vom Geschick und der Glückseligkeit seiner gläubigen Vorfahren, ausgeschlossen werden, wenn man ihm nicht, wie gesagt wurde, mit dem
Heilmittel der Beschneidung zu Hilfe gekommen ist.

Daß aber beim Gebot der Beschneidung hinzugefügt ist:
„Ebenso ein im Hause geborener wie ein käuflich erworbener Sklave soll beschnitten werden und jeder, der nicht
aus eurem Geschlecht ist" (Gen 17,12), muß so verstanden
werden, daß Gott dies in bezug auf ihre im Hause geborenen oder käuflich erworbenen Sklaven vorschreibt — sei
es, daß sie Hebräer waren, das heißt aus ihrem Stamme, sei

sive non, hoc praecipiat Dominus, non de aliis nationibus. Tale est ergo: „Tam vernaculus quam emptitius et quicumque non fuerit", etc., ac si diceret de vernaculis et emptitiis: etiam omnes illi, qui non fuerint de stirpe vestra.

Non est itaque circumcisionis generale praeceptum sicut 5 est baptismi, sicut Evangelii, sed populo tantum Israel ea est tradita, non gentilibus. Quod diligenter Origenes in posterioribus ostendit distinguens ex ipsis litterae testi|mo- | 136 niis, quae praecepta legis sint generalia, tam ad Iudaeos scilicet quam ad gentiles pertinentia, quae non. Unde etiam 10 constat nec traditionem legis esse generalem. Quod ipse quoque Moyses diligenter distinguens in Deuteronomio ait: „Et nunc Israel, audi praecepta et iudicia, quae ego doceam te, ut faciens ea vivas et ingrediens possideas terram, quam Dominus daturus est vobis." Item: „Quae est 15 enim alia gens sic inclyta, ut habeat caeremonias iustaque iudicia et universam legem, quam ego proponam hodie ante oculos vestros?" Et iterum: „Docebis eam filios tuos ac nepotes." Et post aliqua: „Te elegit Dominus Deus tuus, ut sis ei populus peculiaris de cunctis populis, qui sunt super 20 terram." Et psalmista: „Qui annuntiat verbum suum Iacob, iustitias et iudicia sua Israel. Non fecit taliter omni nationi, et iudicia sua non manifestavit eis." Apostolus quoque patenter legem non omnibus loqui vel datam esse supra professus est dicens: „Scimus autem quoniam, quaecumque 25 lex loquitur, his qui in lege sunt loquitur."

---

[50] Vgl. unten 338–350 mit Anm. 51–67.

es, daß sie es nicht waren —, nicht in bezug auf andere Völker. Derartiges bedeutet also: „Ebenso ein im Hause geborener wie ein käuflich erworbener Sklave und jeder, der nicht ist ...", wie wenn er in bezug auf die im Hause geborenen und käuflich erworbenen Sklaven sagte: auch alle jene, die nicht von eurem Stamme sind.

Es gibt also kein allgemein verbindliches Beschneidungsgebot, so wie es das der Taufe ist, so wie das der Verkündigung (vgl. Joh 3,5; Mk 16,16), sondern sie ist nur dem Volke Israel auferlegt worden, nicht den Heiden. Das zeigt Origenes sorgfältig an den später angeführten Stellen[50], indem er unmittelbar aufgrund der Textzeugnisse unterscheidet, welche Gebote des Gesetzes allgemein verbindlich sind, sich nämlich ebenso auf die Juden wie auf die Heiden beziehen, und welche nicht. Daher steht auch fest, daß auch die Auferlegung des Gesetzes nicht allgemein verbindlich ist. Dies sagt auch Mose selbst im Deuteronomium, indem er genau unterscheidet: „Und nun, Israel, höre die Gesetze und Rechtsvorschriften, die ich dich lehren will, damit du sie ausführst und lebst und hineinziehst in das Land, das der Herr euch geben wird, und es besitzest" (Dtn 4,1). Ebenso: „Denn welches andere Geschlecht ist so berühmt, daß es Bräuche und gerechte Rechtsvorschriften und das ganze Gesetz besäße, das ich euch heute vor eure Augen stellen will?" (Dtn 4,8). Und wiederum: „Du sollst es deine Söhne und Enkel lehren!" (Dtn 4,9). Und etwas später: „Dich hat der Herr, dein Gott, erwählt, daß du ihm von allen Völkern, die auf der Erde leben, das eigene Volk seist" (Dtn 7,6). Und der Psalmist sagt: „Er verkündet Jakob sein Wort, Israel seine Gesetze und Rechtsvorschriften. An keinem anderen Volk hat er so gehandelt, und seine Rechtsvorschriften hat er ihnen nicht offenbart" (Ps 147,19f). Auch der Apostel hat oben mit folgenden Worten klar bezeugt, daß offenbar das Gesetz nicht zu allen spreche oder allen gegeben sei: „Wir wissen aber, daß das Gesetz alles, was es redet, zu denen redet, die unter dem Gesetze stehen" (Röm 3,19).

His autem a nobis de circumcisione praelibatis, licet succincte antiquorum dicta ad eam pertinentia non praeterire.

Origenes super hanc epistolam Pauli, ubi superius dictum
est: „Si igitur praeputium", etc: „Dixit Deus ad Abraham:
‚Tu autem testamentum meum servabis et omne semen tuum 5
post te in generationes suas. Et hoc est testamentum inter
vos et me et inter medium seminis tui post te: Circumcidetur omne masculinum vestrum. Et puer octava die circumcidetur in vobis, omnis masculus in generationibus vestris,
vernaculus et pecunia emptus'.   10

Discutiamus, utrum mandatum et eos, qui ex gentibus
crediderunt, constringat. Numquam fecit proselyti men-
tionem, id est advenae, sed vernaculum servum vel pretio
mercatum circumcidi iubet, non liberum. Perscrutemur
etiam Levitici legem: ‚Loquere', inquit, ‚filiis Israel et dices 15
ad eos: Mulier si | peperit masculum, octavo die circum- | 137
cidet', etc. Intuere et hic, quemadmodum de lege circumcisionis tantum ad filios Israel Moyses loqui iubetur et
alienigenarum nulla fit mentio. Cum in quibusdam mandatis non solum filiis Israel sed proselytis, id est advenis,   20
loquatur, necessario utique observanda distinctio est, quia
sicubi dicitur: ‚Loquere ad Aaron', et alibi ‚ad filios Aaron',
et alibi ‚ad Levitas', certum est non subiacere reliquos his
legibus; <ita> etiam quae filiis iubentur Israel nec alieni-
genae memoria ulla fit, non est putandum commune esse   25
mandatum, ubi appellationis habetur exceptio. Sic ergo non

---

24 ita *fehlt bei Abaelard*

---

[51] Exzerpte aus ORIGENES, *comm. in Rom.* 2,9 [13] (154 HAMMOND
BAMMEL; FC 2/1, 262 f). Das Zitat ist von Abaelard bereits zu Röm 2,16
angeführt, oben 200,10 f.
[52] ORIGENES, *comm. in Rom.* 2,9 [13] (156 HAMMOND BAMMEL; FC
2/1,264 f).
[53] ORIGENES, *comm. in Rom.* 2,9 [13] (157 HAMMOND BAMMEL; FC
2/1,266–269).

Nachdem wir aber dies über die Beschneidung vorausgeschickt haben, darf man in aller Kürze die Äußerungen
der Alten nicht übergehen, die sich auf sie beziehen.

Origenes schreibt in der Auslegung dieses Paulusbriefes,
wo es weiter oben hieß: „Wenn also die Unbeschnittenheit
…" (Röm 2,26): „Gott sprach zu Abraham: ‚Du aber halte
meinen Bund, du und deine Nachkommen, Generationen
um Generationen. Das ist mein Bund zwischen mir und
euch samt deinen Nachkommen, den ihr halten sollt: Alles,
was männlich ist unter euch, muß beschnitten werden. Alle
männlichen Kinder bei euch müssen, sobald sie acht Tage
alt sind, beschnitten werden in jeder eurer Generationen,
seien sie im Haus geboren oder um Geld erworben' (Gen
17,9–12).[51]

Wir wollen erörtern, ob das Gebot auch die Glaubenden
aus den Heiden verpflichtet.[52] Niemals wird der Proselyt
erwähnt, das heißt der Beisasse; aber der hausgeborene
Sklave oder auch der um Geld erworbene soll beschnitten
werden; der Freie nicht. Durchforschen wir noch das Gesetz im Buch Levitikus: ‚Sag zu den Israeliten: Wenn eine
Frau einen Knaben gebiert, soll man am achten Tage die
Vorhaut beschneiden' … (Lev 12,2f). Sieh, wie Mose hier
geboten wird, vom Gesetz der Beschneidung nur zu den
Israeliten zu sprechen, und die Fremdstämmigen nicht erwähnt werden. Wenn es bei manchen Geboten heißt, er
solle nicht nur zu den Israeliten, sondern auch zu den
Proselyten, das heißt Beisassen, reden, dann muß man diesem Unterschied auf jeden Fall Beachtung schenken. Es
heißt zum Beispiel: ‚Sprich zu Aaron!' (Ex 8,16 Vg.), oder
anderswo: ‚Sprich zu den Söhnen Aarons!' (Lev 6,25 Vg.;
21,1; Num 6,23), oder anderswo: ‚zu den Leviten' (Num
18,26). Ganz sicher ist, daß die übrigen diesen Gesetzen
nicht unterliegen. So werden auch bei den Geboten für die
Israeliten die Fremden in keiner Weise erwähnt. Man darf
dann nicht meinen, es handle sich um ein allgemeines Gebot,
wenn doch die Anrede nur einige herausgreift.[53] Daher ist

alius quisquam circumcisionis lege constringitur, nisi ex
Abraham originem trahens vel vernaculus eorum vel pretio
emptus."

Item: „Haec dicta sunt a nobis, ut ostenderemus praecipue de circumcisionis praecepto, quod non aliis quam his 5
qui ex Abraham genus ducunt vernaculisque eorum vel
pretio emptis esset iniunctum, liberos vero esse ab huiuscemodi legibus eos, qui per Christum Deo ex gentibus credunt."

Item: „De circumcisione quid etiam allegoricis legibus 10
sentiendum sit, videamus. Circumcisio est ex genitali membro, per quod carnalis propago ministratur, amputare aliquam partem. Per hoc indicari figuraliter reor amputandam
esse ab anima, si qua ex consortio carnis adhaeret impuritas.
Idcirco ista desectio genitalibus infigitur, quod huiusmodi 15
vitia animae non ex propria substantia sed ex incentivo
carnis adveniunt. Praesenti saeculo septimana deputata est,
octavus autem dies futuri saeculi mysterium tenet. | Illorum | 138
ergo est circumcisio spiritualis, qui futuro saeculo militant
in quo ,neque nubent neque nubentur', et eorum, ,qui se 20
ipsos castraverunt propter regnum Dei', et quorum in terris
ambulantium ,in caelis est conversatio'.

Sed apud Ezechielem dicit Dominus: ,Omnis filius alie-
nigena incircumcisus corde et carne non introibit in sancta
mea.' Sed videamus, ne forte referri queat ad duo generalia 25
peccata, ut sit incircumcisus corde qui non habet fidem,
incircumcisus carne qui non habet opera. Altera namque

---

[54] ORIGENES, *comm. in Rom.* 2,9 [13] (158 HAMMOND BAMMEL; FC 2/1,
270f).
[55] ORIGENES, *comm. in Rom.* 2,9 [13] (161 HAMMOND BAMMEL; FC 2/1,
274f).
[56] ORIGENES, *comm. in Rom.* 2,9 [13] (163f HAMMOND BAMMEL; FC 2/1,
278–281).

nur einer aus der Nachkommenschaft Abrahams beziehungsweise ein hausgeborener oder für Geld erworbener
Sklave zum Gesetz der Beschneidung verpflichtet."[54]

Ebenso: „Das alles haben wir gesagt, um zu zeigen, vor
allem für das Gebot der Beschneidung: Es ist nur denen
auferlegt, die zum Geschlecht Abrahams gehören, deren
Haussklaven und den um Geld dazu erworbenen Sklaven.
Frei von solchen Gesetzen sind jedoch Heiden, die durch
Christus zum Glauben an Gott kommen."[55]

Ebenso: „Wir wollen sehen, was man mit allegorischen
Auslegungsregeln von der Beschneidung verstehen kann.
Die Beschneidung besteht darin, vom Geschlechtsglied,
das die fleischliche Abstammung begründet, einen kleinen
Teil abzuschneiden. Ich glaube, daß dadurch bildlich an-
gedeutet wird, man müsse von der Seele die Unreinheit
abschneiden, die ihr vom Umgang mit dem Fleisch her
etwa anhaftet. Darum vollzieht man das Abschneiden am
Geschlechtsglied, weil die Seele solche Laster nicht wegen
ihres eigenen Wesens annimmt, sondern weil sie hinzu-
kommen, angestachelt durch das Fleisch. Die Siebentage-
woche ist der jetzigen Welt zugeordnet, der achte Tag
aber birgt das Mysterium der kommenden Welt in sich.
Die geistliche Beschneidung ist also denen zu eigen, die
für die kommende Welt kämpfen, in der sie ‚nicht mehr
heiraten, noch geheiratet werden' (Mt 22,30; Mk 12,25).
Sie ist denen zu eigen, ‚die sich selbst entmannt haben um
des Himmelreiches willen' (Mt 19,12) und die bei ihrem
Wandel auf Erden ‚im Himmel ihr Bürgerrecht haben' (Phil
3,20).[56]

Aber bei Ezechiel sagt der Herr: ‚Kein Fremder, der
unbeschnitten ist am Herzen und unbeschnitten am Körper, darf mein Heiligtum betreten' (Ez 44,9). Doch wir
wollen sehen, ob man es nicht auf die beiden Hauptsünden
beziehen kann. Demnach wäre jemand unbeschnitten am
Herzen, der keinen Glauben hat, und unbeschnitten am
Fleisch, der keine Werke hat. Eins ohne das andere wird

sine altera reprobatur, quia et fides sine operibus mortua
dicitur et sine fide nemo iustificatur."

Item: „Et dicitur circumcidi auribus, cum secundum
Salomonis monita non recipiunt auditionem vanam; et incircumcisus labiis dicitur, qui non circumciderit blasphe- 5
miam, scurrilitatem, turpiloquium de ore suo, qui non
posuerit ori suo custodiam. Cur non simili forma incircumcisus praeputio carnis suae dicatur, qui erga naturalem co-
itus motum immoderatius effluit, circumcisus vero habeatur, qui huiuscemodi negotio legitimis et quantum poste- 10
ritati sufficit utatur officiis?

Verum quoniam de circumcisionis ratione tractavimus,
etiam illud adiungere non absurdum videbitur, quod filius
Nave ex praecepto Domini filios Israel secundo circum-
cidisse cultris saxeis memoratur. Quod utique, quantum ad 15
litteram, impossibile videtur. Semel enim circumcisis in
carne praeputiis, quid invenire posset secunda circumcisio?
Iesus vero noster, qui vere post Moysen filios Israel in
terram sanctam induxit, evidens est, quomodo secundo
circumcidat credentium populum. Prima namque est cir- 20
cumcisio, qua ab eis vel idolorum cultum vel commenta
philosophicae persuasionis | resecuit, secunda autem veteris | 139
hominis consuetudinem ac vitia carnis abscidit. Et tunc
completur, quod in Iesu Nave scriptum est: ,Hodie a vobis

---

[57] ORIGENES, *comm. in Rom.* 2,9 [13] (165 HAMMOND BAMMEL; FC 2/1, 280–283).

verworfen, denn der Glaube ohne Werke wird als tot bezeichnet (Jak 2,17.20.26), und ohne Glauben wird niemand
gerechtfertigt" (Röm 3,20; Gal 2,16).[57]

Ebenso: „Und es heißt, man werde an den Ohren beschnitten, wenn sie gemäß der Mahnung Salomos nichts
Inhaltsloses hören (vgl. Sir 28,28 Vg.; vgl. Apg 7,51); und
als unbeschnitten an den Lippen (vgl. Ex 6,12.30) wird
jemand bezeichnet, der seinen Mund nicht beschneidet von
Lästerungen, Possen, schändlichen Reden (vgl. Kol 3,8;
Eph 4,31; 5,4), der keine Wache an seinen Mund gestellt
hat (vgl. Ps 39,2: Vg. Ps 38,2). Darum kann die Aussage,
jemand sei unbeschnitten an der Vorhaut seines Fleisches,
eine ähnliche Bedeutung haben. Man kann jemand so bezeichnen, der dem Trieb zum natürlichen Geschlechtsver-
kehr unmäßig nachgibt; als beschnitten aber kann der gelten, der bei diesem Tun dem Gesetz und seiner Pflicht
entspricht, so wie es die Nachkommenschaft erfordert.[58]

Da wir vom Sinn der Beschneidung sprachen, ist es wohl
sinnvoll, zu erwähnen, daß uns von Josua berichtet wird,
er habe an den Israeliten eine zweite Beschneidung mit
Steinmessern vollzogen (vgl. Jos 5,2–9). Was den buchstäb-
lichen Sinn angeht, erscheint das unmöglich. Was gibt es
nämlich bei den einmal am Fleisch der Vorhaut Beschnittenen noch für eine zweite Beschneidung? Unser Jesus (*sc.*
Josua) aber, der nach Mose die Israeliten wirklich in das
heilige Land der Verheißung hineinführte, er beschneidet
offensichtlich ein zweites Mal das Volk der Glaubenden. In
der ersten Beschneidung entfernt er bei ihnen nämlich den
Götzenkult beziehungsweise die Phantasiegebilde der phi-
losophischen Überredungskunst. Die zweite schneidet die
Gewohnheiten des alten Menschen (vgl. Kol 3,9) und die
Laster des Fleisches ab. Dann wird erfüllt, was im Buch
Josua geschrieben steht: ‚Heute habe ich die ägyptische

---

[58] Origenes, *comm. in Rom.* 2,9 [13] (167 Hammond Bammel; FC 2/1,
284–287).

abstuli opprobria Aegypti', Aegyptios mores et motus animi barbaros.

Stoici aiunt: Indicet aliquid mysticum circumcisio et
figuram teneat allegoriae. Itane oportuit, ut cum poena et
periculo parvulorum, cum cruciatibus tenerae et innocentis 5
infantiae, figurarum species et legis aenigmata conderen-
tur? Sic non habebat legislator, ubi formas mysticas poneret, nisi in dedecoratione verecundorum locorum, et Dei
signaculum nisi in obscenis partibus? Itane Deus et animae
creator et corporis, superfluo se plasmasse partem illam 10
corporis notat, quam postmodum mandat abscidi, ut per
miserorum supplicia proprium emendat errorem? Aut
quod utiliter fecit, non recte mandat auferri? Praeterea, si
curae est Deo plurimos ad cultum sanae religionis adduci,
maximum ex circumcisione obstaculum nascitur. Cum eo 15
enim quod supplicium unusquisque declinat, tum etiam
irrisionis turpitudinem refugit.

Quibus respondere necessarium puto. Nemo sapiens in
aliis notat, quae apud se honesta ducit et magna. Etenim
circumcisio apud vos gentiles ita manifesta habetur, ut non 20
passim vulgo ignobili, sed solis sacerdotibus et his, qui inter
ipsos electioribus studiis mancipati fuerint, credatur. Nam
apud Aegyptios, qui in superstitionibus vestris vetustissimi
habentur et eruditissimi, a quibus prope omnes reliqui
ritum sacrorum et caeremonias mutuati sunt, apud hos, 25
inquam, nullus aut geometriae studebat aut astronomiae
quae apud illos praecipua ducitur, nullus certe astrologiae

---

3 Stoici *So Abaelards Text und die Rufin-Handschrift H; die übrigen*
Textzeugen bieten stattdessen esto

---

[59] ORIGENES, *comm. in Rom.* 2,9 [13] (168 HAMMOND BAMMEL; FC 2/1,
286–289).
[60] ORIGENES: seine *(suae)*.
[61] ORIGENES, *comm. in Rom.* 2,9 [13] (169f HAMMOND BAMMEL; FC 2/1,
288–291).
[62] ORIGENES: „… gilt sie als etwas so Großes" *(ita magni habetur)*.

Schande von euch abgewälzt' (Jos 5,9), die ägyptischen
Sitten und das heidnische Denken und Trachten.[59]

Die Stoiker sagen: Es mag ja sein, daß die Beschneidung
etwas Mystisches andeutet und eine allegorische Bedeutung hat. Demnach war es wohl nötig, daß die verschiede-
nen Sinnbilder und rätselvollen Geheimnisse des Gesetzes
mit Schmerz und Gefahr für die kleinen Kinder, mit der
Qual von zarten und unschuldigen Säuglingen grundge-
legt wurden? Hatte der Gesetzgeber keine andere Möglichkeit, mystischen Bedeutungen Ausdruck zu geben, als
durch die Verstümmelung von schamhaft verhüllten Gliedern, und dem Zeichen Gottes nur an den Geschlechtstei-
len? Gibt Gott, der Schöpfer von Seele und Leib, so kund,
daß er diesen Teil des Körpers überflüssigerweise erschaffen hat, da er befiehlt, ihn nachher abzuschneiden — er
verbessert seinen eigenen Fehler durch die Schmerzen der
Erbarmungswürdigen —, oder aber sein Gebot, das zu
entfernen gebietet, was er nützlich geschaffen hat, ist nicht
richtig. Wenn Gott ferner daran gelegen ist, daß viele die
heilsame[60] Religion ausüben, wird die Beschneidung zu
einem großen Hindernis dafür. Jedermann scheut ja schon
vor Schmerz zurück, noch viel mehr weicht er aus vor Spott
und Schande.[61]

Ich halte es für notwendig, ihnen eine Antwort zu geben.
Kein Weiser brandmarkt das bei anderen, was er bei sich
selbst für ehrenwert und groß hält. Bei euch jedoch, ihr
Heiden, wird die Beschneidung offensichtlich so angewandt[62], daß sie nicht unterschiedslos dem gemeinen Volk,
sondern nur den Priestern beziehungsweise denen, die mit
ganz besonderen Studien betraut sind, zugedacht wird.
Denn die Ägypter gelten nach eurem abergläubischen Verständnis als besonders altes und gebildetes Volk. Von ihnen
haben fast alle anderen Völker Kultriten und Zeremonien
entlehnt. Und bei ihnen ist es nun so, daß keiner Geometrie
oder Astronomie, die als besonders ausgezeichnet gilt, stu-
diert, daß niemand das geheime Wissen der Astrologie

et geneseos, | qua nihil divinius putant, secreta rimabatur | 140
nisi circumcisione suscepta. Sacerdos apud eos aut haru-
spex aut quorumlibet sacrorum minister vel, ut illi appel-
lant, propheta omnis circumcisus est. Litteras quoque sa-
cerdotales veterum Aegyptiorum nemo discebat nisi 5
circumcisus. Omnis vates, omnis caeli, ut putant, inferni-
que symmystes et conscius apud eos esse non creditur, nisi
circumcisus fuerit. Hoc igitur apud nos turpe iudicatis,
quod apud vos ita honestum habetur et magnum, ut cae-
lestium infernorumque secreta nonnisi per huiuscemodi 10
insignia enuntiari nobis posse credatis? Unde si replicetis
historias vestras, invenietis non solum Aegyptiorum sacer-
dotes usos esse circumcisione, sed et Arabas et Aethiopas
et Phoenices aliosque, quorum studia erga huiuscemodi
superstitiones nobilius viguere. 15

Haec dicta sint adversus gentiles. Nunc ad eos sermo
dirigatur, qui Christo quidem credunt, sed legem non recipiunt et prophetas. Scriptum est in epistola Petri, quia
‚redempti' sumus ‚pretioso sanguine' Unigeniti, ab aliquo
sine dubio empti cuius eramus servi, qui et pretium po- 20
poscit, quod voluit ut dimitteret, quos tenebat. Tenebat
autem nos diabolus, cui distracti fueramus peccatis nostris.
Poposcit ergo pretium nostrum sanguinem Christi. Unde
donec Iesu <sanguis> daretur, necessarium fuit eos, qui
instituebantur in lege, unumquemque pro se ad imitatio- 25
nem quamdam futurae redemptionis sanguinem suum
dare. Et propterea nos, pro quibus completum est pretium
sanguinis Christi, non necesse habemus pro nobis <ipsis>
pretium sanguinem circumcisionis offerre. Si vero culpa-
bile videtur, quod Deus inferri iubet infantibus, hoc etiam 30

---

24 sanguis *fehlt bei Abaelard* ‖ 28 ipsis *fehlt bei Abaelard*

---

[63] ORIGENES, *comm. in Rom.* 2, 9 [13] (170 f HAMMOND BAMMEL; FC 2/1, 290–293).

[64] ORIGENES: Jesu Blut (fehlt bei Abaelard in allen Hss).

beziehungsweise der Geburtsstunde erforscht — das halten
sie für ganz und gar göttlich —, ohne vorher die Beschneidung empfangen zu haben. Bei ihnen sind der Priester, der
Zeichendeuter, auch jeder Diener im Heiligtum, oder wie
sie sagen, jeder Prophet, alle sind sie beschnitten. Auch die
Priesterschriften der alten Ägypter lernten nur Beschnitte-
ne kennen. Keiner gilt als Wahrsager und Eingeweihter in
die Geheimnisse des Himmels, wie sie meinen, oder der
Unterwelt, wenn er nicht beschnitten ist. Beurteilt ihr also
bei uns etwas als schändlich, was bei euch als so ehrenhaft
und groß gilt, daß ihr glaubt, die Geheimnisse des Himmels
und der Unterwelt könnten euch nur durch solche Zeichen
übermittelt werden? Wenn ihr daher zurückgeht in eurer
Geschichte, werdet ihr entdecken, daß nicht nur die ägyptischen Priester die Beschneidung angewandt haben, sondern auch die Araber, Äthiopier und Phönizier. Sie alle
haben sich um solche abergläubischen Riten bemüht und
waren damit hoch angesehen.[63]

Das mag gesagt sein zur Abwehr der Heiden. Jetzt soll
sich unser Wort an die richten, die zwar an Christus glauben, aber Gesetz und Propheten nicht annehmen. Im
Petrusbrief steht geschrieben: Wir sind ,losgekauft worden
mit dem kostbaren Blut' des einzigen Sohnes (vgl. 1 Petr
1,18 f), zweifellos von jemandem gekauft, dessen Sklaven
wir waren. Er forderte den Preis, den er dafür haben wollte,
daß er seine Gefangenen entließe. Der Teufel aber war es,
der uns gefangenhielt; wir waren ihm durch unsere Sünden
überlassen worden. Er forderte also als Preis für uns das
Blut Christi. Daher war es, bis Jesus[64] hingegeben wurde,
notwendig, daß jeder, der in das Gesetz eingeführt wurde,
für sich selbst sein eigenes Blut hingeben mußte. Damit
wurde die zukünftige Erlösung abbildhaft vollzogen. Für
uns ist der volle Preis des Blutes Christi entrichtet worden.
Deshalb haben wir es nicht nötig, für uns als Preis das Blut
der Beschneidung zu entrichten. Wenn es aber tadelnswert
erscheint, daß Gott gebietet, es den Kindern zuzufügen,

in Christo factum culpabitis, qui et circumcisus est et cum
crucis poena sanguinem suum fudit. Quod vero circumcisionis horrore difficilis ad religionem videtur accessus:
Difficilior multo videbitur ingressus ad Evan|gelium, ubi | 141
non partem exiguam corporis sed ipsam quis animam po- 5
nere iubetur. Sed et exempla martyrum secundum vos pro-
hibebunt homines accedere ad fidem. An eo magis creditur
firma religio, quod nihil remissum, nihil delicatum pollice-
tur aut molle? Quod etsi nihil sacramenti circumcisio teneret, quid esset absurdi, si ad distinctionem ceterarum gen- 10
tium populus, qui sub lege Dei instruebatur, proprium
aliquod gestaret insigne? Et, si necessaria visa est partis
alicuius amputatio, quid tam conveniens fuit quam eam
invenire, quae videbatur obscoena, et illa auferre quorum
diminutio nihil ad officium corporis impediret?   15

Quod vero dicunt quia, si necessaria non erat pars illa
membri, a Creatore fieri non debuit, si necessaria facta est,
non debuit auferri; — interrogemus et nos, si necessariam
dicant filiorum procreationem. Necessariam sine dubio re-
spondebunt. Erunt ergo culpabiles, qui continentiae et vir- 20
ginitatis obtentu necessariis naturae officiis non ministrant.

In summa vero dicendum est quod, sicut necesse erant
multae hostiae antequam una hostia agnus immaculatus
semetipsum Patri offerret hostiam Christus, ita etiam multis circumcisionibus opus fuit quousque una in Christo 25
circumcisio omnibus traderetur, et multorum sanguinis

---

[65] ORIGENES, *comm. in Rom.* 2,9 [13] (171–173 HAMMOND BAMMEL; FC
2/1, 292–295).
[66] ORIGENES, *comm. in Rom.* 2,9 [13] (173 HAMMOND BAMMEL; FC 2/1,
294–297).

dann müßt ihr auch als Schuld anrechnen, daß dies bei
Christus geschehen ist, der sowohl beschnitten wurde (vgl.
Lk 2,21) als auch in der Qual des Kreuzes sein Blut vergoß.
Aus Abscheu vor der Beschneidung scheint der Zugang zur
Religion schwierig, aber dann wird es noch viel schwieriger
sein, Zugang zum Evangelium zu finden. Denn hier wird
geboten, nicht einen winzigen Teil des Körpers herzuge-
ben, sondern das eigene Leben (vgl. Mt 10,39; 16,25). Nach
euerer Ansicht würde jedoch auch das Beispiel der Märtyrer die Menschen hindern, zum Glauben zu kommen. Sollte aber eine Religion nicht gerade dann als zuverlässiger
gelten, wenn sie nichts Bequemes, nichts Angenehmes und
Weichliches verspricht? Wenn die Beschneidung nichts an
Mysterium enthielte, wieso wäre es dann unsinnig, wenn
das Volk, das unter der Führung des Gesetzes stand, zur
Unterscheidung von den übrigen Völkern sich eines eigenen Zeichens bediente? Wenn man einen kleinen Teil des
Körpers abtrennen mußte, war es dann nicht sehr passend,
von dem etwas wegzunehmen, was als weniger anständig
galt, und abzuschneiden, was die körperliche Funktion
nicht beeinträchtigte?[65]

Ihr Einwand lautet aber: Wenn dieser Teil des Gliedes
nicht notwendig war, durfte er vom Schöpfer nicht geschaffen werden; wenn es notwendig war, ihn zu erschaffen,
durfte er nicht entfernt werden. Daraufhin wollen auch wir
fragen, ob sie die Zeugung von Kindern für notwendig
erachten. Sie werden antworten: Ja, ganz klar ist sie notwendig. Dann muß man also die anklagen, die sich unter
dem Vorwand der Enthaltsamkeit und Jungfräulichkeit den
notwendigen Pflichten der Natur nicht widmen.[66]

Zusammenfassend muß man sagen: Wie viele Opfer notwendig waren, bevor Christus als das makellose Lamm sich
selbst dem Vater als Opfergabe darbrachte (vgl. Joh 1,29.36;
Hebr 9,14; 1 Petr 1,19), so waren auch viele Beschneidun-
gen notwendig, bis die eine Beschneidung in Christus (vgl.
Lk 2,21) allen übergeben wurde. Viele mußten zuvor ihr

effusio praecessit quousque per unius sanguinem omnium redemptio fieret."

Ambrosius in „Epistola ad Constantium" maxime Origeni in supradictis de circumcisione consentiens: „Plerosque", inquit, „movet quaestio, qua causa circumcisio et 5 Veteris Testamenti auctoritate quasi utilis imperetur et Novi Testamenti magisterio quasi inutilis repudietur. Quid ergo dicemus secutum patrem Abraham, ut id primus instrueret, quod eius non sequeretur hereditas?"

Item: „Reperimus autem in historia veterum non solum 10 Aegyptios sed etiam Aethiopum et Arabum et Phoenicum ali|quos circumcisione erga suos usos. Et hanc putant se | 142 adhuc probandae viam servare rationis, eo quod sui corporis primitiis et sanguinis initiati insidias daemonum, quas illi generi nostro moliuntur, exiguae partis arbitrentur con- 15 secrationibus destruendas. Arbitror iam non otiosam causam in hanc membri portiunculam aestimare qua circumcidatur puer octava die, quando incipit mater in sanguine esse puro, quae ante octavum diem fertur in sanguine immundo sedere."   20

Hieronymus, „In epistola ad Romanos": „Quaeritur, quare sit data circumcisio, si per se non prodest: Primum ut agnosceretur Dei populus inter gentes; quando soli erant in eremo, circumcisi non fuerunt, sive: ut corpora eorum agnoscerentur in bello. Nam quod in tali membro signantur, haec causa est 25 primum: ne aliud membrum aut debile fiat aut turpe, quod

---

[67] ORIGENES, *comm. in Rom.* 2,9 [13] (173 f HAMMOND BAMMEL; FC 2/1, 296 f).

[68] AMBROSIUS VON MAILAND, *epist.* 69,1.2 (CSEL 82/2,178 f).

[69] AMBROSIUS VON MAILAND, *epist.* 69,6 f (CSEL 82/2,180 f).

Blut vergießen, bevor alle losgekauft wurden durch das Blut des einen."[67]

Ambrosius sagt im „Brief an Constantius", wobei er in höchstem Maße mit Origenes in seinen oben angeführten Ausführungen über die Beschneidung übereinstimmt: „Sehr viele beunruhigt die Frage, weshalb die Beschneidung einerseits durch die Autorität des Alten Testaments gewissermaßen als nützlich befohlen wird, andererseits durch die Lehre des Neuen Testaments gewissermaßen als unnütz zurückgewiesen wird. Was sollen wir also sagen, hat der Vater Abraham damit verfolgt, daß er das als erster einführte, was seine Nachkommenschaft nicht befolgen sollte?"[68]

Ebenso: „Wir finden aber in der Geschichte von den Alten, daß nicht nur die Ägypter, sondern auch irgendwelche von den Äthiopiern, Arabern und Phöniziern die Beschneidung gegenüber ihren Stammesgenossen angewandt haben. Und sie glauben bis auf den heutigen Tag, diese als Methode zu bewahren, ihre Vernunft zu beweisen, dadurch daß sie — eingeweiht durch die Erstlingsgaben ihres Körpers und ihres Blutes — glauben, die Nachstellungen der Dämonen, die jene gegen unser Geschlecht unternehmen, müßten durch die Weihen eines ganz geringen Teiles des Körpers zerstört werden. Ich glaube nun, daß kein unnützer Grund für diesen kleinen Teil des Gliedes spricht, an dem der Knabe am achten Tage beschnitten werden soll; dann beginnt seine Mutter wieder reines Blut zu haben, die sich vor dem achten Tage in unreinem Blut befinden soll."[69]

Hieronymus in seiner „Auslegung des Römerbriefes": „Es stellt sich die Frage, warum die Beschneidung gestiftet worden ist, wenn sie von sich aus nichts nützt: Zuerst, damit das Volk Gottes unter den Heiden zu erkennen war; als sie allein in der Wüste waren, sind sie nicht beschnitten gewesen (Jos 5,2–7). Oder: damit ihre Körper im Kriege zu erkennen seien. Denn daß sie an einem solchen Glied gekennzeichnet werden, hat zunächst folgenden Grund: damit kein anderes Glied schwach oder häßlich werde, das

publice videretur; iterum: propter gratiae promissionem, in
qua erat per castitatem placendum, sive: ut Christus signi-
ficaretur ex eius semine nasciturus, usque ad quem futura
erat ista carnalis, quae spiritualem habebat afferre. Cuius
typum gerens Iesu Nave populum secundo circumcidere 5
iubetur."

§ Solet, memini, nonnulla esse quaestio, quomodo videlicet Iosue cultris petrinis ex praecepto Domini filios Israel
secundo circumcidit, quasi qui antea circumcisi essent rursus circumcidi potuissent. Beatus vero Augustinus in libro 10
„Quaestionum veteris et novae legis" omnem huius dubitationis errorem removens docet secundam hanc circumcisionem non in eisdem personis, sed in eodem populo
factam fuisse.

Quod et patenter continent verba ipsa historiae libri 15
Iosue, haec videlicet: „Eo tempore ait Dominus ad Iosue:
Fac tibi cultros lapideos et circumcide secundo filios Israel.
Fecit quod | iusserat Dominus et circumcidit filios Israel. | 143
Haec autem causa est secundae circumcisionis: Omnis populus, qui egressus est ex Aegypto generis masculini, uni- 20
versi bellatores viri mortui sunt in deserto per longissimos
viae circuitus; qui omnes circumcisi erant. Populus autem,
qui natus est in deserto per quadraginta annos itineris
latissimae solitudinis, incircumcisus fuit, donec consume-
rentur qui non audierant vocem Domini. Horum filii in 25
locum successerunt patrum et circumcisi sunt a Iosue, quia
sicut nati fuerant, in praeputio erant, neque eos in via
aliquis circumciderat. Postquam autem omnes circumcisi
sunt, manserunt in eodem castrorum loco, donec sanaren-

---

7 Solet … § *vorangestellt bei* O

---

[70] PELAGIUS, *in Rom.* 2,26 (2,26 f SOUTER).
[71] In Wirklichkeit: AMBROSIASTER, *quaest. test.* 81 (CSEL 50,137).
[72] *Constructio ad sensum:* Subjekt ist eigentlich „das Volk".

öffentlich zu sehen wäre; zweitens wegen der Verheißung der Gnade, in der man durch Keuschheit gefallen mußte, oder: damit Christus vorherbezeichnet würde, der aus seiner (sc. Abrahams) Nachkommenschaft geboren werden sollte; bis zu ihm sollte jene leibliche Beschneidung stattfinden, die die geistliche herbeiführen konnte. Da Josua das Vorbild für diesen darstellt, wird ihm befohlen, das Volk zum zweiten Mal zu beschneiden" (Jos 5,2).[70]

Wie ich mich erinnere, pflegt es kein geringes Problem zu sein, auf welche Weise nämlich Josua mit Steinmessern nach dem Gebot des Herrn die Kinder Israels zum zweiten Mal beschnitten hat, wie wenn die, die zuvor beschnitten worden waren, noch einmal hätten beschnitten werden können. Der selige Augustinus aber lehrt im „Buch der Fragen des alten und neuen Gesetzes" — wobei er jede Möglichkeit, hieran irrtümlich zu zweifeln, nimmt —, daß diese zweite Beschneidung nicht an denselben Personen, sondern im selben Volk ausgeführt worden sei.[71]

Dies enthält auch offensichtlich gerade der Wortlaut der Geschichte im Buch Josua, folgender nämlich: „Zu der Zeit sprach der Herr zu Josua: Mach dir Steinmesser und beschneide die Israeliten zum zweiten Mal! Er tat, was der Herr befohlen hatte, und beschnitt die Kinder Israels. Dies aber ist der Grund für die zweite Beschneidung: Das ganze Volk männlichen Geschlechts, das aus Ägypten ausgezogen ist, alle Krieger, sind[72] während des sehr langen Herumwanderns in der Wüste gestorben; sie waren alle beschnitten. Das Volk aber, das in der Wüste geboren wurde — im Verlauf von 40 Jahren der Wanderung durch die sehr weite Wüste —, war unbeschnitten: bis die hinweggerafft wurden, die nicht auf die Stimme des Herrn gehört hatten. Deren Söhne traten an die Stelle ihrer Väter und wurden von Josua beschnitten; denn so wie sie geboren worden waren, waren sie unbeschnitten, und niemand hatte sie unterwegs beschnitten. Nachdem aber alle beschnitten worden waren, blieben sie an Ort und Stelle im Lager, bis

tur. Dixitque Dominus ad Iosue: Hodie abstuli oppro-
brium Aegypti a vobis."

Miror itaque Origenem, tam litteratum virum, in hac
secunda circumcisione per Iosue facta adeo errasse, ut eam
superius assereret nullo modo iuxta litteram fieri potuisse. 5
Quam tamen historia ipsa mox a Iosue factam adiecit dicens: „Fecitque quod iusserat Dominus et circumcidit filios
Israel." — Nunc ad expositionem epistolae redeamus.

Ut sit pater omnium. Duo dixerat, quod videlicet Abrahae in praeputio, id est dum praeputium haberet, reputata 10
est fides sua ad iustitiam tamquam iam spiritualiter circum-
ciso, et quod postea carne quoque circumcisus est, ut per
haec duo videlicet sit pater atque auctor ceteris in exemplo
et doctrina praepositus tam de spirituali quam de carnali
circumcisione. Et hoc est: ut *per praeputium,* in quo est 15
iustificatus antequam circumcisus, *sit pater credentium,* ut
hoc scilicet quod credentes sunt, *reputetur etiam illis ad
iustitiam,* quamvis desit exterius signum.

12. *Et sit pater circumcisionis,* videlicet exterioris, id est
primus omnibus in spirituali simul et carnali circumci- 20
sione in exemplo et auctoritate praepositus, *non his tantum,* scilicet pater, *qui sunt ex circumcisione,* id est quibus
praecepta est carnis circumcisio, *sed et his qui sectantur*
etc., id est qui habent fidem cum praeputio. Sic construe:
| *Vestigia fidei patris nostri Abrahae, quae,* scilicet fides, *est* 25 | 14

---

73 Oben 342,12–17.

sie wieder gesund wurden. Und der Herr sagte zu Josua:
Heute habe ich die ägyptische Schande von euch fortgenommen" (Jos 5,2–9).

Ich wundere mich daher, daß Origenes, ein so belesener
Mann, bei dieser zweiten Beschneidung, die durch Josua
ausgeführt wurde, so sehr geirrt hat, daß er weiter oben
behauptete, sie könne auf keinen Fall dem Buchstaben nach
stattgefunden haben.[73] Daß sie jedoch alsbald von Josua
durchgeführt wurde, hat die Erzählung selbst hinzugefügt,
indem sie sagt: „Und er tat, was der Herr befohlen hatte,
und beschnitt die Kinder Israels" (Jos 5,3). — Jetzt wollen
wir zur Auslegung des Briefes zurückkehren.

Auf daß er der Vater aller sei. Zweierlei hatte er gesagt:
daß nämlich dem Abraham in der Unbeschnittenheit, das
heißt, solange er die Unbeschnittenheit hatte, sein Glaube
als Gerechtigkeit angerechnet worden ist wie einem schon
geistlich Beschnittenen und daß er später auch leiblich
beschnitten worden ist. Daher wurde er durch dies beides
nämlich den übrigen als Vater und Urheber zum Beispiel
und zur Belehrung vor Augen gestellt — ebenso bezüglich
der geistlichen wie der körperlichen Beschneidung. Und
dies bedeutet: damit er *durch die Unbeschnittenheit,* in der
er vor seiner Beschneidung gerechtfertigt worden ist, *Vater
der Gläubigen sei,* so daß nämlich die Tatsache, daß sie
gläubig sind, *auch jenen zur Gerechtigkeit zugerechnet
werde,* obwohl das äußere Zeichen fehlt.

12. *Und damit er der Vater der Beschneidung sei,* nämlich der äußerlichen, das heißt als erster allen als Beispiel
und Autorität für die geistliche und körperliche Beschneidung zugleich vor Augen gestellt, *nicht nur denen,* nämlich
Vater, *welche aus der Beschneidung sind,* das heißt, denen
die leibliche Beschneidung vorgeschrieben ist, *sondern
auch denen, welche wandeln ...* das heißt, die den Glauben
zusammen mit der Unbeschnittenheit haben. Konstruiere
folgendermaßen: *in den Fußstapfen des Glaubens unseres
Vaters Abraham, welcher,* nämlich Glaube, *in der Unbe-*

in praeputio, id est in praeputiatis aeque ut in circumcisis.

13. *Non enim per legem.* Cum superius ostenderet hominem ex fide sine operibus legis iustificari et per hoc gloriationem legis Iudaeis auferret, manifestum de Abraham 5
patre ipsorum interposuit exemplum. Unde nunc ad gloriationem legis evacuandam revertitur, ac si iterum supradicta,
ut ea probet, repetens dicat: Dixi superius me arbitrari
„hominem iustificari per fidem sine operibus legis", quod
in ipso etiam patet Abraham, qui opus maximum legis, id 10
est circumcisionem, suscipiens potius per iustitiam fidei
quam per opus ipsum legis iustificatus est, et merito: Non
enim per legem, id est per aliquod opus legis vel per oboedientiam legis, quae nondum data erat, meruit promissionem hereditatis accipere, *sed per iustitiam fidei,* hoc est: per 15
fidem iustificantem sive per iustitiam ex fide venientem.
Aut semini eius, id est exemplo eius instructi. *Ut heres esset
mundi,* id est perpetuus possessor universorum bonorum,
qui per fecunditatem terrae promissae figurantur. Universa
quippe possidet bona, qui omnia habet necessaria, et ei nihil 20
deesse dicitur, qui nullo indiget. Unde Apostolus de his, qui
exemplo Abrahae peregrinantis terrena despiciendo caele-
stia appetunt, ait: „tamquam nihil habentes et omnia possi-
dentes." Vel: „esset heres mundi", id est: soli ex universo
mundo eligerentur, ut fierent heredes. 25

---

[74] Abaelard faßt offenbar „Nachkommenschaft" *(semen)* als Subjekt auf.

schnittenheit ist, das heißt bei den Unbeschnittenen gleichermaßen wie bei den Beschnittenen.

13. *Denn nicht durch das Gesetz.* Als er weiter oben zeigte, daß der Mensch aus Glauben ohne Gesetzeswerke gerechtfertigt werde (Röm 3,28) und hierdurch den Juden das Sich-Rühmen aufgrund des Gesetzes nahm, hat er das konkrete Beispiel von ihrem Vater Abraham eingefügt. Daher kehrt er nun dazu zurück, ihr Sich-Rühmen aufgrund des Gesetzes zu entkräften, wie wenn er wohl das oben Gesagte noch einmal wiederholen wollte, um es zu beweisen, und sagt: Ich habe weiter oben gesagt, daß ich glaube, „der Mensch werde gerechtfertigt durch den Glauben ohne Gesetzeswerke" (Röm 3,28). Dies wird auch gerade an Abraham deutlich: Obwohl er das größte Werk des Gesetzes, das heißt die Beschneidung, auf sich nahm, ist er eher durch die Glaubensgerechtigkeit als gerade durch das Gesetzeswerk gerechtfertigt worden, und zu Recht: Denn nicht durch das Gesetz, das heißt durch irgendein Gesetzeswerk oder durch den Gehorsam dem Gesetz gegenüber, das noch nicht gegeben worden war, hat er verdient, die Verheißung der Erbschaft zu empfangen, *sondern durch die Glaubensgerechtigkeit,* das heißt: durch den rechtfertigenden Glauben oder durch die Gerechtigkeit, die aus dem Glauben kommt. *Oder seiner Nachkommenschaft,* das heißt diejenigen, die durch sein Beispiel unterwiesen sind. *Daß sie*[74] *Erbe der Welt sein sollte,* das heißt ständiger Besitzer aller Güter, die durch die Fruchtbarkeit des verheißenen Landes vorherbezeichnet werden. Alle Güter besitzt ja der, der alles Notwendige hat, und man sagt, dem fehle nichts, der nichts entbehrt. Daher sagt der Apostel von denen, die — nach dem Beispiel des in der Fremde umherziehenden Abrahams —, indem sie irdische Güter verachten, die himmlischen begehren: „gleichsam nichts habend und doch alles besitzend" (2 Kor 6,10). Oder: „Erbe der Welt sein sollte", das heißt, daß sie (*sc.* die Nachkommen) allein aus der ganzen Welt erwählt würden, Erben zu werden.

14. *Si enim qui*. Bene dico per opera legis non perveniri
ad hereditatem fidelibus promissam. Alioquin *fides esset
exinanita,* id est meritum fidei evacuatum, cum aeque infideles sicut fideles opera illa legis habere possint et per hoc
heredes fieri, et *promissio abolita,* id est inefficax et irrita 5
facta. Per quam quidem promissionem in semine Abrahae
gentes sunt benedicendae, quae legis opera non habent. Et
hoc | est: „Si enim qui" *ex lege,* sunt subaudis, *sunt heredes,* | 145
id est qui opera legis habent, per hoc hereditatem merentur,
etc.   10

15. *Lex enim iram*. Iterum probat per legem, id est opera
illa legis exteriora, quae lex praecipit, non acquiri hereditatem, immo magis reos constitui homines per legem, ut
hereditatem amittant. Multa quippe sunt opera legis ita
gravia, ut eos, a quibus vel in quibus fiunt, adeo affligant, 15
ut vix eis aut numquam praecepta eorum placeant nec voluntarie possint impleri, sicut est „dentem pro dente et
oculum pro oculo" tollere et nonnullis mortem inferre.
Quis enim in his, quos diligit, haec libenter exerceat aut in
se ea libenter excipiat? Unde Petrus in Actibus aposto- 20
lorum eos refellens qui Christianis opera legis imponere
volebant, ut ea videlicet ipsi quoque servarent, ait: „Viri
fratres, quid tentatis Deum imponere iugum super cervi-
cem discipulorum, quod neque patres nostri neque nos
portare potuimus? Sed per gratiam Domini Iesu credimus 25
salvari quemadmodum et illi." Lex itaque carnalem et durae
cervicis populum ex operibus suis magis reum effecit quam

14. *Denn wenn die.* Zu Recht sage ich, daß man durch Gesetzeswerke nicht zu der Erbschaft gelangt, die den Gläubigen versprochen ist. Andernfalls *wäre der Glaube entleert,* das heißt das Verdienst des Glaubens entkräftet, da gleicherweise Ungläubige wie Gläubige jene Gesetzeswerke haben und dadurch Erben werden könnten, und *die Verheißung wäre aufgehoben,* das heißt unwirksam und ungültig geworden. Durch diese Verheißung sollen ja im Samen Abrahams die Völker gesegnet werden, die die Gesetzeswerke nicht haben. Und dies bedeutet: „Denn wenn die" *aus dem Gesetze,* ergänze: sind, *Erben sind,* das heißt, wenn die, die Gesetzeswerke haben, hierdurch die Erbschaft verdienen …

15. *Das Gesetz nämlich wirkt Zorn.* Wiederum beweist er, daß man durch das Gesetz, das heißt jene äußerlichen Gesetzeswerke, die das Gesetz vorschreibt, nicht die Erbschaft erwirbt, ja daß eher durch das Gesetz die Menschen schuldig werden, so daß sie die Erbschaft verlieren. Viele Gesetzeswerke sind ja so schwer, daß sie diejenigen, von denen sie oder an denen sie ausgeführt werden, so sehr schädigen, daß ihnen kaum einmal oder niemals ihre Anordnungen gefallen und sie nicht freiwillg erfüllt werden können, zum Beispiel „Zahn für Zahn und Auge um Auge" wegzunehmen (Ex 21,24; Lev 24,20; Dtn 19,21) und gegen einige den Tod zu verhängen. Denn wer übt dies wohl gerne aus an denen, die er liebt, oder läßt es wohl gerne an sich selbst geschehen? Daher sagt Petrus in der Apostelgeschichte, indem er diejenigen widerlegt, die den Christen die Gesetzeswerke auferlegen wollten, damit nämlich auch diese sie einhielten: „Brüder, warum stellt ihr Gott damit auf die Probe, den Jüngern ein Joch auf den Nacken zu legen, das weder unsere Väter noch wir haben tragen können? Aber durch die Gnade des Herrn Jesus glauben wir gerettet zu werden so wie auch jene" (Apg 15,10f). Das Gesetz hat also das weltlich gesinnte und hartnäckige Volk aufgrund seiner Werke eher schuldig

purgavit. Spiritualibus vero nihil iustitiae contulit, per illa videlicet propria sua opera exteriora. Et hoc est quod ait: „Lex enim", id est illa legalia opera, „iram" Dei in eos potius *operatur* quam veniam vel aliquam iustificationem. Et quare iram? Quia transgressores sui facit eos, non alios 5 scilicet; et hoc est: *Ubi enim non est lex,* etc., id est: Illi, quibus illa legalia praecepta non sunt data, praevaricationis, id est transgressionis, reatum per illam non incurrunt, cum eis voluntarie non oboediunt.

16. *Ideo ex fide,* scilicet sunt heredes, quandoquidem 10 non ex lege. Vel ita continua: Dixi non per legem esse factam promissionem hereditatis sed per iustitiam fidei; ideo ex fide sunt heredes. Et hoc est: *Ut sit firma promissio,* scilicet hereditatis, id est ad effectum perducta, *omni semini* Abrahae, id est fidem eius imitanti, tam gentili scilicet quam 15 Iudaeo. Et hoc est quod subdit: *Non solum ei, qui est ex lege,* id | est Iudaeo, qui legi subiacet, *sed et ei, qui ex fide* | 146 *est Abrahae,* hoc est: gentili, qui sola fide Abraham imitatur, „secundum gratiam", scilicet Dei, „sit firma promissio" eius, non secundum merita legalium operum. *Qui est pater,* 20 scilicet Abraham, *omnium nostrum,* tam Iudaeorum videlicet quam gentilium, id est in exemplo ad imitandum omnibus propositus est.

17. *Sicut scriptum est,* in Genesi scilicet; ac si diceret: Eo videlicet modo pater est atque omnibus in exemplo praepo- 25 situs, quo promittitur a Domino pater esse „multarum gentium", id est diversarum nationum, credendo scilicet

gemacht als gereinigt. Den geistlich Gesinnten aber hat es
nichts an Gerechtigkeit gebracht, durch jene seine ihm eigentümlichen äußerlichen Werke nämlich. Und dies bedeutet es, daß er sagt: „Das Gesetz nämlich", das heißt jene
gesetzlichen Werke, *wirkt* eher „den Zorn" Gottes gegen sie
als Verzeihung oder irgendeine Rechtfertigung. Und wieso
Zorn? Weil es sie zu seinen Übertretern macht, nicht die
anderen nämlich; und dies bedeutet: *Denn wo kein Gesetz
ist ...* das heißt: Jene, denen jene Gesetzesvorschriften nicht
gegeben worden sind, verfallen durch das Gesetz nicht der
Schuld der Pflichtverletzung, das heißt der Übertretung,
wenn sie den Vorschriften nicht freiwillig gehorchen.

16. *Darum: Aus dem Glauben* sind sie nämlich Erben,
da ja nicht aufgrund des Gesetzes. Oder fahre so fort: Ich
sagte, nicht durch das Gesetz sei die Verheißung der Erbschaft erfolgt, sondern durch die Glaubensgerechtigkeit;
deshalb sind sie aufgrund des Glaubens Erben. Und dies
bedeutet: *Damit die Verheißung fest bestehe,* nämlich die
der Erbschaft, das heißt zum Ergebnis gebracht, *für die
ganze Nachkommenschaft* Abrahams, das heißt die, die
seinen Glauben nachahmt, ebenso für den Heiden nämlich
wie für den Juden. Und dies bedeutet, was er anfügt: *Nicht
nur für den aus dem Gesetze,* das heißt für den Juden, der
dem Gesetz untertan ist, *sondern auch für den aus dem
Glauben Abrahams,* das heißt: damit für den Heiden, der
allein durch den Glauben Abraham nachahmt, seine Verheißung fest bestehe „nach der Gnade", nämlich Gottes,
nicht nach den Verdiensten durch Gesetzeswerke. *Er ist
Vater,* nämlich Abraham, *von uns allen,* ebenso der der
Juden nämlich wie der Heiden, das heißt: Er ist als Beispiel
zur Nachahmung allen vor Augen gestellt.

17. *Wie geschrieben steht,* in der Genesis nämlich. Wie
wenn er sagen wollte: Auf die Weise ist er ja Vater und allen
als Beispiel vor Augen gestellt, wie ihm von Gott versprochen wird, daß er Vater „vieler Völker" sei (Gen 17,5), das
heißt verschiedener Nationen, durch Glauben nämlich

magis quam opera legis exercendo. Quod patenter insinuat,
cum subdit: *ante Deum cui credidisti.* Verba Domini loquentis ad Abraham sunt ista: *Quia patrem,* etc. Sic quippe
scriptum est: „Non vocabitur nomen tuum Abram sed
vocaberis Abraham, quia patrem multarum gentium con- 5
stitui te." Innuitur itaque ex his verbis interpretatio nomi-
nis Abrahae, quod sonat ‚pater multarum', sed quod additur „gentium", explanatio est potius, quarum rerum multarum sit intelligendum, quam interpretatio.

Sed et quod ait Apostolus: „ante Deum cui credidisti", 10
vel nostrae translationi est subtractum vel ex parte Apostoli
additum, ut videlicet determinaret Abraham ex fide omnibus in patrem esse propositum magis quam ex circumcisione. Pater ponitur, id est constituitur, „ante Deum", id
est in placito eius, qui filios non quaerit sibi generare sed 15
Deo nec concumbendo suae voluptati satisfacere, sed exemplo fidei magis quam propagatione carnis filios Dei
praeparare. Quod patenter insinuat, cum subdit: „cui credidisti", de omnibus scilicet eius promissis; ac si diceret:
„Posui te patrem ante Deum, cui credidisti", id est ut per 20
hoc, quod ei credidisti, multos tibi similes exemplo tuae
fidei illi generares.

Quod Deus loquens ad Abraham ita fatur: „Patrem mul-
tarum gentium posui te ante Deum", et non | dicit „ante me", | 147
sed ita de se quasi de alio loquitur, consuetudo est Hebraici 25
sermonis. Unde et ipse legislator, qui hoc scripsit, semper

---

[75] Vg.: er hat geglaubt.

mehr als durch das Ausführen von Gesetzeswerken. Dies
will er offenkundig mitteilen, wenn er anfügt: *vor Gott,
dem du geglaubt hast.*[75] Die Worte des Herrn, der zu Abraham sprach, sind folgende: *Denn zum (Stamm-)Vater ...*
So steht ja geschrieben: „Dein Name wird nicht mehr
Abram heißen, sondern Abraham wirst du genannt werden; denn zum Stammvater vieler Völker habe ich dich
bestimmt" (Gen 17,5). Es wird daher mit diesen Worten
eine Erklärung des Namens Abraham beabsichtigt, der bedeutet: ‚Vater vieler‘; aber daß hinzugesetzt wird „Völker",
ist eher als eine Erläuterung aufzufassen, von was für vielen
Dingen er Vater sei, denn als eine Erklärung des Namens.

Aber auch, daß der Apostel sagt: „vor Gott, dem du
geglaubt hast", ist entweder aus unserer Übersetzung (*sc.*
des Alten Testaments) fortgenommen oder seitens des
Apostels hinzugefügt, um nämlich näher zu bestimmen,
daß Abraham mehr aufgrund seines Glaubens allen als
Vater vor Augen gestellt sei als aufgrund seiner Beschneidung. Zum Vater wird er eingesetzt, das heißt bestimmt,
„vor Gott", das heißt in seinem Wohlgefallen. Er sucht
nicht sich, sondern Gott Söhne zu erzeugen und nicht
seiner Lust durch Beischlaf Genüge zu tun, sondern mehr
durch das Beispiel seines Glaubens als durch die leibliche
Fortpflanzung Gotteskinder zu bereiten. Dies will er offenkundig mitteilen, indem er anfügt: „dem du geglaubt
hast", bezüglich all seiner Verheißungen nämlich, wie wenn
er sagen wollte: „Als Vater habe ich dich vor Gott gestellt,
dem du geglaubt hast", das heißt, damit du dadurch, daß
du ihm geglaubt hast, für jenen viele dir Ähnliche durch das
Beispiel deines Glaubens erzeugtest.

Daß Gott sich, indem er zu Abraham spricht, folgendermaßen ausdrückt: „Zum Vater vieler Völker habe ich dich
vor Gott gesetzt" und nicht sagt: „vor mich", sondern gewissermaßen von sich wie von jemand anderem spricht, ist eine
Gewohnheit der hebräischen Ausdrucksweise. Daher hat
auch der Gesetzgeber selbst, der dies geschrieben hat, ge-

de se ipso quasi de alio consuevit loqui, veluti cum ait:
„Dixit Dominus ad Moysen", et iterum: „Et erat Moyses
mitissimus", etc. Quod tamen non sine causa factum videtur, ut videlicet alius quasi de alio loquatur. Constat quippe
in sanctis et maxime in prophetis Deum potius quam ipsos 5
loqui. Unde prophetae aliquid dicturi frequenter aiunt:
„Haec dicit Dominus", et Veritas in Evangelio ad discipulos: „Non enim vos estis", inquit, „qui loquimini." Ap-
parens quoque et loquens Dominus Abrahae olim vel ceteris, quoniam id per angelum exhibebat, veritatem ipsius 10
apparentis vel loquentis angeli a se ipso provide distin-
guebat, ut ipso quoque locutionis genere alius intellige-
retur, qui verba formaret, quam ipse, de quo verba erant, id
est angelus a Domino.

Qui vivificat. Et merito ei credidisti de suis promissis, 15
quia talis est „qui vivificat" *mortuos,* id est infideles prout
vult ad fidem convertit. Mortui dicuntur infideles, vulne-
rati peccatores. Vita quippe iustorum fides dicitur iuxta
illud: „Iustus ex fide vivit." Qui infidelis est, nihil penitus
boni habet, quo Deo placere possit, quia „sine fide", ut ipse 20
dicit Apostolus, „impossibile est placere Deo." *Et vocat,*
hoc est: ita verbis suis facit oboedire non existentia —
„Dixit" enim „et facta sunt, mandavit et creata sunt" —,
sicut existentia.

wöhnlich immer von sich selbst wie von jemand anderem gesprochen, zum Beispiel wenn er sagt: „Der Herr sprach zu Mose" (Ex 3, 14 f; 4, 19), und wiederum: „Und Mose war sehr sanft ..." (Num 12, 3). Dies scheint dennoch nicht ohne Grund geschehen zu sein, daß jemand nämlich von sich gewissermaßen wie von einem anderen spricht: Bekanntlich spricht ja in den Heiligen und insbesondere in den Propheten Gott eher als sie selbst. Daher sagen die Propheten, wenn sie irgend etwas sagen wollen, häufig: „Dies sagt der Herr" (zum Beispiel Am 1, 3; 6, 9.11 Vg.), und die Wahrheit hat im Evangelium zu den Jüngern gesagt: „Denn nicht ihr seid es, die reden" (Mt 10, 20). Auch als der Herr einst Abraham oder auch den übrigen erschien und zu ihnen sprach, unterschied er, da er dies ja durch einen Engel ausführen ließ, mit Bedacht die Wirklichkeit gerade dieses in Erscheinung tretenden oder redenden Engels von sich selbst: Man sollte auch unmittelbar durch die Form der Rede erkennen, daß ein anderer die Worte formulierte als er selbst, von dem die Worte stammten, das heißt: der Engel — im Unterschied zum Herrn.[76]

Der lebendig macht. Und zu Recht hast du ihm geglaubt in bezug auf seine Verheißungen, weil er ein solcher ist, „der" *die Toten* „lebendig macht", das heißt Ungläubige, so wie er will, zum Glauben bekehrt. Tote heißen die Ungläubigen, Verwundete die Sünder. Das Leben der Gerechten heißt ja Glauben nach jenem Ausspruch: „Der Gerechte lebt aus dem Glauben" (Röm 1, 17). Wer ungläubig ist, hat überhaupt nichts Gutes, durch das er Gott gefallen könnte; denn „ohne Glauben", wie der Apostel selbst sagt, „ist es unmöglich, Gott zu gefallen" (Hebr 11, 6). *Und der ruft,* das heißt, so ebenso das nicht Seiende durch seine Worte dazu bringt zu gehorchen — denn „er sprach, und es geschah; er gebot, und es wurde geschaffen (Ps 33, 9: Vg. Ps 32, 9)" — wie das Seiende.

---

[76] Der Engel ist also nur Sprachrohr des Herrn.

18. *Qui contra spem.* Commendata potentia Domini, ut de eius promissis nullatenus sit dubitandum, commendat et constantiam fidei Abrahae, ad quem nos imitandum exhortatur. Cum primitus Abraham desperasset de Sara, speravit de Agar se heredem suscipere. Postea vero e contrario per 5 promissionem Domini credidit ac speravit. Et hoc est: „Credidit" *in spem* „contra spem", id est: credendo divinis promissis ductus est „in spem", suscipiendi scilicet heredis, contrariam priori spei. Aliter: Quando duxit Saram, credidit eam fecundam et secundum naturam ei filios in iuven- 10 tute parituram. Postea | vero frustratus hac spe e contrario | 148 penitus credidit et speravit propter promissionem Domini, hoc est: eam sterilem in senectute contra naturam parituram. Quod mirabile fuit eum potuisse credere iuxta illam dialecticae regulam: „Si enim quod magis videtur inesse non 15 inest, nec quod minus videtur inesse inerit."

Ut fieret pater, id est ut per tantam constantiam fidei de promissionibus Dei mereretur praeponi in exemplo etiam gentibus, *secundum quod dictum est ei,* a Domino scilicet in Genesi: *Sic erit semen tuum,* id est homines exemplo fidei 20 tuae mihi generandi, ita scilicet innumerabiles *sicut stellae,* etc. Possumus etiam per stellas et arenam Iudaicum et gentilem populum distinguere, ex quibus spirituales Abrahae filii pariter sunt collecti, ut non solum filiorum multitudo,

---

[77] *Dial.* 3, 1.2 (275.441 DE RIJK).

18. *Er hat gegen die Hoffnung.* Nachdem die Macht des Herrn empfohlen worden ist, so daß man keineswegs an seinen Verheißungen zweifeln darf, empfiehlt er auch die Glaubensbeständigkeit Abrahams, zu dessen Nachahmung er uns auffordert. Als Abraham zuerst Saras wegen verzweifelt geworden war, hoffte er, von Hagar einen Erben zu bekommen (Gen 16,1–16). Später aber glaubte und hoffte er im Gegensatz dazu durch die Verheißung des Herrn (Gen 17,15–21). Und dies bedeutet: „Er hat gegen die Hoffnung" *an Hoffnung* „geglaubt", das heißt dadurch, daß er den göttlichen Verheißungen glaubte, wurde er „zur Hoffnung" gebracht, nämlich einen Erben zu bekommen, im Gegensatz zur früheren Hoffnung. Anders: Als er Sara zur Frau nahm, glaubte er, sie sei fruchtbar und werde ihm naturgemäß in ihrer Jugend Söhne gebären. Später aber, getäuscht in dieser Hoffnung, glaubte und hoffte er ganz im Gegensatz dazu wegen der Verheißung des Herrn, das heißt: sie werde als unfruchtbare Frau im Alter gegen die Natur gebären. Es war wunderbar, daß er dies glauben konnte nach jener Regel der Dialektik: „Denn wenn das, was mehr darin enthalten zu sein scheint, nicht darin enthalten ist, wird auch nicht das, was weniger darin enthalten zu sein scheint, darin enthalten sein."[77]

Daß er Vater werden würde, das heißt, daß er durch solch große Glaubensbeständigkeit bezüglich der Verheißungen Gottes verdiente, als Beispiel auch für die Völker hingestellt zu werden, *dem gemäß, was zu ihm gesagt worden ist,* vom Herrn nämlich in der Genesis: *So wird deine Nachkommenschaft sein* (Gen 15,5), das heißt die Menschen, die mir durch das Beispiel deines Glaubens erzeugt werden sollen, so unzählig viele nämlich *wie die Sterne ...* (Gen 15,5; 22,17; 26,4; Ex 32,13). Wir können auch durch Sterne und Sand (Gen 22,17) das jüdische und heidnische Volk unterscheiden, aus denen in gleicher Weise die geistlichen Kinder Abrahams gesammelt worden sind, so daß nicht nur die große Zahl der Söhne, sondern

verum etiam populorum diversitas exprimatur. Stellis Iudaei comparantur per fidem ex lege iam illuminati et a fluxu
mundanarum concupiscentiarum per legem coerciti et quasi caelestes in spe sua facti, cum e contrario gentiles nulla
lege constricti per omnem concupiscentiam libere efflu- 5
erent terrenis tantum desideriis inhiantes.

Sed quia de gentibus tantum, in quibus maxime fides
Abrahae fructificatura erat, promissionis verba sunt,
possumus fortassis convenientius in stellis et arena maris
tres ecclesiae ordines distinguere: per stellas quidem, quae 10
et igneae sunt et lucidae, duos sublimiores, continentium
scilicet, id est contemplativorum, qui divini amoris igne
vehementius fervent, et praedicatorum, qui alios doctrina
sua illuminant; per arenam vero maris coniugatorum, qui
quasi in mari, id est in humidis, habitant luxuriae indul- 15
gentes et mundanarum sollicitudinum curis fluctuant et
earum amaritudines graviter tolerant.

19. „Credidit", inquam, *et non est infirmatus in fide,* id
est non fuit remissa in aliquo vel debilis fides eius, quantumcumque differretur promissio vel impossibilis videretur, 20
sed aeque firmiter credidit id, quod contra naturam esse
| penitus sciebat, sicut illud, quod per naturam fieri prius | 149
exspectaverat. *Nec consideravit corpus suum emortuum,* hoc
est: Non attendit impossibilitatem suae naturae vel uxoris,
sed potentiam promittentis. „Corpus emortuum" dicit, id 25
est omnino iam per naturam impotens ad generationem filii,
qui promittebatur. *Cum,* id est quamvis, *iam* ipse Abra-

auch die Verschiedenheit der Völker ausgedrückt wird. Mit
Sternen werden die Juden verglichen, die durch den Glauben aus dem Gesetz schon erleuchtet und vor der Ausschweifung weltlicher Begierden durch das Gesetz gezügelt und gewissermaßen in ihrer Hoffnung himmlisch geworden waren, während im Gegensatz dazu die Heiden,
durch kein Gesetz gebunden, durch jede Begierde hem-
mungslos Ausschweifungen begingen, wobei sie nur nach
irdischen Begierden trachteten.

Aber weil ja die Worte der Verheißung nur den Völkern
gelten, unter denen besonders der Glaube Abrahams Frucht
bringen sollte, können wir vielleicht passender durch die
Sterne und den Sand des Meeres drei Stände der Kirche
unterscheiden: durch die Sterne ja, die feurig und leuchtend
sind, die beiden höheren, nämlich den der Enthaltsamen,
das heißt der Betrachtenden, die durch das Feuer der göttlichen Liebe heftiger glühen, und den der Prediger, die
andere durch ihre Lehre erleuchten; durch den Sand des
Meeres aber den Stand der Verheirateten, die gewissermaßen am Meer, das heißt an feuchten Stellen, wohnen, wobei
sie der Verschwendungssucht nachgeben und durch die
Sorgen weltlicher Aufregungen hin und her wogen und
deren Bitternisse schwer ertragen.

19. „Er glaubte", sage ich, *und wurde nicht schwach im
Glauben,* das heißt, sein Glaube war nicht schlaff bei irgend
etwas oder schwach, wie sehr auch die Verheißung sich
verzögerte oder unmöglich erschien, sondern er glaubte
gleich stark an das, was — wie er wußte — ganz und gar
gegen die Natur war, wie zum Beispiel an jenes, dessen
natürliches Eintreten er zuvor erwartet hatte. *Noch zog er
seinen schon erstorbenen Leib in Betracht,* das heißt: Er
achtete nicht auf die Unfähigkeit seiner Natur oder der
seiner Frau, sondern auf die Macht dessen, der das Versprechen gab. Er nennt „den Leib erstorben", das heißt schon
völlig von Natur aus unfähig zur Zeugung des Sohnes, der
verheißen wurde. *Als,* das heißt obwohl, Abraham selbst

ham *fere esset centum annorum,* hoc est nonaginta novem, *et emortuam vulvam Sarae* ad opus similiter generationis, tam propter senectutem scilicet quam propter sterilitatem.

Et attende, cum ait de Abraham: cum „fere centum" esset „annorum", innuit eum propter aetatem tantum, non prop- 5 ter sterilitatem, ad generandum minime valere; nec tamen iam penitus impotens ad generandum Abraham credendus est, qui mortua Sara postea Cethuram duxit, de qua filios generavit, quippe potuit in iuvencula id natura senis, quod non poterat in vetula et sterili. Quod etiam satis ipsa verba 10 Apostoli determinant. Non enim ait simpliciter „emortuum corpus" Abrahae sed statim adiunxit „et emortuam vulvam Sarae", ut per adiunctionem Sarae Abraham impotentem ostenderet, cum Sara scilicet, non cum alia. Nec repetiit negativam coniunctionem sed copulativam inter- 15 posuit. Non enim ita dixit: Non „consideravit corpus suum emortuum nec emortuam vulvam Sarae", sed potius ita adiunxit: „et emortuam vulvam Sarae." Ex quo intelligi innuit non unumquemque per se ad generandum penitus esse impotentem, sed coniunctim invicem. 20

Notandum vero quod haec promissio: „Sic erit semen tuum sicut stellae caeli et sicut arena maris", non invenitur facta fuisse Abrahae, quando ei promissus est Isaac, sed postquam iuxta praeceptum Domini voluit immolare eum Domino. Sic enim scriptum est: „Per memetipsum iuravi, 25

---

[78] Nämlich das lateinische *nec.*
[79] Nämlich „und" *(et).*

schon fast hundert Jahre alt war, das heißt 99 Jahre, *und (sc.
nicht zog er in Betracht) den erstorbenen Mutterschoß Saras*
in ähnlicher Weise im Hinblick auf das Werk der Geburt,
ebenso nämlich ihres Alters wie ihrer Unfruchtbarkeit wegen.

Und beachte: Wenn der Apostel von Abraham sagt: „als
er fast hundert Jahre alt war", zeigt er, daß er nur wegen
seines Alters, nicht wegen Unfruchtbarkeit zum Zeugen
nicht imstande war; trotzdem darf man nicht glauben, Abraham sei schon völlig unfähig zum Zeugen gewesen; er hat
nach dem Tode Saras später Ketura zur Frau genommen,
mit der er Kinder gezeugt hat (Gen 25,1 f). Es vermochte
ja bei einer jungen Frau die Natur des alten Mannes das,
was sie bei einer alten und unfruchtbaren nicht vermochte.
Das verdeutlichen auch hinreichend unmittelbar die Worte
des Apostels. Er sagt nämlich nicht einfach: „den erstorbenen Leib" Abrahams, sondern hat sogleich hinzugefügt:
„und nicht den erstorbenen Mutterschoß Saras", um durch
das Hinzufügen von Sara zu zeigen, daß Abraham zusammen mit Sara nämlich impotent war, nicht mit einer anderen. Auch hat er nicht die negative Wortverbindung[78] wiederholt, sondern hat eine Kopula eingefügt.[79] Denn er hat
nicht so gesagt: „Er zog nicht seinen erstorbenen Leib in
Betracht und nicht den erstorbenen Mutterschoß Saras",
sondern er hat lieber so angefügt: „und *(sc.* zugleich) den
erstorbenen Mutterschoß Saras". Er beabsichtigt, daß man
daraus erkennen soll, nicht ein jeder sei von sich aus zur
Zeugung völlig unfähig gewesen, sondern beide zusammen
miteinander.

Anzumerken ist aber, daß man findet, daß diese Verheißung: „So soll deine Nachkommenschaft sein wie die Sterne
des Himmels und wie der Sand des Meeres" (Gen 22,16 f)
Abraham nicht erteilt worden ist, als ihm Isaak verheißen
worden ist, sondern nachdem er ihn nach dem Gebot des
Herrn dem Herrn hatte opfern wollen (Gen 22,10). Denn
so steht geschrieben: „Bei mir selbst habe ich geschworen,

dicit Dominus, quia fecisti rem hanc et non pepercisti filio
tuo unigenito propter me, benedicam tibi et multiplicabo
semen tuum sicut stellas caeli et velut arenam quae est in
litore maris." Scimus quidem, antequam Ismael etiam natus
esset, Dominum Abrahae promi|sisse sic fore „semen" eius 5 | 150
innumerabile „sicut pulverem terrae", et alia vice postea
sicut stellas caeli, sed nihil de arena maris tunc addidisse.
Haec autem ideo notavimus, quia videtur Apostolus ita
extremam promissionem et conceptionem Isaac disponere,
ut ante facta illa promissio videatur quam Isaac conciperetur. 10
Sic enim superius ait: „Qui contra spem in spem credidit, ut
fieret pater multarum gentium secundum quod dictum est
ei: Et erit semen tuum sicut stellae caeli et sicut arena maris";
et statim adiunctum est: „Et non est infirmatus in fide nec
consideravit corpus suum", etc. Sic ergo coniungenda est 15
praesens epistolae littera, ut ad illud, quod praemissum est:
„qui contra spem in spem credidit", hoc referatur: „Et non
est infirmatus in fide", etc.; ad illud vero tantum quod
interponitur: „ut fieret pater", etc., illud spectet quod subditur: „secundum quod dictum est ei: Sic erit", etc.   20

Quaerendum existimo, quomodo non fuerit Abraham
infirmus „in fide" de promissione Isaac, cum ipse quoque
sicut et Sara de hac promissione quasi diffidenter loqui et
risisse narretur. Sic enim scriptum est in Genesi: „Cecidit
Abraham in faciem suam et risit dicens in corde suo: Putasne 25

spricht der Herr: Weil du das getan hast und deinen einzigen Sohn meinetwegen nicht geschont hast, will ich dir
Segen schenken und deine Nachkommenschaft zahlreich
machen wie die Sterne am Himmel und wie den Sand am
Meeresstrand" (Gen 22,16 f). Wir wissen ja, daß der Herr
noch vor der Geburt Ismaels Abraham versprochen hatte,
„seine Nachkommenschaft" werde so unzählbar sein „wie
der Staub der Erde" (Gen 13,16), und an anderer Stelle
später wie die Sterne des Himmels (Gen 15,5; 26,4; Ex
32,13), daß er aber damals nichts vom Sand des Meeres
hinzugefügt hat (Gen 22,17). Dies haben wir aber deshalb
angemerkt, weil der Apostel die letzte Verheißung und die
Empfängnis Isaaks so zeitlich anzuordnen scheint, daß jene
Verheißung vor Isaaks Empfängnis gemacht zu sein scheint.
Denn so sagt er weiter oben: „Der gegen die Hoffnung an
die Hoffnung geglaubt hat, damit er Vater vieler Völker
werde nach dem, was ihm gesagt ist: Und deine Nachkommenschaft wird sein (Röm 4,18) wie die Sterne des Himmels und wie der Sand des Meeres" (Gen 22,17); und
sogleich ist hinzugefügt: „Und er wurde nicht schwach im
Glauben, noch zog er seinen Körper in Betracht ..." (Röm
4,19). So also ist der gegenwärtige Text des Briefes zu ver-
binden, daß auf jenes, was vorausgeschickt ist: „der gegen
die Hoffnung an die Hoffnung geglaubt hat", dies bezogen wird: „Und er wurde nicht schwach im Glauben ...";
daß aber nur auf jenes, was eingeschoben wird: „Daß er
Vater werden würde ...", sich jenes bezieht, was nachge-
tragen wird: „dem gemäß, was zu ihm gesagt worden ist:
So wird ..."

Man muß, glaube ich, fragen, wieso Abraham nicht
schwach gewesen ist „im Glauben" an die Verheißung
Isaaks, da er — wie erzählt wird — auch selbst ebenso wie
auch Sara über diese Verheißung gewissermaßen ungläubig
geredet und gelacht hat. So nämlich steht es in der Genesis
geschrieben: „Abraham fiel auf sein Angesicht nieder und
lachte, wobei er in seinem Herzen sprach: Glaubst du,

centenario nascetur filius et Sara nonagenaria pariet? Dixitque ad Dominum: Utinam Ismael vivat coram te." Sed
profecto cum praemittitur: „Cecidit Abraham in faciem
suam", id est adorando atque supplicando gratias retulit
promissioni, patenter innuitur, quia de ea non desperavit. 5
Quod nequaquam Sara fecisse legitur, cum riserit. Dicitur
et de Sara quod riserit occulte post ostium, de Abraham
vero quod riserit corde potius quam ore, ut videlicet risus
cordis gaudium intelligatur mentis, non risio promissi, et
verba illa quae sequuntur: „Putasne centenario", etc., admi- 10
rationis potius quam desperationis sint. Et quod adiunxit:
„Utinam Ismael vivat coram te", ostendit humilitatem
Abrahae non tam praesumpsisse de | bonitate divinae gra- | 151
tiae, quantum Deus ipse non petenti offert, sed potius
Abrahae satis esse, si vel „Ismael vivat" ei pro semine. 15

20. *In repromissione etiam.* De duobus factae sunt Abrahae promissiones, de semine scilicet ei dando vel multi-
plicando, et de terra Chanaan ei danda vel semini eius.
Saepius autem utramque promissionem factam ei fuisse
legimus, dum compleri differrentur. Sed maximam illa de 20
possessione terrae dilationem accepit, quae longe post mortem illius complenda esse promittitur. Hanc itaque secundam promissionem „repromissionem" dicit Apostolus; ac
si diceret: Non solum in prima promissione, de semine

einem Hundertjährigen wird noch ein Sohn geboren und
Sara wird als Neunzigjährige noch gebären? Und er sprach
zum Herrn: Wenn nur Ismael vor dir am Leben bleibt!"
(Gen 17,17f). Aber in der Tat, dadurch, daß vorausgeschickt wird: „Abraham fiel auf sein Angesicht nieder", das
heißt, durch Anbeten und Dankgebete stattete er Dank für
die Verheißung ab, wird offenkundig darauf hingewiesen,
daß er bezüglich der Verheißung nicht verzweifelte. Wie
man liest, hat Sara dies keineswegs getan, als sie gelacht hat.
Es heißt auch von Sara, daß sie im Verborgenen gelacht
habe, hinter der Tür (Gen 18,10), von Abraham aber, daß
er eher im Herzen als im Angesicht gelacht habe (Gen
17,17), so daß nämlich das Lachen des Herzens als innere
Freude aufzufassen ist, nicht als Lachen über die Verheißung, und jene Worte, die folgen: „Glaubst du, einem
Hundertjährigen ..." (Gen 17,17) eher ein Zeichen von
Bewunderung als von Verzweiflung sind. Und daß er hinzugefügt hat: „Wenn nur Ismael vor dir am Leben bleibt!"
(Gen 17,18), zeigt, daß die Demut Abrahams nicht soviel
beansprucht hatte von der Güte der göttlichen Gnade, wie
Gott selbst ihm, ohne daß er darum bittet, entgegenbringt,
sondern, daß es Abraham vielmehr genügte, wenn jedenfalls „Ismael" ihm als Nachkomme „am Leben bleibe".

20. *Auch bei der erneuten Verheißung*. Über zweierlei
sind Abraham Verheißungen gemacht worden: über die
Nachkommenschaft nämlich, die ihm gegeben oder zahlreich gemacht werden sollte, und über das Land Kanaan, das
ihm oder seiner Nachkommenschaft gegeben werden sollte
(Gen 12,7; 13,15–17; 15,7). Häufiger aber lesen wir, daß
ihm beide Verheißungen gemacht worden sind, während
ihre Erfüllungen aufgeschoben werden sollten. Aber die
größte Verzögerung erhielt jene Verheißung über den Besitz
des Landes: Sie soll, wie verheißen wird, lange nach seinem
Tode erfüllt werden. Diese zweite Verheißung nennt daher
der Apostel „erneute Verheißung", wie wenn er sagen wollte: Nicht nur bei der ersten Verheißung, von der Nachkom-

scilicet, non dubitavit sed nec etiam in secunda, de possessione videlicet terrae, licet longe postea futura, in quarta
scilicet vel quinta generatione filiorum Iacob in Aegypto
profectorum.

Non haesitavit diffidentia, id est non habuit dubita- 5
tionem in corde, sicut in ore verba quidem dubitationis
habuisse videtur et non statim credidisse, nisi prius in
visione signo accepto, sicut statim credidit promissioni
priori de semine. Sic quippe scriptum est de Domino et de
Abraham: „Qui egredietur de utero tuo, ipsum habebis 10
heredem. Eduxitque eum foras et ait illi: Suspice caelum et
numera stellas, si potes. Et dixit ei: Sic erit semen tuum.
Credidit Abram Domino et reputatum est illi ad iustitiam.
Dixitque ad eum: Ego Dominus, qui eduxi te de Hur
Chaldaeorum, ut darem tibi terram istam et possideres eam. 15
At ille ait: Domine, unde scire possum quod possessurus
sim eam? Et respondens Dominus: Sume, inquit, mihi vac-
cam triennem", etc. Haec itaque dubitationis verba signum
requirentia ad confirmationem posteriorum magis quam
suam Abraham assumpsisse credimus, sicut et Iohannis 20
Baptista Dominum non sibi sed discipulis requisivit, dicens: „Tu es qui venturus es?", etc. *Sed confortatus est fide,*
id est exspectatione, non re ipsa, quae longe scilicet post
mortem eius erat futura, *dans gloriam Deo,* id est grates ei
pro his referens, non meritis suis quidquam tribuens.   25

21. *Plenissime sciens,* id est firmiter credens, *quia quae-* 152
cumque: Providam Dei promissionem ostendit et rationa-

---

[80] Nämlich bei der Verheißung über den Besitz des Landes.

menschaft nämlich, zweifelte er nicht, sondern auch nicht
einmal bei der zweiten, nämlich vom Besitz des Landes,
sollte sie auch weit später erfüllt werden, nämlich in der
vierten oder fünften Generation der Kinder Jakobs, die sich
in Ägypten aufgemacht haben (Gen 15,16).

Er zweifelte nicht im Unglauben[80], das heißt, er hatte
keinen Zweifel im Herzen, so wie er ja Worte des Zweifels
im Munde geführt und nicht sogleich geglaubt zu haben
scheint, ohne daß er zuvor in einer Vision ein Zeichen
empfangen hatte, so wie er sogleich der früheren Verheißung von der Nachkommenschaft geglaubt hat. Folgendermaßen steht ja vom Herrn und von Abraham geschrieben:
„Der aus deinem Mutterleib hervorgehen wird, den wirst
du als Erben haben. Und er führte ihn hinaus und sprach
zu ihm: Sieh zum Himmel hinauf und zähle die Sterne,
wenn du kannst. Und er sprach zu ihm: So wird deine
Nachkommenschaft sein. Abraham glaubte dem Herrn,
und es wurde ihm als Gerechtigkeit angerechnet. Und er
sprach zu ihm: Ich bin der Herr, der ich dich aus Ur im
Lande der Chaldäer herausgeführt habe, damit ich dir dieses Land zu eigen gebe und du es besitzt. Aber jener sagte:
Herr, woher kann ich wissen, daß ich es besitzen werde?
Und der Herr antwortete und sprach: Hol mir ein dreijäh-
riges Rind! …“ (Gen 15,4–9 Vg.). Wir glauben, daß Abraham daher diese Worte des Zweifels, die nach einem Zeichen verlangten, eher zur Stärkung der Nachkommen als
zu seiner eigenen in den Mund genommen hat, so wie auch
Johannes der Täufer den Herrn nicht für sich, sondern für
seine Jünger gefragt hat, als er sagte: „Bist du es, der kommen soll? …“ (Mt 11,3). *Sondern erwies sich stark im Glauben,* das heißt in der Erwartung, nicht durch die Sache
selbst, die ja erst lange nach seinem Tode eintreten sollte,
indem er Gott die Ehre gab, das heißt ihm hierfür Dank ab-
stattete, nichts seinen eigenen Verdiensten zuschrieb.

21. *Vollkommen überzeugt.* Das heißt fest glaubend, *daß,
was immer er:* Er zeigt, daß Gottes Verheißung voraus-

bilem, nihil scilicet promittentis nisi quod implere potest
vel etiam debet. Certum quippe est, quia non potest facere
nisi quod debet, id est quod ei convenit.

22. *Ideo et reputatum est,* quia scilicet „confortatus est
fide, dans gloriam Deo, plenissime sciens", etc., hoc est: 5
Etiam haec fidei firmitas, si opera cessarent exteriora, imputatur ei a Domino pro iustitia, ut videlicet ad eum iusti-
ficandum sufficiat.

23 s. *Non est autem.* Quasi quis diceret: Quid ad nos haec
relatio tantae laudis Abrahae? Respondet, quod haec laus 10
eius „non est" scripta *tantum propter ipsum,* id est ad
commendationem ipsius, *sed et propter nos, quibus* videlicet exemplo eius instructis, *reputabitur* „ad iustitiam"
credentibus in eum, etc., id est: si credendo in Deum Abraham imitemur. „In eum" dicit, non eum vel ei, sicut supe- 15
rius exposuimus. *Qui suscitavit,* id est qui iam complevit in
semine Abrahae per Christum, quod Abraham exspectabat
futurum et quod sibi in promissione terrae vel benedictione
ipsius seminis intelligebat figuratum. Tota quippe exsul-
tatio Abrahae de figurato Isaac, id est Christo, potius quam 20
de figurativo fuisse intelligatur. Unde et per semetipsam
Veritas ait: „Abraham pater vester exsultavit ut videret
diem meum, vidit et gavisus est." Totam autem humanae
reparationis et salutis summam, tam in capite quam in
membris, Apostolus hoc loco paucis comprehendit, dicens 25
videlicet Christum resurrexisse *a mortuis,* „qui traditus
est", etc.

Nota autem quod, dum ait Apostolus Deum Patrem
suscitasse Christum et quod potentiae est Deo Patri

---

[81] Zu Röm 3,22 und vor allem zu Röm 4,5, oben 274,17 f und 304,5–20.

schauend und vernünftig ist; er verspricht nämlich nur, was er erfüllen kann oder sogar muß. Es ist ja gewiß, daß er nur tun kann, was er muß, das heißt, was ihm angemessen ist.

22. *Darum wurde auch angerechnet:* weil er nämlich „sich stark im Glauben erwies, Gott die Ehre gab, vollkommen überzeugt war ...“ (Röm 4,20f), das heißt: Auch diese Glaubensstärke wird ihm auch dann von Gott als Gerechtigkeit angerechnet, falls äußere Werke fehlen sollten, so daß sie nämlich zu seiner Rechtfertigung genügt.

23f. *Es ist aber nicht (sc. geschrieben).* Wie wenn jemand sagte: Was geht der Bericht über solch großen Ruhm Abrahams uns an? Er antwortet, daß dieser Ruhm Abrahams „nicht“ *bloß seinetwegen* geschrieben „ist“, das heißt zu seiner Empfehlung, *sondern auch um unseretwillen, denen* — nämlich durch sein Beispiel unterwiesen — „zur Gerechtigkeit“ *angerechnet werden wird, wenn wir an ihn glauben* ... das heißt: wenn wir dadurch, daß wir an Gott glauben, Abraham nachahmen. „An ihn“, sagt er, nicht ihn oder ihm, wie wir weiter oben erklärt haben.[81] *Der auferweckt hat,* das heißt, der schon in der Nachkommenschaft Abrahams durch Christus erfüllt hat, was Abraham als künftig erwartete und was ihm, wie er erkannte, in der Verheißung des Landes oder der Segnung seiner Nachkommenschaft vorgebildet war. Man soll wohl erkennen, daß der ganze Jubel Abrahams eher über den stattfand, den Isaak vorbildete, das heißt über Christus, als über den, der ihn vorbildete. Daher sagt auch die Wahrheit persönlich: „Euer Vater Abraham jubelte, daß er meinen Tag sehen sollte; er sah ihn und freute sich“ (Joh 8,56). Die ganze Summe der menschlichen Erneuerung und des menschlichen Heils, ebenso am Haupt wie an den Gliedern, faßt der Apostel an dieser Stelle mit wenigen Worten zusammen, indem er nämlich sagt, Christus sei *von den Toten* auferstanden, „der dahingegeben worden ist ...“

Beachte aber, daß der Apostel, indem er sagt, Gott Vater habe Christus auferweckt, und das, was zur Macht gehört,

specialiter assignat, divinam potentiam ad personam Patris maxime pertinere insinuat, sicut divinam sapientiam ad Filium et divinae gratiae bonitatem ad Spiritum Sanctum. — Quod plenius „Theologiae" nostrae | textus edisserit. | 153

„A mortuis", id est de inter mortuos corpore, quorum 5 ipse unus erat.

25. *Qui traditus est.* Tam mortis Christi quam resurrectionis causam ad nos reducit. Duobus modis *propter delicta nostra* mortuus dicitur, tum quia nos deliquimus, propter quod ille moreretur et peccatum commisimus cuius ille 10 poenam sustinuit, tum etiam, ut peccata nostra moriendo tolleret, id est poenam peccatorum introducens nos in paradisum pretio suae mortis auferret et per exhibitionem tantae gratiae — qua, ut ipse ait, „maiorem dilectionem nemo habet" — animos nostros a voluntate peccandi retraheret et 15 in summam sui dilectionem incenderet; *Et resurrexit propter iustificationem nostram.* „Iustificationem" dicit perseverantiam iustitiae, quae iustum facit. Non enim iustus dicitur, qui aliquando iuste agit, sed qui hoc in consuetudine habet. Quod itaque dicitur: „Resurrexit propter iustifi- 20 cationem nostram", tale est: ut spe gloriae resurrectionis, quam in se ipso nobis exhibuit, nos in operibus iustis perseverantes faciat.

5,1. *Iustificati igitur ex fide.* Quoniamquidem et propter nos scriptum est de iustificatione Abrahae per fidem, ut 25 videlicet exemplo eius similiter iustificemur, „igitur ex fide" potius quam ex operibus legis nos „iustificati"

---

16 BACIGALUPO, *Intención 133, liest hier nach der Edition von* COUSIN *(ebenso m)* intenderet *statt* incenderet; *die Hss bieten jedoch die von* BUYTAERT *im Text gegebene Lesart* incenderet.

---

[82] *Th. Sch.* 1,29–32 (CCM 13,330f).

speziell dem Vater zuschreibt, darauf hinweist, daß die
göttliche Macht sich besonders auf die Person des Vaters
bezieht, so wie die göttliche Weisheit auf den Sohn und die
Güte der göttlichen Gnade auf den Heiligen Geist. — Dies
erörtert der Text unserer „Theologia" ausführlicher.[82]

„Von den Toten", das heißt aus der Mitte der körperlich
Gestorbenen heraus, von denen er selbst einer war.

25. *Der dahingegeben worden ist.* Die Ursache ebenso
für den Tod Christi wie für seine Auferstehung führt er auf
uns zurück: Auf zwei Weisen, heißt es, sei er *wegen unserer
Sünden* gestorben: einmal weil wir die Verfehlung begangen haben, derentwegen jener sterben mußte, und weil wir
die Sünde begangen haben, für die jener die Strafe auf sich
genommen hat; zum anderen auch, um durch sein Sterben
unsere Sünden fortzunehmen, das heißt, um die Strafe für
die Sünden — während er uns ins Paradies einführte —
durch den Preis seines Todes fortzunehmen und durch den
Erweis einer solch großen Gnade — wie er selbst sagt, „hat
niemand größere Liebe als diese" (Joh 15, 13) — unsere
Herzen vom Vorsatz zu sündigen abzubringen und zur
höchsten Liebe ihm gegenüber zu entzünden; *und auferstanden ist um unserer Rechtfertigung willen.* „Rechtfertigung" nennt er die Beständigkeit der Gerechtigkeit, die
gerecht macht. Denn nicht der heißt gerecht, der irgendwann einmal gerecht handelt, sondern wer dies zur Gewohnheit hat. Daß es deshalb heißt: „auferstanden ist um
unserer Rechtfertigung willen", bedeutet etwa: um uns
durch die Hoffnung auf die Herrlichkeit der Auferstehung,
die er uns in seiner eigenen Person dargeboten hat, beständ-
dig in gerechten Werken zu machen.

5, 1. *Gerechtfertigt also aus Glauben.* Da ja auch unsert-
wegen von Abrahams Rechtfertigung durch den Glauben
geschrieben worden ist — damit wir nämlich durch sein
Beispiel auf ähnliche Weise gerechtfertigt werden —, laßt uns
also, eher aus Glauben als aus Gesetzeswerken gerechtfertigt,

pacem habeamus ad Deum, hoc est: sic reconciliemur ei. Et quia, quantumcumque iusti fuerimus, mediatore Christo nobis opus est, addit *per Dominum nostrum Iesum Christum,* a quo ad nos tamquam a capite ad membra omne bonum emanat tum exemplo vitae, tum praedicatione doc- 5 trinae.

2. Et hoc est: *Per quem habemus accessum in gratiam istam, in qua stamus et gloriamur.* Et quae sit illa gloria, | subponit dicens: *in spe gloriae filiorum Dei,* hoc est: ex spe | 154 illa, quam habemus, adipiscendi illam summae beatitudinis 10 hereditatem, quae filiis, non servis est debita; et hoc est: *per fidem* praeeuntem. Ex fide enim spes nascitur, cum electi ex fide quam habent ad spem supradictam assurgunt, ac nemo sperare aliquid potest nisi quod primitus credit. „Gratiam" dicit gratis datum, non pro meritis scilicet collatum, quia 15 „non sunt condignae passiones huius temporis ad futuram gloriam."

3. *Non solum autem,* scilicet „gloriamur in spe gloriae filiorum Dei", *sed et gloriamur in tribulationibus,* hoc est: Magno nobis honori imputamus affligi pro Deo, secundum 20 quod in Actibus apostolorum scriptum est: „Ibant gaudentes a conspectu concilii", etc. *Scientes* etiam, hoc est: attendentes, maximum fructum in his unde „gloriamur": *quod* videlicet *tribulatio patientiam operatur,* hoc est: in opere virtutem exhibet patientiae atque ipsum tribulationis exer- 25 citium fortiores ad eas tolerandas nos reddit.

4. *Patientia autem probationem,* secundum quod scriptum est: „Tamquam aurum in fornace probavit electos

Frieden haben bei Gott, das heißt, ihm so versöhnt werden (vgl. Röm 5,10). Und weil wir, so gerecht wir auch sein werden, Christus als Mittler nötig haben (vgl. 1 Tim 2,5), fügt er hinzu: *durch unseren Herrn Jesus Christus.* Von ihm fließt — wie vom Haupt zu den Gliedern — auf uns alles Gute herab, einerseits durch das Beispiel seines Lebens, andererseits durch die Verkündigung seiner Lehre.

2. Und dies bedeutet: *Durch den wir auch den Zutritt zu dieser Gnade erhalten, in welcher wir stehen und uns rühmen.* Und was das für ein Rühmen ist, fügt er an, indem er sagt: *in der Hoffnung auf die Herrlichkeit der Kinder Gottes,* das heißt, aufgrund jener Hoffnung, die wir haben, jene Erbschaft der höchsten Seligkeit zu erlangen, die für die Kinder, nicht für die Knechte bestimmt ist; und dies bedeutet: *mittels des* vorausgehenden *Glaubens.* Aus Glauben nämlich entsteht Hoffnung, wenn die Erwählten vom Glauben aus, den sie haben, zur oben erwähnten Hoffnung aufsteigen; und niemand kann etwas erhoffen außer dem, was er zuerst glaubt. Mit „Gnade" bezeichnet er etwas umsonst Gegebenes, nämlich nicht aufgrund von Verdiensten Dargebrachtes. Denn „die Leiden dieser Zeit sind nicht zu vergleichen mit der künftigen Herrlichkeit" (Röm 8,18).

3. *Aber nicht allein* nämlich „rühmen wir uns in der Hoffnung auf die Herrlichkeit der Kinder Gottes", *sondern wir rühmen uns auch in Bedrängnissen,* das heißt: Wir rechnen uns zu großer Ehre an, für Gott verletzt zu werden, gemäß dem, was in der Apostelgeschichte geschrieben steht: „Sie gingen freudig vom Angesicht des Hohen Rates weg ..." (Apg 5,41). *Weil wir wissen,* das heißt, indem wir sehr großen Gewinn hierin wahrnehmen, woher „wir uns rühmen": *daß* nämlich *die Bedrängnis Geduld bewirkt,* das heißt, in ihrer Tätigkeit die Tugend der Geduld erweist, und daß gerade die Übung in der Bedrängnis uns stärker dafür macht, sie zu ertragen.

4. *Geduld aber Bewährung* nach dem, was geschrieben steht: „Gleichsam wie Gold im Schmelzofen hat der Herr

Dominus", hoc est: Tam sibi quam aliis eorum constantiam, id est probitatem, exhibuit; *probatio vero spem,* ut iam videlicet tam nos ipsi quam alii de nostris per gratiam Dei meritis confidamus.

5. Et ne spes ista irrita videretur, sicut de impiis dicitur: 5 „Spes autem impiorum peribit", addit: *Spes autem,* haec scilicet, *non confundit,* id est erubescentiam nobis non acquirit in futuro, quia speratum obtinebimus. Et quasi quis requiret, unde hoc scire possumus, adiungit: quia caritatem habemus, per quam speramus, quod promeremur. Et 10 hoc est: *Quia caritas Dei,* etc. „Dei" dicit, id est pure propter Deum habita, ad differentiam carnalis dilectionis. Caritatem, id est dilectionem, diffusam dicit, quae inimicum quoque complectitur, de qua scriptum est: „Omnis consummationis vidi finem, | latum mandatum tuum ni- 15 mis", hoc est: Perpendi atque intellexi latum tuum de caritate mandatum finem esse omnis consummationis, id est illud esse, ad quod universorum tuorum mandatorum intentio dirigitur. *Per Spiritum Sanctum qui datus est nobis,* hoc est: per operationem divinae gratiae nobis collatae.   20

Augustinus, „De doctrina Christiana" libro quarto: „‚Tribulatio patientiam operatur‘ etc.: Agnoscitur hic figura, quae Latine a quibusdam est appellata gradatio, cum verba vel sensus connectuntur alterum ex altero, sicut hic ex tribulatione patientiam, ex patientia probationem, ex 25 probatione spem connexam videmus."

die Erwählten erprobt" (Weish 3,6), das heißt: Ebenso sich
wie anderen hat er ihre Standhaftigkeit, das heißt Tüchtigkeit, gezeigt; *Bewährung aber Hoffnung,* so daß nunmehr
nämlich ebenso wir selbst wie andere auf unsere durch
Gottes Gnade bewirkten Verdienste vertrauen.

5. Und damit diese Hoffnung nicht umsonst erscheine,
so wie es von den Gottlosen heißt: „Die Hoffnung der
Gottlosen aber wird zugrunde gehen" (Spr 10,28), setzt er
hinzu: *Die Hoffnung aber,* diese nämlich, *läßt nicht zuschanden werden,* das heißt verursacht uns in Zukunft
keine Scham, da wir ja das Erhoffte erhalten werden. Und
wie wenn jemand fragen wird, woher wir dies wissen können, fügt er hinzu: weil wir die Liebe haben, durch die wir
erhoffen, was wir verdienen. Und dies bedeutet: *Weil die
Liebe Gottes ...* „Gottes", sagt er, das heißt, die man rein
Gottes wegen hat, im Unterschied zur körperlichen Liebe.
Die Liebe, das heißt die nichtkörperliche Liebe, sagt er, sei
ausgegossen. Sie schließt auch den Feind ein; von ihr steht
geschrieben: „Ich sah als Ziel aller Vollkommenheit dein
sich sehr weit erstreckendes Gebot" (Ps 119,96: Vg. Ps
118,96), das heißt: Ich habe erwogen und eingesehen, daß
dein über die Liebe ergangenes Gebot das Ziel aller Vollkommenheit ist, das heißt, daß jenes es ist, auf das die Absicht aller deiner Gebote hingerichtet ist. *Durch den Heiligen Geist, der uns gegeben ist,* das heißt, durch das Wirken
der göttlichen Gnade, die uns zuteil geworden ist.

Augustinus im vierten Buch „Über die christliche Gelehrsamkeit": „,Bedrängnis bewirkt Geduld' ... (Röm 5,3):
Man erkennt hier die stilistische Figur, die auf Lateinisch
von gewissen Leuten Steigerung genannt worden ist, wenn
Worte oder Bedeutungen eines mit dem anderen verbunden
werden, so wie wir hier die Verbindung sehen: aus Bedrängnis Geduld, aus Geduld Bewährung, aus Bewährung
Hoffnung."[83]

---

[83] AUGUSTINUS, *doctr. christ.* 7,11 (CCL 32,123).

6. *Ut quid enim.* Merito dixi caritatem diffusam in cordibus nostris; nam propter quid aliud, nisi videlicet ut in
nobis dilataretur caritas Dei, *Christus mortuus est secundum tempus,* id est quasi ad horam et in transitu morte
detentus, qui cito resurrexit? *Pro impiis* „mortuus est", ut 5
eos videlicet a damnatione liberaret, *cum adhuc infirmi
essemus.*

Notandum vero est Apostolum hoc loco modum nostrae
redemptionis per mortem Christi patenter exprimere, cum
videlicet eum pro nobis non ob aliud mortuum dicit nisi 10
propter illam veram caritatis libertatem in nobis propagan-
dam, per hanc videlicet quam nobis exhibuit summam dilectionem, sicut ipse ait: „Maiorem hac dilectionem nemo
habet", etc. De quo quidem redemptionis modo supra nos
satis arbitror disseruisse.   15

7s. *Vix enim.* Dixi Christum pro impiis mortuum esse, ut
caritas in cordibus nostris diffunderetur, quasi hoc magnum
esset quod fecerit. Et vere magnum hoc et salutarium fuit,
Deum scilicet pro impiis mori, quia „vix" *pro iusto* homo
mori sustinet. Dixi: „vix" et non ex toto negavi, quia fortas- 20
se, etsi rarissime, potest reperiri, qui pro amore boni | homi- | 156
nis, id est iusti, moriatur. Et hoc est: *Nam pro bono,* scilicet
homine, *forsitan quis,* id est aliquis, *audeat mori* sciens se a
Deo inde remunerandum. Cum dicit „forsitan" et „audeat", difficultatem insinuat. „Christus" autem non solum 25
ausus est mori, sed et „mortuus est" pro peccatoribus. Et
per exhibitionem tantae gratiae *commendat Deus,* id est

---

[84] Exkurs zu Röm 3,26, oben 280,4 – 290,21.

6. *Denn warum.* Zu Recht habe ich gesagt, die Liebe sei
ausgegossen in unseren Herzen (Röm 5,5); denn weswegen
sonst, außer damit nämlich in uns die Liebe Gottes verbreitet werde, *ist Christus gestorben der Zeit nach* — das heißt
gewissermaßen zeitweilig und vorübergehend vom Tode
festgehalten —, der schnell auferstanden ist? „Er ist" *für
die Gottlosen* „gestorben", um sie nämlich von der Verdammnis zu befreien, *als wir noch schwach waren.*

Anzumerken ist aber, daß der Apostel an dieser Stelle die
Art und Weise unserer Erlösung durch den Tod Christi
deutlich zum Ausdruck bringt, da er nämlich sagt, er sei für
uns wegen nichts anderem gestorben, als um jene wahre
Freiheit der Liebe in uns auszubreiten, durch diese höchste
Liebe nämlich, die er uns erwiesen hat, so wie er selbst sagt:
„Eine größere Liebe als diese hat niemand ..." (Joh 15,13).
Über diese Art und Weise der Erlösung haben wir ja, wie
ich glaube, oben ausführlich genug Erörterungen ange-
stellt.[84]

7f. *Denn kaum.* Ich sagte, Christus sei für die Sünder
gestorben, damit die Liebe in unseren Herzen ausgegossen
werde (Röm 5,5f), als ob dies etwas Großes sei, was er getan
habe. Und wahrhaftig war dies groß und heilsam, daß Gott
nämlich für die Gottlosen starb: Denn ein Mensch mag es
„kaum" über sich gewinnen, selbst *für einen Gerechten* zu
sterben. Ich sagte: „kaum" und habe es nicht völlig ver-
neint, weil man vielleicht — wenn auch äußerst selten —
jemanden finden kann, der aus Liebe zu einem guten Menschen, das heißt einem gerechten, stirbt. Und dies bedeutet:
Denn für einen guten, Menschen nämlich, *mag ja vielleicht
jemand es über sich gewinnen,* das heißt irgend jemand, *zu
sterben,* im Bewußtsein, daß er deshalb von Gott zu belohnen ist. Dadurch, daß er sagt „vielleicht" und „mag ja es
über sich gewinnen", weist er auf die Schwierigkeit hin.
Christus aber hat nicht nur auf sich genommen zu sterben,
sondern „ist" sogar für Sünder „gestorben". Und durch
den Erweis solch großer Gnade *empfiehlt Gott,* das heißt

aedificat sive confirmat, *suam caritatem in nobis,* quoniam
scilicet *Christus* Dei Filius *pro nobis mortuus est, cum adhuc peccatores essemus.*

9. Quod si ita respexit „cum essemus peccatores", morti
scilicet unicum suum pro nobis tradendo, *multo magis* 5
igitur, id est multo facilius sive libentius vel probabilius,
nunc respiciet nos ad salvationem iam iustificatos *in sanguine* suo, hoc est: iam per dilectionem, quam in eo habemus ex hac summa gratia quam nobis exhibuit, pro nobis
scilicet adhuc peccatoribus moriendo. Et hoc est: *Salvi* 10
erimus ab ira, scilicet futura, id est a peccatorum vindicta,
per ipsum, videlicet Christum pro nobis semel morientem
et saepius orantem et assidue nos instruentem.

10. *Si enim cum.* Dixi quia „iustificati in sanguine ipsius
salvi erimus ab ira" Dei „per ipsum", et merito, quia iam 15
reconciliati sumus Deo per mortem eius, cum prius nos pro
inimicis haberet ad puniendum. Etsi tantum mors eius
potuit, ut nos scilicet iustificaret vel reconciliaret, multo
magis vita ipsius nos protegere poterit et salvare, „ab ira"
scilicet. Constat quippe plus posse unumquemque vivum 20
quam mortuum. *In vita ipsius,* id est ipsum iam suscitatum
et viventem.

11. *Non solum autem,* scilicet „salvi erimus", id est salvari per ipsum impetrabimus, sed etiam gloriationem maximam adepti sumus et maximo honori nobis imputamus, 25
quod talem nobis *reconciliationem* Deus dedit. Et hoc est:
Gloriamur in Deo, non in nobis, id est de tanto eius beneficio ex gratia eius, non ex meritis nostris, nobis per Christum collato.

erbaut oder bestärkt, *seine Liebe in uns,* da ja nämlich *Christus,* Gottes Sohn, *für uns gestorben ist, als wir noch Sünder waren.*

9. Wenn er aber schon so auf uns geschaut hat, „als wir noch Sünder waren", indem er nämlich seinen einzigen Sohn für uns hingab, dann wird er *viel mehr also,* das heißt viel leichter oder lieber oder wahrscheinlicher, jetzt auf uns schauen zu unserer Rettung, nachdem wir nunmehr gerechtfertigt sind *in* seinem *Blute,* das heißt nunmehr durch die Liebe, die wir zu ihm aufgrund dieser höchsten Gnade haben, die er uns dadurch erwiesen hat, daß er nämlich für uns starb, als wir noch Sünder waren. Und dies bedeutet: *Wir werden gerettet sein vor dem Zorn,* nämlich dem künftigen, das heißt vor der Bestrafung der Sünden, *durch ihn,* nämlich Christus, der für uns einmal starb (Röm 6,10), häufiger bittet und uns ständig unterweist.

10. *Denn wenn, als.* Ich sagte, daß „wir — in seinem Blute gerechtfertigt — gerettet sein werden vor dem Zorn" Gottes „durch ihn", und zu Recht: Denn wir sind *schon mit Gott versöhnt durch seinen Tod,* während er uns zuvor als Feinde hatte zur Bestrafung. Und wenn schon sein Tod so viel vermochte, daß er uns nämlich rechtfertigte oder versöhnte, dann wird sein Leben uns noch viel mehr schützen können und retten, „vor dem Zorn" nämlich. Bekanntlich vermag ja ein jeder zu Lebzeiten mehr als nach seinem Tode. *In seinem Leben,* das heißt, nachdem er schon auferweckt ist und lebt.

11. *Nicht allein aber* werden wir nämlich „gerettet sein", das heißt erreichen, daß wir durch ihn gerettet werden, sondern wir haben auch größten Ruhm erlangt und rechnen es uns zu höchster Ehre an, daß Gott uns eine solche *Versöhnung* geschenkt hat. Und dies bedeutet: *Wir rühmen uns in Gott,* nicht bei uns selbst, das heißt wegen seiner solch großen Wohltat, die uns aufgrund seiner Gnade, nicht aufgrund unserer Verdienste, durch Christus erwiesen worden ist.

12. *Propterea sicut*. Littera hic defectiva videtur, nisi eam superioribus vel inferioribus quoquo modo coniungere | nitamur. Sic autem superioribus fortasse continuabitur, ac | 157 si dicamus: „Reconciliationem", inquam, „per Christum accepimus propterea", id est propter hoc, quod supra dic- 5 tum est, quia videlicet „pro nobis mortuus est", sicut e contrario damnationem per Adam incurrimus. Et hoc est quod addit: „Sicut" et *per unum hominem,* videlicet Adam, *peccatum intravit* — quia prior peccans aditum peccato dedit — *in hunc mundum,* id est in hanc partem mundi, 10 scilicet terrenam in qua homines habitant, non ubi angeli qui antea peccaverunt, *et per peccatum mors,* scilicet corporalis, *et ita,* videlicet ab Adam incipiendo, tam *mors* quam peccatum, saltem originale, *pertransiit in omnes homines;* „unum", inquam, „hominem", id est Adam, *in quo omnes* 15 reliqui *peccaverunt,* id est poenam peccati incurrerunt.

Poterit et fortassis versus incipere: „Propterea" et ad inferiora longe postea constructio dirigi, illud scilicet: „Sic et per unius iustitiam in omnes homines", etc.; ac si ita diceretur: „Propterea", quia scilicet per Christum recon- 20 ciliationem accepimus, sic et „per unius iustitiam", intratur subaudis, in iustificationem vitae in omnes homines, „sicut per unum hominem in hunc mundum peccatum intravit", etc. Cetera vero, quae interponuntur, suspensivam litteram tenent. 25

13. *Usque ad legem enim*. Bene dico: In omnes pertransiit peccatum, cum nec illi, qui ante legem fuerunt, a

---

[85] Vgl. oben 334 Anm. 46.

12. *Deshalb, gleichwie.* Der Text scheint hier unvollstän-
dig, wenn wir nicht versuchen, ihn mit dem weiter oben
oder weiter unten Stehenden auf irgendeine Weise zu ver-
binden. So aber wird er vielleicht an das weiter oben Ste-
hende angeschlossen, wie wenn wir etwa sagten: „Die Versöhnung", sage ich, „haben wir durch Christus deshalb
erlangt" (Röm 5,11), das heißt deswegen, wie oben gesagt
worden ist: weil er nämlich „für uns gestorben ist" (Röm
5,9), ebenso wie wir umgekehrt durch Adam der Verdammnis verfallen sind. Und dies bedeutet, daß er hinzu-
setzt: „Gleichwie" auch *durch einen Menschen,* nämlich
Adam, *die Sünde eingetreten ist* — denn dadurch, daß er
zuvor sündigte, hat er der Sünde Zugang verschafft — *in
diese Welt,* das heißt in diesen Teil der Welt — nämlich den
irdischen, in dem die Menschen wohnen, nicht wo die
Engel wohnen, die vorher gesündigt haben — *und durch
die Sünde der Tod* — nämlich der körperliche — *und so*
— nämlich mit Adam beginnend— ebenso *der Tod* wie die
Sünde — jedenfalls die Erbsünde — *auf alle Menschen
übergegangen ist:* „durch einen Menschen", sage ich, das
heißt Adam, *in dem*[85] *alle* übrigen *gesündigt haben,* das
heißt der Sündenstrafe verfallen sind.

Vielleicht wird auch der Vers mit „deshalb" beginnen und
die Konstruktion bis zu dem viel später unten Stehenden
durchgeführt werden können, jenem nämlich: „So kommt
auch durch die Gerechtigkeit eines zu allen Menschen ..."
(Röm 5,18), wie wenn folgendermaßen gesagt würde:
„Deshalb", weil wir nämlich durch Christus die Versöhnung erlangt haben (Röm 5,11), so auch — ergänze: tritt
man ein — „durch die Gerechtigkeit eines" in die Rechtfertigung, die Leben gibt für alle Menschen (vgl. Röm
5,18), „gleichwie durch einen Menschen die Sünde in diese
Welt eingetreten ist ..." (Röm 5,12). Das übrige aber, was
dazwischen eingefügt ist, unterbricht den Text.

13. *Denn bis zum Gesetz.* Zu Recht sage ich: Auf alle ist
die Sünde übergegangen, da auch jene, die vor der Zeit des

peccato immunes exstiterint. De quibus magis videretur,
cum adhuc nullius scriptae auctoritas transgressionis eos
reos faceret. „Usque ad legem", id est toto illo tempore,
antequam lex per Moysen daretur, *peccatum erat in mundo,*
licet non imputaretur, id est ab hominibus argueretur vel 5
puniretur per aliquem legem, *cum* videlicet *lex* nondum
scripta *esset,* sed tantum naturalis, per quam tamen boni vel
mali discretionem nonnullam habebant, ex qua cognoscere
peccatum possent. Potest | etiam ita dici peccatum ante | 158
legem non imputari ab hominibus, id est a nullis vel paucis 10
cognosci, quid esset peccatum, antequam scilicet concupiscentiam lex tamquam peccatum interdiceret et doceret
in corde potius quam in opere peccatum consistere. Quod
quidem in sequentibus patenter Apostolus edocens ait:
„Lex peccatum est? Absit! Sed peccatum non cognovi nisi 15
per legem. Nam concupiscentiam nesciebam", etc.

Peccatum itaque *non imputabatur,* sive originale sive
proprium, id est ignorabatur ab hominibus, donec ipsum
lex diceret. Nam et ipsum primorum parentum peccatum
etiam in concupiscentia fuit, sicut scriptum est: „Vidit ergo 20
mulier, quod bonum esset lignum ad vescendum et pul-
chrum oculis aspectuque delectabile, et tulit de fructu illius
et comedit." Et licet peccatum ante legem, ut dictum est,
non imputetur ab hominibus, tamen etiam tunc imputabatur a Deo, quoniam pro ipso poenam corporalis mortis 25
omnibus inferebat, insinuans per hoc nobis a propriis maxime peccatis esse cavendum, cum hoc sustineremus propter alienum.

Gesetzes lebten, nicht frei von Sünde gewesen sind. Bei ihnen könnte es scheinbar eher so sein, da noch keine Autorität eines geschriebenen Gesetzes sie der Übertretung schuldig machte. „Bis zum Gesetz", das heißt, während jener ganzen Zeit, ehe das Gesetz durch Mose gegeben wurde, *war die Sünde in der Welt,* wenn sie auch nicht angerechnet wurde, das heißt von den Menschen durch irgendein Gesetz bewiesen oder bestraft wurde, *da* nämlich *das Gesetz* noch nicht in schriftlicher Form *da war,* sondern nur das natürliche. Durch dieses hatten sie trotzdem einiges Unterscheidungsvermögen zwischen Gut und Böse, woraus sie die Sünde erkennen konnten. Man kann auch so sagen, die Sünde sei vor der Zeit des Gesetzes von den Menschen nicht angerechnet worden, das heißt von niemand oder nur von wenigen sei erkannt worden, was Sünde war, bevor nämlich das Gesetz die Begierde als Sünde untersagte und lehrte, daß die Sünde eher im Herzen als im Werk bestehe. Dies lehrt ja der Apostel klar im folgenden und sagt: „Ist das Gesetz Sünde? Das sei ferne! Aber ich erkannte die Sünde nicht außer durch das Gesetz. Denn die Begehrlichkeit kannte ich nicht ..." (Röm 7,7).

Die Sünde wurde daher *nicht angerechnet,* sei es die Erbsünde, sei es die persönliche, das heißt: Sie wurde von den Menschen nicht wahrgenommen, bis das Gesetz sie benannte. Denn gerade die Sünde der ersten Vorfahren bestand auch in der Begierde, wie geschrieben steht: „Die Frau sah also, daß der Baum gut zum Essen sei und schön für die Augen und von erfreulichem Anblick, und sie nahm von seiner Frucht und aß" (Gen 3,6). Und mag auch die Sünde vor der Zeit des Gesetzes, wie gesagt, von den Menschen nicht angerechnet werden, so wurde sie dennoch auch damals von Gott angerechnet. Denn er verhängte ja für sie gegen alle die Strafe des körperlichen Todes, wobei er uns hierdurch zeigte, daß man sich besonders vor persönlichen Sünden hüten müsse, wo wir doch dies schon wegen einer fremden ertrügen.

14. Et hoc est: *Sed regnavit mors,* scilicet corporalis, id
est quietum obtinuit dominium etiam ante legem, id est *ab
Adam usque ad Moysem, etiam in eos, qui non peccaverunt*
scienter transgrediendo sicut Adam fecit, id est in parvulos
vel quoslibet innocentes. *Qui,* scilicet Adam vetus, *est for-* 5
ma futuri, id est similitudo novi Adae, id est Christi post
eum futuri. „Adam" sicut „homo" commune nomen est
tam viri quam feminae. Ideo cum dicitur novus Adam, tale
est ac si diceretur novus homo et veteri homini per oboedientiam omnino contrarius.   10

Similitudinem Adae et Christi ipse Apostolus aperit,
ostendens videlicet ita Christum omnium spiritualium esse
patrem sicut est Adam carnalium, hoc est: ita praeesse
omnibus ad generandum in Deo sicut ille est ad generandum mundo, et hunc sic ad vitam et requiem esse auctorem 15
sicut ille est ad mortem et poenam. Potest etiam ad hanc
similitudinem, Adae videlicet et Christi, illud reduci quod
alibi idem Aposto|lus intelligens ait: „Sacramentum | 159
magnum ego dico in Christo et in ecclesia." Sed litterae
praesenti sufficit similitudo praedicta, quam ipse Aposto- 20
lus prosequitur, de carnali scilicet et spirituali generatione.

15. *Sed non sicut delictum* Adae *ita et donum* Christi, id
est: Non sunt aequalia in istis, quae ad posteros suos
transmittunt, et plura per Christum ad posteros transmittuntur in salutem quam per Adam in damnationem, et 25
merito, quia plus conveniens fuit divinae iustitiae sive
pietati, ut per Christum plus prodesset quam per Adam

---

[86] Adam ist *forma (= typus)* des kommenden Christus.

14. Und dies bedeutet: *Aber es herrschte der Tod,* nämlich der körperliche, das heißt: Er hatte auch vor der Zeit
des Gesetzes stillschweigend die Herrschaft inne, das heißt
*von Adam bis auf Mose, auch über die, welche nicht sün-
digten* — indem sie wissentlich eine Übertretung begingen,
wie Adam getan hat —, das heißt über die kleinen Kinder
oder alle möglichen Unschuldigen. *Er,* nämlich der alte
Adam, *ist das Vorbild*[86] *des künftigen,* das heißt das Ebenbild des neuen Adam, das heißt des Christus, der nach ihm
sein sollte. „Adam" ist wie „Mensch" eine allgemeine Bezeichnung ebenso für den Mann wie für die Frau. Wenn
daher vom neuen Adam die Rede ist, ist es so, wie wenn
vom neuen und dem alten wegen seines Gehorsams gänzlich entgegengesetzten Menschen die Rede wäre.

Die Ähnlichkeit von Adam und Christus erklärt der
Apostel selbst, indem er nämlich zeigt, daß Christus ebenso Vater aller geistlich Gesinnten ist, wie Adam es der
irdisch Gesinnten ist, das heißt, daß er so über alle gesetzt
ist zum Hervorbringen von Kindern in Gott wie jener es
ist zum Hervorbringen für die Welt; und daß dieser so
Urheber zum Leben und zur Ruhe wie jener es zum Tode
und zur Verdammnis ist. Man kann auch auf dieses Gleichnis, nämlich von Adam und Christus, das zurückführen,
was derselbe Apostel anderswo erkennt und ausspricht:
„Ich nenne ein großes Geheimnis in Christus und in der
Kirche" (Eph 5,32). Aber für den gegenwärtigen Text genügt der vorgenannte Vergleich, dem der Apostel selbst
nachgeht, nämlich dem vom irdischen und geistlichen Hervorbringen (*sc.* von Kindern).

15. *Allein nicht wie das Vergehen* Adams *so auch die
Gabe* Christi, das heißt: Sie sind nicht gleichwertig in dem,
was sie auf ihre Nachkommen übertragen; und mehr wird
durch Christus auf die Nachkommen zum Heil als von
Adam zur Verdammnis übertragen, und zu Recht: Denn es
war der göttlichen Gerechtigkeit oder Frömmigkeit angemessener, daß sie durch Christus mehr nützte als durch Adam

noceret, id est plura per hunc commoda quam per illum incommoda daret. Longe quippe est Deus pronior ad bonum conferendum quam ad malum inferendum. Et hoc est: *Si enim unius delicto,* scilicet Adae, uno videlicet, non pluribus, *multi mortui sunt,* id est damnati, sicut parvuli 5 non baptizati, qui ob aliud non sunt perditi, *multo magis in plures,* id est multos similiter, non in unum tantum hominem — ut absolute videlicet, non comparative intelligatur —, abundare debuit *gratia Dei et donum in gratiam Christi,* id est per dona Dei homini illi collata, „de plenitu- 10 dine" cuius „nos omnes accepimus" et qui nobis meritis suis impetravit, quidquid boni habemus.

16. *Et non sicut per unum,* scilicet hominem Adam, pertransiit subaudis, ut supra dixit, *peccatum,* scilicet unum, in omnes, hoc est originale, *ita et donum,* similiter unum per- 15 transiit per unum hominem, videlicet Christum, immo multa dona ad multos. Et hoc est quod Apostolus in superiori versu iam comprehenderat, sed repetiit ut probaret dicens: *Nam iudicium quidem,* etc., hoc est: *Ex uno* peccato, Adae scilicet, est „iudicium" Dei *in condemnationem* posterorum 20 eius, id est deputat eos aeternae poenae tradendos. Sed *gratia* Dei, id est gratuitum remissionis donum, *ex multis delictis,* tam originali scilicet quam propriis per Christum condonatis, est nobis *in iustificationem,* id est ad poenarum absolutionem. Apparet itaque plura nobis a Christo collata esse ad 25 salutem quam ab Adam ad condemnationem, cum ille | vi-　| 160

---

[87] Vgl. den COMMENTARIUS CANTABRIGIENSIS zur Stelle (1,74 LAND-GRAF): „Denn es wird nicht vergleichsweise *(comparative)* gesagt, da ja vielleicht mehr durch Adam verdammt worden sind als durch Christus gerettet. Aber die, denen Christus genutzt hat, denen hat er mehr genutzt als jener geschadet."

schadete, das heißt, daß sie durch diesen mehr Vorteile als
durch jenen Nachteile brachte. Gott ist ja weit mehr dazu
geneigt, Gutes zu erweisen als Böses zu verhängen. Und
dies bedeutet: *Denn wenn durch das Vergehen des einen,*
nämlich Adams, durch ein einziges Vergehen nämlich, nicht
mehrere, *viele gestorben sind,* das heißt verdammt — so wie
die ungetauften kleinen Kinder, die nicht wegen etwas anderem verloren sind —, so mußte *weit mehr auf mehrere,*
das heißt auf viele in ähnlicher Weise, nicht nur auf einen
Menschen allein *die Gnade Gottes und seine Gabe in der
Gnade Christi* überreich strömen — um es nämlich abso-
lut, nicht vergleichsweise (*sc.* bezüglich der Auswahl) zu
verstehen.[87] (*Sc.* Sie mußte überreich strömen), das heißt,
durch die Gaben Gottes, die jenem Menschen zuteil geworden sind, „von dessen Fülle wir alle empfangen haben" (Joh
1,16) und der für uns durch seine Verdienste erreicht hat,
was auch immer wir an Gutem haben.

16. *Und nicht so wie durch einen,* nämlich den Menschen
Adam, *die Sünde,* nämlich eine, zu allen — ergänze: gelangt
ist, wie er oben gesagt hat (Röm 5,12) —, das heißt die
Erbsünde, *so ist auch die Gabe,* in ähnlicher Weise eine,
durch einen Menschen, nämlich Christus, ja vielmehr: sind
viele Gaben zu vielen gelangt. Und dies ist es, was der
Apostel in dem früheren Vers schon zusammengefaßt hatte; aber er hat es wiederholt, um es zu beweisen, indem er
sagt: *Das Urteil nämlich … das heißt: Aus der einen* Sünde,
Adams nämlich, stammt das „Urteil" Gottes *zur Verdammung* seiner Nachkommen, das heißt: Es setzt fest, daß sie
der ewigen Bestrafung übergeben werden müssen. Doch
die Gnade Gottes, das heißt die umsonst gegebene Gabe
der Vergebung, führt *aus vielen Vergehen heraus,* ebenso
der Erbsünde nämlich wie den persönlichen, wenn sie
durch Christus vergeben worden sind, für uns *zur Rechtfertigung,* das heißt zur Vergebung der Strafen. Es ist daher
deutlich, daß uns von Christus mehr zum Heil gebracht
worden ist als von Adam zur Verurteilung, da jener — näm-

delicet Adam unum peccatum intulerit mundo, id est unius
peccati, scilicet originalis, poenam, iste vero remissionem
tam illius quam ceterorum. Et merito, quia plus oportuit
tot et tanta bona istius iuvare quam illius unum delictum
nec magnum aliorum comparatione nocere. 5

Unde Hieronymus, „Ad filiam Mauritii", hoc peccatum
extenuans ait: „Adae magis parcendum fuit, qui adhuc
novellus erat et nullius ante peccantis et propter peccatum
suum morientis retrahebatur exemplo. Tibi vero post tanta
documenta, post legem, post prophetas, post evangelia, 10
post apostolos, si delinquere volueris, quomodo indulgeri
possit ignoro."

17. Sic expone: Quandoquidem per *unius* delictum, scilicet Adae, et *per unum,* scilicet delictum, *mors* etiam animae *regnavit,* id est quiete posteros obtinuit, multo con- 15
venientius et iustius *per unum Iesum Christum* omnium
bonorum plenitudine perfectum posteri eius spirituales *accipientes abundantiam* divinae *gratiae,* id est plura bona
supra merita ipsorum eis collata: bona, dico, *donationis et
iustitiae.* „Donationis" solummodo illa dona dicuntur, 20
quibus nullum est meritum adiunctum sicut in parvulis,
„iustitiae" vero sunt, ubi aliquid pro meritis datur. Iustitia
quippe dicitur, quae unicuique reddit quod suum est.
Regnabunt in vita, scilicet aeterna, hoc est: vitam quasi
regnum, non quasi consulatum, stabilem obtinebunt. Ne 25
mireris hanc sententiam Apostolum saepius memorare, cum
maxime Christum in hoc attendat commendare et ratione

---

[88] Ps.-Hieronymus = Pelagius, *epist.* 13,7 (CSEL 1,234).
[89] Abaelard faßt *per unum* als Neutrum auf, bezogen auf *delictum.*
[90] Zu dieser Definition vgl. oben 292 Anm. 12 zu Röm 3,27.
[91] Gemeint: zeitlich begrenzte Herrschaft.

lich Adam — eine Sünde in die Welt gebracht hat, das heißt
die Strafe für eine einzige Sünde, nämlich die Erbsünde,
dieser aber die Vergebung ebenso für jene wie für die
übrigen Sünden. Und zu Recht, denn es mußten die so
zahlreichen großen Wohltaten dieses mehr nützen als das
eine Vergehen jenes schaden, das im Vergleich zu anderen
nicht einmal groß war.

Daher sagt Hieronymus in seinem „Brief an die Tochter
des Mauritius", indem er diese Sünde abschwächt: „Adam
mußte mehr verschont werden, der noch unerfahren war
und durch kein Beispiel von jemand zurückgehalten wurde, der zuvor sündigte und wegen seiner Sünde starb. Wenn
du jedoch nach so vielen Zeugnissen, nach dem Gesetz,
nach den Propheten, nach den Evangelien, nach den Apo-
steln eine Sünde begehen willst, weiß ich nicht, wie sie
verziehen werden könnte."[88]

17. Leg folgendermaßen aus: Da ja durch die Sünde *des
einen,* nämlich Adams, und *durch ein einziges*[89], nämlich
Vergehen, *der Tod* auch über die Seele *herrschte,* das heißt
stillschweigend die Nachkommen in Besitz gehabt hat,
werden viel angemessener und gerechter *durch den einen
Jesus Christus,* der in der Fülle aller Güter vollkommen ist,
seine geistlichen Nachkommen herrschen, *die die Fülle der*
göttlichen *Gnade erhalten,* das heißt mehr Güter, die ihnen
über ihre Verdienste hinaus erteilt worden sind: Güter, sage
ich, *des Schenkens und der Gerechtigkeit.* „Güter des Schenkens" heißen allein jene Gaben, mit denen kein Verdienst
verbunden ist, so wie bei den kleinen Kindern; zur „Gerechtigkeit" aber gehören sie, wo etwas für Verdienste gegeben
wird. Gerechtigkeit heißt ja die, die einem jeden gibt, was
sein ist.[90] *Sie werden herrschen im Leben,* nämlich dem
ewigen, das heißt: Sie werden das Leben gewissermaßen als
Herrschaft, nicht gewissermaßen als Konsulat[91], fest besitzen. Wundere dich nicht darüber, daß der Apostel diesen
Gedanken häufiger erwähnt; denn er trachtet danach, Christus darin besonders zu empfehlen und will mit stichhalti-

valida velit adstruere plus de Christo omnibus esse confidendum quam de Adam timendum. Quod ut firmiter
memoriae commendet, saepius replicat.

18. *Igitur sicut per unius.* Quandoquidem per Adam incurrimus damnationem et per Christum adsequimur iusti- 5
ficationem, id est remissionem, igitur per unum hoc et per
unum illud confertur. Et hoc est: „Sicut per unius" *delic-
tum,* | agitur subaudis, *ad condemnationem,* ut videlicet | 161
obnoxii sint etiam propter illud morti aeternae, *in omnes
homines,* tam videlicet „in eos, qui non peccaverunt in 10
similitudinem praevaricationis Adae", ut supra meminit,
quam in alios; vel: tam in eos, qui ante legem fuerunt, quam
in alios, ut supra quoque meminit: ita *et per unius iustitiam*
agitur ad *iustificationem vitae,* id est ad remissionem peccatorum, quae vitam conferat aeternam *in omnes* similiter 15
homines, non quidem in singulos sed in utraque hominum
genera determinata.

19. Quod enim non de singulis dicit Apostolus, statim
sequentia insinuant, ubi solummodo *multi* et non „omnes"
dicuntur. Et plane Apostolus exprimit, quomodo supra 20
dixerit priorem Adam formam, id est similitudinem secun-
di, id est Christi, in hoc videlicet, quod, sicut ille quod
suum est transfudit ad posteros, id est peccatum, ita ille
quod suum est ad suos, id est gratiam iustificationis. *Sicut
enim.* Vere per delictum et iustitiam sic actum est, quia *per* 25
inoboedientiam et oboedientiam. Et hoc est: „Sicut enim",
etc. Per peccatum Adae multos dicit, non omnes, constitui
peccatores, id est aeternae poenae tradi. Ut enim praeter-

---

[92] Gemeint: den Menschen vor dem Gesetz und unter dem Gesetz.

ger Argumentation beweisen, daß alle in bezug auf Christus mehr Vertrauen als in bezug auf Adam Furcht haben müssen. Um dies fest ins Gedächtnis einzuprägen, wiederholt er es häufiger.

18. *Wie also durch des einen.* Da wir ja durch Adam der Verdammnis verfallen und durch Christus die Rechtfertigung erlangen, das heißt die Vergebung, wird also durch einen dies und durch den anderen jenes herbeigeführt. Und dies bedeutet: „So wie man durch das" *Vergehen* des einen *das Verdammungsurteil* — ergänze: erlangt —, so daß sie nämlich auch durch jenes Vergehen dem ewigen Tode verfallen sind: *über alle Menschen,* ebenso nämlich „über die, welche nicht durch eine ähnliche Übertretung wie Adam sündigten", wie er oben erwähnt hat (Röm 5,14), wie über die anderen; oder: ebenso über die, die vor der Zeit des Gesetzes lebten, wie über die anderen, wie er auch oben erwähnt hat (Röm 5,12): So gelangt man *auch durch die Gerechtigkeit eines* zur *Rechtfertigung des Lebens,* das heißt zur Vergebung der Sünden, die das ewige Leben gleichermaßen *zu allen Menschen* bringt, allerdings nicht zu einzelnen, sondern zu beiden beschriebenen Arten von Menschen.[92]

19. Daß der Apostel nämlich nicht von einzelnen spricht, zeigt sogleich das folgende, wo es nur *viele* und nicht „alle" heißt. Und deutlich drückt der Apostel aus, wieso er oben den älteren Adam als Form, das heißt Bild des zweiten bezeichnet hat, das heißt des Christus: darin nämlich, daß auch er — ebenso wie jener das, was seine Sache ist, auf seine Nachkommen übertragen hat, das heißt die Sünde — das, was seine Sache ist, auf die Seinigen übertragen hat, das heißt die Gnade der Rechtfertigung. *Denn wie.* Wahrhaftig ist es durch das Vergehen und die Gerechtigkeit so geschehen, weil es *durch Ungehorsam und Gehorsam* geschehen ist. Und dies bedeutet: „Denn wie ..." (Röm 5,19). Durch die Sünde Adams, sagt er, würden viele, nicht alle als Sünder hingestellt, das heißt der ewigen Strafe ausgeliefert. Abge-

mittamus hominem Christum ab omni peccato semper immunem, sunt multi, quibus iam per sacramenta ecclesiae
peccatum originale condonatum est, et postea propriis con-
demnantur peccatis; quos nequaquam eo modo, quo dictum est, peccatores Adam constituit, sed ipsimet ipsos, quia 5
non iam peccatum Adae in eis puniri videtur, quippe quod
iam eis condonatum est, sed propria ipsorum tantum peccata, quamvis nonnulli — iuxta parabolam Domini de duobus conservis — dimissa etiam peccata in damnatis atque
ingratis redire et iungi ad poenam ita velint, ut, quod iam 10
condonationem accepit, iterum puniatur; cum id plane
Apostolus in sequentibus contradicat dicens sine poenitentia esse dona Dei et vocationem. De quo quidem suo
loco diligentius disseremus.

Possumus etiam fortasse <dicere> nullos salvandos ab 15
Adam peccatores, ut determina|tum est, constitui, id est | 162
aeternae morti subici, sed solos sine sacramento damnatos.

Per unius oboedientiam, qui videlicet „factus est ob-
oediens usque ad mortem", *constituentur iusti,* id est ab
omni peccato penitus immunes, etiam per poenam.   20

Nota, quod in Adam dicit: *constituti sunt,* in Christo:
„constituentur". Ipsum quidem Adae peccatum in nobis
transfusum quasi praesens et determinatum est per poenam
sui; iustificatio autem illa per Christum quasi futura est
adhuc, cum sit occulta et maxime, qui Christiani sunt, afflic- 25
tionibus in hoc mundo subiaceant. Unde Iohannes apostolus: „Filii Dei sumus et nondum apparuit quid erimus.

---

15 dicere *fehlt bei Abaelard*

---

[93] Zu Röm 11,29, unten 712,7–25.

sehen nämlich vom Menschen Christus, der von jeglicher
Sünde stets unberührt war, gibt es viele, denen schon durch
die Sakramente der Kirche die Erbsünde vergeben ist, und
später werden sie durch ihre persönlichen Sünden verur-
teilt. Diese hat keineswegs auf die besagte Weise Adam als
Sünder hingestellt, sondern sie sich selbst; denn es scheint
ja nicht mehr die Sünde Adams in ihnen bestraft zu werden,
welche ihnen ja schon vergeben ist, sondern nur ihre ganz
persönlichen Sünden. Allerdings wollen einige — nach
dem Gleichnis des Herrn von den beiden Knechten (Mt
18,23–34) —, daß auch bereits vergebene Sünden bei Verdammten und Undankbaren zurückkehren und so mit zur
Bestrafung beitragen, daß das, was schon Vergebung erfah-
ren hat, wieder bestraft wird. Doch dem widerspricht klar
der Apostel im folgenden, wenn er sagt, die Gaben und die
Berufung Gottes seien ohne Reue (Röm 11,29). Darüber
allerdings werden wir an der entsprechenden Stelle genaue-
re Ausführungen machen.[93]

Wir können auch vielleicht <sagen>, daß keine, die gerettet werden sollten, durch Adam, wie festgestellt worden
ist, als Sünder hingestellt werden, das heißt dem ewigen
Tod unterworfen werden, sondern nur die, die ohne Sakra-
mentsempfang verdammt worden sind.

Durch den Gehorsam des einen, der nämlich „gehorsam
geworden ist bis zum Tode" (Phil 2,8), *werden sie zu
Gerechten gemacht werden,* das heißt von jeglicher Sünde
gänzlich unberührt, auch durch die Strafe.

Beachte, daß er bei Adam sagt: *sie sind geworden,* bei
Christus „sie werden gemacht werden". Gerade die Sünde
Adams ja, die auf uns übertragen ist, ist gewissermaßen
gegenwärtig und bestimmt durch ihre Strafe. Jene Rechtfertigung durch Christus aber ist gewissermaßen noch
zukünftig, da sie verborgen ist und besonders die, die
Christen sind, Drangsalen in dieser Welt unterliegen. Daher sagt der Apostel Johannes: „Wir sind Kinder Gottes,
und noch ist nicht offenbar geworden, was wir sein werden.

Scimus quoniam, cum apparuerit, similes ei erimus", etc.,
et ipse Paulus: „Vita", inquit, „nostra abscondita est cum
Christo in Deum."

Non autem segniter praetereundum est, quod hoc loco
Apostolus de peccato et gratia per Adam et Christum trans- 5
fusis totiens replicat, et quod, quasi necessaria ratione ac
manifesta iustitia exigente, adstruit plura per Christum
bona, licet non pluribus, debere conferri quam per Adam
mala, quasi plus in iuvando iste potuerit quam ille in nocen-
do; quod apertum est. Sed ex hoc, ni fallor, contuendum 10
nobis Apostolus reliquit Deum in incarnatione Filii sui id
quoque sibi machinatum fuisse, ut non solum misericordia,
verum etiam iustitia per eum subvenerit peccatoribus et
ipsius iustitia suppleretur, quod delictis nostris praepedie-
batur. Cum enim Filium suum Deus hominem fecerit, eum 15
profecto sub lege constituit, quam iam communem omnibus dederat hominibus. Oportuit itaque hominem illum ex
praecepto divino proximum ipsum tamquam se diligere et
in nobis caritatis suae gratiam exercere, tum instruendo
nos, tum etiam pro nobis orando. Praecepto itaque divino 20
etiam pro nobis et maxime per dilectionem ei adhaerentibus
orare cogebatur, sicut in Evangelio Patrem saepissime interpellat pro suis. Summa vero eius iustitia exigebat, ut in
nullo eius oratio repul|sam sustineret, quem nihil nisi quod | 163
oportebat velle vel facere unita ei divinitas permittebat.   25

Quod ipse Apostolus duobus aliis locis diligenter insinuavit scribens de eo ad Galatas: „Factum ex muliere, factum sub lege, ut eos, qui sub lege erant, redimeret", et ad

Wir wissen, daß wir ihm ähnlich sein werden, wenn er erscheinen wird …" (1 Joh 3,2); und Paulus selbst sagt: „Unser Leben ist mit Christus verborgen in Gott" (Kol 3,3).

Man darf aber nicht gedankenlos daran vorbeigehen, daß der Apostel an dieser Stelle so oft Äußerungen über Sünde und Gnade wiederholt, die durch Adam und Christus übertragen worden sind, und daß er — da es gewissermaßen die notwendige Argumentation und die offenkundige Gerechtigkeit erfordert — behauptet, daß durch Christus mehr Gutes — wenn auch nicht mehreren — erwiesen werden müsse als durch Adam Schlechtes, wie wenn ja dieser mehr beim Helfen vermocht habe als jener beim Schaden; das ist offenkundig. Aber hieraus hat der Apostel uns, wenn ich mich nicht täusche, zur Betrachtung übriggelassen, daß Gott bei der Menschwerdung seines Sohnes sich auch das ausgedacht hat, daß er nicht nur mit Barmherzigkeit, sondern auch mit Gerechtigkeit durch ihn den Sündern zu Hilfe käme und daß durch seine Gerechtigkeit ergänzt werde, was durch unsere Vergehen verhindert wurde. Als nämlich Gott seinen Sohn zum Menschen gemacht hat, hat er ihn in der Tat unter das Gesetz gestellt, welches er schon allgemein allen Menschen gegeben hatte. Es mußte daher jener Mensch aufgrund des göttlichen Gebotes den Nächsten wie sich selbst lieben und an uns die Gnade seiner Liebe erweisen, bald indem er uns unterrichtete, bald auch indem er für uns betete. Durch das göttliche Gebot war er daher gehalten, auch für uns, und insbesondere für die, die ihm in Liebe verbunden waren, zu beten, so wie er im Evangelium sehr oft den Vater für die Seinen mit Bitten bestürmt. Seine höchste Gerechtigkeit aber verlangte, daß in nichts sein Gebet zurückgewiesen wurde; ihn ließ die mit ihm vereinte Gottheit nur wollen und tun, was nötig war.

Dies hat der Apostel selbst an zwei anderen Stellen sorgfältig gezeigt, als er darüber an die Galater schrieb: „Geboren von einer Frau, dem Gesetz unterstellt, damit er die freikaufe, die unter dem Gesetz standen" (Gal 4,4f),

Hebraeos: „Qui in diebus carnis suae preces supplicatio-
nesque ad eum, qui possit illum salvum facere a morte, cum
clamore valido et lacrymis offerens exauditus est pro sua
reverentia" etc.

Homo itaque factus lege ipsa dilectionis proximi con- 5
stringitur, ut eos, qui sub lege erant nec per legem poterant
salvari, redimeret et quod in nostris non erat meritis, ex suis
suppleret et sicut sanctitate singularis exstitit, singularis
fieret utilitate in aliorum etiam salute. Alioquin quid
magnum sanctitas eius promereretur, si suae tantum salva- 10
tioni, non alienae, sufficeret? Numquid Adam oboediendo
se ipsum salvasset? Quod unusquisque etiam sanctorum
per gratiam Dei obtinet. Multo plus aliquid in illo singulari
iusto divina operari gratia debuit. Non sunt etiam copiosae
potentis divitiae, quae alios ditare non sufficiunt. 15

<§ *De originali peccato quaestiones sive obiectiones*>

Nunc ad illam veterem humani generis quaerelam et inter-
minatam quaestionem, de originali scilicet peccato, quod a
primo parente in posteros redundare Apostolus praesenti
loco commemorat, veniendum nobis est et prout poterimus 20
in eius solutione laborandum.

Primo itaque id quaeritur, quid originale peccatum dicamus, cum quo singuli homines procreantur; deinde, qua
iustitia pro peccato patris innocens filius apud misericor-
dissimum iudicem Deum reus constituatur, quod nec apud 25
saeculares iudices approbaretur; et quod iam ei, qui com-
misit, dimissum credimus vel in ceteris per baptismum
deletum, in filiis puniatur, qui nec adhuc peccato consen-

---

16 § De originali ... obiectiones $R^{mg}mO^{mg}$

und an die Hebräer: „Als er in den Tagen seines Erdenle-
bens Gebete und Bitten mit lautem Schreien und Tränen
vor den brachte, der ihn aus dem Tod retten konnte, ist er
erhört worden für seine Ehrerbietung …" (Hebr 5,7).

Mensch geworden, ist er daher gerade durch das Gebot
der Nächstenliebe verpflichtet, diejenigen zu erlösen, die
unter dem Gesetz waren und nicht durch das Gesetz gerettet werden konnten, und was in unseren Verdiensten nicht
vorhanden war, aus seinen zu ergänzen, und ebenso wie er
einzigartig war an Heiligkeit, einzigartig zu werden an
Nutzen auch beim Heil anderer. Was verdiente sonst seine
Heiligkeit Großes, wenn sie nur zu seiner eigenen Rettung,
nicht einer fremden, genügte? Hätte nicht Adam durch
Gehorsam sich selbst gerettet? Dies erhält auch ein jeder
der Heiligen durch die Gnade Gottes! In weit höherem
Maße mußte die göttliche Gnade etwas durch jenen einzigartig Gerechten bewirken. Es sind auch die Schätze eines
Mächtigen nicht reichlich, die nicht dazu genügen, andere
reich zu machen.

<Fragen oder Einwände über die Erbsünde>

Nun müssen wir zu jener alten Klage des Menschenge-
schlechtes und unendlichen Frage kommen, nach der Erbsünde nämlich, die — wie der Apostel an der gegenwärtigen Stelle erwähnt — vom ersten Stammesvater auf die
Nachkommen übergeht, und — so gut wir können werden — an ihrer Lösung arbeiten.

Zuerst wird daher danach gefragt, was wir Erbsünde
nennen, mit der die einzelnen Menschen gezeugt werden;
darauf, aufgrund welcher Gerechtigkeit für die Sünde des
Vaters ein unschuldiges Kind bei Gott, dem allergütigsten
Richter, angeklagt wird, was auch bei weltlichen Richtern
nicht gebilligt würde; und aufgrund welcher Gerechtigkeit
das, was schon dem, der es begangen hat, wie wir glauben,
erlassen oder bei den übrigen durch die Taufe getilgt ist, an
den Kindern bestraft wird, die bis dahin der Sünde noch

tire valuerunt; et quos proprium non obligat peccatum,
damnet alienum, et prioris iniquitas patris magis quam
proximorum quantocumque graviores in damnationem
trahant; quam sit etiam crudele | et summae bonitati Dei | 164
contrarium, qui salvare magis quam perdere animas deside- 5
rat, ut pro peccato parentis filium damnet, quem pro eius
minime iustitia salvaret.

<§ *Investigatio solutionum, et quot modis peccatum dica-*
tur>

§ Pluribus autem modis peccati nomen Scriptura sacra 10
accipit: § uno quidem modo et proprie pro ipsa animi
culpa et contemptu Dei, id est prava voluntate nostra, qua
rei apud Deum statuimur; altero autem modo peccatum
dicitur ipsa peccati poena, quam per ipsum incurrimus vel
cui propter ipsum obnoxii tenemur. Secundum quam qui- 15
dem significationem dicuntur peccata dimitti, id est poenae
peccatorum condonari, et Dominus peccata nostra portas-
se, id est poenas peccatorum nostrorum sustinuisse. Et cum
aliquis dicitur habere peccatum vel cum peccato adhuc esse,
qui tamen per voluntatem malam non peccat, sicut est 20
aliquis iniquus dormiens, tale est ac si adhuc eum obnoxium
poenae proprii peccati fateamur. Tertio autem modo ipse
Christus ab Apostolo peccatum dicitur, id est hostia pro
peccato.

8–9 § Investigatio … dicatur $R^{mg}O^{mg}$ | quot … dicitur m^{mg} ‖ 10 Plu-
ribus autem … § *vorangestellt bei* O ‖ 11 uno quidem § *vorangestellt*
bei O

---

[94] Bei Abaelard Plural, obwohl Subjekt *iniquitas* ist.
[95] Abaelard definiert die Sünde als „Mißachtung Gottes" *(contemptus Dei)*

nicht einmal zustimmen konnten; und aufgrund welcher
Gerechtigkeit eine fremde Sünde diejenigen verdammt, die
eine persönliche nicht schuldig macht; und aufgrund welcher Gerechtigkeit sie die Ungerechtigkeit des früheren
Stammvaters mehr zur Verdammnis zieht[94] als diejenigen
der nächsten Verwandten — mögen sie auch noch so viel
schwerer sein; wie grausam es auch ist und im Gegensatz
zur höchsten Güte Gottes steht, der mehr danach verlangt,
Seelen zu retten als zu verderben, daß er für die Sünde des
Vaters das Kind verdammt, das er angesichts von dessen
Gerechtigkeit keineswegs retten würde.

*\<Aufspüren von Lösungen und auf wieviel Weisen die
Sünde bezeichnet wird\>*

Auf mehrere Weisen aber faßt die Heilige Schrift den Begriff Sünde auf: auf eine Weise ja und im eigentlichen Sinne
unmittelbar als seelische Schuld und Mißachtung Gottes[95],
das heißt als unseren falschen Willen, durch den wir bei
Gott als schuldig hingestellt werden. Auf eine andere Weise
aber wird als Sünde gerade die Sündenstrafe bezeichnet, in
die wir durch sie geraten oder der wir ihretwegen verfallen
sind. Nach dieser Bedeutung heißt es ja, die Sünden würden
vergeben, das heißt die Sündenstrafen würden erlassen,
und der Herr habe unsere Sünden getragen (vgl. Mt 8,17;
Joh 1,29.36), das heißt die Strafen für unsere Sünden auf
sich genommen. Und wenn es heißt, jemand habe eine
Sünde oder sei noch in Sünde, der doch nicht durch einen
schlechten Willen sündigt — wie zum Beispiel ein Ungerechter im Schlafe —, dann ist es so, wie wenn wir etwa
sagten, er sei noch der Strafe für eine persönliche Sünde
verfallen. Auf eine dritte Weise aber wird Christus selbst
vom Apostel Sünde genannt (2 Kor 5,21), das heißt Op-
fer(lamm) für die Sünde.

---

oder „Zustimmung zum Bösen" *(consensus mali);* dazu BACIGALUPO,
Intención 105 f. 150–154.

<§ *Breviter perstringit, quid sit originale peccatum*>

§ Cum itaque dicimus homines cum originali peccato pro-
creari et nasci atque hoc ipsum originale peccatum ex primo
parente contrahere, magis hoc ad poenam peccati, cui videlicet poenae obnoxii tenentur, quam ad culpam animi et 5
contemptum Dei referendum videtur. Qui enim nondum
libero uti arbitrio potest nec ullum adhuc rationis exerciti-
um habet, quasi cum non recognoscat auctorem vel oboedientiae mereatur praeceptum —: nulla est ei transgressio,
nulla negligentia imputanda nec ullum omnino meritum, 10
quo praemio vel poena dignus sit magis quam bestiis ipsis,
quando in aliquo vel nocere vel iuvare videntur.

Unde Augustinus, in libro „De fide ad Petrum" de anima
irrationalium disserens animalium: „Ideo", inquit, „nec ae-
ternitas irrationabilibus spiritibus data est nec aliquod eis 15
iudicium praeparatur, in quo eis vel beatitudo pro bonis vel
damnatio pro malis reddatur operibus. Ideo in eis nulla
operum discretio requiretur, quia nullam intelligendi facul-
tatem divinitus | acceperunt. Propterea igitur eorum cor- | 165
pora resurrectura non sunt, quia nec ipsis animalibus aut 20
aequitas aut iniquitas fuit, pro qua eis aut aeterna beatitudo
sit retribuenda vel poena."

Idem in libro „Quaestionum LXXXIII" capitulo XXVI:
„Deus iustus et gubernans universa nullam poenam cuiquam sinit immerito infligi, nullum praemium immerito 25

---

1 Breviter ... peccatum $R^{mg}m^{mg}O^{mg}$ ‖ 2 Cum itaque ... § *vorangestellt*
bei O

---

[96] So der Text in *abbr.* (40 LANDGRAF); mOR lesen: *quasi eum recognoscat*
auctorem („wie wenn er gewissermaßen den Schöpfer wiedererkennen
würde"); A hat eine Lücke.

<Kurz handelt er ab, was die Erbsünde ist>

Wenn wir daher sagen, die Menschen würden mit der Erbsünde gezeugt und geboren und zögen sich gerade diese Erbsünde vom ersten Stammvater zu, dann scheint es, daß man dies mehr auf die Sündenstrafe beziehen muß — dieser Strafe sind sie ja verfallen — als auf die geistige Schuld und die Mißachtung Gottes. Wer nämlich noch nicht den freien Willen gebrauchen kann und noch keine Übung im Gebrauch der Vernunft hat, weil er gewissermaßen den Schöpfer nicht erkennt[96] oder sich nicht um das Gebot des Gehorsams verdient macht: dem darf man keine Übertretung, keine Nachlässigkeit zurechnen und auch überhaupt kein Verdienst, wodurch er mehr eine Belohnung oder eine Strafe verdient hätte als selbst die wilden Tiere, wenn sie in irgendeiner Weise entweder zu schaden oder zu nützen scheinen.

Daher sagt Augustinus im Buch „Über den Glauben an Petrus", indem er Ausführungen über die Seele der vernunftlosen Tiere macht: „Deshalb ist den vernunftlosen Geistwesen weder die Ewigkeit gegeben noch wird für sie irgendein Gericht vorbereitet, in dem ihnen entweder die Glückseligkeit als Vergeltung für gute oder die Verdammnis als Vergeltung für schlechte Werke erteilt würde. Deshalb wird in ihnen keine Unterscheidung der Werke gesucht werden, weil sie von Gott her ja keine Fähigkeit zu erkennen empfangen haben. Deshalb also werden ihre Leiber nicht auferstehen, weil die Tiere selbst weder Gerechtigkeit noch Ungerechtigkeit besaßen, für die ihnen entweder ewige Glückseligkeit oder Strafe als Vergeltung zugeteilt werden müßte."[97]

Derselbe im „Buch der 83 Fragen" im 26. Kapitel: „Gott, der gerecht ist und das All lenkt, läßt nicht zu, daß irgend jemandem unverdient eine Strafe zugefügt, unverdient eine

---

[97] Fulgentius von Ruspe, *fid.* 41 (CCL 91A, 739).

dari. Meritum autem poenae peccatum et meritum praemii recte factum est, nec peccatum aut recte factum imputari cuiquam iuste potest, qui nihil propria fecerit voluntate.

<§ De libero arbitrio>

§ Est igitur et peccatum et recte factum in libero voluntatis 5 arbitrio."

Boethius autem libro tertio editionis secundae „In Peri hermenias", quid sit liberum arbitrium diligenter aperiens ait: „Nos enim liberum arbitrium ponimus nullo extrin-secus cogente in id, quod pro nobis faciendum vel non 10 faciendum iudicantibus perpendentibusque videatur, ad quam rem praesumpta prius cognitione perficiendam et agendam venimus, ut id, quod fit, ex nobis <et> ex nostro iudicio principium sumat, nullo extrinsecus aut violenter cogente aut impediente." 15

Item: „Nos autem liberum voluntatis arbitrium non id dicimus, quod quisque voluerit, sed quod quisque iudicio et examinatione collegerit. Alioquin multa quoque anima-lia habebunt liberum voluntatis arbitrium. Illa enim vide-mus sponte quaedam refugere, quibusdam sponte concur- 20 rere. Quod si velle aliquid vel nolle hoc recte liberi arbitrii vocabulo teneretur, non solum hoc esset hominis, sed ce-terorum quoque animalium, quibus hanc liberi arbitrii potestatem abesse quis nesciat? Sed est liberum arbitrium, quod ipsa quoque vocabula produnt, liberum nobis de 25 voluntate iudicium. Quotienscumque enim imaginationes concurrunt animo et voluntatem | irritant, eas ratio per- | 166 pendit et de his iudicat, et quod ei melius videtur cum

---

4 De libero arbitrio $R^{mg}O^{mg}$ ‖ 5 Est igitur ... § vorangestellt bei O ‖
13 et fehlt bei Abaelard

---

[98] AUGUSTINUS, divers. quaest. 24 (CCL 44A, 29 f).
[99] BOETHIUS, in herm. comm. 3, 9 (2, 195 MEISER).

Belohnung gegeben wird. Was aber Strafe verdient, ist die Sünde, und was Lohn verdient, ist die rechte Tat; und keine Sünde oder gute Tat kann jemandem gerechterweise zugerechnet werden, der nichts aus eigenem Willen getan hat.

<Über den freien Willen>

Es beruht also sowohl die Sünde als auch die gute Tat auf dem freien Willen."[98]

Boethius aber sagt im dritten Buch der zweiten Fassung „Über die Dolmetschkunst" (*sc.* des Aristoteles), indem er sorgsam eröffnet, was der freie Wille sei: „Denn wir definieren den Willen als frei, wenn nichts von außen zu dem zwingt, was wir unserer Ansicht nach, wenn wir es beurteilen und abwägen, für uns tun müssen oder nicht tun dürfen. Zur Vollendung und Durchführung dieser Sache kommen wir nach vorausgegangener Kenntnisnahme, so daß das, was geschieht, aus uns heraus geschieht <und> aus unserer Entscheidung heraus seinen Anfang nimmt, ohne daß von außen etwas gewaltsam zwingt oder hindert."[99]

Ebenso: „Wir aber bezeichnen als freien Willen nicht das, was jeder gewollt hat, sondern was jeder in seinem Urteil und seiner Prüfung überdacht hat. Andernfalls werden auch viele Tiere einen freien Willen haben. Wir sehen nämlich, daß sie von sich aus gewisse Dinge meiden, mit gewissen von sich aus zusammentreffen. Wenn aber etwas zu wollen oder dies nicht zu wollen zutreffend mit dem Begriff ‚freier Wille' erfaßt würde, wäre dies nicht nur Sache des Menschen, sondern auch der übrigen Lebewesen, denen doch — wer wüßte das wohl nicht — dieses Vermögen des freien Willens fehlt! Aber der freie Wille ist, was auch die Begriffe selbst verraten, unser[100] freies Urteil über den Willen. Denn sooft Vorstellungen im Verstand zusammentreffen und den Willen reizen, wägt sie die Vernunft ab und urteilt darüber, und wenn sie das, was ihr besser erscheint, nach freiem

---

[100] Wörtlich: für uns.

arbitrio perpenderit et iudicatione collegerit, facit. Atque
ideo quaedam dulcia et speciem utilitatis monstrantia sper-
nimus, quaedam amara, licet nolentes, tamen fortiter sustinemus. Adeo non in voluntate sed in iudicatione voluntatis
liberum constat arbitrium, et non in imaginatione sed in 5
ipsius imaginationis perpensione consistit; atque ideo qua-
rumdam actionum nos ipsi principia non sequaces sumus.
Hoc est enim uti ratione, uti iudicatione."

<§ *Quid sit liberum arbitrium*>

§ Ex his itaque verbis Boethii patet liberum arbitrium nihil 10
aliud esse quam ipsam animi facultatem deliberandi ac
diiudicandi id, quod velit facere, an videlicet sit faciendum
an non quod elegerit sequendum. Unde etiam qui nihil actu
deliberat, quia tamen ad deliberandum aptus sit, libero non
caret arbitrio. Quam quidem facultatem nemo sani capitis 15
parvulis deesse contradicet sive furiosis aut mente captis,
qui discretionis iudicium non habent, nec in his quae agunt
sola voluntate vel impetu mentis agitati, non aliqua deliberatione animi commoti, aliquid eos promereri concedet vel
poenae vel praemii; nec legibus etiam hominum subiacere, 20
ut vel humano iudicio rei pro aliquo censeantur.

Unde et ipse Augustinus in libro „Quaestionum veteris et
novae legis" „Quomodo", inquit, „reus constituitur, qui
nescit quid fecerit?" Et Hieronymus, „Super Ezechielem":
„Quamdiu anima in infantia constituta est, peccato caret." — 25

---

9 Quid ... arbitrium $R^{mg}m^{mg}O^{mg}$ | § *vorangestellt bei* O^{mg} ‖ 10 Ex his
itaque ... § *vorangestellt bei* O

---

[101] BOETHIUS, *in herm. comm.* 3,9 (2,196 MEISER).
[102] Vgl. Ps.-AUGUSTINUS = AMBROSIASTER, *quaest. test.* 67 (CSEL 50,117).
[103] HIERONYMUS, *in Ezech.* 4 (CCL 75,168).

Ermessen abgewogen und durch ihr Urteil erfaßt hat, führt sie es aus. Und deshalb verachten wir gewisse Dinge, die angenehm sind und den Anschein von Nützlichkeit haben, gewisse, die unangenehm sind, nehmen wir — wenn auch ohne daß wir es wollen — trotzdem tapfer auf uns. So sehr besteht der freie Wille nicht im Willen, sondern im Urteil über den Willen, und nicht in der Vorstellung, sondern in der Abwägung gerade der Vorstellung; und deshalb folgen wir selbst nicht leichtfertig den Anfängen gewisser Handlungen. Dies nämlich bedeutet es, die Vernunft zu gebrauchen: die Urteilskraft zu gebrauchen."[101]

<Was der freie Wille ist>

Aus diesen Worten des Boethius geht also klar hervor, daß der freie Wille nichts anderes ist als gerade die geistige Fähigkeit, zu überlegen und das zu beurteilen, was man tun will: ob man nämlich das, dem nachzugehen man erwählt hat, tun soll oder nicht. Daher ist auch der, der praktisch nichts überlegt, nicht ohne freien Willen, weil er dennoch zum Überlegen fähig ist. Kein Vernünftiger dürfte wohl bestreiten, daß diese Fähigkeit den kleinen Kindern oder den Wahnsinnigen oder Verrückten fehlt, die kein Unterscheidungsvermögen haben. Auch dürfte er wohl nicht zugeben, daß sie in dem, was sie treiben, irgend etwas an Strafe oder Belohnung verdienen, wenn sie allein von ihrem Willen oder dem Ungestüm ihres Geistes angetrieben wurden, nicht von irgendeiner geistigen Überlegung bewegt; und er dürfte auch nicht zugeben, daß sie menschlichen Gesetzen unterliegen, so daß sie auch nur nach menschlichem Urteil als schuldig für irgend etwas erachtet werden könnten.

Daher sagt auch gerade Augustinus im Buch der „Fragen zum Alten und Neuen Testament": „Wie kann als Angeklagter hingestellt werden, wer nicht weiß, was er getan hat?"[102] Und Hieronymus „Zu Ezechiel": „Solange die Seele sich in der Kindheit befindet, ist sie ohne Sünde."[103] —

Ac rursus obiicies mihi illud supra positum beati Augustini dictum, quod „Deus nullam poenam cuiquam sinit
immerito infligi, nullum praemium immerito dari", hoc est:
nulli qui non meruit aut poenam aut praemium conferri.
Quod quidem non solum in parvulis tam propter originale 5
peccatum damnatis quam per solam gratiam baptismatis
salvatis reprehensibile videtur, | verum etiam in plerisque | 167
aliis, sicut in Iob percusso et illo, quem Dominus salvavit a
nativitate caeco facto, non, ut ait Dominus, quia ipse pec-
casset aut „parentes eius, sed ut manifestarentur opera Dei 10
in illo." Quod diligenter beatus Gregorius attendens di-
versa permissionum genera in primo distinguit „Morali-
um".

Quis etiam nesciat Deum non solum promittere, verum
etiam iubere, ut inimicis nostris non secundum merita 15
eorum bona retribuamus pro malis, ut nos a Deo per gratiam, quae nos praevenit vel subsequitur, multa obtinemus
non per merita? Unde Apostolus: „Si autem ex operibus,
iam non ex gratia. Alioquin gratia iam non est gratia."

Quid itaque illud Augustini velit, quod primo posuimus 20
et postmodum opposuimus, Deum videlicet nulli immerito
aut poenam inferri aut praemium conferri permittere, non
facile absolvi posse video, nisi in eo vim quamdam notemus,
quod cum dixerit „Deus" addidit „iustus", ut videlicet notet
non id Deum ex iustitia permittere, quod tamen aliqua 25
permittat dispensatione aut ex abundantia caritatis potius
fieri iubet quam ex aequitate iustitiae. Est quippe iustitia,

[104] AUGUSTINUS, *divers. quaest.* 24 (CCL 44A, 29f).
[105] GREGOR DER GROSSE, *in evang.* 32, 6 (PL 76, 1237AB).
[106] AMBROSIASTER, *quaest. test.* 67 (CSEL 50, 117).

Aber andererseits wirst du mir jenen oben angeführten Ausspruch des seligen Augustinus entgegenhalten, daß „Gott es nicht zuläßt, daß jemand unverdient eine Strafe auferlegt wird, eine Belohnung unverdient gegeben wird"[104], das heißt, daß keinem, der es nicht verdient hat, Strafe oder Belohnung erteilt wird. Dies scheint jedenfalls nicht nur im Fall der kleinen Kinder tadelnswert zu sein, die ebenso wegen der Erbsünde verdammt wie allein durch die Gnade der Taufe gerettet sind, sondern auch im Fall von sehr vielen anderen: so zum Beispiel bei dem geplagten Ijob (Ijob 2,7f) und jenem, den der Herr gerettet hat, nachdem er von Geburt an blind gewesen war — nicht, wie der Herr sagt, weil er selbst gesündigt hätte oder „seine Eltern, sondern damit die Werke Gottes an ihm offenbar würden" (Joh 9,1–3). Dies beachtet der selige Gregorius sorgsam und unterscheidet im ersten Buch der „Moralischen Auslegungen" verschiedene Arten von Erlaubnissen.[105]

Wer wüßte wohl auch nicht, daß Gott nicht nur verheißt, sondern auch befiehlt, daß wir unseren Feinden — nicht nach ihren Verdiensten — Gutes für Schlechtes vergelten, wie wir von Gott vieles aus Gnade besitzen, die uns zuvorkommt oder nachfolgt, nicht durch Verdienste? Daher sagt der Apostel: „Wenn aber aus Werken, nicht mehr aus Gnade. Andernfalls ist die Gnade nicht mehr Gnade" (Röm 11,6).

Was daher jener Ausspruch des Augustinus[106] sagen will, den wir zuerst angeführt haben und dem wir danach widersprochen haben — daß Gott nämlich nicht zulasse, daß jemand unverdient entweder Strafe oder Belohnung erteilt werde —, kann, soweit ich sehe, nicht leicht geklärt werden, es sei denn, wir stellten darin eine gewisse Bedeutung fest, daß er, als er „Gott" gesagt hat, „gerechter" hinzugefügt hat: um nämlich anzumerken, daß Gott das nicht aus Gerechtigkeit zulasse, was er dennoch aufgrund irgendeiner Planung zulassen mag oder was er eher aus seiner überströmenden Liebe heraus geschehen läßt als nach der Billigkeit der Gerechtigkeit. Es ist ja Gerechtigkeit die, die

quae unicuique reddit quod suum est, non plus quam quod
suum est aut minus, hoc est: id tantum quod ille, cui redditur, meruit. Si quis autem alicui plus boni conferat quam ille
meruit aut minus inferat mali, gratiae est id potius quam
iustitiae, sicut e converso iniquitatis esse videtur, si quis 5
alicui minus boni vel plus mali reddat quam ille meruit.

Ut igitur ad propositum revertamur: Quanta est illa
crudelitas aestimanda, quam in parvulis Deus exercere videtur, ubi videlicet, cum nullum inveniat meritum, gravissimam tamen illam infernalis incendii poenam inducit. 10
Hinc enim illud est Augustini in libro „De fide ad Petrum":
„Firmissime tene et | nullatenus dubites non solum homi- | 168
nes iam ratione utentes, verum etiam parvulos, qui — sive
in uteris matrum vivere incipiunt et ibi moriuntur, sive iam
nati sine sacramento baptismatis, quod datur in nomine 15
Patris et Filii et Spiritus Sancti de hoc saeculo transeunt,
ignis aeterni supplicio sempiterno puniendos. Quia, etsi
peccatum propriae actionis nullum habuerunt, originalis
tamen peccati damnationem carnali conceptione et nativitate traxerunt."
                                                            20

<§ Solutio prima>

§ Numquid etiam apud homines iniquissimum iudicare-
tur, si quis innocentem filium pro peccato patris flammis
istis transitoriis traderet, nedum perpetuis? Esset utique,
inquam, hoc in hominibus iniquum, quibus etiam interdi- 25

---

21 § Solutio prima O^{mg} ‖ 22 Numquid etiam … § vorangestellt bei O

---

[107] Zu dieser Definition vgl. oben 292 Anm. 12 zu Röm 3,27.

einem jeden gibt, was sein ist[107], nicht mehr oder weniger, als
was sein ist, das heißt: nur das, was jener, dem es gegeben wird,
verdient hat. Wenn aber irgendwer jemandem mehr Gutes
erweist, als jener verdient hat, oder ihm weniger Schlechtes
zufügt, ist das eher eine Sache der Gnade als der Gerechtigkeit, ebenso wie es umgekehrt Sache der Ungerechtigkeit zu
sein scheint, wenn irgendwer jemandem weniger Gutes
oder mehr Schlechtes gibt, als jener verdient hat.

Um also zum Problem zurückzukehren: Für wie groß
muß man jene Grausamkeit halten, die Gott bei den kleinen
Kindern auszuüben scheint, wo er nämlich, obwohl er kein
Verdienst findet, dennoch jene äußerst schwere Strafe des
Höllenfeuers eintreten läßt! Hierauf beruht nämlich jener
Ausspruch des Augustinus im Buche „Über den Glauben
an Petrus": „Halte ganz fest und zweifle unter keinen
Umständen daran, daß nicht nur die Menschen, die schon
ihre Vernunft gebrauchen, mit der Strafe des ewigen Feuers
bestraft werden müssen, sondern auch die kleinen Kinder — sei es, daß sie im Leibe der Mutter zu leben beginnen
und dort sterben, sei es, daß sie schon nach ihrer Geburt
ohne das Sakrament der Taufe, das im Namen des Vaters,
des Sohnes und des Heiligen Geistes erteilt wird, aus dieser
Welt scheiden. Denn auch wenn sie keine Sünde aus einer
persönlichen Tat gehabt haben, so haben sie sich doch die
Verdammnis der Erbsünde durch ihre leibliche Empfängnis und Geburt zugezogen."[108]

<Erste Lösung>

Würde es etwa nicht auch bei Menschen als äußerst ungerecht beurteilt werden, wenn jemand ein unschuldiges Kind
für die Sünde des Vaters jenen vorübergehenden Flammen[109]
übergäbe, geschweige denn den ewigen? Dies wäre jedenfalls, sage ich, unter Menschen ungerecht, denen sogar die

---

[108] FULGENTIUS VON RUSPE, *fid.* 70 (CCL 91A, 753).
[109] Gemeint: dem Fegefeuer.

citur propriae vindicta iniuriae. Sed non ita in Deo, qui
dicit: „Mihi vindicta, ego retribuam", et alibi: „Ego occi-
dam et ego vivere faciam." Non enim iniuriam creaturae
suae Deus fecit, quocumque modo eam tractet, sive ad
poenam eam deputet sive ad requiem. Alioquin animalia, 5
quae ad laborem humani obsequii creata sunt, iuste conqueri et murmurare adversus Creatorem possent. Quibus quidem murmurantibus super se illud Evangelii responderet:
„An non licet mihi quod volo facere?" sive illud Apostoli:
„O homo, tu quis es, qui respondeas Deo? Numquid dicit 10
figmentum ei, qui se finxit: quid me fecisti sic? An non
habet potestatem figulus luti ex eadem massa facere aliud
quidem vas in honorem, aliud in contumeliam?" Nulla
profecto ratione cum eo posses contendere.

Hac quidem ratione plane profiteor: Quoquo modo 15
Deus creaturam suam tractare velit, nullius iniuriae potest
argui nec malum aliquomodo potest dici quod iuxta eius
voluntatem fiat. Non enim aliter bonum a malo discernere
possumus, nisi quod eius est consentaneum voluntati et in
placito eius consistit. Unde et ea, quae per se videntur 20
pessima et ideo culpanda, cum iussione fiunt dominica,
nullus culpare praesumit. Alioquin Hebraei spoliantes
Aegyptios furti graviter arguendi essent, et qui suos occi-
derunt proximos cum Madia|nitis fornicantes, non tam ul- | 169
tores quam homicidae sive parricidae iudicarentur. 25

Adeo autem boni vel mali discretio in divinae voluntatis
dispositione consistit — cui hoc attendentes quotidie clama-

---

[110] Gemeint: für einen vornehmen Zweck.

Rache für persönlich erlittenes Unrecht untersagt wird. Aber nicht ist es so bei Gott, der sagt: „Mein ist die Rache, ich werde vergelten!" (Röm 12,19), und an anderer Stelle: „Ich werde töten, und ich werde lebendig machen" (Dtn 32,39). Denn der Herr hat seiner Schöpfung kein Unrecht getan, wie auch immer er sie behandelt, sei es daß er sie zur Bestrafung bestimmt, sei es zum Frieden. Andernfalls könnten sich die Tiere, die zur Arbeit im Gehorsam gegen den Menschen geschaffen worden sind, zu Recht beklagen und gegen den Schöpfer murren. Ihnen würde ja, wenn sie ihretwegen murrten, jener Spruch des Evangeliums antworten: „Darf ich nicht tun, was ich will?" (Mt 20,15) oder jener des Apostels: „O Mensch, wer bist du, daß du Gott antwortest? Spricht etwa das Gebilde zu seinem Bildner: Warum hast du mich so gemacht? Oder hat nicht der Töpfer Gewalt, aus derselben Masse das eine Gefäß ja zur Ehre[110], das andere zur Unehre zu machen?" (Röm 9,20f). Auf keine Weise könntest du in der Tat mit ihm streiten!

Aufgrund dieser Überlegung bekenne ich offen: Wie auch immer Gott seine Schöpfung behandeln will: Er kann keines Unrechts beschuldigt werden, und schlecht kann auf keine Weise das genannt werden, was nach seinem Willen geschieht. Denn nicht anders können wir das Gute von Schlechtem unterscheiden, als dadurch, daß es seinem Willen gemäß ist und auf seinem Wohlgefallen beruht. Daher wagt auch niemand das zu tadeln, was an sich äußerst schlecht scheint und deshalb tadelnswert, wenn es auf Geheiß des Herrn geschieht. Sonst müßte man die Hebräer, die die Ägypter beraubten (Ex 12,35f), heftig des Diebstahls beschuldigen, und diejenigen, die ihre nächsten Angehörigen töteten, die mit den Midianitern Ehebruch trieben (Num 25,1–9), würden nicht so sehr als Rächer wie als Mörder oder Vatermörder angesehen.

So sehr aber beruht die Unterscheidungsmöglichkeit von Gut oder Böse auf der Planung des göttlichen Willens — zu ihm rufen wir, weil wir dies beachten, täglich:

mus: „Fiat voluntas tua“; ac si ita dicamus: Ordinentur
optime cuncta —, ut ad eius iussionem vel prohibitionem
eadem fieri alio tempore bonum sit, alio malum, cum pro
temporum diversitate antiqui populi et novi contrariae penitus nonnullae videantur observantiae. Quis enim nesciat 5
antiquo populo prius esse praeceptum, ut de sua quisque
tribu duceret uxorem, quod omnino modo est inhibitum,
et tunc praecipue nuptiis implicari, nunc libertate continentiae frui, et circumcisionem et cetera legis sacramenta, quae
in summa veneratione ex praecepto dominico tunc fuerunt, 10
nunc abominabilia esse?

Constat itaque, ut diximus, totam boni vel mali discretionem in divinae dispensationis placito consistere, quae
optime cuncta nobis ignorantibus disponit, nec quidquam
bene fieri dicendum aut male, nisi quod eius optimae vo- 15
luntati consentaneum est aut adversum; ut, quemadmodum
proposuimus, quocumque modo Deus tam parvulos quam
ceteras suas creaturas tractare velit, id optime fieri non
dubitemus, etiam si eas omnes, ut voluerit, ad poenam
ordinet nec eum iniuriae argui posse, quocumque modo eas 20
ordinet, sive ad gloriam sive ad poenam.

Sed quia parum est ad divinae dispensationis commendationem in hac parvulorum damnatione ab iniuria Deum
absolvere, nisi etiam aliquam bonitatis eius gratiam valeamus adstruere, videtur nobis id quoque agi ex multi- 25
plicis gratiae ipsius dispensatione tam in ipsos videlicet
parvulos quam in alios redundantis. Scimus quippe hanc

„Dein Wille geschehe!" (Mt 6,10), wie wenn wir wohl
folgendermaßen sagen wollten: Alles möge bestens geordnet werden —, so daß auf sein Geheiß oder Verbot hin zu
einer Zeit gut, zu einer anderen schlecht ist, wenn dasselbe
geschieht. Denn in Anbetracht der Verschiedenheit der
Zeiten scheinen einige Bräuche des alten Volkes und des
neuen völlig gegensätzlich zu sein. Wer wüßte nämlich
wohl nicht, daß dem alten Volk zuvor geboten war, daß ein
jeder eine Frau aus seinem Stamme heiraten sollte (Num
36,8), was jetzt gänzlich abgeschafft ist, und daß man damals vor allem sich einer Ehe unterzog, jetzt, die Freiheit
der Ehelosigkeit genießt, und daß die Beschneidung und
die übrigen Sakramente des Gesetzes, die damals aufgrund
des Herrengebotes in der höchsten Verehrung standen,
jetzt verabscheuenswert sind?

Es steht daher, wie wir sagten, fest, daß die ganze Unterscheidungsmöglichkeit von Gut oder Böse im Wohlgefallen der göttlichen Planung begründet ist, die alles —
ohne daß wir es wissen — aufs beste ordnet, und daß man
nicht sagen darf, etwas geschehe gut oder schlecht, außer
was seinem besten Willen entsprechend ist oder entgegengesetzt. Daher zweifeln wir nicht daran, wie wir angeführt
haben, daß — wie auch immer Gott sowohl die kleinen
Kinder als auch seine anderen Geschöpfe behandeln will —
dies aufs beste geschieht, selbst wenn er sie alle, falls er
möglicherweise will, zur Bestrafung bestimmt, und daß er
nicht eines Unrechts beschuldigt werden kann, wie auch
immer er sie bestimmt, sei es zur Herrlichkeit, sei es zur
Bestrafung.

Aber weil es zu wenig ist zur Empfehlung der göttlichen
Planung, Gott bei dieser Verdammung der kleinen Kinder
vom Unrecht freizusprechen, wenn wir nicht auch irgendeinen Gnadenerweis seiner Güte zeigen können, scheint es
uns, daß auch dies aufgrund der Planung seiner vielfältigen
Gnade geschieht, die sich nämlich sowohl gerade auf die
kleinen Kinder als auch auf andere ergießt. Wir wissen ja,

esse mitissimam poenam, beato in „Enchiridion" Augustino sic attestante: „Mitissima sane omnium poena erit
eorum qui praeter peccatum, quod originale traxerunt, nullum insuper addiderunt." Quam quidem poenam non aliam
arbitror quam pati tenebras, | id est carere visione divinae 5 | 170
maiestatis sine omni spe recuperationis. Quod, ni fallor,
conscientiae tormentum ignem perpetuum beatus Augustinus supra nominavit.

Credimus etiam huic mitissimae poenae neminem de-
putari morte in infantia praeventum, nisi quem Deus pes- 10
simum futurum, si viveret, praevidebat et ob hoc maioribus
poenis cruciandum. Unde nonnullam in hac remissione vel
alleviatione poenae divinae bonitatis gratiam percipere parvuli non immerito videntur.

Bene etiam Deus ad correctionem nostram hac mitissima 15
parvulorum poena utitur, ut videlicet cautiores efficiamur
ad evitandum propria peccata, cum tales et tam innocentes,
quibus nec sepultura nec orationes fidelium conceduntur,
damnari quotidie credamus propter aliena; et ampliores ei
gratias referamus, cum nos ab illo perpetuo igne post multa 20
etiam perpetrata crimina per gratiam suam liberat, a quo
minime illos salvat. Voluit etiam statim ostendere in prima
et fortasse modica priorum parentum transgressione, quam
ita in posteris nihil adhuc merentibus vindicat, quantum
omnem abhorret iniquitatem et quam poenam maioribus 25
culpis et frequentibus reservet, si hoc semel commissum in
unius pomi reparabilis esu ita in posteris punire non differat. Unde Hieronymus in „Epistola ad filiam Mauritii sive

---

[111] AUGUSTINUS, *enchir.* 93 (CCL 46, 99).
[112] AUGUSTINUS, *enchir.* 68 (CCL 46, 86 f).

daß dies die mildeste Strafe ist, da der selige Augustinus im
„Handbuch" es folgendermaßen bezeugt: „Am mildesten
von allen wird gewiß die Strafe derer sein, die außer der
Sünde, die sie sich als Erbsünde zugezogen haben, keine
weitere mehr hinzugefügt haben."[111] Diese Strafe jedenfalls
halte ich für keine andere, als die Finsternis zu erdulden,
das heißt die Schau der göttlichen Majestät zu entbehren
ohne jede Hoffnung, sie wiederzuerlangen. Diese Qual des
Gewissens hat, wenn ich nicht irre, der selige Augustinus
oben als ewiges Feuer bezeichnet.[112]

Wir glauben, daß auch für diese allermildeste Strafe niemand bestimmt wird, der in der Kindheit frühzeitig gestorben ist, außer dem, der nach Gottes Voraussicht, wenn er
am Leben bliebe, äußerst schlecht sein würde und deshalb
mit noch größeren Strafen gepeinigt werden müßte. Daher
scheint es nicht zu Unrecht, daß die kleinen Kinder in
dieser Verminderung oder Erleichterung der Strafe einigen
Gnadenerweis der göttlichen Güte empfangen.

Gut gebraucht Gott auch zu unserer Besserung diese
äußerst milde Strafe der kleinen Kinder, damit wir nämlich
dadurch vorsichtiger werden, eigene Sünden zu vermeiden,
weil wir glauben, daß solche so Unschuldige, denen weder
ein (sc. kirchliches) Begräbnis noch Fürbitten der Gläubigen
zugestanden werden, täglich wegen fremder Sünden verdammt werden; und damit wir Gott noch größeren Dank
abstatten, wenn er uns von jenem ewigen Feuer sogar nach
dem Begehen vieler Missetaten durch seine Gnade befreit,
vor dem er jene keineswegs rettet. Auch wollte er sogleich
bei der ersten und vielleicht geringfügigen Übertretung der
Vorfahren, die er so bei den Nachkommen straft, auch wenn
sie noch nichts verdient haben, zeigen, wie sehr er jede
Ungerechtigkeit verabscheut und was für eine Strafe er für
größere und häufigere Schuld vorsieht, wenn er nicht säumt,
diese einmal beim Verzehr einer einzigen ersetzbaren Frucht
begangene Sünde so bei den Nachkommen zu strafen. Daher sagt Hieronymus im „Brief an die Tochter des Mauritius

Ad virginem Deo consecratam": „Adae", inquit, „magis parcendum fuit, qui adhuc novellus erat et nullius ante peccantis et propter peccatum suum morientis retrahebatur exemplo. Tibi vero post tanta documenta, post legem, post prophetas, post evangelia, post apostolos, si delinquere 5 volueris, quomodo indulgeri possit, ignoro."

Sunt etiam in singulorum parvulorum damnatione propriae et familiares quaedam causae, licet nobis occultae, quas ille novit, qui nihil nisi optime disponit. Et nos quidem aliquas huiusmodi ex his, quae frequenter accidere 10 videmus, coniicere possumus. Saepe quippe accidit, ut talium parvulorum mortem in vitam suorum parentum divina gratia convertat, cum ipsi videlicet maxime de eorum damnatione querentes, quam eis | per concupiscentiam pro- | 171 priam generatis intulerunt, propriae id culpae totum tri- 15 buant et sibi adscribant; et tam ipsi quam ceteri hoc videntes timidiores in Deum et de peccatis propriis magis compuncti vel resipiscentes efficiantur, cum tam severam in parvulos ex concupiscentia, in qua eos genuerunt, viderint sententiam. 20

Ex quo etiam ad continentiae bonum potius invitamur quam tam periculosae indulgere concupiscentiae, per quam tot animae incessanter inferis transmittuntur. — His vel consimilibus rationibus apparere arbitror Deum de mitissima illa damnatione parvulorum non solum iniuriae non 25 esse arguendum, verum etiam ex nonnulla gratiae suae tam in parvulos, ut dictum est, quam in ceteros collatione glorificandum.

---

[113] Ps.-Hieronymus = Pelagius, *epist.* 13,7 (CSEL 1,234); dasselbe Zitat schon zu Röm 5,16, oben 398,6–12.

[114] Die Hss bieten das Partizip *querentes,* was ebenso von *queri* (klagen) wie von *quaerere* (fragen) abgeleitet sein kann, da die Hss auch die Diphthonge *ae* und *oe* mit *e* wiedergeben.

oder An eine Gott geweihte Jungfrau": „Adam mußte
mehr verschont werden, der noch unerfahren war und
durch kein Beispiel von jemand zurückgehalten wurde,
der zuvor sündigte und wegen seiner Sünde starb. Wenn
du jedoch nach so vielen Zeugnissen, nach dem Gesetz,
nach den Propheten, nach den Evangelien, nach den Apo-
steln eine Sünde begehen willst, weiß ich nicht, wie sie
verziehen werden könnte."[113]

Es gibt auch bei der Verdammung der einzelnen kleinen
Kinder gewisse persönliche und vertrauliche Ursachen — mögen sie auch für uns verborgen sein —, die
jener kennt, der alles nur aufs beste plant. Auch wir können ja irgendwelche derartigen Ursachen aufgrund dessen,
was wir häufig eintreten sehen, vermuten. Oft geschieht es
ja, daß die göttliche Gnade den Tod solcher kleinen Kinder
für ihre Eltern zum Leben wendet: Denn diese beklagen[114]
sich ja insbesondere über die Verdammung der Kinder, die
sie denen gebracht haben, die durch ihre eigene Begierde
erzeugt worden sind, und weisen das ganze ihrer eigenen
Schuld zu und schreiben es sich zu; und so werden ebenso
sie selbst wie die übrigen, die dies sehen, dadurch gottes-
fürchtiger und wegen ihrer Sünden mehr vom Gewissen
gequält oder wieder vernünftig, daß sie eine solch stren-
ge Entscheidung gegen die kleinen Kinder aufgrund der
Begierde, in der sie sie erzeugt haben, wahrgenommen haben.

Hierdurch werden wir auch eher zum Gut der Ehelosigkeit eingeladen als dazu, solch gefährlicher Begierde nach-
zugeben, durch die so viele Seelen unablässig in die Hölle
geschickt werden. — Durch diese oder ähnliche Gründe
wird, glaube ich, deutlich, daß Gott wegen jener allermil-
desten Verurteilung der kleinen Kinder nicht nur keines
Unrechts beschuldigt werden darf, sondern sogar aufgrund
einiger Zuwendung seiner Gnade — ebenso gegenüber den
kleinen Kindern, wie gesagt worden ist, wie auch den übrigen — zu preisen ist.

‹§ Plena diffinitio originalis peccati›

§ Est igitur originale peccatum, cum quo nascimur, ipsum
damnationis debitum, quo obligamur, cum obnoxii aeternae poenae efficimur propter culpam nostrae originis, id est
priorum parentum, a quibus nostra cepit origo. In illo enim, 5
ut supra meminit Apostolus, peccavimus, id est peccati eius
causa aeternae damnationi ita deputamur, ut, nisi divino-
rum sacramentorum nobis remedia subveniant, aeternaliter
damnemur.

Et notandum quod — licet dicamus peccasse parvulos in 10
Adam, ut expositum est —, non ideo simpliciter annuamus
eos peccasse, sicut nec cum dicimus aliquem tyrannum adhuc vivere in filiis suis, ideo eum simpliciter vivere concedimus. Damnantur itaque, inquies, qui non peccaverunt, quod
est iniquissimum; puniuntur qui non meruerunt, quod est 15
atrocissimum. Sed hoc fortasse quantum ad homines, non
quantum ad Deum est concedendum. Alioquin quomodo
parvulos quoque poena diluvii vel incendii Sodomitarum
Deus affligens non arguitur? Aut quomodo beatum Iob vel
martyres sanctos affligi vel occidi permisit denique et Uni- 20
cum suum morti tradidit? Dispensatione, inquies, commo-
dissima gratiae suae id fecit; bene et argute. Sic etiam, inquam, homines aliqua saluberrimi consilii dispensatione et-
iam innocentes pariter ut | nocentes affligere possunt nec in | 172

---

1 § Plena … peccati $R^{mg}m^{mg}O^{mg}$ ‖ 2 Est igitur … § *vorangestellt bei* O

---

[115] Gemeint ist Adam.

<Volle Bestimmung des Erbsünde>

Es ist also die Erbsünde, mit der wir geboren werden,
gerade das Verhängnis der Verdammnis, dem wir unterliegen, wenn wir der ewigen Strafe wegen der Schuld unseres
Ursprunges verfallen, das heißt der Vorfahren, bei denen
unser Ursprung seinen Anfang nahm. In jenem[115] nämlich,
wie der Apostel oben erwähnt hat (Röm 5,12), haben wir
gesündigt, das heißt, wegen seiner Sünde werden wir so für
die ewige Verdammnis bestimmt, daß wir auf ewig verdammt werden, falls uns nicht die Heilmittel der göttlichen
Sakramente zu Hilfe kommen.

Und anzumerken ist, daß wir — mögen wir auch sagen,
die kleinen Kinder hätten in Adam gesündigt, wie in der
Auslegung erklärt worden ist — deshalb nicht einfach zugestehen, daß sie selbst gesündigt hätten. Wenn wir zum
Beispiel sagen, irgendein Tyrann lebe noch in seinen Söhnen weiter, gestehen wir deshalb auch nicht einfach zu, er
lebe „einfach".[116] Verdammt werden also, wirst du sagen,
die nicht gesündigt haben: das ist äußerst ungerecht; bestraft werden, die es nicht verdient haben: das ist äußerst
grausam. Aber dies darf man vielleicht, soweit es Menschen,
nicht soweit es Gott betrifft, zugestehen. Wieso wird sonst
Gott nicht beschuldigt, weil er auch kleine Kinder durch
die Strafe der Sintflut (Gen 7,21f) oder der Verbrennung
der Sodomiter (Gen 19,24f) verletzte? Oder wieso hat er
zugelassen, daß der selige Ijob (Ijob 2,7) oder die heiligen
Märtyrer verletzt oder getötet wurden und schließlich
sogar seinen einzigen Sohn dem Tode ausgeliefert (vgl.
Röm 4,25)? Nach dem sehr zweckmäßigen Plan seiner
Gnade, wirst du sagen, hat er es getan: Gut und scharfsin-
nig! So könnten auch Menschen, möchte ich sagen, nach
irgendeinem Plan eines sehr heilsamen Rates gleichermaßen ebenso Unschuldige wie Schuldige verletzen, ohne

---

[116] Denn die Aussage ist durch den Zusatz „in seinen Söhnen" näher
bestimmt.

hoc peccare, veluti cum propter alicuius tyranni malitiam
boni principes terras eorum depopulantes atque deprae-
dantes etiam bonis fidelibus, qui ei subiecti sunt et possessione, non mente coniuncti, nocere compelluntur, ut paucorum electorum damno plurimorum utilitati provideatur. 5

Potest etiam contingere, ut aliqui falsi testes, quos tamen
refellere non valemus, aliquem de aliquo impetant, quem
innocentem scimus. Quorum quidem testimonia postquam
id egerint, quod eis adiudicatum fuerit, cogimur etiam contra conscientiam nostram gravare innocentem, ut, quod 10
mirabile dictu est, dum legibus obtemperamus, iuste eum
puniamus, qui iuste non punitur, et iuste id agamus, quod
iustum non est, competenti super hoc deliberatione habita,
ne uni parcendo pluribus noceamus.

Sic et in parvulorum damnatione, cum quod non meru- 15
erint plectuntur, multae possunt existere causae divinae
dispensationis saluberrimae, praeter has etiam quas assignavimus, ut non sit iniquum eos sic puniri, licet non
meruerint. Qui tali poena tam ipsis quam aliis non inutiliter
utitur, ut supra aliquibus non improbabilibus assignavimus 20
opinionibus, ut magis ad gratiam Dei quam ad iustitiam
haec mitissima parvulorum poena referenda videatur, et in
quo maxima Dei videtur crudelitas, magnae dispensatio
gratiae sit praedicanda.

Nec hoc rationi contrarium est, si, quod dimissum est 25
in parentibus, puniatur in filiis, licet hoc filii non hic ex

dabei zu sündigen: So zum Beispiel wenn gute Fürsten
wegen der Bosheit irgendeines Tyrannen gezwungen sind,
auch guten Gläubigen, die ihm untertan und durch ihren
Besitz, nicht geistig, verbunden sind, dadurch Schaden zuzufügen, daß sie ihre Länder verheeren und ausplündern,
damit durch den Schaden weniger Ausgewählter für das
Wohl sehr vieler gesorgt wird.

Es kann auch geschehen, daß irgendwelche falsche Zeugen, die wir dennoch nicht widerlegen können, jemand
wegen irgend etwas beschuldigen, von dem wir wissen, daß
er unschuldig ist. Nachdem deren Zeugenaussagen allerdings das bewirkt haben, was ihnen zugedacht war, sind wir
gezwungen, sogar gegen unser Gewissen den Unschuldigen zu belasten, so daß wir — was erstaunlich zu sagen
ist —, indem wir den Gesetzen gehorchen, den auf gerechte
Weise bestrafen, der nicht zu Recht bestraft wird, und daß
wir auf gerechte Weise das ausführen, was nicht gerecht
ist — nachdem eine angemessene Überlegung darüber
stattgefunden hat: damit wir nicht dadurch, daß wir einen
verschonen, mehreren schaden.

So können auch bei der Verdammung der kleinen Kinder — wenn sie gestraft werden, was sie nicht verdient
haben — viele Gründe der äußerst heilsamen göttlichen
Planung dafür existieren — noch außer diesen, die wir
angeführt haben —, daß es nicht ungerecht ist, daß sie so
gestraft werden, mögen sie es auch nicht verdient haben.
Gott gebraucht eine solche Strafe nicht ohne Nutzen ebenso für sie selbst wie für andere, wie wir oben anhand von
einigen nicht zu mißbilligenden Meinungsäußerungen gezeigt haben. Daher scheint es, daß diese allermildeste Bestrafung der kleinen Kinder mehr auf die Gnade Gottes als
auf die Gerechtigkeit zurückzuführen ist und daß man
darin, worin eine sehr große Grausamkeit Gottes zu liegen
scheint, die Planung seiner großen Gnade preisen muß.

Es widerspricht auch dies nicht der Vernunft, wenn das,
was bei den Eltern vergeben ist, an den Kindern bestraft wird,

culpa contrahant parentum. Aliqua enim pro parentibus
satisfactio intercedit et eis tantum sufficiens est, non etiam
filiis. Verbi gratia, egerunt Adam et Eva eiecti de paradiso
in sudore vultus et dolore partus vel ceteris afflictionibus
poenitentiam de commissa transgressione, et propitiatus 5
est eis Deus propria ipsorum satisfactione. Morte denique
corporali cum sint pro illa transgressione, quam commi-
serunt ipsi, puniti, nequa|quam propter ipsam aeternae | 173
morti sunt reservandi, iuxta illud propheticum: „Non iudi-
cabit Dominus bis in idipsum et non consurget duplex 10
tribulatio", id est: Nemo de uno eodemque proprio peccato
et corporali et aeterna morte puniendus est. Filiis autem
illorum, videlicet priorum parentum, quibus pariter omnibus etiam pro culpa ipsorum patrum iratus est Deus tamquam in peccato carnalis concupiscentiae conceptis quam 15
ipsi videlicet patres ex prima transgressione incurrerunt,
singulis propria necessaria est absolutio. Quae levissima
nobis instituta est in baptismo, ut pro alieno, quo obligan-
tur peccato, aliena fides patrinorum et confessio intercedat.
Quippe qui obligatus peccato nascitur, pro ipso, quo tene- 20
tur, nondum satisfacere pro se valet, sed divinae gratiae
sacramento mundatur.

Nec mirum videri debet si, quod indulgetur parentibus,
exigatur a filiis, cum ipsa vitiosa carnalis concupiscentiae
generatio peccatum transfundat et iram mereatur. Unde 25
Apostolus: „Natura filii irae." A qua quidem ira parentes

mögen die Kinder es sich auch nicht hier aus der Schuld der
Eltern zuziehen. Irgendeine Genugtuung nämlich tritt für
die Eltern ein und ist nur für sie ausreichend, nicht auch für
die Kinder. Zum Beispiel: Adam und Eva leisteten nach
ihrer Vertreibung aus dem Paradies im Schweiße ihres Angesichts und durch den Schmerz der Geburt oder die übrigen Leiden Buße für die begangene Übertretung (Gen
3,16.19), und Gott ist ihnen versöhnt worden durch ihre
persönliche Wiedergutmachung. Wenn sie selbst schließlich mit dem leiblichen Tod für jene Übertretung, die sie
begangen hatten, bestraft worden sind, müssen sie keineswegs mehr derentwegen (*sc.* auch) dem ewigen Tod vorbehalten werden, nach jenem Prophetenwort: „Der Herr
wird nicht zweimal dasselbe verurteilen, und es wird keine
doppelte Bedrängnis aufkommen" (Nah 1,9 Vg.), das
heißt: Niemand darf wegen ein und derselben persönlichen
Sünde mit dem leiblichen und dem ewigen Tod bestraft
werden. Für ihre Kinder aber, nämlich die der Vorfahren,
auf die Gott alle in gleicher Weise auch wegen der Schuld
ihrer Väter zornig ist, ist für jeden einzelnen die Vergebung
nötig; denn sie sind gleichsam in der Sünde der fleischlichen Begierde empfangen worden, die sich ja die Väter
selbst aus der ersten Übertretung zugezogen haben. Diese
Vergebung ist für uns sehr leicht erreichbar in Gestalt der
Taufe eingesetzt worden, so daß für die fremde Sünde, der
man verfallen ist, der fremde Glaube und das Bekenntnis
der Paten eintritt. Wer ja der Sünde verfallen geboren wird,
kann von sich aus noch nicht Genugtuung leisten für das,
wodurch er gefangengehalten wird, sondern wird durch
das Sakrament der göttlichen Gnade gereinigt.

Auch darf es nicht verwunderlich erscheinen, wenn das,
was den Eltern vergeben wird, von den Kindern gefordert
wird: Denn gerade die lasterhafte Erzeugung in fleischlicher Begierde überträgt die Sünde und verdient den Zorn.
Daher sagt der Apostel: „Von Natur aus Kinder des Zor-
nes" (Eph 2,3). Von diesem Zorn sind ja die ersten Vorfah-

primi satisfactione propria sunt liberati. Potest autem usu
evenire ut, cum aliquis pauper dominio alicuius se subiuga-
verit et parvulos suos, ipse tamen postea propriae virtutis
facto aliquo vel pretio libertatem sibi, non filiis, acquirat.

In ipsis etiam rerum naturis non incongruam nobis Do- 5
minus huius rei similitudinem impressit, quae huiusmodi
obiectioni satisfacere quodammodo videatur, cum tam videlicet ex olivae quam ex oleastri semine nonnisi oleaster
nascatur, sicut tam ex carne iusti quam ex carne peccatoris
nonnisi peccator nascitur; et ex frumento a palea purgato 10
non purgatum, sed cum ipsa palea frumentum procreatur,
sicut ex parentibus per sacramentum a peccato mundatis
nemo nisi cum peccato nascitur.

Utrum autem ex proximis quoque parentibus sicut ex
primis peccata contrahamus et multiplicatis originalibus 15
peccatis tanto quisque nascatur deterior quanto posterior,
a | nonnullis quaeritur. Beatus vero Augustinus in „Enchi- | 174
ridion" capitulo XLVI hoc probabiliter dici consentit, ut
proximorum quoque parentum peccatis filii obligentur, ubi
videlicet ait: „Parentum quoque peccatis parvulos obligari, 20
non solum primorum hominum, sed etiam suorum, de
quibus ipsi nati sunt, non improbabiliter dicitur. Illa quippe
divina sententia: ‚Reddam peccata patrum in filios' tenet
eos utique, antequam per regenerationem ad Testamentum
Novum incipiant pertinere. Quod Testamentum propheta- 25
batur, cum dicitur per Ezechielem non accepturos filios
peccata patrum nec ultra futuram in Israel parabolam illam:

---

26 dicitur *diceretur bei* AUGUSTINUS (siehe Anm. 118)

---

[117] Gemeint: die Taufe.

ren durch ihre persönliche Wiedergutmachung befreit worden. Es kann aber im täglichen Leben geschehen, daß ein Armer, obwohl er sich und seine kleinen Kinder der Herrschaft von jemand unterstellt hat, trotzdem später selbst durch eine Tat seiner eigenen Tüchtigkeit oder für einen Preis die Freiheit für sich, nicht für seine Kinder, erwirbt.

Auch durch die natürliche Beschaffenheit der Dinge hat uns der Herr ein nicht unpassendes Gleichnis für diese Sache eingeprägt, das auf gewisse Weise diesem Einwand Genüge zu tun scheint: weil nämlich ebenso aus dem Samen eines Ölbaumes wie dem eines wilden Ölbaumes nur ein wilder Ölbaum entsteht (vgl. Röm 11,17–19), so wie ebenso aus dem Fleisch eines Gerechten wie dem eines Sünders nur ein Sünder geboren wird; und weil aus Getreide, das von der Spreu gereinigt ist, kein gereinigtes Getreide, sondern nur solches mit Spreu erzeugt wird, so wie auch von Eltern, die durch das Sakrament von der Sünde gereinigt sind, nur ein Sünder geboren wird.

Ob wir uns aber auch von den nächsten ebenso wie von den ersten Vorfahren Sünden zuziehen und ob jeder durch die Vermehrung der Erbsünden bei seiner Geburt um soviel schlechter ist, als er später geboren wird, wird von einigen gefragt. Der selige Augustinus aber stimmt im „Handbuch" im 46. Kapitel zu, daß dies glaubhaft behauptet werde, daß die Kinder auch den Sünden der nächsten Eltern verfallen seien, wo er nämlich sagt: „Daß die kleinen Kinder auch den Sünden der Eltern verfallen sind, nicht nur denen der ersten Menschen, sondern auch ihrer eigenen (*sc.* Eltern), von denen sie selbst geboren worden sind, wird nicht unglaubhaft behauptet. Jener göttliche Ausspruch ja: ‚Ich will die Sünden der Väter vergelten an den Söhnen' (Ex 20,5) betrifft sie auf jeden Fall, bevor sie durch die Wiedergeburt[117] beginnen, dem Neuen Bund anzugehören. Dieser Bund wurde prophezeit, wenn es durch Ezechiel heißt, die Söhne würden die Sünden der Väter nicht empfangen und für Israel werde nicht weiter jenes Gleichnis gelten: ‚Die

,Patres manducaverunt uvam acerbam, et dentes filiorum obstupuerunt.'"

Item: „Non est instituta regeneratio <nisi> quia vitiosa est generatio usque adeo, ut de legitimo matrimonio procreatus dicat: ,In iniquitatibus conceptus sum, et in peccatis 5 concepit me mater mea.' Neque hic dixit ,iniquitate' vel ,peccato', quia et in illo uno, quod in omnes homines pertransiit <atque> tam magnum est, ut mutaretur et converteretur in necessitatem mortis humana natura, reperiuntur, sicut supra disserui, plura peccata et alia parentum, quae 10 et reatu obligant filios, nisi gratia divina subveniat." ... „Sed de peccatis aliorum parentum ab ipso Adam usque ad patrem suum, disceptari potest, utrum omnium malis actibus et multiplicatis delictis originalibus, qui nascitur implicetur, ut tanto peius quanto posterius quisque nascatur." 15

Haec tamen beati Augustini dicta magis ad opinionem aliorum, sicut ipsemet innuit probabilem, quam ad ipsius assertionem referenda videntur. Quis namque Ieremiam et Iohannem Baptistam sanctificatos in utero longe posteriores quam Cain deteriores nasci arbitretur? Denique et 20 Dominus Iesus ex multis peccatoribus patribus originem ducens secundum carnem longe post Cain natus est ex Virgine, et cum plures quam Cain peccatores haberet antecessores, nihil tamen ei obfuit numerositas talium, quorum carnem accepit in Virgine. 25

Sed nec illud in admiratione venire debet, quod, cum 175 originale peccatum condonatur, status immortalitatis, qui

---

3 nisi *fehlt bei Abaelard* ‖ 8 atque *fehlt bei Abaelard*

---

[118] AUGUSTINUS, *enchir.* 46 (CCL 46,74).
[119] AUGUSTINUS, *enchir.* 46 (CCL 46,74f).
[120] AUGUSTINUS, *enchir.* 47 (CCL 46,75).

Väter haben eine saure Traube gegessen, und die Zähne der Söhne sind stumpf geworden.'" (Ez 18,2).[118]

Ebenso: „Die Wiedergeburt ist <nur> eingesetzt worden, weil die Zeugung bis zu einem solchen Maße sündhaft ist, daß ein in einer legitimen Ehe Geborener sagt: ‚In Ungerechtigkeiten bin ich empfangen worden, und in Sünden hat mich meine Mutter empfangen' (Ps 51,7: Vg. Ps 50,7). Auch hier hat er nicht (*sc.* im Singular) gesagt: ‚Ungerechtigkeit' oder ‚Sünde': Denn auch in jener einen Sünde, die auf alle Menschen übergegangen ist (vgl. Röm 5,12) <und> die so groß ist, daß die menschliche Natur verändert und verwandelt wurde, so daß sie unausweichlich den Tod erleiden mußte, finden sich, wie ich oben dargelegt habe, auch mehrere andere Sünden der Eltern, die auch durch ihre Schuld die Kinder binden, wenn nicht die göttliche Gnade zu Hilfe kommt."[119] … „Aber über die Sünden anderer Vorfahren unmittelbar von Adam an bis zum eigenen Vater, kann man streiten, ob der, der geboren wird, durch die schlechten Handlungen aller und durch die Vermehrung der Erbsünden betroffen wird, so daß jeder je später desto schlechter geboren wird."[120]

Diese Äußerungen des seligen Augustinus muß man jedoch, wie es scheint, mehr auf die — wie er sagt glaubwürdige — Meinung anderer als auf seine eigene Behauptung beziehen. Denn wer dürfte wohl glauben, daß Jeremia und Johannes der Täufer, die im Mutterleibe geheiligt waren (Jer 1,5; Lk 1,15) und die weit jünger als Kain waren, als schlechtere geboren wurden? Schließlich ist auch der Herr Jesus, der nach dem Fleisch seine Herkunft auf viele sündige Vorfahren zurückführte, lange nach Kain von der Jungfrau geboren worden; und obwohl er mehr sündige Vorgänger als Kain hatte, hat ihm dennoch deren große Anzahl nicht geschadet, deren Fleisch er in der Jungfrau empfangen hat.

Aber auch jenes darf uns nicht zur Verwunderung bringen, daß man dann, wenn die Erbsünde vergeben wird, den Zustand der Unsterblichkeit nicht wiedererlangt, der

per ipsum amissus est, non recuperatur. Satis quippe ad
divinae gratiae largitatem nobis debet esse, si vel gravissimam et aeternam evitemus mortem, quam per illud peccatum incurrimus utramque. Non est autem aliud Deum
condonare peccatum quam aeternam eius relaxare poenam. 5
Ad hoc autem, ut arbitror, poena ista corporalis et transitoriae mortis reservatur, ut eo minus vitam hanc temporalem appetamus, quo facilius eam finiri perspicimus et aerumnis subiacere, et eam amplius diligamus, quae vere beata
est et finem non habet.   10

Haec de originali peccato non tam pro assertione quam
pro opinione nos ad praesens dixisse sufficiat. Nunc ad
expositionem litterae redeamus.

20. *Lex autem subintravit*. Ac si aliquis quaereret: Quid
ergo egit lex ante adventum Christi, si postea Christus 15
adveniens peccata abstulit? Respondet, quia lex non solum
peccata non abstulit sed auxit, ut necessario Christus ad
auferendam quoque abundantiam peccatorum descenderet.
Et hoc est: „Lex", scilicet scripta, „subintravit" post naturalem, *ut abundaret delictum*. Hoc autem dictum est, quo- 20
modo si dicatur de aliquo: „Exivit ut moreretur", id est
exivit et propterea mors est subsecuta, non quod hac intentione exiret. Sic et per hoc quod lex data est populo rebelli,
peccatum per transgressionem plurimam abundavit.

Ubi autem, id est in eodem populo in quo per transgres- 25
sionem etiam legis scriptae *abundavit peccatum, superabundavit et gratia* Christi, id est bona ab eo gratis, non pro

---

[121] Nämlich als zeitlichen und ewigen.
[122] Abaelard deutet also das lateinische *ut* als *ut consecutivum,* nicht als *ut finale.*

durch sie verlorengegangen ist. Es muß uns ja im Hinblick auf die Freigebigkeit der göttlichen Gnade genug sein, wenn wir doch dem schwersten, ewigen Tod entgehen. Ihn haben wir uns durch jene Sünde in beiden Formen[121] zugezogen. Denn es bedeutet nichts anderes daß Gott die Sünde vergibt, als daß er die für sie bestimmte ewige Strafe mildert. Dazu aber wird, wie ich glaube, jene Strafe des körperlichen und vorübergehenden Todes beibehalten, damit wir um so weniger dieses zeitliche Leben begehren, je leichter wir durchschauen, daß es ein Ende hat und Mühseligkeiten unterliegt, und damit wir dasjenige Leben mehr lieben, das wahrhaft glückselig ist und kein Ende hat.

Es mag für den Augenblick genügen, daß wir dies über die Erbsünde — nicht so sehr als Behauptung wie als Meinung — gesagt haben. Jetzt wollen wir zur Auslegung des Textes zurückkehren.

20. *Das Gesetz aber ist danach eingetreten.* Wie wenn jemand fragte: Was hat also das Gesetz vor der Ankunft Christi ausgerichtet, wenn später Christus bei seiner Ankunft die Sünden fortgenommen hat? Er antwortet, daß das Gesetz nicht nur die Sünden nicht fortgenommen habe, sondern sie sogar vermehrt habe, so daß notwendigerweise Christus herabkam, um auch das Übermaß der Sünden fortzunehmen. Und dies bedeutet: „Das Gesetz", nämlich das geschriebene, „ist eingetreten" nach dem natürlichen, *damit die Sünde überhandnehme.* Dies ist aber auf die Weise gesagt, wie wenn von jemand etwa gesagt würde: „Er ging aus, um zu sterben", das heißt: Er ging aus, und daher erfolgte der Tod, nicht daß er mit dieser Absicht ausging.[122] So hat auch dadurch, daß das Gesetz dem ungehorsamen Volk gegeben worden ist, die Sünde durch die äußerst zahlreiche Übertretung des Gesetzes überhandgenommen.

Wo aber, das heißt in demselben Volk, in dem durch die Übertretung auch des geschriebenen Gesetzes, *die Sünde überhandnahm, da hat auch die Gnade* Christi *überhandgenommen,* das heißt die von ihm umsonst, nicht für unsere

meritis collata, tum quia ibi salutem nostram specialiter
operatus est, tam nascendo scilicet quam praedicando —
unde ait: „Non sum missus nisi ad oves quae perierunt
domus Israel" — vel remittendo peccata aut miracula faciendo sive patiendo, resurgendo, ascendendo, Spiritum 5
Sanctum mittendo, quam apostolos et priores electos inde
colligens, per quos universus postmodum orbis acquisitus
est Deo.

21. Abundasse peccatum dicit et superabundasse
gra|tiam, quae non solum peccatum abstulit, verum etiam 10 | 12
virtutes contulit et multiplicavit, tam visibiliter in miraculis
quam spiritualiter in interioribus animae bonis, *ut sicut,* id
est: Ad hoc abundavit haec gratia, hoc est dona a Christo
gratis collata, ut ipsa *regnet per iustitiam,* id est regnum
iustitiae in nobis aedificet, quae omnibus imperet libidini- 15
bus et illicitos refrenet motus praeparando nos ita *in vitam
aeternam,* et hoc *per Christum* se ipsum pro nobis hostiam
offerentem; „sicut" antea *regnavit,* hoc est regnum suum et
dominium habuit in nobis *peccatum* ducens nos ita *in mortem,* scilicet aeternae damnationis.   20

6, 1 s. *Quid ergo dicemus? Permanebimus,* etc.? Quandoquidem „ubi abundavit delictum, superabundavit gratia", diceret aliquis: „Quid dicemus", nisi ut perseveremus *in peccato,
ut* sic in nobis *gratia abundet* sicut in illis? *Absit,* inquit
Apostolus ex sua parte, ut hoc concedamus, scilicet perse- 25
verandum umquam esse nobis aliqua occasione in peccato.
Qui enim vel: *Si enim;* ac si diceret: Non est nobis perma-

---

[123] Abaelard liegen offenbar verschiedene Lesarten der Bibelhandschrif-
ten vor: *qui enim / si enim.*

Verdienste erwiesenen Wohltaten: einmal weil er dort in
besonderer Weise unser Heil bewirkt hat, ebenso nämlich
durch seine Geburt wie seine Verkündigung — daher sagt
er: „Ich bin nur zu den verlorenen Schafen des Hauses
Israel gesandt" (Mt 15,24) —, oder dadurch, daß er Sünden
vergab oder Wunder vollbrachte oder litt, auferstand, zum
Himmel auffuhr und den Heiligen Geist sandte, wie dadurch, daß er die Apostel und die früheren Auserwählten
danach sammelte; durch sie ist später die ganze Welt für
Gott gewonnen worden.

21. Er sagt, die Sünde habe überhandgenommen und in
noch größerem Maße die Gnade, die nicht nur die Sünde
fortgenommen, sondern auch Tugenden gebracht und vermehrt hat, ebenso sichtbar in Wundertaten wie geistlich in
den inneren Gütern der Seele, *damit so wie,* das heißt: Dazu
hat diese Gnade überhandgenommen, das heißt die von
Christus umsonst erwiesenen Wohltaten, damit sie *herrsche durch Gerechtigkeit,* das heißt in uns die Herrschaft
der Gerechtigkeit errichte, die allen Begierden befiehlt und
die unerlaubten Gefühlsregungen zügelt, indem sie uns so
vorbereitet *zum ewigen Leben,* und zwar *durch Christus,*
der sich selbst für uns als Opferlamm anbietet; ebenso
„wie" zuvor *die Sünde herrschte,* das heißt ihre Herrschaft
und Befehlsgewalt in uns gehabt hat, die uns so *zum Tode*
führte, nämlich dem der ewigen Verdammnis.

6,1 f. *Was also werden wir sagen? Werden wir verharren ... ?*
Da ja, „wo die Sünde überhandnahm, in noch größerem
Maße die Gnade überhandnahm" (Röm 5,20), könnte jemand sagen: „Was werden wir anders sagen", als daß wir
in der Sünde verharren wollen, *damit* so bei uns *die Gnade
ebenso überhandnimmt* wie bei jenen? *Das sei ferne!,* sagt
der Apostel seinerseits, daß wir dies zugestehen, nämlich
daß wir jemals bei irgendeiner Gelegenheit in der Sünde
verharren sollen. *Die nämlich* oder: *Wenn nämlich*[123]; wie
wenn er sagen wollte: Wir dürfen nicht „in der Sünde"

nendum „in peccato", quia nec manendum aliquo modo,
cum ei *simus* iam *mortui,* per gratiam scilicet nobis collatam
de remissione etiam peccatorum.

3. *An ignoratis?* Ac si diceret: In ipso sacramento et
similitudine mortis Christi, quam accepistis in baptismo, 5
admonemini, postquam mortui facti estis peccato, non esse
vivendum in illo. Sicut enim ille semel mortuus corpore,
semel resurrexit a morte, non ultra scilicet moriturus, ita et
vos a morte animae, id est peccato, per gratiam baptismi
Christi, non Iohannis, liberati, redire ad peccatum non 10
debetis. Et hoc est: Numquid vos, qui ita opponitis, ignoratis sacramentum, id est sanctificationem, baptismi Christi? Hoc scilicet ignoratis quod, *quicumque baptizati sumus in Christo Iesu,* id est baptismate eius potius quam
Iohannis, *sumus bap|tizati in mortem ipsius,* hoc est in 15 | 1
similitudinem, et in significationem corporalis mortis eius,
sicut dictum est, ut videlicet, sicut ille semel mortuus est
corpore et resurrexit, ita et nos semel mori peccato nitamur
et non iterum velle peccare, etiam si per poenitentiam
valeamus resurgere.   20

4. *Consepulti enim.* Post similitudinem mortis et sepulturae adiungit etiam resurrectionis dicens nos ad hoc
in baptismo consepultos esse Christo *in mortem* peccati,
id est: similitudine triduanae eius sepulturae, per quam
morimur peccato, accepisse, ad hoc, inquam, *ut, quo-* 25
modo Christus semel *resurrexit,* semel, non iterum casurus
in mortem, *per gloriam* Dei *Patris,* id est per potentiam
divinitatis, quae specialiter nomine Patris exprimitur, *ita*

verharren, denn wir dürfen ja auf keine Weise darin verharren, da wir ihr schon *gestorben sind,* durch die Gnade nämlich, die uns auch hinsichtlich der Sündenvergebung erwiesen worden ist.

3. *Oder wißt ihr nicht?* Wie wenn er sagen wollte: Gerade im Sakrament und der Ähnlichkeit mit dem Tode Christi, die ihr in der Taufe erhalten habt, werdet ihr daran erinnert, daß ihr, nachdem ihr der Sünde abgetötet worden seid, nicht mehr in ihr leben dürft. So wie nämlich jener, einmal leiblich gestorben, einmal vom Tode auferstanden ist und ferner nämlich nicht mehr sterben wird (Röm 6,9), so dürft auch ihr, vom Tod der Seele, das heißt der Sünde, befreit durch die Gnade der Taufe Christi — nicht der Johannestaufe —, nicht mehr zur Sünde zurückkehren (vgl. Röm 6,12). Und dies bedeutet: Kennt etwa ihr, die ihr so widersprecht, nicht das Sakrament, das heißt die Heiligung, durch die Taufe Christi? Ihr wißt nämlich dies nicht, daß *wir alle, die wir auf Christus Jesus getauft sind,* das heißt durch seine Taufe eher als die des Johannes, *auf seinen Tod getauft sind,* das heißt in Analogie und auf die Bedeutung seines körperlichen Todes hin, wie gesagt wurde (vgl. Röm 6,3), damit nämlich, ebenso wie jener einmal körperlich gestorben und auferstanden ist, auch wir uns bemühen sollen, ein für allemal der Sünde zu sterben und nicht noch weiter sündigen zu wollen, auch wenn wir uns wohl durch Buße wieder erheben könnten.

4. *Denn ihm mitbegraben.* Nach der Analogie mit Tod und Begräbnis fügt er auch die mit der Auferstehung an, indem er sagt, wir seien dazu in der Taufe mit Christus *zum Tode* der Sünde begraben, das heißt: Wir hätten in Analogie zu seinem dreitägigen Begräbnis, durch das wir der Sünde sterben, (sc. die Taufe) empfangen —: dazu, sage ich, *damit — wie Christus* einmal *auferstanden ist,* ein für allemal, ohne daß er noch einmal dem Tode verfallen sollte, *durch die Herrlichkeit* Gottes *des Vaters,* das heißt durch die Macht der Gottheit, die speziell durch den Namen des Vaters

nos ambulemus per gradus virtutum, quae novum hominem faciunt, non revertentes ad vitia, quae sunt mors animae.

5. *Si enim.* Dixi nos accepisse similitudinem mortis et sepulturae Christi in baptismo, ut similitudinem resurrectionis per novitatem vitae teneamus. Et merito, quia „si" 5 *complantati* fuerimus *similitudini mortis* Christi, id est si in gratia baptismatis, quod est similitudo mortis Christi, firmiter radicati fuerimus, sicut ille in oboedientia mortis sibi iniunctae a Patre immobilis exstitit — quae quidem mors eius fuit quasi plantatio grani fructificandi et multiplicandi, 10 sicut ipse dicit: „Nisi granum frumenti", etc. —, *simul erimus et resurrectionis* eius, id est perveniemus per gradus virtutum ad resurrectionis eius gloriam sive ad ipsam novitatem vitae, quae est etiam in terris quaedam similitudo futurae vitae, quam resurgendo prius Christus nuntiavit.   15

„Novitas vitae est", ut ait Origenes, „ubi veterem hominem cum actibus suis deponimus et induimus novum, qui renovatur in agnitione Dei. Quotidie, si dici potest, ipsa novitas innovanda est. Sic enim dicit: ‚Nam etsi is, qui foris est, homo noster | corrumpitur sed qui intus est renovatur 20 | 17ᴿ de die in diem.' Qui in fide proficiunt, semper bonis operibus adiciunt meliora."

6. *Hoc scientes,* id est: attendentes et considerantes in ipso genere mortis Christi significari, quod *simul* cum Christo sit *crucifixus* in nobis *vetus homo,* hoc est transgressor Adam, 25

---

[124] *Similitudo:* Analogie.
[125] Origenes, *comm. in Rom.* 5,8 (FC 2/3, 148 f).

ausgedrückt wird — *so auch wir wandeln* von Stufe zu
Stufe der Tugenden, die den Menschen neu machen, ohne
daß wir zurückkehren zu den Lastern, die den Tod der
Seele bedeuten.

5. *Denn wenn.* Ich sagte, daß wir die Analogie zu Tod
und Begräbnis Christi in der Taufe empfangen haben (Röm
6,4), damit wir die Analogie zur Auferstehung durch die
neue Form des Lebens besitzen. Und zu Recht: Denn
„wenn" wir *in die Ähnlichkeit*[124] *mit dem Tode* Christi *eingepflanzt* sein werden, das heißt: Wenn wir in der Gnade
der Taufe, die die Analogie zum Tode Christi bedeutet, fest
verwurzelt sein werden, so wie jener im Gehorsam gegenüber dem ihm vom Vater auferlegten Tod unerschütterlich
geblieben ist — dieser sein Tod ist ja gewissermaßen das
Pflanzen des Kornes gewesen, das Frucht bringen und sich
vermehren sollte, wie er selbst sagt: „Wenn das Weizenkorn
nicht …" (Joh 12,24) —, dann *werden wir es auch zugleich
bei* seiner *Auferstehung sein,* das heißt werden wir von
Stufe zu Stufe durch die Tugenden zur Herrlichkeit seiner
Auferstehung gelangen oder gerade zur neuen Form des
Lebens, die auch auf Erden eine gewisse Analogie zu dem
kommenden Leben darstellt, das uns Christus dadurch
angekündigt hat, daß er zuvor auferstanden ist.

„Die neue Form des Lebens besteht", wie Origenes sagt,
„sobald wir den alten Menschen mit seinen Taten ablegen
und den neuen Menschen anziehen, der in der Erkenntnis
Gottes erneuert wird (Eph 4,22–24). Täglich, wenn man so
sagen kann, muß gerade diese Neuheit erneuert werden. So
nämlich spricht (*sc.* der Apostel): ‚Wenn auch unser äußerer
Mensch aufgerieben wird, so wird doch der innere Tag für
Tag erneuert' (2 Kor 4,16). Die im Glauben voranschreiten,
fügen stets zu den guten Taten noch bessere hinzu."[125]

6. *Dies wissend,* das heißt beachtend und erwägend, daß
gerade durch die Art des Todes Christi bezeichnet wird,
daß *zugleich* mit Christus in uns *der alte Mensch mitgekreuzigt* ist, das heißt der Übeltäter Adam. Daher glauben

ut quemadmodum scilicet Christus corporaliter crucifixus
mortuus est, ita spiritualiter in nobis „veterem hominem"
per baptismum mori credamus et crucifigi, id est omnem
transgressionem, per quam imitamur veterem et priorem
Adam, condonari. Et hoc est, quod exponens subiungit: ita 5
ut destruatur in nobis totum *corpus peccati,* non unum
membrum, id est universa peccata, tam originale scilicet
quam propria, non hoc tantum vel illa, condonentur. Crucifixus quilibet ita totum corpus extensum habet, ut movere
membra non possit, tamquam omnia sint mortificata. Per 10
quod quidem significat in baptizatis omnia esse deleta peccata. *Ut ultra,* hoc est: Ad hoc nobis gratia remissionis est
collata, ut ei, quantum possumus, cohaerentes et in hac
munditia permanentes *non serviamus* „ultra" *peccato,* id
est: non dominetur nobis longa peccati consuetudo, quae 15
etiam nolentes quasi servos in perpetuum retinet, non tamquam famulos ad horam subiectos habet.

7. *Qui enim.* Bene dixi crucifixum esse et mortuum in
nobis veterem hominem, ut amplius ille in nobis peccato
non serviat, quia *mortuus* quilibet, ut ait Hieronymus, 20
iustificatus est a peccato, id est ab opere peccati iam alienus,
licet penitus voluntate peccandi non careat sicut libero caret
operandi arbitrio.

8. *Si autem,* hoc est: Si morte peccati imitamur mortem
Christi, *credimus,* id est id mente firmiter tenemus, *quia* 25
simul etiam vivemus cum illo, tam corpore quam anima
glorificati in perpetuum.

9. Cuius quidem vitae perpetuitatem subiungit dicens: *sci-*
entes tunc per experimentum, quod nunc credimus, *quod* scilicet *Christus resurgens ex mortuis,* id est de inter mortuos, 30

---

[126] PELAGIUS, *in Rom.* 6,7 (2,50 SOUTER).

wir, daß ebenso wie nämlich Christus körperlich nach seiner Kreuzigung gestorben ist, so geistlich in uns „der alte Mensch" durch die Taufe stirbt und mitgekreuzigt wird, das heißt, daß jede Übertretung, durch die wir den alten und früheren Adam nachahmen, vergeben wird. Und dies bedeutet, was er in seiner Auslegung anschließt: *damit* so in uns der ganze *Leib der Sünde vernichtet werde,* nicht nur ein Glied, das heißt die gesamten Sünden, ebenso die Erbsünde nämlich wie die persönlichen, nicht nur diese oder jene, erlassen werden. Jeder Gekreuzigte hat so seinen Körper gestreckt, daß er die Glieder nicht bewegen kann, wie wenn sie alle abgestorben wären. Dadurch zeigt er ja an, daß in den Getauften alle Sünden zerstört sind. *Damit wir weiterhin,* das heißt: Hierzu ist uns die Gnade der Vergebung erteilt worden, damit wir — indem wir ihr, so weit wir können, anhängen und in dieser Reinheit bleiben — *nicht* „weiterhin" *der Sünde dienen,* das heißt, damit nicht über uns die lange Gewohnheit der Sünde herrscht, die uns auch gegen unseren Willen gewissermaßen für immer als Sklaven behält, nicht als Diener nur zeitweise untertan hat.

7. *Denn wer.* Zu Recht habe ich gesagt, der alte Mensch sei in uns gekreuzigt und gestorben, damit er in uns nicht weiter der Sünde dienen kann; denn jeder *Tote* ist, wie Hieronymus sagt, *gerechtfertigt von der Sünde,* das heißt dem Werk der Sünde schon fremd[126], mag er auch nicht völlig ohne Willen zu sündigen sein, so wie er ohne freien Willen zum Handeln ist.

8. *Wenn aber,* das heißt: Wenn wir durch den Tod der Sünde den Tod Christi nachahmen, *glauben wir,* das heißt halten wir fest im Sinn, *daß wir auch zugleich mit ihm leben werden,* ebenso am Leib wie an der Seele auf ewig verherrlicht.

9. Die Beständigkeit dieses Lebens fügt er ja an, indem er sagt: *wissend* dann durch Erfahrung, was wir jetzt glauben, *daß* nämlich *Christus, wenn er von den Toten aufersteht,* das heißt aus der Mitte der Toten, von denen er einer

quorum unus erat, *iam* hic in praesenti saeculo *non moritur*
neque etiam in futuro; et hoc est: *Mors illi ultra | non* | 179
dominabitur. Sed quid est, quod ait: „non dominabitur",
quasi dominata prius fuerit et eum tamquam invitum op-
presserit? Et fortasse qui usque adeo mortem visus est 5
expavisse, ut diceret: „Pater, si possibile est", etc., et iterum:
„Verumtamen non sicut ego volo", etc, mori nullatenus
voluit, sed permisit. Secundum divinitatem vero, sicut
unum est cum Patre, ita et unius est voluntatis, iuxta quod
ipse de se ait: „Nemo tollit animam meam a me, sed ego 10
pono eam", et iterum: „Potestatem habeo ponendi animam
meam et iterum sumendi eam.", et Isaias: „Oblatus est",
inquit, „quia ipse voluit."

Desideravit quidem anima hominis illius salutem nostram, quam in morte sua consistere sciebat, et propter illam, 15
quam desiderabat, hanc tolerabat; sicuti infirmus vel sauci-
atus aliquis propter sanitatem, quam desiderat, multa tolerat
aspera coactus, non spontaneus, per quae sanitatem se adep-
turum existimat. Quaecumque autem coactus quis sustinet,
non utique velle sed magis tolerare dicendus est. Nihil quip- 20
pe affligendo gravat aliquem, nisi quod contra eius geritur
voluntatem. Et in nullo quis patitur nisi quod eius voluntati
adversatur. Anima itaque Christi non tam afflictiones pas-
sionum velle quam tolerare dicenda est, secundum quod
etiam Christus ipse alibi profitetur non se venisse volun- 25
tatem suam facere sed voluntatem Patris. Unde et pro magno
id merito et virtute reputandum est, cum amore quis Dei

war, *nicht mehr* hier im gegenwärtigen Zeitalter *stirbt* und
auch nicht im künftigen; und dies bedeutet: *Der Tod wird
nicht mehr über ihn Gewalt haben.* Aber was bedeutet es,
daß er sagt: „wird nicht Gewalt haben", als ob er zuvor
Gewalt gehabt und ihn gleichsam gegen seinen Willen unterdrückt habe? Und vielleicht hat der, der sich scheinbar
so sehr vor dem Tode gefürchtet hat, daß er sagte: „Vater,
wenn es möglich ist ..." (Mt 26,39), und wiederum: „Doch
nicht wie ich will ..." (Mt 26,39), auf keinen Fall sterben
wollen, sondern es nur zugelassen. Nach seiner Gottheit
aber ist er so, wie er eins mit dem Vater ist, auch eines
Willens mit ihm, gemäß dem, was er selbst von sich sagt:
„Niemand nimmt mein Leben von mir, sondern ich gebe es
hin" (Joh 10,18), und wiederum: „Ich habe die Macht, mein
Leben hinzugeben und wiederum es zu nehmen" (Joh
10,18), und Jesaja sagt: „Er wurde (*sc.* als Opfer) dargebracht, weil er selbst es wollte" (Jes 53,7 Vg.).

Es verlangte ja die Seele jenes Menschen nach unserem
Heil, das — wie sie wußte — in ihrem Tode bestand; und
um dessentwillen, wonach sie verlangte, erduldete sie diesen Tod, ebenso wie irgendein Kranker oder Verwundeter
wegen der Gesundheit, nach der er verlangt, gezwungenermaßen, nicht freiwillig, viel Schmerzhaftes erträgt, durch
das er — wie er glaubt — die Gesundheit erlangen wird.
Man kann aber auf gar keinen Fall sagen, daß jemand alles,
was er gezwungenermaßen erträgt, wolle, sondern eher,
daß er es dulde. Nichts belastet ja jemanden dadurch, daß
es ihn verletzt, außer dem, was gegen seinen Willen geschieht. Und bei nichts leidet jemand außer bei dem, was
seinem Willen entgegengesetzt ist. Man muß daher sagen,
die Seele Christi habe die Verletzungen durch die Leiden
nicht so sehr gewollt als vielmehr geduldet; demgemäß
bekennt auch Christus selbst anderswo, er sei nicht gekommen, seinen Willen zu tun, sondern den Willen des
Vaters (Joh 6,38). Deshalb ist es auch als großes Verdienst
und Tugend anzurechnen, wenn jemand aus Liebe zu Gott

suae penitus abrenuntiat voluntati, immo et, ut ipse alibi
Christus ait, adhuc ut animam suam oderit.

Quodam itaque modo mors ipsa humanitati Christi dominata est, quando eam videlicet, quam prae angustia sua
reformidabat et transire potius quam venire volebat, quasi 5
nolens sustinuit propter iniunctam sibi a Patre oboedientiam. Qui etiam sub lege factus est, cum omnino legi nihil
deberet. Tale est itaque quod ait Apostolus: „Mors illi ultra
non dominabitur"; ac si diceret: Non opprimet nolentem
vel non affliget violenter innocentem. Quasi enim violen- 10
tiam mors in eum exercuit, cum inno|centem et nulli pecca- | 180
to penitus subiacentem oppressit, quae non nisi peccati
causa homini est immissa.

Potest autem convenientius distingui quod dictum est:
„Iam non moritur" et: „Mors illi ultra non dominabitur", 15
ut videlicet illud primum ad mortem corporis, secundum
vero ad mortem animae referatur. Tale quippe est: „Non
moritur iam", ac si dicatur: Praesentem vitae mortem,
scilicet corporalem, non incurret. Tale est vero: „Mors illi
ultra non dominabitur", ac si dicatur: Mors illa ulterior, 20
quae in reprobis corporalem sequitur et etiam post resur-
rectionem impiis dominatur, eum nullatenus opprimet.
Quae videlicet mors omnibus, quos arripit, dominatur, quia
neminem nisi invitum detinere potest. Hanc autem distinctionem sequens littera exigere videtur, quae ait: „Quod enim 25
mortuus est", etc. Hinc enim probat, quod mors illa quae

völlig seinem eigenen Willen absagt, ja sogar, wie Christus
selbst anderswo sagt, so sehr, daß er seine Seele haßt (Joh
12,25).

Auf gewisse Weise hat daher der Tod selbst über die
Menschheit Christi Gewalt gehabt: als er diesen nämlich,
vor dem ihm aus seiner Angst heraus schauderte und den
er lieber vorübergehen als eintreten lassen wollte — gewissermaßen ohne es zu wollen—, wegen des ihm von seinem
Vater auferlegten Gehorsams ertrug. Er ist auch dem Gesetz untertan geworden (vgl. Gal 4,4), obwohl er dem
Gesetz überhaupt nichts schuldete. Etwas Derartiges bedeutet es daher, daß der Apostel sagt: „Der Tod wird nicht
mehr über ihn Gewalt haben", wie wenn er sagen wollte:
Er wird ihn nicht gegen seinen Willen überwältigen oder
als Unschuldigen nicht gewaltsam verletzen. Denn gewissermaßen hat der Tod Gewalt gegen ihn ausgeübt, als er ihn
als Unschuldigen und ganz und gar keiner Sünde Unter-
liegenden überwältigt hat: Er (sc. der Tod) ist nur der Sünde
wegen gegen den Menschen verhängt worden.

Man kann aber noch passender unterscheiden, daß gesagt ist: „Er stirbt nicht mehr" und „Der Tod wird nicht
mehr über ihn Gewalt haben", so daß nämlich jenes erste
auf den körperlichen, das zweite aber auf den Tod der Seele
bezogen wird. So etwas bedeutet ja: „Er stirbt nicht mehr",
wie wenn es etwa hieße: Er wird sich nicht den gegenwärtigen zum Leben gehörigen Tod, nämlich den körperlichen,
zuziehen. So etwas bedeutet aber: „Der Tod wird nicht
mehr über ihn Gewalt haben", wie wenn es etwa hieße:
Jener fernere Tod, der bei den Verworfenen dem körperlichen folgt und auch nach der Auferstehung über die Gottlosen Gewalt hat, wird ihn auf keinen Fall überwältigen.
Dieser Tod beherrscht ja alle, die er in seine Gewalt bringt,
denn er kann ja jeden nur gegen dessen Willen festhalten.
Diese Unterscheidung scheint aber der folgende Text zu
verlangen, der sagt: „Denn da er gestorben ist …" (Röm
6,10). Von hier aus beweist er nämlich, daß jener Tod, der

„ultra" est, id est quae post hanc transitoriam sequitur aeterna, „illi non dominabitur", quia ille „semel mortuus est", id est in corpore tantum.

10. *Quod enim,* id est quia, *mortuus est peccato,* hoc est: in nullo penitus umquam fuit peccato, sive actuali sive 5 originali, pro quo videlicet peccato mors illa dominationis debetur, ideo *semel* tantum, ut dictum est, mori potuit, id est corpore tantum, non anima. *Quod autem vivit:* Mortuus est, inquam, sed vivit iam suscitatus, et „quod vivit", *vivit Deo.* Sicut mortuus fuerat peccato, immo quia mortu- 10 us exstitit in praesenti saeculo peccato, necesse est, ut in futuro vivat Deo. Vivit peccato, qui vivendo peccat; vivit Deo, qui ab eius voluntate non discordat. Quod quidem soli Christo, sive in ipso capite sive in eius glorificatis membris, veraciter assignatur. 15

11. *Ita et vos.* Quod praemisit de capite, per similitudinem quamdam ad membra reducit, ut videlicet peccato moriantur et Deo vivant. Et quia possent illi dicere se ignorare, quando peccato, quando Deo viverent, praeveniens atque auferens hanc excusationem dicit, ut saltem pro 20 exis|timatione sua et capacitate suae intelligentiae id imple- | 181 re studeant. Et hoc est, quod ait: *Existimate,* etc., hoc est: Ita saltem vivatis, ut vos non reprehendat vestra conscientia, si nondum ad plenum, qualiter vivendum sit, cognoscatis, quia „etsi aliter sapitis", ut ipse alibi Apostolus ait, id 25 quoque „Deus vobis revelabit", corrigendo scilicet vestrae simplicitatis minus doctam existimationem. *In Christo Iesu,* id est per gratiam vobis in Christo collatam, cum quo vobis collata sunt omnia, non per merita vestra.

„jenseits" ist, das heißt der ewige, der nach diesem vorübergehenden folgt, „über ihn nicht Gewalt haben wird", weil
ja jener (nur) „einmal gestorben ist", das heißt nur körperlich.

10. *Denn da,* das heißt, weil er ja *der Sünde gestorben ist,*
das heißt, überhaupt niemals in irgendeiner Sünde war, sei
es in einer aktuellen, sei es in der Erbsünde — dieser Sünde
wird ja jene Todesherrschaft verdankt —, deshalb konnte
er nur *einmal* sterben, wie gesagt wurde, das heißt nur
körperlich, nicht seelisch. *Da er aber lebt:* Er ist gestorben,
sage ich, aber er lebt nunmehr als Auferweckter, und „da
er lebt", *lebt er für Gott.* So wie er der Sünde gestorben war,
ja vielmehr weil er zur gegenwärtigen Zeit ein der Sünde
Gestorbener war, muß er notwendigerweise in der künftigen Zeit für Gott leben. Der Sünde lebt, wer durch sein
Leben sündigt; Gott lebt, wer nicht von dessen Willen
abweicht. Dies wird ja allein Christus wahrhaft zuerkannt,
sei es unmittelbar in ihm als dem Haupte, sei es in seinen
verherrlichten Gliedern.

11. *So auch ihr.* Was er vorausgeschickt hat über das
Haupt, überträgt er durch eine gewisse Analogie auf die
Glieder: daß sie nämlich der Sünde sterben und für Gott
leben sollen. Und weil jene sagen könnten, sie wüßten nicht,
wann sie für die Sünde, wann für Gott lebten, sagt er, indem
er ihnen zuvorkommt und ihnen diese Entschuldigung
nimmt, daß sie sich wenigstens bemühen sollen, dies nach
ihrer Meinung und dem Fassensvermögen ihrer Erkenntnis
zu erfüllen. Und dies bedeutet, daß er sagt: *Haltet dafür ...*
das heißt: Lebt wenigstens so, daß euch euer Gewissen nicht
tadelt, wenn ihr schon noch nicht gänzlich erkennt, wie ihr
leben müßt; denn „auch wenn ihr anders denkt", wie der
Apostel selbst an anderer Stelle sagt (Phil 3,15), „wird Gott
euch" auch das „offenbaren", indem er nämlich die zu
wenig geschulte Auffassungskraft eures einfachen Gemütes
zurechtweisen wird. *In Christus Jesus,* das heißt durch die
euch in Christus gebrachte Gnade, mit dem zusammen
euch alles gebracht worden ist, nicht durch eure Verdienste.

12. *Non ergo.* Ad superiora illa revertitur, ubi dictum est: „Quid ergo dicemus? Permanebimus in peccato, ut gratia abundet?" Et multis rationibus interpositis concludit non esse permanendum in peccato, id est non oportere aliqua de causa peccatum regnare in nobis. — Continuatio: Quando- 5 quidem sic vivendum est, ut existimetis vos mortuos esse peccato, „ergo non" *regnet peccatum in vestro mortali corpore,* hoc est: non perseveret in fragilitate vestrae carnalitatis. Non dicit „non sit", sed „non regnet", id est non dominando perseveret. Quare autem non dicat „non sit", 10 insinuat dicens: „in vestro mortali corpore", hoc est: in fragili et ad peccandum prona humanae naturae substantia. Difficile quippe est, immo quodammodo impossibile, ut quandoque nostra haec mortalitas ad peccatum non inclinetur; sed cum humanum peccare sit, diabolicum est, non 15 humanum, perseverare.

Quomodo autem regnet in nobis peccatum et dominium obtineat, determinat subiungens: *ut oboediatis concupiscentiis eius.* Quasi transitum, non regnum, in nobis habet peccatum, quando, quod suggerit concupiscentia, ratio re- 20 frenat. Tunc vero quasi regnans et dominans stabilem in nobis mansionem facit, quando malum, quod mente concipimus, opere implemus vel — quod peius est — in consuetudinem ducimus nolentes id per poenitentiam emendare. Est itaque oboedire concupiscentiae peccati, ita ad effectum 25 ducere, sicut prava animi concupiscentia, quae peccati est, persuadet.

13. *Sed neque.* Non solum non oboediatis malae concupi- 182 scentiae, verum etiam ipsam ita praevenire vestra providen-

12. *Nicht also.* Er kehrt zu jenem weiter oben Gesagten zurück, wo es hieß: „Was also werden wir sagen? Werden wir in der Sünde verharren, damit die Gnade um so reichlicher werde?" (Röm 6,1). Und nachdem viele Überlegungen dazwischen eingeschoben sind, zieht er den Schluß, man dürfe nicht in der Sünde verharren, das heißt, die Sünde dürfe nicht aus irgendeinem Grunde in uns herrschen. — Fortsetzung: Da ihr ja so leben müßt, daß ihr glaubt, ihr seiet der Sünde gestorben, *soll* „also nicht" *die Sünde in eurem sterblichen Leib herrschen,* das heißt, nicht in der Schwäche eurer Körperlichkeit Bestand haben. Er sagt nicht: „sie soll nicht sein", sondern „nicht herrschen", das heißt, nicht beim Herrschen Bestand haben. Warum er aber nicht sagt: „Sie soll nicht sein", zeigt er, indem er sagt: „in eurem sterblichen Leib", das heißt in der zerbrechlichen und zum Sündigen geneigten Substanz der menschlichen Natur. Schwierig ist es ja, ja auf gewisse Weise unmöglich, daß irgendwann diese unsere Sterblichkeit nicht zum Sündigen geneigt ist; aber während es menschlich ist zu sündigen, ist es teuflisch, nicht menschlich, dabei zu verharren.

Auf welche Weise aber in uns die Sünde herrscht und ihre Herrschaft behauptet, zeigt er genau, indem er anfügt: *so daß ihr seinen (sc. des Körpers) Begierden gehorcht.* Gewissermaßen einen vorübergehenden Aufenthalt, keine Herrschaft, hat in uns die Sünde, wenn die Vernunft das, was die Begierde eingibt, in Zügeln hält. Dann jedoch verschafft sie sich sozusagen als Herrscherin und Herrin einen festen Wohnsitz in uns, wenn wir das Böse, das wir im Geiste erfassen, durch die Tat ausführen oder — was noch schlimmer ist — zur Gewohnheit machen, ohne es durch Buße bessern zu wollen. Es bedeutet daher, der Begierde der Sünde zu gehorchen: sie so zur Wirkung zu bringen, wie es uns die verkehrte Begierde der Seele einredet, die zur Sünde gehört.

13. *Aber auch nicht.* Ihr sollt nicht nur der schlimmen Begierde nicht gehorchen, sondern eure Voraussicht soll sich darum bemühen, ihr auch so zuvorzukommen, daß sie

tia studeat, ut, cum voluerit dominari, non possit. Quod quidem facietis, si non exhibueritis *membra vestra arma iniquitatis peccato,* hoc est: non praeparabitis ea instrumenta conceptae animo iniquitati, id est malae concupiscentiae, ad peccatum opere complendum. Tunc autem praeparamus 5 membra nostra ad malam concupiscentiam ad actum perducendam, quando nimio cibo vel potui indulgemus, unde lascivire facile caro possit, vel quando nos ita componimus atque adornamus, ut mulieribus placere valeamus, vel quando pugillatoriae vel gladiatoriae insistimus, ut per ea 10 quos voluerimus opprimamus, vel in causis linguam exercemus, ut inde pecuniam acquiramus, et quibuscumque modis vel aliquam partem nostri corporis ad aliquid mali operandum facilem sive habilem efficimus.

Sed exhibete, id est praeparate, *vos Deo,* hoc est: divinae 15 voluntati dicate, utpote per fidem ab eo spiritualiter suscitati a morte animae. Et hoc est: *tamquam ex mortuis viventes.* Et quia „fides sine operibus mortua est", addit: *Et membra vestra,* scilicet „exhibete", *arma iustitiae Deo,* id est instrumenta, quibus Deus ad iusta opera utatur, veluti 20 si quis abstinentia gulam domet, ut, quod sibi subtrahit, alteri largiatur, vel manus in labore exerceat, „ut habeat, unde tribuat necessitatem patienti", vel aures praedicationi et oculos sacrae lectioni applicet, ut alios quoque valeat erudire, et cetera. 25

14. *Peccatum enim.* Dixi, ut exhibeatis „membra vestra Deo", et id praecipue debetis propter appositam gratiam

nicht herrschen kann, wenn sie will. Dies allerdings werdet
ihr tun, wenn ihr nicht *eure Glieder als Werkzeuge der
Ungerechtigkeit der Sünde* zu Gebote stellt, das heißt, sie
nicht als Werkzeuge für die im Geiste erdachte Ungerechtigkeit bereitstellt, das heißt für die schlimme Begierde, um
die Sünde durch die Tat zu erfüllen. Dann aber bereiten wir
unsere Glieder dazu vor, die schlimme Begierde zur Tätigkeit zu bringen, wenn wir uns allzu großem Genuß von Speise
oder Trank hingeben, wodurch das Fleisch leicht mutwillig
werden kann, oder wenn wir uns so herausputzen und
schmücken, daß wir Frauen gefallen können, oder wenn wir
uns auf Faust- oder Gladiatorenkampf verlegen, so daß wir
durch sie unterdrücken können, wen wir wollen, oder wenn
wir unsere Zunge in Prozessen üben, so daß wir dadurch Geld
gewinnen können, und wenn wir auf irgendeine Weise jedenfalls irgendeinen Teil unseres Körpers dazu geneigt oder
geeignet machen, irgend etwas Schlechtes auszuführen.

Sondern stellt euch zur Verfügung, das heißt bereitet
euch vor, *Gott,* das heißt: Widmet euch dem göttlichen
Willen, da ihr ja durch den Glauben von ihm geistlich vom
seelischen Tod erweckt worden seid. Und dies bedeutet: *als
aus Toten lebendig Gewordene.* Und weil „der Glaube
ohne Werke tot ist" (Jak 2,17.26), fügt er hinzu: *Und eure
Glieder,* ergänze: „stellt zur Verfügung", *Gott als Werkzeuge für die Gerechtigkeit,* das heißt als Werkzeuge, die Gott
zu gerechten Werken gebrauchen kann, zum Beispiel: wenn
jemand durch Enthaltsamkeit den Schlund zähmt, so daß
er das, was er sich entzieht, einem anderen spenden kann,
oder wenn er die Hände bei der Arbeit übt, „um zu haben,
wovon er dem Notleidenden geben kann" (Eph 4,28), oder
wenn er seine Ohren der Predigt und seine Augen dem
Lesen der Heiligen Schrift zuwendet, so daß er auch andere
lehren kann, und so weiter.

14. *Denn die Sünde.* Ich sagte, daß ihr „eure Glieder
Gott" zur Verfügung stellen sollt, und das müßt ihr ganz
besonders, weil die Gnade des Evangeliums gebracht und

Evangelii et gravissimam poenam legis remotam. Et hoc est:
„Peccatum", id est lex peccati, hoc est: poenae potius quam
gratiae, *vobis* ad Christum iam conversis *non dominabitur,*
id est non opprimet atque affliget illis intolerabilium poe-
narum vindictis. Unde causam adnectit dicens: *Non enim* 5
sub <lege>, hoc est: Non *estis* iam sub legalibus institutio-
nibus obnoxii, tamquam illo legis iugo gravissimo pressi:
„Dentem | pro dente, oculum pro oculo" et cetera, *sed sub* | 183
gratia, scilicet Evangelii. Quod, videlicet Evangelium, testamentum amoris et misericordiae dicendum est, sicut 10
illud timoris et vindictae exstitit. Unde et in laude Christi
psalmista praecinit: „Diffusa est gratia in labiis tuis", hoc
est: dilatata usque ad inimicos caritas, iuxta quod alibi dicit:
„Latum mandatum tuum nimis", et tota tua resonat praedicatio. Quae quidem ita omnia dimitti praecipit seu per- 15
suadet, ut incassum operemus remissionem a Deo peccatorum, nisi omnibus omnes iniurias dimittamus.

15. *Quid ergo? Peccabimus?* Occasione praemissorum
quaestionem interserit atque solvit dicens: „Quid ergo",
scilicet dicendum est aut tenendum?, hoc est: Quaestionem 20
quasi rationabiliter incurrimus hanc: „Peccabimus", *quon-*
iam non sumus sub lege sed sub gratia, hoc est: Libertatem
hanc gratiae, quam accepimus, convertemus ad peccandum,
quia scilicet vindictam hic corporalem non timemus? *Absit,*
quia videlicet non esset hoc libertas sed servitus.

die äußerst schwere Strafe des Gesetzes entfernt worden ist. Und dies bedeutet: „Die Sünde", das heißt das Gesetz der Sünde, das heißt: das der Strafe eher als das der Gnade, *wird über euch,* die ihr schon zu Christus bekehrt seid, *nicht Gewalt haben,* das heißt euch nicht unterdrücken und verletzen durch jene Strafen unerträglicher Peinigungen. Daher fügt er die Ursache an, indem er sagt: *Weil ihr nicht unter <dem Gesetz steht>,* das heißt: *Ihr seid* nicht mehr gesetzlichen Anordnungen verpflichtet, gleichsam unterdrückt von jenem äußerst schweren Joch des Gesetzes: „Zahn für Zahn, Auge um Auge", und so weiter (Ex 21,24; Lev 24,20; Dtn 19,21), *sondern unter der Gnade,* nämlich der des Evangeliums. Dieses, nämlich das Evangelium, muß man das Testament der Liebe und Barmherzigkeit nennen, so wie jenes das der Furcht und der Rache gewesen ist. Daher weissagt auch der Psalmist zum Lobe Christi: „Ausgegossen ist Gnade über deine Lippen" (Ps 45,3: Vg. Ps 44,3), das heißt, die Liebe ist ausgedehnt bis zu den Feinden, gemäß dem, was er an anderer Stelle sagt: „Sehr weit erstreckt sich dein Gebot" (Ps 119,96: Vg. Ps 118,96), und deine ganze Verkündigung hallt davon wider. Sie schreibt ja vor, daß man so alles vergibt, oder warnt uns, daß wir uns vergeblich um die Sündenvergebung durch Gott bemühen, wenn wir nicht allen alle Ungerechtigkeiten vergeben.

15. *Was also? Werden wir sündigen?* Aus Anlaß des vorher Gesagten streut er eine Frage ein und löst sie, indem er sagt: „Was also" soll man nämlich sagen oder festhalten?, das heißt: Wir gelangen gewissermaßen auf dem Wege der Vernunft zu folgender Frage: „Werden wir sündigen", *weil wir nicht unter dem Gesetz stehen, sondern unter der Gnade,* das heißt: Sollen wir diese Freiheit der Gnade, die wir empfangen haben, zum Sündigen hinwenden, da wir ja hier keine körperliche Strafe fürchten? *Das sei ferne!,* denn dies wäre ja keine Freiheit, sondern Knechtschaft.

16. Et hoc est, quod subdit: *An nescitis,* hoc est: Tam
stolidi estis, quod ignoratis, *quoniam servi estis eius, cui vos
exhibetis servos ad oboediendum,* id est cui vos sponte
traditis, non coacti, ut, quod praeceperit, exsequamini, non
attendentes videlicet, an sit faciendum, sed quia sit ab eo 5
praeceptum? *Sive peccati,* id est pravae voluntatis ducentis
ad mortem, id est damnationem, quasi suggerere praeci-
pientis prava opera; *sive oboeditionis,* scilicet servi, id est
bonae voluntatis seu praeceptionis, cui est oboediendum *ad
iustitiam,* hoc est: ad aliquam iustam operationem. 10

17 s. *Gratias autem.* Dixi: „sive peccati sive oboeditionis", quasi dubitarem, cui servi sitis. Sed „gratias", id est
grates *Deo,* subaudis refero, quod, cum fuissetis prius *servi
peccati,* nunc estis facti „servi oboeditionis". Et hoc est:
Oboedistis autem | ex corde, hoc est: amore potius quam 15 | 1
timore, *in eam formam,* id est secundum illum modum
doctrinae, in quam a praedicatoribus estis eruditi. Et sic
liberati a servitute peccati, cui videlicet prius oboediebatis,
servi facti estis iustitiae, id est iustae vel rectae voluntatis
seu divinae praeceptionis, quae non solum iusta, verum 20
etiam ipsa est appellata iustitia.

<Secundus liber explicit; incipit tertius.>

---

22 Secundus ... tertius *AR* | explicit secundus. Incipit tertius *O*

16. Und dies bedeutet, was er anschließt: *Oder wißt ihr nicht*, das heißt: Seid ihr so töricht, daß ihr nicht wißt, *daß ihr Knechte dessen seid, dem ihr euch als Knechte hingebt zum Gehorsam*, das heißt, dem ihr euch freiwillig ausliefert, nicht gezwungen, so daß ihr das, was er befiehlt, ausführt, ohne nämlich darauf zu achten, ob man es tun darf, sondern weil es von ihm befohlen ist? *Sei es (sc. Knechte) der Sünde*, das heißt des verkehrten Willens, der *zum Tode* führt, das heißt zur Verdammnis, weil er gewissermaßen schlechte Werke herbeizubringen befiehlt, *sei es des Gehorsams*, ergänze: Knechte, das heißt des guten Willens oder des Gebotes, dem man gehorchen muß, *zur Gerechtigkeit*, das heißt zu irgendwelchem gerechten Handeln.

17f. *Dank aber.* Ich sagte: „Sei es der Sünde, sei es des Gehorsams", wie wenn ich daran zweifelte, für wen ihr Knechte seid. Aber „Dank", das heißt Danksagungen — ergänze: statte ich ab — *Gott;* denn während ihr früher *Knechte der Sünde* gewesen wart, seid ihr jetzt „Knechte des Gehorsams" geworden. Und dies bedeutet: *Ihr seid aber gehorsam geworden von Herzen*, das heißt aus Liebe eher als aus Furcht, *gegen die Gestalt*, das heißt nach jener Art, *der Lehre, zu der* ihr von den Predigern erzogen worden seid. Und so *befreit* von der Knechtschaft der Sünde, der ihr nämlich früher gehorchtet, *seid ihr der Gerechtigkeit dienstbar geworden*, das heißt dem gerechten oder richtigen Willen oder dem göttlichen Gebieten, welches nicht nur gerecht, sondern sogar die Gerechtigkeit selbst genannt worden ist.

<Das zweite Buch endet; es beginnt das dritte.>

6,19 Humanum dico, propter infirmitatem carnis vestrae.
Sicut enim exhibuistis membra vestra servire immunditiae
et iniquitati, ad iniquitatem, ita nunc exhibete membra
vestra servire iustitiae, in sanctificationem.

20 Cum enim servi essetis peccati, liberi fuistis iustitiae.

21 Quem ergo fructum habuistis tunc in illis in quibus
nunc erubescitis? nam finis illorum mors est.

22 Nunc vero liberati a peccato, servi autem facti Deo,
habetis fructum vestrum in sanctificationem, finem vero
vitam aeternam.
23 Stipendia enim peccati, mors; gratia autem Dei, vita
aeterna, in Christo Iesu Domino nostro.

7,1 An ignoratis, fratres (scientibus enim legem loquor),
quia lex in homine dominatur quanto tempore vivit?

2 Nam quae sub viro est mulier, vivente viro, alligata est
legi; si autem mortuus fuerit vir eius, soluta est a lege viri.

3 Igitur, vivente viro, vocabitur adultera si fuerit cum alio
viro; si autem mortuus fuerit vir eius, liberata est a lege viri,
ut non sit adultera si fuerit cum alio viro.

4 Itaque, fratres mei, et vos mortificati estis legi per corpus
Christi, ut sitis alterius qui ex mortuis resurrexit, ut fructificemus Deo.

BUCH III

6,19 Ich rede nach menschlicher Weise, um der Schwachheit eures Fleisches willen. Denn wie ihr eure Glieder hingabt, der Unreinheit und der Ungerechtigkeit zur Gottlosigkeit zu dienen, so macht jetzt eure Glieder bereit, der Gerechtigkeit zu dienen zur Heiligung.

20 Denn als ihr Knechte der Sünde wart, wart ihr der Gerechtigkeit gegenüber frei.

21 Welchen Gewinn hattet ihr also damals von den Dingen, worüber ihr euch jetzt schämt? Denn das Ende davon ist der Tod.

22 Jetzt aber, da ihr, von der Sünde frei, Diener Gottes geworden seid, habt ihr euren Lohn, der zur Heiligung führt, und als Ziel derselben das ewige Leben.

23 Denn der Lohn der Sünde ist der Tod; die Gnade Gottes aber ist ewiges Leben in Christus Jesus, unserem Herrn.

7,1 Oder wißt ihr etwa nicht, Brüder (denn zu solchen, die das Gesetz kennen, rede ich), daß das Gesetz über den Menschen herrscht, solange es lebt?

2 Denn eine Frau, die einem Manne untertan ist, ist, solange er am Leben ist, an sein Gesetz gebunden; wenn aber ihr Mann gestorben ist, so ist sie von dem Gesetze des Mannes entbunden.

3 Demnach wird sie eine Ehebrecherin heißen, wenn sie zu seinen Lebzeiten sich zu einem anderen Manne gesellt; wenn aber ihr Mann gestorben ist, so ist sie befreit von dem Gesetze des Mannes, so daß sie keine Ehebrecherin ist, wenn sie mit einem anderen Mann lebt.

4 Daher seid auch ihr, meine Brüder, durch den Leib Christi dem Gesetze abgetötet, damit ihr einem anderen angehört, der von den Toten auferstanden ist, damit wir für Gott Frucht bringen.

5 Cum enim essemus in carne, passiones peccatorum, quae per legem erant, operabantur in membris nostris, ut fructificarent morti.

6 Nunc autem soluti sumus a lege mortis, in qua detinebamur; ita ut serviamus in novitate spiritus, et non in vetustate litterae.

7 Quid ergo dicemus? Lex peccatum est? Absit. Sed peccatum non cognovi, nisi per legem; nam concupiscentiam nesciebam, nisi lex diceret: Non concupisces.

8 Occasione autem accepta, peccatum per mandatum operatum est in me omnem concupiscentiam. Sine lege enim peccatum mortuum erat.

9 Ego autem vivebam sine lege aliquando; sed cum venisset mandatum, peccatum revixit,

10 ego autem mortuus sum; et inventum est mihi mandatum, quod erat ad vitam, hoc esse ad mortem.

11 Nam peccatum, occasione accepta per mandatum, seduxit me, et per illud occidit.

12 Itaque lex quidem sancta, et mandatum sanctum, et iustum, et bonum.

13 Quod ergo bonum est, mihi factum est mors? Absit. Sed peccatum, ut appareat peccatum, per bonum operatum est mihi mortem; ut fiat supra modum peccans peccatum per mandatum.

14 Scimus enim quia lex spiritualis est; ego autem carnalis sum, venundatus sub peccato.

15 Quod enim operor non intelligo: non enim quod volo bonum, hoc ago; sed quod odi malum, illud facio.

16 Si autem quod nolo, illud facio, consentio legi, quoniam bona est.

17 Nunc autem iam non ego operor illud; sed quod habitat in me peccatum.

5 Denn als wir im Fleische waren, waren die durch das Gesetz erregten Leidenschaften der Sünden wirksam in unseren Gliedern, so daß sie für den Tod Frucht brachten.

6 Jetzt aber sind wir von dem Gesetze des Todes, in welchem wir festgehalten wurden, befreit, so daß wir in der neuen Wirklichkeit des Geistes und nicht in der alten Wirklichkeit des Buchstabens dienen.

7 Was werden wir also sagen? Ist das Gesetz Sünde? Das sei ferne! Aber ich erkannte die Sünde nicht außer durch das Gesetz; denn die Begehrlichkeit kannte ich nicht, wenn das Gesetz nicht gesagt hätte: Du sollst nicht begehren!

8 Da bewirkte die Sünde, als sie die Gelegenheit erhalten hatte durch das Gebot, in mir jegliche Begierde; denn ohne das Gesetz war die Sünde tot.

9 Ich aber lebte einst ohne das Gesetz; als aber das Gebot gekommen war, lebte die Sünde auf;

10 ich dagegen starb, und so erwies sich für mich das Gebot, welches zum Leben gegeben war, als zum Tode führend.

11 Denn nachdem die Sünde die Gelegenheit bekommen hatte vom Gebot, verführte sie mich und tötete mich durch dasselbe.

12 Daher ist das Gesetz zwar heilig und das Gebot heilig, gerecht und gut.

13 Was also gut ist, ist mir zum Tode geworden? Das sei ferne! Sondern die Sünde hat, damit sie als Sünde offenbar werde, durch das Gute mir den Tod bewirkt, so daß die Sünde über alles Maß sündigt durch das Gebot.

14 Denn wir wissen, daß das Gesetz geistig ist; ich aber bin fleischlich, verkauft unter die Sünde.

15 Denn was ich tue, erkenne ich nicht; denn nicht das Gute, das ich will, vollbringe ich, sondern das Böse, das ich hasse, tue ich.

16 Wenn ich aber das, was ich nicht will, tue, so stimme ich dem Gesetz zu, daß es gut ist.

17 Jetzt aber tu ich es nicht mehr, sondern die Sünde, die in mir wohnt.

18 Scio enim quia non habitat in me, hoc est in carne mea,
bonum: nam velle, adiacet mihi; perficere autem bonum,
non invenio.
19 Non enim quod volo bonum, hoc facio; sed quod nolo
malum, hoc ago.
20 Si autem quod nolo, illud facio, iam non ego operor
illud, sed quod habitat in me, peccatum.

21 Invenio igitur legem, volenti mihi facere bonum, quoniam mihi malum adiacet:
22 condelector enim legi Dei secundum interiorem hominem;
23 video autem aliam legem in membris meis, repugnan-
tem legi mentis meae, et captivantem me in lege peccati quae
est in membris meis.

24 Infelix ego homo! quis me liberabit de corpore mortis
huius?
25 Gratia Dei per Iesum Christum Dominum nostrum.
Igitur ego ipse mente servio legi Dei; carne autem, legi
peccati.

8,1 Nihil ergo nunc damnationis est iis qui sunt in Christo
Iesu, qui non secundum carnem ambulant;

2 lex enim Spiritus vitae in Christo Iesu liberavit me a lege
peccati et mortis.

3 Nam quod impossibile erat legi in quo infirmabatur per
carnem, Deus Filium suum mittens in similitudinem carnis
peccati, et de peccato damnavit peccatum in carne,

4 ut iustificatio legis impleretur in nobis, qui non secundum carnem ambulamus, sed secundum Spiritum.

18 Denn ich weiß, daß in mir, das heißt in meinem Fleische, nichts Gutes wohnt. Denn das Wollen liegt mir nahe, aber das Vollbringen des Guten finde ich nicht.

19 Denn nicht was ich will, das Gute, tue ich, sondern was ich nicht will, das Böse, vollbringe ich.

20 Wenn ich aber das tue, was ich nicht will, so bin nicht mehr ich es, der es vollbringt, sondern die mir innewohnende Sünde.

21 Ich finde also das Gesetz, das, wenn ich das Gute tun will, mir das Böse anhängt.

22 Denn ich erfreue mich mit am Gesetze Gottes dem inneren Menschen nach;

23 ich sehe aber ein anderes Gesetz in meinen Gliedern, das dem Gesetze meiner Vernunft widerstreitet und mich gefangenhält im Gesetz der Sünde, das in meinen Gliedern ist.

24 Ich unglückseliger Mensch! Wer wird mich erlösen von dem Leibe dieses Todes?

25 Die Gnade Gottes durch Jesus Christus, unseren Herrn. Also diene ich selbst mit meinem Geist dem Gesetze Gottes, durch das Fleisch aber dem Gesetz der Sünde.

8,1 Nichts an Verdammnis also gibt es jetzt für die, welche in Christus Jesus sind, die nicht nach dem Fleische wandeln.

2 Denn das Gesetz des Geistes des Lebens in Christus Jesus hat mich vom Gesetze der Sünde und des Todes frei gemacht.

3 Denn was dem Gesetz unmöglich war, dadurch daß es durch das Fleisch geschwächt wurde, das hat Gott bewirkt, indem er seinen Sohn in der Ähnlichkeit des Fleisches der Sünde sandte, und von der Sünde aus verdammte er die Sünde im Fleische,

4 damit die Rechtfertigung des Gesetzes in uns erfüllt werde, die wir nicht nach dem Fleische wandeln, sondern nach dem Geist.

5 Qui enim secundum carnem sunt, quae carnis sunt sapiunt; qui vero secundum Spiritum sunt, quae sunt Spiritus sentiunt.

6 Nam prudentia carnis mors est; prudentia autem Spiritus, vita et pax.

7 Quoniam sapientia carnis inimica est Deo; legi enim Dei non est subiecta, nec enim potest.

8 Qui autem in carne sunt Deo placere non possunt.

9 Vos autem in carne non estis, sed in Spiritu; si tamen Spiritus Dei habitat in vobis. Si quis autem Spiritum Christi non habet, hic non est eius.

10 Si autem Christus in vobis est, corpus quidem mortuum est propter peccatum, Spiritus vero vivit propter iustificationem.

11 Quod si Spiritus eius qui suscitavit Iesum a mortuis habitat in vobis, qui suscitavit Iesum Christum a mortuis vivificabit et mortalia corpora vestra, propter inhabitantem Spiritum eius in vobis.

12 Ergo, fratres, debitores sumus non carni, ut secundum carnem vivamus.

13 Si enim secundum carnem vixeritis, moriemini; si autem Spiritu facta carnis mortificaveritis, vivetis.

14 Quicumque enim Spiritu Dei aguntur, ii sunt filii Dei.

15 Non enim accepistis spiritum servitutis iterum in timore, sed accepistis Spiritum adoptionis filiorum, in quo clamamus: Abba (Pater).

16 Ipse enim Spiritus testimonium reddit spiritui nostro, quod sumus filii Dei.

17 Si autem filii, et heredes: heredes quidem Dei, coheredes autem Christi; si tamen compatimur, ut et conglorificemur.

5 Denn die nach dem Fleische sind, haben Geschmack an
dem, was des Fleisches ist; die aber nach dem Geiste sind,
streben nach dem, was des Geistes ist.

6 Denn die Klugheit des Fleisches ist Tod; die Klugheit des
Geistes aber Leben und Frieden.

7 Denn die Weisheit des Fleisches ist Feindschaft gegen
Gott, weil sie sich dem Gesetze Gottes nicht unterwirft;
denn sie vermag dies auch nicht.

8 Diejenigen aber, welche im Fleische sind, können Gott
nicht gefallen.

9 Ihr jedoch seid nicht mehr im Fleische, sondern im
Geiste, wenn anders der Geist Gottes in euch wohnt. Wenn
aber jemand den Geist Christi nicht hat, der ist nicht sein.

10 Wenn dagegen Christus in euch ist, so ist der Leib zwar
tot um der Sünde willen, der Geist aber lebt um der Rechtfertigung willen.

11 Wenn aber der Geist dessen, der Jesus von den Toten
auferweckt hat, in euch wohnt, so wird der, welcher Jesus
Christus von den Toten auferweckt hat, auch eure sterblichen Leiber lebendig machen um seines einwohnenden
Geistes willen.

12 Demnach, Brüder, sind wir nicht dem Fleische verpflichtet, so daß wir nach dem Fleische leben müßten.

13 Denn wenn ihr nach dem Fleische lebt, werdet ihr sterben; wenn ihr aber durch den Geist die Werke des Fleisches
tötet, werdet ihr leben.

14 Denn alle, die sich vom Geiste Gottes leiten lassen,
diese sind Kinder Gottes.

15 Denn ihr habt nicht den Geist der Knechtschaft in
Furcht empfangen, sondern ihr habt den Geist der Kindschaft empfangen, in welchem wir rufen: Abba (Vater)!

16 Denn gerade der Geist gibt unserem Geist Zeugnis, daß
wir Kinder Gottes sind.

17 Wenn aber Kinder, so sind wir auch Erben: Erben Gottes und Miterben Christi; wenn wir jedenfalls mitleiden,
damit wir auch mitverherrlicht werden.

18 Existimo enim quod non sunt condignae passiones huius temporis ad futuram gloriam quae revelabitur in nobis.

19 Nam exspectatio creaturae revelationem filiorum Dei exspectat.
20 Vanitati enim creatura subiecta est non volens, sed propter eum qui subiecit eam in spe;

21 quia et ipsa creatura liberabitur a servitute corruptionis, in libertatem gloriae filiorum Dei.

22 Scimus enim quod omnis creatura ingemiscit, et parturit usque adhuc.
23 Non solum autem illa, sed et nos ipsi primitias Spiritus habentes, et ipsi intra nos gemimus, adoptionem filiorum Dei exspectantes, redemptionem corporis nostri.

24 Spe enim salvi facti sumus. Spes autem quae videtur non est spes; nam quod videt quis, quid sperat?

25 Si autem quod non videmus speramus, per patientiam exspectamus.
26 Similiter autem et Spiritus adiuvat infirmitatem nostram: nam quid oremus, sicut oportet, nescimus; sed ipse Spiritus postulat pro nobis gemitibus inenarrabilibus.

27 Qui autem scrutatur corda, scit quid desideret Spiritus, quia secundum Deum postulat pro sanctis.

28 Scimus autem quoniam diligentibus Deum omnia cooperantur in bonum, iis qui secundum propositum vocati sunt sancti.
29 Nam quos praescivit, et praedestinavit conformes fieri imaginis Filii sui, ut sit ipse primogenitus in multis fratribus.

18 Denn ich glaube, daß die Leiden dieser Zeit nicht zu vergleichen sind mit der zukünftigen Herrlichkeit, welche an uns offenbar werden wird.

19 Denn das Harren der Schöpfung erwartet die Offenbarung der Kinder Gottes.

20 Denn die Schöpfung ist der Vergänglichkeit unterworfen, nicht freiwillig, sondern um dessen willen, welcher sie unterworfen hat, auf Hoffnung hin;

21 denn auch die Schöpfung selber wird von der Knechtschaft des Verderbnisses befreit werden zur Freiheit der Herrlichkeit der Kinder Gottes.

22 Denn wir wissen, daß die ganze Kreatur seufzt und in Wehen liegt bis zum heutigen Tage.

23 Nicht allein aber sie, sondern auch wir selbst, die wir die Erstlingsgaben des Geistes besitzen; auch wir seufzen in uns, indem wir die Annahme zur Kindschaft Gottes erwarten, die Erlösung unseres Leibes.

24 Denn der Hoffnung nach sind wir gerettet. Die Hoffnung aber, welche geschaut wird, ist keine Hoffnung; denn was jemand schaut, wie hofft der noch darauf?

25 Wenn wir aber das erhoffen, was wir nicht sehen, so erwarten wir es mit Geduld.

26 Ähnlich steht aber auch der Geist unserer Schwachheit bei; denn um was wir beten sollen, wie es sich gebührt, wissen wir nicht, aber der Geist selbst tritt für uns ein mit unaussprechlichen Seufzern.

27 Der aber die Herzen erforscht, weiß, was der Geist begehrt: denn er bittet nach Gottes Wohlgefallen für die Heiligen.

28 Wir wissen aber, daß jenen, die Gott lieben, alle Dinge zum Guten mitwirken, denen, die nach dem Vorsatz zu Heiligen berufen sind.

29 Denn die er vorher erkannt hat, hat er auch vorherbestimmt, dem Bilde seines Sohnes gleichförmig zu werden, damit er selbst der Erstgeborene sei unter vielen Brüdern.

30 Quos autem praedestinavit, hos et vocavit; et quos vocavit, hos et iustificavit; quos autem iustificavit, illos et glorificavit

31 Quid ergo dicemus ad haec? Si Deus pro nobis, quis contra nos?

32 Qui etiam proprio Filio suo non pepercit. sed pro nobis omnibus tradidit illum, quomodo non etiam cum illo omnia nobis donavit?

33 Quis accusabit adversus electos Dei? Deus qui iustificat.

34 Quis est qui condemnet? Christus Iesus, qui mortuus est, immo qui et resurrexit, qui est ad dexteram Dei, qui etiam interpellat pro nobis.

35 Quis ergo nos separabit a caritate Christi? tribulatio? an angustia? an persecutio? an fames? an nuditas? an periculum? an gladius?

36 (Sicut scriptum est: Quia propter te mortificamur tota die, aestimati sumus sicut oves occisionis.)

37 Sed in his omnibus superamus propter eum qui dilexit nos.

38 Certus sum enim quia neque mors, neque vita, neque angeli, neque principatus, neque virtutes, neque instantia, neque futura, neque fortitudo,

39 neque altitudo, neque profundum, neque creatura alia poterit nos separare a caritate Dei, quae est in Christo Iesu Domino nostro.

9,1 Veritatem dico in Christo; non mentior, testimonium mihi perhibente conscientia mea in Spiritu Sancto:

2 quoniam tristitia mihi magna est, et continuus dolor cordi meo.

3 Optabam enim ego ipse anathema esse a Christo pro fratribus meis, qui sunt cognati mei secundum carnem,

30 Die er aber vorherbestimmt hat, diese hat er auch berufen; und die er berufen hat, diese hat er auch gerechtfertigt;
welche er aber gerechtfertigt hat, diese hat er auch verherrlicht.
31 Was werden wir also hierzu sagen? Wenn Gott für uns
ist, wer ist wider uns?
32 Er, der sogar seinen eigenen Sohn nicht verschont, sondern ihn für uns alle dahingegeben hat, wie hat er uns nicht
auch mit ihm alles geschenkt?
33 Wer wird gegen die Auserwählten Gottes Anklage erheben? Gott ist es, der rechtfertigt,
34 wer ist es, der verdammen sollte? Christus Jesus ist da,
der gestorben ist, ja vielmehr der auch auferstanden ist, der
zur rechten Hand Gottes sitzt, der auch Fürbitte für uns
einlegt!
35 Wer also wird uns scheiden von der Liebe Christi?
Bedrängnis oder Not oder Verfolgung oder Hunger oder
Blöße oder Gefahr oder Schwert?
36 (Wie geschrieben steht: Um deinetwillen werden wir getötet den ganzen Tag; wir sind wie Schlachtschafe geachtet.)
37 Aber in all diesem überwinden wir um dessen willen,
der uns geliebt hat.
38 Denn ich bin gewiß, daß weder Tod noch Leben, weder
Engel noch Herrschaften noch Gewalten, weder Gegenwärtiges noch Zukünftiges noch Macht,
39 weder Höhe noch Tiefe noch irgendein anderes Geschöpf imstande sein wird, uns von der Liebe Gottes zu
trennen, die da in Christus Jesus, unserem Herrn, ist.

9,1 Ich sage die Wahrheit in Christus, ich lüge nicht, da
mein Gewissen mir Zeugnis gibt im Heiligen Geist,
2 daß ich große Trauer und beständigen Schmerz in meinem Herzen habe.
3 Denn ich wünschte selbst, verflucht zu sein von Christus
für meine Brüder, die dem Fleische nach meine Verwandten
sind,

4 qui sunt Israelitae, quorum adoptio est filiorum, et gloria, et testamentum, et legislatio, et obsequium, et promissa;
5 quorum patres, et ex quibus est Christus secundum carnem, qui est super omnia Deus benedictus in saecula, amen.

6, 19. *Humanum dico.* Ac si diceret: Et quia nunc a iugo 185
peccati „liberati" ad oboedientiam iustitiae estis traducti,
dico adhortando vos, ut in ea perseveretis. Et quia vos
infirmos adhuc et carnales intueor, id est pronos relabi ad
peccata, humanitus vobis loquor, id est remissius, quam 5
iustum sit, ut videlicet si non plus, saltem tantum studeatis
implere opera iustitiae, quantum studuistis iniquitati deservire. Et hoc est illud humanitus dictum *propter infirmitatem* carnalitatis eorum, id est quam ex carnalibus trahunt
desideriis. Quod statim adiungit dicens: *Sicut enim;* ac si 10
diceret: Vere humanum vobis dico, quia hoc, ut videlicet
sicut olim *exhibuistis,* id est aperte atque impudenter prae-
parastis *membra vestra servire immunditiae,* id est carnalibus turpitudinibus sicuti luxuriae vel gulae, *et iniquitati,* id
est spiritualibus vitiis, sicut est ira vel odium in alterum seu 15
cupiditas rei alienae —: illis, inquam, „exhibuistis" servire,
ad iniquitatem scilicet perpetrandam, ut videlicet perver-
sum mentis desiderium in effectum duceretur: *ita nunc*

---

[1] Die Satzkonstruktion ist nicht durchgeführt. Statt mit dem nach *ut* zu erwarteten Konjunktiv *praeparetis* (ihr sollt bereitmachen) fährt Abaelard

4 welche ja Israeliten sind, denen die Kindschaft gehört
und der Ruhm und der Bund und die Gesetzgebung und
der Gehorsam und die Verheißungen,
5 denen die Väter gehören und von denen Christus dem
Fleische nach stammt, der da Gott über alles ist, gepriesen
in Ewigkeit. Amen.

6,19. *Ich rede nach menschlicher Weise.* Wie wenn er sagen
wollte: Und weil ihr jetzt, vom Joch der Sünde „befreit", zum
Gehorsam gegenüber der Gerechtigkeit hinübergeführt seid
(Röm 6,18), sage ich, indem ich euch ermahne, daß ihr darin
verharren sollt. Und weil ich euch noch schwach und fleischlich gesinnt sehe, das heißt geneigt, in die Sünden zurückzu-
fallen, sage ich euch nach Menschenweise, das heißt verhal-
tener, als es wohl angemessen wäre, daß ihr euch nämlich,
wenn schon nicht mehr, so doch jedenfalls im gleichen
Maße bemüht, die Werke der Gerechtigkeit zu erfüllen, wie
ihr euch bemüht habt, der Ungerechtigkeit zu dienen. Und
dies ist jenes, was nach Menschenweise gesagt ist *wegen der
Schwachheit* ihrer Leiblichkeit, das heißt derjenigen, die sie
sich aus körperlichen Begierden zuziehen. Dies fügt er sogleich an, indem er sagt: *Denn wie ihr;* wie wenn er sagen
wollte: Wahrhaftig rede ich euch nach menschlicher Weise,
denn ich sage euch folgendes: Ihr sollt nämlich — wie ihr
einst *eure Glieder hingabt,* das heißt in aller Öffentlichkeit
und schamlos bereitgemacht habt, *der Unreinheit zu dienen,* das heißt körperlichen Schändlichkeiten wie Prunklie-
be oder Genußsucht, *und der Ungerechtigkeit,* das heißt geistigen Lastern, wie es zum Beispiel Zorn oder Haß auf den
anderen sind oder Begierde nach fremdem Besitz — wie ihr
sie jenen, sage ich, „hingabt" zum Dienen, um *die Ungerechtigkeit* nämlich durchzusetzen, damit nämlich die verkehrte
geistige Begierde zum Erfolg geführt würde, *so* macht[1] je-

---

mit dem Imperativ *praeparate* fort.

praeparate illa *servire iustitiae,* id est iustis desideriis *in sanctificatione,* id est in effectum sancti operis.

Qui non tam ex infirmitate quam ex studio peccant, membra sua praeparant ad iniquitatem, sicut nonnulli calidis utuntur ut luxuriae, vel salsis ut potui vacare diutius 5 possint, atque ipsa sui corporis membra saepe contra ipsorum naturam ad turpitudines cogunt. Manum quoque suam ad iniquitatem perpetrandam praeparat, si ei gladium providet, quem in eum, quem odit, exerceat. E contrario membra sua iustitiae praeparat, si ea sic temperare satagit 10 et coercere, ne ad illicita prorumpant, sed ad coronam proficiant; quibus quidem, cum „potuit, non est transgressus", immo viriliter in eis omnem pravae suggestionis impetum extinxit, et, quae eis potuit, ad bene operandum mininstravit, ut oculis sacras litteras, auribus lectiones, ma- 15 nibus eleemosynarum munera vel religiosi laboris instrumenta.

20. *Cum enim.* Bene dixi, quia „liberati" modo „a pecca- 186 to servi facti estis iustitiae", quia e contrario olim *servi* existentes *peccati liberi fuistis iustitiae,* id est a servitio 20 iustitiae alieni. Locus a contrariis: Sicut servus iustitiae dicitur qui ei famulatur, ita e contrario liber eius dicitur, qui ab eius servitio remotus est, id est qui eam implere non curat.

21. *Quem ergo,* hoc est: Quandoquidem olim ita peccato 25 servistis a iustitia penitus alieni, „quem" *tunc fructum,* id est utilitatem, *habuistis,* scilicet supra positis, immunditia sci-

ne *jetzt* dazu bereit, *der Gerechtigkeit zu dienen,* das heißt gerechten Begierden, *zur Heiligung,* das heißt zum Ergebnis eines heiligen Werkes.

Diejenigen, die nicht so sehr aus Schwäche wie aus Vorsatz sündigen, bereiten ihre Glieder zur Ungerechtigkeit vor. Zum Beispiel gebrauchen einige warmes Wasser, um länger für die Prunksucht, oder gesalzene Speisen, um länger für die Trunksucht aufnahmefähig sein zu können, und sie zwingen gerade ihre eigenen Körperglieder oft gegen deren Natur zu schändlichen Handlungen. Auch bereitet jemand seine Hand dazu vor, eine Ungerechtigkeit durchzuführen, wenn er ihr ein Schwert besorgt, um es gegen den, den er haßt, zu gebrauchen. Umgekehrt bereitet er seine Glieder für die Gerechtigkeit vor, wenn er sich bemüht, sie so zu mäßigen und zu zügeln, daß sie nicht in unerlaubte Handlungen ausbrechen, sondern zur Krönung dienen. Mit ihnen hat er ja, obwohl er es „gekonnt hätte, keine Übertretung begangen" (Sir 31,10), ja vielmehr mannhaft in ihnen jeden Ansturm einer verkehrten Einflüsterung ausgelöscht und ihnen, was er konnte, zum guten Handeln dargeboten: zum Beispiel den Augen heilige Schriften, den Ohren Lesungen, den Händen Almosengeschenke oder Werkzeuge für religiöse Arbeit.

20. *Denn als.* Zu Recht habe ich gesagt, daß ihr nun, „befreit von der Sünde, Knechte der Gerechtigkeit geworden seid" (Röm 6,18); denn umgekehrt wart ihr einst, als ihr *Knechte der Sünde* wart, *der Gerechtigkeit gegenüber frei,* das heißt dem Dienst an der Gerechtigkeit fremd. Ein Beweis vom Gegenteil her: So wie Knecht der Gerechtigkeit heißt, wer ihr dient, so heißt umgekehrt frei von ihr, wer vom Dienst an ihr fern ist, das heißt, wer sich nicht darum kümmert, sie zu erfüllen.

21. *Welchen (sc. Gewinn) also,* das heißt: Da ihr ja einst so der Sünde dientet, der Gerechtigkeit völlig fremd, „welchen" *Gewinn,* das heißt Nutzen, *hattet ihr damals,* nämlich durch das oben Angeführte, durch Unreinheit nämlich

licet et iniquitate, *in quibus,* id est de quorum perpetratione *nunc erubescitis?* Et hoc est: *Finis illorum,* id est ad quod ducit, vel effectus proprius eis debitus, *mors est,* animae videlicet, id est perpetuae cruciatus poenae.

22. *Nunc vero liberati a peccato,* hoc est: a gravi malae 5 consuetudinis iugo, *habetis* iam hic *fructum vestrum in sanctificationem,* hoc est: Ipsam remissionem peccatorum, qua sanctificati estis, habetis pro remuneratione. *Finem vero,* id est exitum, ad quem haec sanctificatio perducit, habetis iam vobis praeparatum *vitam aeternam.* Merito 10 „finem" dicit tam „vitam" quam mortem animae aeternam, quae vita ista corporis et morte temporali finitis extremae consequuntur.

23. *Stipendia enim.* Ad duo illa praemissa: „Nam finis illorum", etc., et: „Nunc vero liberati", etc., ista duo sub- 15 nectit: „Stipendia enim", etc. et: *Gratia autem Dei,* etc., ostendens videlicet, qualiter ad illos duos fines, quos distin- xit, mortem scilicet et vitam, perveniatur: ad mortem qui- dem ex iustitia, ad vitam autem ex gratia per Christum ante collata. „Non sunt" enim „condignae passiones huius tem- 20 poris ad futuram gloriam, quae revelabitur in nobis". Unde bene remunerationem peccati de morte vocat stipendium, remunerationem autem oboedientiae Dei de vita aeterna non stipendium, sed gratiam nominat. Stipendium quippe a stipe nomine et penso-pensas verbo dicitur. Stipes autem 25 vel stips dicitur merces, quae militibus redditur pensato eorum labore sive considerata dominorum | utilitate. Hay- | 187 mo vero sic ait: „Stipendia id est remuneratio. Stipendium

---

[2] Richtige etymologische Erklärung von *stipendium* aus *stips* (Gabe) und

und Ungerechtigkeit, *worüber,* das heißt über deren Ausführung, *ihr euch jetzt schämt?* Und dies bedeutet: *Ihr
Ende,* das heißt, wohin es führt, oder das ihnen speziell
geschuldete Ergebnis *ist der Tod,* der der Seele nämlich, das
heißt ewige Strafen der Peinigung.

22. *Jetzt aber, von der Sünde frei,* das heißt von dem
schweren Joch schlechter Gewohnheit, *habt ihr* schon hier
euren Lohn, der zur Heiligung führt, das heißt: Gerade die
Vergebung der Sünden, durch die ihr geheiligt seid, habt ihr
als Lohn. *Als Ziel aber,* das heißt als Ende, zu dem diese
Heiligung hinführt, habt ihr schon *das ewige Leben* für
euch bereitstehen. Zu Recht bezeichnet er als „Ziel" ebenso
das ewige „Leben" wie den ewigen Tod der Seele: Sie folgen
nach Beendigung dieses körperlichen Lebens und des zeitlichen Todes als Allerletztes nach.

23. *Denn der Lohn.* An jene beiden vorausgeschickten
Äußerungen: „Denn ihr Ende ..." (Röm 6,21) und „Jetzt aber
frei ..." (Röm 6,22) knüpft er diese beiden an: „Denn der
Lohn ..." und: *Die Gnade Gottes aber ...* Dabei zeigt er
nämlich, auf welche Weise man zu jenen beiden Zielen gelangt, die er unterschieden hat, zum Tode nämlich und zum
Leben: zum Tode ja aufgrund der Gerechtigkeit, zum Leben
aber aufgrund der Gnade, die durch Christus zuvor gebracht
worden ist. Denn „die Leiden dieser Zeit sind nicht zu vergleichen mit der zukünftigen Herrlichkeit, die an uns offenbar
werden soll" (Röm 8,18). Daher nennt er zu Recht die
Vergeltung der Sünde mit dem Tode Lohn; die Vergeltung
des Gehorsams gegenüber Gott mit dem ewigen Leben
nennt er nicht Lohn, sondern Gnade. Lohn wird ja nach dem
Nomen Gabe und dem Verb ich zahle, du zahlst benannt.[2]
Gaben oder Gabe aber heißt der Lohn, der den Soldaten
bezahlt wird, nachdem ihre Mühe erwogen oder ihr Nutzen für ihre Herren betrachtet worden ist. Haymo aber sagt
folgendermaßen: „Lohn, das heißt Vergeltung; Lohn heißt

---

pendere/pensare (abwägen, zahlen).

dicitur a stipe pendenda, id est substantia ponderanda.
Antiquitus enim potius ponderabatur pecunia quam nu-
merabatur."

Sic continua: Dixi, quia „finis illorum", id est immunditiae et iniquitatis, „mors est", et bene: quia omnis peccati 5
„stipendia" sunt, id est iusta et debita remuneratio, mors,
his videlicet qui in eo perseverant. Sed *vita aeterna* potius
est „gratia Dei" dicenda quam „stipendia" nostra, id est
gratis potius nobis collata quam meritis nostris debita, et
hoc per Christum Iesum, per quem Deo reconciliati sumus. 10

7, 1. *An ignoratis?* Dixerat superius Apostolus: „Non enim
sub lege estis sed sub gratia", et rursus hic novissime adiecit
„per Iesum Christum" Dominum nostrum potius quam per
legem nos hanc gratiam vitae aeternae assecutos. Unde, quia
aliquis posset quaerere: Post legem datam, quomodo ali- 15
quis sine eius observationibus salvari potest, quaecumque
apponatur gratia?, convenienti similitudine Apostolus talem praevenit et solvit quaestionem, ostendens videlicet
quod, quemadmodum mulier priore viro defuncto potest
ad alium inculpabiliter transire, ita populus Dei prius iugo 20
legis alligatus quasi mulier viro cui debet oboedire, potest
lege iam defuncta ad libertatem Evangelii sine culpa meare.
„Usque ad Iohannem" enim, qui interpretatur gratia Dei,
hoc est: usque ad tempus gratiae singularis adventus Christi „lex et prophetae". Quod quidem tempus, sicut in Epi- 25
stola ad Hebraeos ipse commemorat Apostolus, de muta-

---

[3] Ps.-Haymo von Halberstadt, *Expositio* 6 (PL 117, 418C).
[4] Im Paulustext sowie bei Abaelard zu Röm 6, 15 heißt es: „Wir stehen".

so nach der auszuzahlenden Gabe, das heißt der abzuwie-
genden Substanz. Vor alten Zeiten nämlich wurde Geld
eher abgewogen als gezählt."[3]

Fahre folgendermaßen fort: Ich sagte, daß „ihr Ende",
das heißt das der Unreinheit und Ungerechtigkeit, „der Tod
ist" (Röm 6,21), und zu Recht: Denn der „Lohn" jeder
Sünde, das heißt die gerechte und verdiente Vergeltung, ist
der Tod — für die nämlich, die in der Sünde verharren. Aber
das ewige Leben ist eher als „Gnade Gottes" zu bezeichnen
denn als unser „Lohn", das heißt als etwas uns eher unverdient Dargebrachtes denn als etwas unseren Verdiensten
Geschuldetes, und zwar durch Christus Jesus, durch den
wir mit Gott versöhnt worden sind.

7,1. *Oder wißt ihr etwa nicht?* Der Apostel hatte weiter
oben gesagt: „Denn ihr steht[4] nicht unter dem Gesetz, sondern unter der Gnade" (Röm 6,15), und wiederum hat er
gerade eben hier hinzugefügt, wir hätten „durch Jesus
Christus", unseren Herrn, eher als durch das Gesetz diese
Gnade des ewigen Lebens erlangt (vgl. Röm 6,23). Weil ja
jemand nun fragen könnte: Wie kann nach dem Erlaß des
Gesetzes jemand ohne Befolgung seiner Riten gerettet werden, was für eine Gnade auch immer hinzugefügt wird?,
kommt daher der Apostel einer solchen Frage mit einem
angemessenen Vergleich zuvor und löst sie. Er zeigt nämlich, daß ebenso, wie eine Frau nach dem Tode ihres früheren Mannes ohne Schuld zu einem anderen übergehen
kann, so das Volk Gottes — das zuvor an das Joch des Gesetzes gebunden war gewissermaßen wie eine Frau an den
Mann, dem sie gehorchen muß — nach Außerkraftsetzung
des Gesetzes ohne Schuld zur Freiheit des Evangeliums
übergehen kann. „Bis zu Johannes" nämlich — dessen
Name mit Gnade Gottes übersetzt wird —, das heißt bis
zur Zeit der einzigartigen Gnade der Ankunft Christi,
galten „Gesetz und Propheten" (Lk 16,16). Diese Zeit ja —
von der Änderung des Bundes an nämlich, das heißt vom

tione scilicet Testamenti, hoc est: de interitu Veteris et
nativitate Novi, Dominus per Ieremiam promiserat dicens:
„Ecce dies veniunt, dicit Dominus", etc.

Continuatio: Dixi vos iam non esse sub lege, nec iam post
Christum eam vobis esse necessariam insinuavi. Nec hoc 5
quidem mirabile videri debet, quia numquid „ignoratis",
fratres, | hoc est: Non credo quod ignoretis, *quia lex in* | 188
homine dominatur, id est ei ab homine est oboediendum,
quamdiu ipsa *vivit,* id est toto tempore, quod ei a Domino
praefinitum est et concessum, ut eius oboedientia valeat et 10
integre in ipsis etiam figuralibus praeceptis custodiatur.
Quod autem interponit: *Scientibus enim legem loquor,* id
est vobis, qui legem iam dudum didicistis, ostendit hanc
invectionem ad eos, qui ex Iudaeis crediderant, specialiter
spectare, de quibus quasi causam hic interserit, quod id, 15
quod dicit, non ignorent, quia legem didicerunt, quae hoc
docet, tempus videlicet eam habere praefixum sibi a Deo et
determinatum, ut non semper, ut dictum est, vivat, sicut
supraposito Ieremiae testimonio confirmatur sive aliis Veteris Testamentis locis. 20

2. *Nam quae.* Probat competenti similitudine, quia lex ex
eo tempore tantum quo vivit dominari habet populo subiec-
to, quia et vir quilibet uxori sibi alligatae non habet dominium nisi dum vivit. Et hoc est: „Nam quae" *sub viro est*
mulier, id est ei tamquam superiori copulata est, eo *vivente* 25

Untergang des Alten und der Geburt des Neuen Bundes —
hatte der Herr, wie es im Hebräerbrief der Apostel selbst
erwähnt (Hebr 8, 6–13), durch Jeremia mit folgenden Worten verheißen: „Siehe, die Tage kommen, spricht der
Herr ..." (Jer 31,31; vgl. Hebr 8,8).

Fortsetzung: Ich sagte, daß ihr nicht mehr unter dem Gesetz seid, und ich habe euch beigebracht, daß es für euch
nach der Ankunft Christi auch nicht mehr notwendig ist.
Und dies darf euch ja auch nicht verwunderlich erscheinen,
denn: „Wißt ihr etwa nicht", *Brüder?* Das heißt: Ich glaube
nicht, daß ihr nicht wißt, *daß das Gesetz über den Menschen herrscht,* das heißt, daß der Mensch ihm gehorchen
muß, solange es selbst *lebt,* das heißt während der ganzen
Zeit, die ihm vom Herrn vorausbestimmt und zugestanden
ist (vgl. Gal 4, 2), so daß der Gehorsam ihm gegenüber gilt
und ausnahmslos auch gerade bei seinen vorbildhaften Vorschriften eingehalten werden muß. Daß er aber einfügt:
Denn zu solchen, die das Gesetz kennen, rede ich, das heißt
zu euch, die ihr das Gesetz schon längst gelernt habt, zeigt,
daß dieser Angriff sich besonders gegen die richtet, die aus
den Juden zum Glauben gekommen waren. Was diese
betrifft, fügt er gewissermaßen als Grund hier ein, daß sie
das, was er sagt, durchaus wohl kennen, da sie ja das Gesetz gelernt haben, welches dies lehrt: daß es nämlich eine
Zeit hat, die ihm von Gott vorgegeben und bestimmt ist
(vgl. Gal 4, 2), so daß es, wie gesagt, nicht immer lebt, wie
es durch das oben angeführte Zeugnis des Jeremia bestä-
tigt wird oder durch andere Stellen des Alten Testamentes.

2. *Denn eine, die.* Er beweist durch einen treffenden Vergleich, daß das Gesetz nur zu der Zeit, in der es lebt, die
Herrschaft über das untergebene Volk hat; denn auch jeder
beliebige Mann hat über die ihm verbundene Frau nur die
Herrschaft, solange er lebt. Und dies bedeutet: „Denn eine"
Frau, „die" *einem Manne untertan ist,* das heißt, die ihm als
dem höherem verbunden ist, *ist, solange er am Leben ist,*

alligata est legi eius, id est legi maritali, ut videlicet alii
nubere non possit.

3. *Igitur vivente,* quia scilicet ita est alligata legi matri-
monii.

4. *Itaque fratres.* Praemissam adaptat modo similitudi- 5
nem dicens: Et ita, hoc est: ad hunc modum, *vos,* qui
primitus legi vivebatis per oboedientiam ei subiecti, mortui
iam facti *estis* ei *per corpus Christi,* hoc est: per ipsam
praesentiam veritatis in Christo vobis exhibitam. Cuius
quidem veritatis umbra in lege praecessit. Postquam enim 10
res ipsa venit, quae per se sufficit, iam non opus est figuris
illis, quae in signum rei futurae praecesserunt et in spe
tantum illius venerabiles exstiterunt, ne si etiam figurae
illae adhuc perseverarent, adhuc exspectaretur futurum,
quod iam est praeteritum, et Iudaei adhuc de sua vetustate 15
gloriantes nostrae insultarent novitati et amplius de operibus ipsis quam de fide Christi nonnulli confiderent, quam
sine operibus minime sufficere crederent.

Notandum vero quod, cum iuxta similitudinem induc- 189
tam convenientius dicendum videretur legem nobis fuisse 20
mortuam quam nos legi, quia tamen eadem est sententia,
nihil refert sive hoc sive illo modo dicatur.

Ut sitis alterius, id est Christi, eius tantum oboedientiae
atque evangelicae doctrinae praeceptis alligati. At ne quis
opponeret ipsum quoque Christum iam fuisse mortuum et 25
sic a iugo eius iam suos absolutos esse, provide adiunxit:
qui ex mortuis resurrexit, hoc est: de inter mortuos propria virtute in vitam se erexit perpetuam, *ut* spe et desiderio eiusdem gloriae nos accensi *fructificemus* non mundo

---

[5] Gemeint: der Christen.
[6] Wörtlich: damit ihr eines anderen seid; vgl. die Auslegung zu 7, 5.

an sein Gesetz gebunden, das heißt an das Ehegesetz, so daß sie nämlich keinen anderen heiraten kann.

3. *Also zu seinen Lebzeiten:* Da sie nämlich so an das Ehegesetz gebunden ist.

4. *Daher, Brüder.* Den vorausgeschickten Vergleich wendet er nun an, indem er sagt: Und so, das heißt auf diese Weise, *seid ihr,* die ihr zunächst dem Gesetz lebtet, durch Gehorsam ihm untertan, ihm nunmehr abgetötet *durch den Leib Christi,* das heißt durch die unmittelbare Gegenwart der Wahrheit, die euch in Christus zuteil geworden ist. Der Schatten dieser Wahrheit ist ja im Gesetz vorausgegangen. Nachdem nämlich die Sache selbst gekommen ist, die von sich aus genügt, braucht man jene Vorbilder nicht mehr, die als Hinweis auf die künftige Sache vorausgingen und nur durch die Hoffnung auf diese verehrungswürdig waren, damit nicht etwa — wenn auch jene Vorbilder noch in Kraft blieben — das noch als künftig erwartet würde, was schon vergangen ist, und die Juden sich noch ihres Alters rühmten und unsere[5] Jugend verspotteten und einige mehr gerade auf Werke als auf den Glauben an Christus vertrauten, der, wie sie glaubten, ohne Werke keineswegs genüge.

Anzumerken ist aber, daß es — obwohl es nach dem angeführten Vergleich passender schiene zu sagen, das Gesetz sei für uns abgetötet als wir seien dem Gesetz abgetötet —, weil trotzdem der Sinn ja derselbe ist, keinen Unterschied macht, ob es auf diese oder jene Weise ausgesagt wird.

Damit ihr einem anderen angehört[6], das heißt Christus, gebunden nur an den Gehorsam ihm gegenüber und die Weisungen der Lehre des Evangeliums. Damit aber niemand den Einwand mache, auch Christus selbst sei schon gestorben, und so seien seine Anhänger schon von seinem Joch befreit, hat er vorsichtshalber angefügt: *der von den Toten auferstanden ist,* das heißt: aus der Mitte der Toten heraus sich aus eigener Vollmacht zum ewigen Leben erhoben hat, *damit wir,* entbrannt in Hoffnung und Verlangen nach derselben Herrlichkeit, nicht für die Welt *Frucht brin-*

sed *Deo,* hoc est: spiritualibus bonis, quibus oblectatur
Deus, potius abundemus quam mundanis et terrenis, quae
Iudaei semper avide requirebant. Quorum, iuxta litteram
quam insistunt, nulla nisi terrena promissio reperitur, ut ita
mundo potius quam Deo fructificare ex promissione legis 5
dicendi essent. Quod enim Deus illum durae cervicis populum amplius desiderare noverat, eis promittebat, ut sic
magis eos qui carnales erant, id est carnalibus potius quam
spiritualibus bonis intenti, ad oboedientiam alliceret. Et
attende quod, — cum ad hoc, quod praemisit: „ut sitis 10
alterius, qui ex mortuis resurrexit", adiunxit: „ut fructificemus Deo" —, non ait ut fructificetis, sed: „ut" nos et vos
pariter, id est omnes, „fructificemus", sive praedicando sive
oboediendo.

5. *Cum enim essemus.* Dixit: „ut sitis alterius" — disci- 15
puli scilicet et imitatores — quam hucusque fuistis, „ut"
fructificetis „Deo", hoc est: ut sitis spirituales per desiderium potius quam carnales, sicut olim fuistis temporalem
legis promissionem sequentes. Et merito sic monet, quia
tunc per illam legis promissionem vos, carnalium deside- 20
riorum amatores, nequaquam spiritualem Deo fructum
reddere poteratis sed morti potius, id est mortalem et dam-
nabilem habebatis fructum, magis ac magis semper per
concupiscentiam terrenis adhaerentes, iuxta quod scriptum
est: „Crescentem sequitur cura pecuniam", et alibi: „Cre- 25
scit amor nummi quantum ipsa pecunia crescit."

Sic lege: „Cum essemus" *in carne,* id est carnalibus, non
spi|ritualibus desideriis inhiantes. *Passiones peccatorum,* id est | 190

---

[7] Wörtlich: fleischlich.
[8] HORAZ, *carm.* 3,16,18 (89 KLINGNER).
[9] JUVENAL 14,139 (160 CLAUSEN).

gen, sondern für *Gott,* das heißt: daß wir eher reich sind an geistlichen Gütern, an denen Gott sich erfreut, als an weltlichen und irdischen, die die Juden stets begierig suchten. Für diese findet sich, gemäß dem Wortsinn, bei dem sie stehenbleiben, nur eine irdische Verheißung, so daß man von ihnen sagen müßte, sie brächten eher der Welt als Gott Frucht aufgrund der Verheißung durch das Gesetz. Denn Gott verhieß ihnen, was jenes hartnäckige Volk, wie er erkannt hatte, mehr begehrte, um sie, die irdisch[7] gesinnt waren, das heißt mehr auf leibliche als auf geistliche Güter ausgerichtet, so mehr zum Gehorsam zu verlocken. Und beachte, daß er — wenn er an das, was er vorausgeschickt hat: „damit ihr einem anderen gehört, der von den Toten auferstanden ist", angefügt hat: „damit wir Gott Frucht bringen" — nicht sagt: damit ihr Frucht bringt, sondern: „damit" wir und ihr gleichermaßen, das heißt alle, „Frucht bringen", sei es durch Verkündigung, sei es durch Gehorsam.

5. *Denn als wir waren.* Er hat gesagt: „Damit ihr eines anderen seid" — Schüler nämlich und Nacheiferer — als ihr bisher gewesen seid, „damit" ihr „Gott" Frucht bringt, das heißt: damit ihr eher aus Verlangen geistlich seid als fleischlich gesinnt, wie ihr einst gewesen seid, als ihr der zeitlichen Verheißung des Gesetzes nachgingt. Und zu Recht mahnt er so, da ihr als Liebhaber körperlicher Begierden ja damals durch jene Verheißung des Gesetzes keineswegs Gott geistliche Frucht bringen konntet, sondern eher dem Tode, das heißt Tod und Verdammung bringende Frucht hattet, da ihr mehr und mehr ständig aus Begierde irdischen Dingen anhingt, gemäß dem, was geschrieben steht: „Wenn das Vermögen wächst, folgt die Sorge"[8], und anderswo: „Es nimmt die Liebe zum Geld in dem Maße zu, wie das Geld selbst zunimmt"[9].

Lies folgendermaßen: „Als wir" *im Fleische* „waren", das heißt nach körperlichen, nicht geistlichen Begierden trachteten. *Leidenschaften der Sünden,* das heißt verschieden-

concupiscentiae diversae nos peccare facientes, ut sit quasi
intransitive dictum: „passiones peccatorum", id est quae
peccata erant, sicut dicitur creatura salis vel substantia aut
corpus lapidis, id est creatura, quae est sal, vel substantia
aut corpus, quod est lapis. *Quae* quidem „passiones" *erant* 5
per legem, laudantem scilicet atque pollicentem eorum,
quae multum desiderabant, magnam abundantiam, terram
videlicet optimam lacte et melle manantem et pacem et pro-
speritatem in ea maximam et vitam longaevam et quidquid
ad terrenam pertinet felicitatem, quam praecipue desidera- 10
bant. Ex quorum quidem laude promissione et spe amplius
in eorum desiderium accendebantur, quam si ea minime
sperarent vel tanta esse didicissent. A quibus enim despe-
ramus, non multum aut diu eorum desiderio tenemur.
Operabantur in membris, ut fructificarent morti, hoc est: 15
damnationis mortalem nobis acquirebant exitum. Concupiscentiae operantur „in membris", quando conceptum
mente desiderium per aliquod membrum opere implemus,
ut per genitalia libidinem, per manus furtum aut rapinam.

6. *Nunc autem absoluti sumus* ab oboedientia illa legis, 20
quae pro remuneratione, ut dictum est, temporalium impen-
debatur, *ita ut* iam *serviamus* Deo mente potius quam opere
spiritualiter illas legis figuras magis quam corporaliter adim-
plentes — sicut alibi dicitur: „Littera enim occidit, spiritus
autem vivificat" —, *in novitate spiritus,* hoc est: in spiritua- 25
libus desideriis et intelligentia, quae ante non erant, *et non
in vetustate litterae,* id est in antiquis operibus, quae iuxta

---

[10] Umschreibung des (erklärenden) *Genetivus epexegeticus.*
[11] Zu Röm 4,4 oben 302,24 – 304,4.

artige Begierden, die uns zum Sündigen veranlaßten, so daß gewissermaßen intransitiv[10] gesagt ist: „Leidenschaften der Sünden", das heißt solche (*sc.* Leidenschaften), die Sünden waren, so wie man sagt: Stoff des Salzes oder Substanz oder Körper des Steines, das heißt Stoff, der Salz ist oder Substanz oder Körper, der Stein ist. *Diese „Leidenschaften" existierten* ja *durch das Gesetz,* das nämlich Lob spendete und von den Dingen im Überfluß verhieß, wonach sie sehr verlangten: sehr gutes Land nämlich, von Milch und Honig triefend (Ex 3, 8. 17; 13, 5; Lev 20, 24; Jer 11, 5; 32, 22), und in ihm größten Frieden und Glück und langes Leben und was auch immer mit irdischem Glück zu tun hat, welches sie vor allem begehrten. Aus dem Lob dieser Dinge ja, ihrer Verheißung und der Hoffnung auf sie, wurden sie noch mehr angefacht, sie zu begehren, als wenn sie sie keineswegs erhofft oder keineswegs gelernt hätten, daß sie so groß seien. Wir werden nämlich nicht sehr oder nicht lange Zeit durch ein Verlangen nach den Dingen gefesselt, auf die wir keine Aussicht haben. *Sie waren wirksam in den Gliedern, so daß sie für den Tod Frucht brachten,* das heißt: Sie erwirkten uns das todbringende Ende der Verdammnis. Begierden wirken „in den Gliedern", wenn wir ein im Geiste gefaßtes Begehren durch irgendein Glied in die Tat umsetzen, zum Beispiel durch die Geschlechtsorgane die Lust, durch die Hände einen Diebstahl oder Raub.

6. *Jetzt aber sind wir befreit* von jenem Gehorsam dem Gesetz gegenüber, der, wie gesagt wurde[11], für die Belohnung mit zeitlichen Gütern geleistet wurde, *so daß wir* nun Gott eher dem Geiste nach als durch das Werk *dienen,* indem wir mehr geistlich als körperlich jene Vorbilder des Gesetzes erfüllen — so wie es anderswo heißt: „Denn der Buchstabe tötet, der Geist aber macht lebendig" (2 Kor 3, 6) — *in der neuen Wirklichkeit des Geistes,* das heißt in geistlichem Verlangen und Verständnis, die zuvor nicht vorhanden waren, *und nicht in der alten Wirklichkeit des Buchstabens,* das heißt in den alten Werken, die nur nach dem

litteram tantum fiebant, sicut erat carnalis circumcisio, observatio sabbati, sacrificia et alia innumera.

<§ Quaestio>

§ Quaerit fortassis aliquis, cur etiam promissionem aeternae vitae lex non habuerit, ut non solum terrenorum, verum 5 etiam caelestium donorum desideriis amplius ad oboediendum populus alliceretur. Sed quia imperfecta habuit praecepta, | sicut alibi idem commemorat Apostolus dicens, | 191 quia „lex ad perfectum nihil adduxit", et Veritas per semetipsam: „Audistis quia dictum est antiquis", etc., et: „Nisi 10 abundaverit iustitia vestra", etc., non potuit eius esse remuneratio perfecta nec terrenis desideriis caelestia competebant neque Deo aliquis tam pro terrenis quam pro caelestibus serviens aptus esse potest. Unde Veritas per semetipsam admonet dicens: „Nesciat sinistra tua, quid faciat dextera 15 tua", hoc est: Ne admisceas in aliquo opere tuo terrenam intentionem caelesti, ut simul pro transitoriis et aeternis bonis oboedias Deo.

<§ Quaestio>

§ Sed fortasse, dum propositae quaestionis nodos solvere 20 cupimus, maiores ex ipsa solutione incurrimus. Cum enim in lege de dilectione etiam Dei et proximi praeceptum sit et haec duo praecepta sufficiant ad vitam — unde et Dominus diviti quaerenti, quid faciendo vitam aeternam pos-

---

3 Quaestio § vorangestellt bei O | Quaestio $R^{mg}m^{mg}O^{mg}$ || 4 Quaerit § vorangestellt bei O || 19 Quaestio § vorangestellt bei O | Quaestio $R^{mg}O^{mg}$ || 20 Sed § vorangestellt bei O

Buchstaben geschahen, so wie es zum Beispiel die körperliche Beschneidung war, die Beachtung des Sabbats, Opfer
und unzählige andere Dinge.

<Frage>

Vielleicht fragt jemand, warum das Gesetz nicht auch die
Verheißung des ewigen Lebens gehabt habe, so daß das
Volk nicht nur durch das Verlangen nach irdischen, sondern
auch nach himmlischen Gaben noch mehr zum Gehorsam
verlockt worden wäre.[12] Aber da es unvollkommene Gebote hatte — wie derselbe Apostel anderswo erwähnt, indem
er sagt, daß „das Gesetz in nichts zur Vollkommenheit
geführt hat" (Hebr 7,19), und die Wahrheit persönlich:
„Ihr habt gehört, daß zu den Alten gesagt ist ..." (Mt 5,21),
und: „Wenn eure Gerechtigkeit nicht im Überfluß vorhanden ist ..." (vgl. Mt 5,20) —, konnte sein Lohn nicht vollkommen sein, und irdischem Verlangen kam Himmlisches
nicht zu, und niemand, der ebenso für irdische wie für
himmlische Güter dient, kann Gott dienlich sein. Daher
mahnt die Wahrheit persönlich mit folgenden Worten:
„Deine linke Hand soll nicht wissen, was deine rechte tut!"
(Mt 6,3), das heißt: Du sollst nicht bei irgendeinem deiner
Werke das Streben nach Irdischem mit dem nach Himm-
lischem vermischen, so daß du gleichzeitig für vergängliche
und für ewige Güter Gott gehorsam bist.

<Frage>

Aber vielleicht geraten wir, während wir danach streben, die
Knoten der vorgelegten Frage zu lösen, gerade durch die
Lösung in noch größere. Denn da sich im Gesetz die Vor-
schrift von der Gottes- und Nächstenliebe findet und diese
beiden Gebote zum Leben ausreichen — daher antwortete
auch der Herr dem Reichen auf die Frage, was er tun müsse,

---

[12] Im Lateinischen hier wie im folgenden der Konjunktiv Imperfekt: Vgl.
die Anm. zum Prolog, oben 66 Anm. 9.

sideret, respondit, ut haec duo praecepta servaret, et suffi-
cerent, et Paulus ipse plenitudinem legis esse dilectionem
profitetur —, mirabile videtur, quod lex ad perfectionem
nihil duxerit et quod ipsa non suffecerit ad vitam, ut merito
propter hoc evangelica deberet abundare iustitia. Revera 5
quidem praecepta legis sive de dilectione sive de aliis ad
perfectum non adduxerunt, hoc est: ad salutem sufficere
non poterant, sed necesse erat, ut veniret Christus, qui est
finis et consummatio legis, cum videlicet sine ipso in lege
promisso lex adimpleri nullatenus valeret.   10

Sed etsi diligenter verba legis scrutemur, nusquam lex
nomen proximi nisi ad homines eius populi, hoc est Iudaici,
extendit, nec usquam apud nos in tota lege Moysi scriptum
reperitur: „Diliges proximum tuum", sed: „Diliges amicum
tuum." Quod quidem et Dominus ipse diligenter attendens, 15
cum ei mandata legis dives interrogatus recitaret et diceret:
„Diliges proximum tuum sicut te ipsum", „proximum" pro
amico vel benefactori poni ex adiuncta parabola patenter
insinuavit ostendens ex ipso divitis iudicio eum tantum, qui
misericordiam | impenderat illi, qui inciderat in latrones, 20 | 1
proximum eius exstitisse. Ac per hoc manifestum est, cum
dilectio proximi ad amicum tantum secundum litteram legis accommodetur, nequaquam praeceptum dilectionis,
quod in lege est, perfectum esse, sicut est Evangelii, in quo
praecipimur etiam inimicos diligere atque eis quoque bene- 25
facere, ut simus perfecti sicut Pater caelestis, „qui solem

um das ewige Leben zu besitzen, er solle diese beiden Gebote einhalten, und sie würden ausreichen (Mk 10,17–22 par);
und Paulus selbst bekennt, die Erfüllung des Gesetzes sei
die Liebe (Röm 13,10) —, erscheint es seltsam, daß das Gesetz in nichts zur Vollkommenheit geführt habe und daß es
nicht zum Leben ausgereicht habe, so daß deshalb aus gutem Grunde die Gerechtigkeit des Evangeliums im Überfluß vorhanden sein müßte. Wahrhaftig haben ja die Gebote
des Gesetzes — sei es über die Liebe, sei es über andere Dinge — nicht zur Vollkommenheit geführt, das heißt nicht zum
Heil ausreichen können, sondern es war notwendig, daß
Christus kam, der das Ende und die Vollendung des Gesetzes
ist (vgl. Röm 10,4), da nämlich ohne ihn, der im Gesetz verheißen war, das Gesetz auf keine Weise erfüllt werden konnte.
   Doch selbst wenn wir sorgfältig die Worte des Gesetzes
durchforschen: Nirgends dehnt das Gesetz den Begriff
Nächster über die Menschen dieses Volkes hinaus aus, das
heißt des jüdischen, und nirgends findet sich bei uns im
ganzen Gesetz des Mose geschrieben: „Du sollst deinen
Nächsten lieben!", sondern: „Du sollst deinen Freund lieben!" (Lev 19,18 Vg.). Dies hat ja auch der Herr selbst sorgfältig beachtet — als ihm auf seine Frage hin der Reiche die
Gebote des Gesetzes aufsagte und sprach: „Du sollst deinen Nächsten lieben wie dich selbst!" (Mt 19,19) — und
durch das angefügte Gleichnis offenkundig erklärt, daß
„Nächster" für Freund oder Wohltäter steht: Er zeigte,
daß gerade nach dem Urteil des Reichen nur der, der
jenem, der unter die Räuber gefallen war, Barmherzigkeit
erwiesen hatte (Lk 10,29–37), sein Nächster gewesen war.
Und hierdurch ist es offensichtlich — weil die Nächstenliebe nach dem Buchstaben des Gesetzes sich nur auf den
Freund bezieht —, daß das Liebesgebot, das sich im Gesetz
findet, keineswegs vollkommen ist, wie es das des Evangeliums ist, in dem wir angewiesen werden, sogar Feinde
zu lieben und auch ihnen Gutes zu tun, damit wir vollkommen seien wie der himmlische Vater, „der seine Sonne

suum facit oriri super bonos et malos". Quod quidem ipse
attendens Apostolus non ait: „Qui diligit proximum", iustitiam vel Evangelium adimplet, sed: „legem adimplet".

<Quaestio>

At vero rursum gravem quaestionis nodum incurrimus, 5
quod diviti interroganti, quid faciendo vitam aeternam possideret, et ab ipso postea recitatis duobus de dilectione Dei
et proximi mandatis respondit ei Dominus: „Hoc fac et
vives", praesertim cum ipse alibi dicat: „Si enim diligitis
eos, qui vos diligunt, quam mercedem habebitis?" Sed 10
profecto nemo melius vel proximus vel amicus intelligendus erat quam is, quem designabat Samaritanus ille, qui
misericordiam vulnerato impenderat, hoc est: Christus, qui
profecto proximus erat Iudaeis tam cognatione quam verae
caritatis affectu vel beneficiis innumeris, sive scilicet prae- 15
dicando sive miracula faciendo. Si ergo dives ille omnem
tunc proximum sive amicum diligeret, utique et Christum,
et sic ei et praeceptis eius cohaerendo vitam utique mereretur aeternam.

Nec tamen ideo praeceptum de dilectione proximi, id est 20
amici vel benefactoris, quod lex dederat, perfectum exstite-
rat, cum nequaquam omnem hominem comprehenderet,
tam amicum scilicet quam inimicum, licet etiam in tempore
Christi sufficere propter ipsum Christum videretur, immo
per ipsum Christum, qui iam advenerat et proximus, ut dic- 25
tum est, factus fuerat; perfectionem autem tunc haberet man-

---

4 Quaestio *R^{mg}*

---

[13] Im Lateinischen hier und im folgenden das Imperfekt; vgl. Prolog, oben
66 Anm. 9 sowie oben 491 Anm. 12 zu 7,6.

aufgehen läßt über Guten und Bösen" (Mt 5, 44 f). Dies beachtet ja der Apostel selbst und sagt nicht: Wer den Nächsten liebt, erfüllt die Gerechtigkeit oder das Evangelium,
sondern erfüllt das Gesetz (Röm 13, 8).

<Frage>

Doch in der Tat geraten wir wieder in einen schwierigen
Knoten des Problems: Denn der Herr hat dem Reichen auf
seine Frage, was er tun müsse, um das ewige Leben zu besitzen, und nachdem er danach die beiden Gebote der
Gottes- und Nächstenliebe aufgesagt hatte, geantwortet:
„Dies tu, und du wirst leben" (Lk 10, 28), zumal er auch
anderswo sagt: „Wenn ihr nämlich nur die liebt, die euch
lieben, welchen Lohn werdet ihr dann haben?" (Mt 5, 46).
Doch tatsächlich konnte man niemand besser als Nächsten
oder Freund auffassen als den, den jener Samariter bezeichnete, der dem Verwundeten Barmherzigkeit erwiesen hatte
(vgl. Lk 10, 33–35), das heißt Christus, der tatsächlich den
Juden der Nächste war — ebenso nach seiner Verwandtschaft wie nach dem Gefühl seiner wahren Liebe oder
durch die unzähligen Wohltaten, sei es nämlich durch seine
Verkündigung, sei es durch seine Wundertätigkeit. Wenn
also jener Reiche (vgl. Mk 10, 17–22 par) damals jeden
Nächsten oder Freund geliebt hätte[13], dann auf jeden Fall
auch Christus, und so hätte er dadurch, daß er mit ihm und
seinen Geboten verbunden gewesen wäre, auf jeden Fall das
ewige Leben verdient.

Trotzdem hatte deshalb das Gebot der Nächstenliebe —
das heißt zum Freund oder Wohltäter —, das das Gesetz
gegeben hatte, nicht in vollkommener Form existiert:
Denn es umfaßte keineswegs jeden Menschen, ebenso den
Freund nämlich wie den Feind, mag es auch den Anschein
haben, daß es zur Zeit Christi gerade wegen Christus genügte, ja vielmehr: gerade durch Christus, der schon gekommen und, wie gesagt, Nächster geworden war. Vollkommenheit aber hätte das Gebot oder Gesetz damals

datum sive lex, si ex se ita sufficeret, ut nihil umquam ad
integritatem iustitiae deesset oboedientibus sibi nec opus
esset aliud adiungi. Quod nequaquam verum est, cum ante
adventum Christi illorum, qui tunc erant, proximorum et
amicorum dilectio imper|fecta esset nec usque ad inimicos 5 | 193
extenderetur, sicut postea per Christum extensa est.

  Quod vero supra diximus proximum in lege secundum
litteram non omnem hominem accipi, non solum ex ipsa
lege, verum etiam ex nonnullis ecclesiasticorum doctorum
testimoniis adstrui potest. Unde Ambrosius, „Super epi- 10
stolam Pauli ad Romanos“, ubi scriptum est: „Nemini
quidquam debeatis“ etc.: „Pacem vult“, inquit, „nos habere, si fieri potest, cum omnibus, dilectionem vero cum fratribus.“ Et hoc erit nulli quidquam debere: unicuique pro
loco suo officium exhibere. Item infra: „‚Dilectio proximi 15
malum non operatur.‘ Malum non operatur, quia bona est
dilectio nec peccari potest per illam, quae legis perfectio est.
Sed quia tempore Christi addi aliquid oportuit, non solum
proximos sed inimicos diligi praecepit. Unde ‚Plenitudo
legis est dilectio‘, ut iustitia sit diligere proximum, abun- 20
dans vero et perfecta iustitia etiam inimicos diligere. Haec
caelestis iustitia est, haec Deo Patri similes facit, qui et non
colentibus se annua dona largitur.“

  Nec nos latet plurimos sanctorum patrum in ipso de
dilectione proximi mandato omnem hominem proximum 25
intelligere atque id verisimilibus confirmare rationibus.
Unde Augustinus, „De doctrina Christiana“ libro primo:
„Utrum ad illa duo praecepta etiam dilectio pertineat an-

---

[14] AMBROSIASTER, *in Rom.* 13,8 (CSEL 81/1,423).
[15] AMBROSIASTER, *in Rom.* 13,8 (CSEL 81/1,423).

besessen (vgl. Röm 13,10), wenn es von sich aus so ausgereicht hätte, daß niemals denen, die ihm gehorchten, etwas
zur vollkommenen Gerechtigkeit gefehlt hätte und es nicht
nötig gewesen wäre, daß etwas hinzugefügt würde. Dies ist
keineswegs der Fall, da vor der Ankunft Christi die Näch-
sten- und Freundesliebe jener, die damals lebten, unvollkommen war und sich nicht bis zu den Feinden erstreckte,
so wie sie später durch Christus ausgeweitet worden ist.

Was wir aber oben behauptet haben, als Nächster werde
im Gesetz dem Buchstaben nach nicht jeder Mensch aufgefaßt, das kann nicht nur unmittelbar aus dem Gesetz, sondern auch aus einigen Zeugnissen von Kirchenlehrern be-
kräftigt werden. Daher sagt Ambrosius, „Über den Brief des
Paulus an die Römer" dort, wo geschrieben steht: „Bleibt
niemand etwas schuldig ..." (Röm 13,8): „Er will, daß
wir — falls es möglich ist — mit allen Frieden haben, Liebe
aber nur zu den Brüdern." Und das soll heißen, niemandem
etwas schuldig zu bleiben: einem jeden an seiner Stelle einen
Dienst zu erweisen.[14] Ebenso weiter unten: „,Nächstenliebe
tut nichts Böses' (Röm 13,10): Sie tut nichts Böses, weil die
Liebe gut ist, und man kann durch sie nicht sündigen, die
die Vollendung des Gesetzes ist. Aber weil zur Zeit Christi
etwas hinzugefügt werden mußte, hat er geboten, daß nicht
nur die Nächsten, sondern Feinde geliebt würden. Daher
heißt es: ,Die Erfüllung des Gesetzes ist die Liebe', so daß
es Gerechtigkeit bedeutet, den Nächsten zu lieben, über-
mäßige und vollkommene Gerechtigkeit jedoch, auch Feinde zu lieben. Dies ist die himmlische Gerechtigkeit, diese
macht Gott Vater ähnlich, der auch denen, die ihn nicht verehren, die jährlichen Gaben spendet."[15]

Auch uns bleibt nicht verborgen, daß sehr viele der heiligen Väter gerade beim Gebot der Nächstenliebe unter dem
Nächsten jeden Menschen verstehen und dies mit glaub-
würdigen Gründen bekräftigen. Daher sagt Augustinus im
ersten Buch „Über die christliche Gelehrsamkeit": „Man
kann fragen, ob sich auf jene zwei Gebote auch die Liebe

gelorum quaeri potest. Nam quod nullum hominum ex-
ceperit qui praecepit, ut proximum diligamus, et Dominus
ostendit et Paulus apostolus." Item: „Duo praecepta pro-
tulerat atque in eis pendere totam legem prophetasque
dixerat." Item: „Dominus ait: ,Vade et fac similiter', ut 5
videlicet eum esse proximum intelligamus, cui vel exhibendum est officium misericordiae, si indiget, vel exhibendum
<esset> si indigeret. Ex quo est iam consequens, ut etiam
ille, a quo nobis vicissim exhibendum | est, proximus sit | 194
noster. Proximi enim nomen ,ad aliquid' est, nec quisquam 10
esse proximus nisi proximo potest." Item: „Paulus dicit:
,Nam non adulterabis, non homicidium facies, non furabe-
ris, non concupisces, et si quod est aliud mandatum, in hoc
sermone recapitulatur: Diliges proximum tuum tamquam
te ipsum.'" Item: „Quisquis ergo arbitratur non de omni 15
homine Apostolum praecepisse, cogitur fateri, quod scele-
stissimum est, visum fuisse Apostolo non esse peccatum, si
quis aut non Christiani aut inimici adulteraverit uxorem",
etc. Item: „Iam vero si vel cui praebendum vel a quo nobis
praebendum officium misericordiae, recte proximus dici- 20
tur, manifestum est hoc praeceptum quo iubemur diligere
proximum, etiam sanctos angelos continere, a quibus misericordiae impenduntur officia."

Haec quidem diligentissimi doctoris nostri Augustini
iuxta Apostoli verba omnino convincere videntur proxi- 25
mum in lege omnem hominem intelligendum. Alioquin
per proximi dilectionem nequaquam impleri lex videretur,

---

8 esset *fehlt bei Abaelard*

---

[16] AUGUSTINUS, *doctr. christ.* 1,31 (CCL 32,24).
[17] AUGUSTINUS, *doctr. christ.* 1,31 (CCL 32,24).
[18] AUGUSTINUS, *doctr. christ.* 1,31 (CCL 32,24).
[19] AUGUSTINUS, *doctr. christ.* 1,32 (CCL 32,24).
[20] AUGUSTINUS, *doctr. christ.* 1,32 (CCL 32,25).
[21] AUGUSTINUS, *doctr. christ.* 1,33 (CCL 32,25).

zu den Engeln bezieht. Denn daß der keinen Menschen ausgenommen hat, der gebot, daß wir den Nächsten lieben, haben sowohl der Herr als auch der Apostel Paulus gezeigt."[16] Ebenso: „Zwei Gebote hatte er vorgebracht und gesagt, daß an ihnen das ganze Gesetz und die Propheten hängen."[17] Ebenso: „Der Herr sagt: ‚Geh hin und tu desgleichen' (Lk 10,37), damit wir nämlich erkennen, daß der der Nächste ist, dem wir entweder einen Dienst der Barmherzigkeit erweisen müssen, wenn er ihn benötigt, oder erweisen <müßten>, wenn er ihn benötigte. Daraus ergibt sich nun, daß auch jener unser Nächster ist, von dem umgekehrt uns ein Dienst der Barmherzigkeit erwiesen werden muß. Denn der Begriff Nächster bezieht sich ‚auf etwas', und jeder kann nur für einen Nächsten der Nächste sein."[18] Ebenso: „Paulus sagt: ‚Denn du sollst nicht die Ehe brechen, du sollst keinen Mord begehen, du sollst nicht stehlen, du sollst nicht begehren, und wenn es ein anderes Gebot gibt, wird es in dieser Äußerung wiederholt: Du sollst deinen Nächsten lieben wie dich selbst!'" (vgl. Röm 13,9).[19] Ebenso: „Jeder, der also glaubt, der Apostel habe seine Gebote nicht bezüglich eines jeden Menschen gegeben, ist gezwungen zu behaupten — was äußerst frevelhaft ist —, der Apostel habe es nicht als Sünde angesehen, wenn jemand mit der Frau eines Nichtchristen oder eines Feindes Ehebruch begangen habe …"[20] Ebenso: „Wenn aber nun der zu Recht als der Nächste bezeichnet wird, dem wir einen Dienst der Barmherzigkeit erweisen müssen oder er uns, dann ist es offenkundig, daß dieses Gebot, durch das wir angewiesen werden, den Nächsten zu lieben, auch die heiligen Engel einschließt, von denen Dienste der Barmherzigkeit geleistet werden."[21]

Diese Worte unseres äußerst gewissenhaften Lehrers Augustinus nach den Worten des Apostels scheinen ja völlig zu beweisen, daß unter dem Nächsten im Gesetz jeder Mensch verstanden werden muß. Andernfalls schiene durch die Nächstenliebe keineswegs das Gesetz erfüllt zu werden,

quae etiam de alienigenis multa praecipit, quorum offensio
sicut et proximorum vitanda est.

Sed cum duo sint dilectionis rami, dilectio scilicet Dei —
cuius Veritas ipsa „primum et maximum" dicit esse „mandatum" —, et dilectio proximi: Quomodo per dilectionem 5
proximi lex impletur, nisi haec dilectio illam quoque com-
plectatur, cum nemo rectius nobis proximus vel amicus sit
intelligendus quam ipse conditor noster et redemptor, a
quo tam nos ipsos quam omnia bona habemus, sicut ipse
commemorat Apostolus dicens: „Quid autem habes quod 10
non accepisti?" De cuius quidem circa nos ineffabili caritate
alibi dicit: „Commendat autem suam caritatem Deus in
nobis, quoniam si, cum adhuc peccatores essemus, Christus
pro nobis mortuus est." Item rursum: „Proprio | Filio suo | 195
non pepercit, sed pro nobis omnibus tradidit illum." Et per 15
semetipsum Filius ait: „Maiorem hac dilectionem nemo
habet, ut animam suam", etc.

Unde hunc specialiter proximum in hoc dilectionis mandato Origenes intelligens in sequentibus huius epistolae ait:
„Si diligentius requiras, quis sit proximus noster, disces in 20
Evangelio illum esse qui iacentes nos vulneratos ad stabu-
lum ecclesiae detulit et stabulario vel Paulo vel ei qui ecclesiae praeest duos denarios Veteris ac Novi Testamenti ad
nostrae curae concessit expensas. Hunc proximum si diligamus, legem implemus. ‚Finis enim legis Christus'", etc.   25

Cum itaque proximi nomen etiam Deum — et maxime
ipsum — comprehendat — neque enim aliter dilectio proximi legem impleret —, constat profecto per ipsam quoque sicut et per dilectionem Dei legem impleri, quia qui

---

[22] *Proximus* hier aufgefaßt als Angehöriger desselben Volkes oder als
Verwandter.

[23] Nämlich die Liebe zu Gott.

[24] ORIGENES, *comm. in Rom.* 9,31 (FC 2/5, 106–109).

welches auch vieles über Fremdgeborene vorschreibt, deren Verletzung ebenso wie auch die der Nächsten[22] vermieden werden muß.

Aber da es zwei Zweige der Liebe gibt, die Gottesliebe nämlich — deren Gebot die Wahrheit selbst als das „erste und größte" Gebot bezeichnet (Mt 22, 38) — und die Nächstenliebe: Wie wird dann durch die Nächstenliebe das Gesetz erfüllt, wenn nicht diese Liebe auch jene[23] einschließt? Denn niemand kann von uns besser als Nächster oder Freund aufgefaßt werden als gerade unser Schöpfer und Erlöser, von dem wir ebenso uns selbst wie alle Güter haben, so wie es der Apostel selbst erwähnt, wenn er sagt: „Was aber hast du, das du nicht empfangen hast?" (1 Kor 4, 7). Über dessen unaussprechliche Liebe gegen uns sagt er ja anderswo: „Es erweist aber Gott seine Liebe zu uns, weil Christus für uns gestorben ist, als wir noch Sünder waren" (Röm 5, 8). Ebenso wieder: „Seinen eigenen Sohn hat er nicht verschont, sondern ihn für uns alle dahingegeben" (Röm 8, 32). Und persönlich sagt der Sohn: „Eine größere Liebe als diese hat niemand, als daß er sein Leben ..." (Joh 15, 13).

Daher versteht Origenes speziell diesen als den Nächsten in diesem Liebesgebot und sagt bei den folgenden Versen dieses Briefes: „Wenn du genauer untersuchst, wer unser Nächster ist, wirst du im Evangelium lernen, daß es jener ist, der uns, die wir verwundet dalagen, zur Herberge der Kirche gebracht hat, und der dem Wirt — sei es Paulus oder dem, der der Kirche vorsteht — die beiden Denare des Alten und Neuen Testamentes für die Auslagen zu unserer Heilung überlassen hat. Wenn wir diesen Nächsten lieben, erfüllen wir das Gesetz. ‚Das Endziel des Gesetzes nämlich ist Christus' (Röm 10, 4) ..."[24]

Da also der Begriff Nächster auch Gott — und vor allem ihn — umfaßt — denn anders würde die Nächstenliebe auch nicht das Gesetz erfüllen —, steht es fest, daß in der Tat auch durch diese ebenso wie durch die Gottesliebe das Gesetz

Deo vere per dilectionem cohaeret, nullum eius praeceptum contemnit, sicut scriptum est: „Si quis diligit me, ser-
monem meum servabit." Quomodo etiam vera potest esse
dilectio, quae caritas dicitur, nisi ad Deum referatur? Et ipse
Augustinus, „De doctrina Christiana", libro quarto: „Ca- 5
ritatem voco motum animi ad fruendum Deo propter ipsum, et se atque proximo propter Deum." Idem libro „De
moribus ecclesiae contra Manichaeos": „‚Scriptum est, quia
propter te afficimur tota die.' Caritas non potuit signari
expressius quam quod dictum est ‚propter te'." Quisquis 10
ergo caritate Deo cohaeret, qua videlicet sola discernuntur
filii Dei a filiis diaboli, atque ideo eius obtemperare satagit
praeceptis, implere studet tam ea, quae pertinent ad alienos,
quam quae attinent ad proximos; et in utrisque pariter
divinam sequi voluntatem nititur.   15

Nihil igitur refert, ut salva reverentia patrum seu fratrum
loquamur et longe a perfectione Evangelii legem absistere
| fateamur, omnemque insuper tam apostolicam quam | 196
evangelicam auctoritatem conservemus —: Nihil, inquam,
refert sive proximum in lege omnem hominem intelli- 20
gamus sive minime, dummodo, ut dictum est, in proximo
comprehendatur Deus et dilectionem quoque Dei dilectio
includat proximi. Quippe cum dicitur: „Diliges proximum tuum" atque additur: „sicut te ipsum", quomodo
implere id possemus, nisi et nos ipsos diligeremus? Quo- 25
modo autem diligere vel nos ipsos possumus, si mandata

---

9 afficimur *Vg.:* mortificamur

---

[25] *Ad fruendum.*
[26] Augustinus, *doctr. christ.* 3,10,16 (CCL 32,87).

erfüllt wird. Denn wer Gott wahrhaft in Liebe verbunden ist, mißachtet kein Gebot von ihm, so wie geschrieben steht: „Wenn jemand mich liebt, wird er an meinem Wort festhalten" (Joh 14,23). Wie könnte es auch wahre Liebe, die *caritas* heißt, geben, wenn sie sich nicht auf Gott bezieht? Auch gerade Augustinus sagt im vierten Buch „Über die christliche Gelehrsamkeit": „Caritas nenne ich die Bewegung des Gemütes dahin, Gott wegen seiner selbst selbstlos zu lieben[25] und sich und den Nächsten Gottes wegen."[26] Derselbe im Buch „Von den Sitten der Kirche, gegen die Manichäer": „,Es steht geschrieben, daß wir um deinetwillen den ganzen Tag verletzt werden' (Röm 8,36). Die Liebe hätte nicht deutlicher bezeichnet werden können als dadurch, daß es heißt: ‚um deinetwillen'."[27] Jeder also, der durch Liebe Gott verbunden ist — durch die ja allein die Kinder Gottes sich von den Kindern des Teufels unterscheiden — und sich daher bemüht, seinen Geboten zu gehorchen, bemüht sich darum, ebenso diejenigen zu erfüllen, die sich auf Fremde beziehen, wie die, die die Nächsten betreffen; und bei beiden bemüht er sich gleicherweise, dem göttlichen Willen nachzukommen.

Es macht also nichts aus, daß wir mit Rücksicht auf die Ehrfurcht vor den Vätern oder Brüdern sprechen und behaupten, das Gesetz sei weit von der Vollkommenheit des Evangeliums entfernt und noch dazu ebenso die Autorität des Apostels wie des Evangeliums wahren: Es macht nichts aus, sage ich, ob wir unter dem Nächsten im Gesetz jeden Menschen verstehen oder nicht, wenn nur, wie gesagt wurde, unter dem Nächsten Gott mit einbegriffen wird und die Nächstenliebe auch die Gottesliebe einschließt. Wie könnten wir ja, zumal wenn es heißt: „Du sollst deinen Nächsten lieben" und hinzugefügt wird: „wie dich selbst" (Mt 22, 39), dies erfüllen, wenn wir nicht auch uns selbst liebten? Wie aber können wir uns doch wohl selbst lieben, wenn wir

---

[27] AUGUSTINUS, *mor. eccl.* 1,9,15 (CSEL 90,17).

Dei contemnentes inique agamus? „Qui enim diligit iniquitatem, odit animam suam."

7. *Quid ergo dicemus? Lex peccatum est?* Continuatio:
Dixi „passiones peccatorum" per legem olim operari, ut
utile etiam nobis esset a lege absolvi quasi a peccato. „Quid 5
ergo dicemus?", id est: Quid de lege sentiendum est, quam
bonam putabamus? Numquid iam ipsa non videtur potius
mala dicenda esse quam bona? Et hoc est, quod quasi
sibimet obiiciendo ait: Numquid lex peccatum est?, hoc est:
ad damnationem potius quam ad salutem pertrahens, ut 10
videlicet damnationem potius quam salutem nobis pro-
mereatur et solummodo nocere, non iuvare queat et nihil
in se boni habeat magis quam peccatum? *Absit,* ut hoc
videlicet credamus; *sed peccatum,* id est: Immo potius peccato contraria est ipsum penitus docendo et prohibendo, 15
ut caveatur, ita ut non solummodo facta, verum etiam
concupiscentias inhibeat sicut et Evangelium, sed longe
minus, cum ipsa videlicet ad ea tantum, quae proximi sunt,
eas restringit dicens: „Non concupisces rem proximi tui
nec desiderabis quae illius sunt."   20

Quare autem necesse esset peccatum doceri a lege, prae-
mittit dicens, quia ante documentum legis, in quo praecipue
peccabatur, ignorabatur, videlicet in corde magis quam in
opere. Et hoc est, quod de se dicit in persona generali
hominum, quorum iam per transgressionem priorum pa- 25
rentum obtenebrata mens erat, ut potius opera quam desideria culparent: „Peccatum non" *cognovi,* id est discretionem ad veram notitiam peccati non habui, *nisi per* docu-

---

[28] *Documentum* bezeichnet sowohl die Belehrung, Warnung als auch die
schriftliche Urkunde des Gesetzes.

dadurch, daß wir Gottes Gebote mißachten, ungerecht
handeln? „Wer nämlich die Ungerechtigkeit liebt, haßt seine Seele" (Ps 11,5: Vg. Ps 10,6).

7. *Was werden wir also sagen? Ist das Gesetz Sünde?*
Fortsetzung: Ich sagte, daß die „Leidenschaften der Sünden" einst durch das Gesetz wirkten, so daß es für uns auch
nützlich war, vom Gesetz gewissermaßen wie von der Sünde befreit zu werden. „Was sollen wir also sagen?" Das
heißt: Was muß man vom Gesetz denken, das wir für gut
hielten? Scheint es nicht so, daß es jetzt eher schlecht genannt werden muß als gut? Und dies bedeutet, was er — gewissermaßen als Einwand gegen sich selbst — sagt: „Ist
etwa das Gesetz Sünde?" Das heißt: Führt es eher zur
Verdammnis als zum Heil, so daß es uns nämlich eher die
Verdammnis als das Heil verdient und nur schaden, nicht
helfen kann und in sich nicht mehr Gutes hat als die Sünde?
Das sei ferne, daß wir dies nämlich glauben; *aber die Sünde,*
das heißt: Es ist fürwahr eher der Sünde entgegengesetzt,
da es sie gänzlich lehrt und verbietet, damit man sich vor
ihr hüte, so daß es nicht nur die Taten, sondern auch die
Begierden hemmt, so wie auch das Evangelium tut, doch
weit weniger: Denn es schränkt sie ja nur auf die Dinge ein,
die dem Nächsten gehören, indem es sagt: „Du sollst nicht
begehren die Sache deines Nächsten und nicht nach dem
verlangen, was jenem gehört!" (Ex 20,17).

Weshalb es aber notwendig war, daß die Sünde vom Gesetz gelehrt wurde, schickt er voraus, indem er sagt, daß
man vor der Belehrung[28] durch das Gesetz nicht wußte,
worin vornehmlich gesündigt wurde, nämlich im Herzen
mehr als durch das Werk. Und dies bedeutet, was er von
sich allgemein als Vertreter der Menschen sagt, deren Verstand schon durch die Übertretung der Ureltern verdun-
kelt war, so daß sie eher die Werke als die Begierden be-
schuldigten: „Die Sünde" *erkannte ich* „nicht", das heißt
das Unterscheidungsvermögen für die wahre Erkenntnis
der Sünde habe ich nicht gehabt, *außer durch* die Belehrung

mentum | legis, quia id, in quo tantummodo videlicet vel | 197
maxime peccatur, id est concupiscentiam, peccatum esse
ignorabam. Et hoc est, quod subponit: *Nam concupiscen-*
tiam, id est pravum animi desiderium, in ambitione scilicet
terrenarum vel carnalium voluptatum, *nesciebam* esse, vi- 5
delicet quod ipsa esset peccatum, *nisi lex* id docendo *dice-*
ret: Non concupisces, hoc est: nisi interdiceret concupiscentiam, licet non generaliter, sed de rebus, ut dictum est,
proximi.

Nota quia, cum dicitur: „Non concupisces", simul et 10
docetur peccatum et prohibetur, ut vitetur. Unde legem
penitus bonam esse convincit, quia, quidquid suum est,
bonum est, sive in docendo scilicet sive in prohibendo, nec
vitio legis sed hominum est imputandum, si peccatum post
legem abundavit et deteriores et inexcusabiliores effecti 15
sumus post doctrinam praeceptorum et negligentiam
eorum quam ante, secundum quod scriptum est: „Servus
sciens et non faciens voluntatem domini sui vapulabit multis", et iterum: „Melius est non nosse viam veritatis quam
post agnitam retro abire." Bene itaque dictum est: „Absit", 20
ut lex peccatum sit, hoc est: inutilis et mala ex se. Sed tamen
occasionem peccati, quod ante non erat, ex ipsa accepimus,
sicut ex nonnullis bonis, quae Deus creat, saepe concupiscentiam incurrimus, si his careamus, vel superbiam, si
ipsa habeamus. Nec tamen ideo mala sunt ipsa dicenda, si 25
male ipsa desideremus vel male ipsis utamur.

des Gesetzes: Denn ich wußte nicht, daß das, worin — ausschließlich nämlich oder doch besonders — gesündigt wird, das heißt die Begierde, Sünde ist. Und dies bedeutet, was er anfügt: *Denn ich wußte nicht,* daß *die Begehrlichkeit,* das heißt das falsche Begehren des Herzens, im Streben nach irdischen oder körperlichen Vergnügungen nämlich, bestehe, daß sie (*sc.* die Begehrlichkeit) nämlich selbst Sünde sei, *wenn nicht das Gesetz* dadurch, daß es dies lehrte, *gesagt hätte: Du sollst nicht begehren!,* das heißt: wenn es die Begehrlichkeit nicht untersagt hätte, wenngleich auch nicht allgemein, sondern, wie gesagt, nur bei Dingen des Nächsten.

Beachte, daß die Sünde dadurch, daß es heißt: „Du sollst nicht begehren!", zugleich gelehrt und verboten wird, damit sie vermieden wird. Daher beweist er, daß das Gesetz gänzlich gut ist: Denn soweit es an ihm liegt, ist es gut, sei es nämlich beim Belehren, sei es beim Verbieten; und nicht einem Fehler des Gesetzes, sondern einem Fehler der Menschen muß man es zuschreiben, wenn die Sünde nach dem Erlaß des Gesetzes überhand genommen hat und wir nach der Belehrung durch die Gebote und ihre Mißachtung noch schlechter und unentschuldbarer geworden sind als zuvor, gemäß dem, was geschrieben steht: „Der Knecht, der den Willen seines Herrn kennt und nicht danach handelt, wird viele Schläge bekommen" (Lk 12,47), und wiederum: „Es ist besser, den Weg der Wahrheit nicht zu kennen, als nach seiner Erkenntnis sich von ihm wieder zu entfernen" (2 Petr 2,21). Zu Recht ist daher gesagt worden: „Das sei ferne", daß das Gesetz Sünde sei, das heißt unnütz und von sich aus schlecht. Aber trotzdem haben wir aus ihm die Gelegenheit zur Sünde erhalten, was zuvor nicht der Fall war, so wie wir aufgrund einiger Güter, die Gott schafft, uns oft die Begehrlichkeit nach ihnen zuziehen, wenn wir sie entbehren, oder Überheblichkeit, wenn wir sie besitzen. Trotzdem darf man sie deshalb nicht schlecht nennen, wenn wir sie auf schlechte Weise begehren oder sie auf schlechte Weise gebrauchen.

8. Sic lege: *Peccatum,* id est poena et afflictio huius vitae
temporalis, quam ex culpa priorum parentum sustinemus,
operatum est in nobis *omnem concupiscentiam,* quorumlibet scilicet terrenorum bonorum, ut per eorum videlicet
abundantiam omnem praesentium aerumnarum evitemus 5
anxietatem. Et quomodo id operata sit, demonstrat dicens:
accepta occasione per mandatum, id est per legis oboedientiam haec terrena bona promittentis. Quia enim lex propter
oboedientiam sui haec promittebat, non videbamur pecca-
re, | quantumcumque illa concupisceremus, si requisitam 10 | 19
oboedientiam impenderemus. Hoc autem quod hoc loco
„peccatum" nominat, ipsum fomitem, id est nutrituram
peccati esse insinuat; de qua nobis in praecedenti libello,
cum de originali peccato ageremus, non est praetermissum.
Sine lege enim, id est antequam lex praecepta et promissio- 15
nes afferret, *peccatum* illud, id est fomes ille, ut dictum est,
peccati, etsi tunc etiam erat, quasi mortuum erat quia minores habebat vires ad excitandam concupiscentiam quam
postea. Quo enim certius id, quod desideramus, exspectamus, amplius in eius concupiscentiam accendimur, sicut 20
supra meminimus.

9. *Ego autem vivebam aliquando,* id est: aliquo modo, si
non ex toto, morte illius fomitis carebam et quasi sine concupiscentia eram ad comparationem subsecutae post legem
concupiscentiae. *Sed cum venisset mandatum* lege data, 25
revixit peccatum, hoc est: Post praeceptum invaluit concupiscentia, vel „revixit" in prole, quod praecessit in parente, id est: Concupiscentia ita est in nobis post praeceptum
excitata sicut in primis parentibus post praeceptum incho-

---

[29] Im Exkurs zu Röm 5,19, oben 406,16 – 412,3.
[30] Zu Röm 7,5, oben 486,15 – 488,19.

8. Lies folgendermaßen: *Die Sünde,* das heißt die Strafe und die Not dieses zeitlichen Lebens, die wir aufgrund der Schuld unserer Ureltern erdulden, *hat in* uns *jegliche Begierde bewirkt,* nämlich nach allen möglichen irdischen Gütern, so daß wir nämlich durch ihr reichliches Vorhandensein jede Furcht vor den gegenwärtigen Drangsalen vermeiden. Und auf welche Weise sie dies bewirkt hat, zeigt er, indem er sagt: *Als sie die Gelegenheit erhalten hatte durch das Gebot,* das heißt durch den Gehorsam gegenüber dem Gesetz, das diese irdischen Güter verhieß. Da nämlich das Gesetz diese wegen des Gehorsams ihm gegenüber verhieß, schienen wir nicht zu sündigen, wie sehr wir auch jene begehrten, wenn wir den geforderten Gehorsam leisteten. Das aber, was er an dieser Stelle „Sünde" nennt, ist, wie er andeutet, gerade der Zündstoff, das heißt der Nährboden der Sünde; darüber zu sprechen haben wir im vorausgegangenen Buch, als wir von der Erbsünde handelten[29], nicht versäumt. *Denn ohne das Gesetz,* das heißt, bevor das Gesetz Gebote und Verheißungen bringen konnte, war jene *Sünde,* das heißt jener Zündstoff der Sünde, wie gesagt wurde, selbst wenn es sie auch damals gab, gewissermaßen *tot;* denn sie besaß geringere Kräfte, die Begierde zu wecken, als später. Je sicherer wir nämlich das erwarten, was wir begehren, desto mehr entbrennen wir in Begierde danach, wie wir oben erwähnt haben.[30]

9. *Ich aber lebte einst,* das heißt: In irgendeiner Weise, wenn auch nicht völlig, war ich ohne den durch jenen Zündstoff verursachten Tod und gewissermaßen ohne Begierde im Vergleich zu der Begierde, die nach der Einführung des Gesetzes folgte. *Aber als das Gebot gekommen war,* nach Einführung des Gesetzes, *lebte die Sünde wieder auf,* das heißt: Nach der Einführung des Gebotes wurde die Begierde kräftig oder „lebte" das im Nachkommen „wieder auf", was im Vorfahren vorausging, das heißt: Die Begierde ist in uns so nach der Einführung des Gebotes geweckt worden, wie sie in den ersten Vorfahren nach der Einführung des Gebo-

ata, praesertim cum saepe etiam ardentius desideratur, quod prohibetur, iuxta illud poeticum: „Nitimur in vetitum semper cupimusque negata."

10. *Ego autem mortuus sum,* qui prius quasi infirmus, non mortuus eram et quasi corrigendus, non damnandus, 5 flagellandus, non occidendus, minore merito, si qua erat concupiscentia, stimulatus; *et inventum est mihi,* id est: Occasione legis, ut dictum est, ex qua melior esse debui, factus sum longe deterior, et unde peccatum vitare debui, amplius incurri. 10

11. Et hoc est quod subiungit: *Nam peccatum accepta occasione,* id est inventa causa incitandi nos ad concupiscentiam *per mandatum,* id est legem, de cuius oboedientia nimium praesumebamus, *seduxit me,* id est fefellit; reputans me scilicet singulariter Deo carum esse propter legem, 15 quam mihi dederat, et propter oboedientiam legis, quam ei exhibebam, ut vix aut numquam de damnatione mea vererer, quidquid facerem; et maxime concupiscentiam promissorum, quantacum|que esset, non arbitrans esse damna- | 199 bilem, cum prae ceteris oboediremus, pro quorum oboe- 20 dientia illa erant promissa. *Et per illud me occidit,* hoc est damnavit.

12. *Itaque lex quidem.* Quandoquidem lex cognitio est peccati et ad vitam data est potius quam ad mortem, igitur „lex quidem" *sancta est,* hoc est in nullo vitiosa sive culpa- 25 bilis, *et mandatum* eius *sanctum,* nihil videlicet iubens atque prohibens nisi quod oportet, atque ideo *iustum* in se *et bonum,* id est utile ac salubre oboedientibus.

---

[31] OVID, *am.* 3,4,17 (75 KENNEY).

[32] Der Text bietet *reputans* und *arbitrans,* was grammatisch auf *peccatum* zu beziehen wäre. Der Sinn erfordert jedoch, es auf den Autor (Paulus) zu beziehen, was *reputantem* und *arbitrantem* erfordern würde. Auch die Lesart von A *arbitramur* paßt nicht in den grammatikalischen Zusammenhang. Vgl. jedoch MOHRMANN, *Etudes* 1,32f zum isolierten Nominativ.

tes begonnen hat, zumal da man ja oft das noch heftiger begehrt, was verboten wird, nach jenem Spruch des Dichters: „Wir bemühen uns immer um das Verbotene und begehren das Versagte."[31]

10. *Ich dagegen starb,* der ich früher gewissermaßen krank, nicht tot, war und gewissermaßen gebessert, nicht verdammt werden mußte, gezüchtigt, nicht getötet, da ich durch geringeren Lohn gereizt war, wenn es irgendeine Begierde gab. *Und so erwies sich für mich,* das heißt, aus Anlaß des Gesetzes, wie gesagt wurde, durch das ich hätte besser sein sollen, bin ich weit schlechter geworden; und von dort aus, woher ich die Sünde hätte meiden müssen, bin ich weiter in sie geraten.

11. Und dies bedeutet, was er anschließt: *Denn nach dem die Sünde die Gelegenheit bekommen hatte,* das heißt, nachdem sie *durch das Gebot* die Gelegenheit gefunden hatte, uns zur Begierde zu reizen, das heißt durch das Gesetz, auf dessen Befolgung wir uns allzu viel zugute hielten, *verführte sie mich,* das heißt täuschte sie mich. Ich erwog nämlich[32], daß ich Gott auf einzigartige Weise lieb sei wegen des Gesetzes, das er mir gegeben hatte, und wegen des Gehorsams dem Gesetze gegenüber, den ich ihm erwies, so daß ich kaum oder niemals Furcht wegen meiner Verdammung hatte, was ich auch immer tat; und insbesondere hielt ich die Begierde nach den Verheißungen, wie groß auch immer sie war, nicht für verdammenswert, da wir vor allem den Geboten gehorsam waren, für deren Befolgung jenes verheißen war. *Und durch dieses tötete die Sünde mich,* das heißt verdammte mich.

12. *Daher ist das Gesetz zwar.* Da ja das Gesetz die Erkenntnis der Sünde bedeutet und eher zum Leben gegeben ist als zum Tode, *ist* also „das Gesetz zwar" *heilig,* das heißt in nichts fehlerhaft oder tadelnswert, *und* sein *Gebot heilig* — da es ja nichts befiehlt und verbietet als was nötig ist — und daher an sich *gerecht und gut,* das heißt nützlich und heilbringend für die, die ihm gehorsam sind.

13. *Quod ergo bonum est.* Duo dixit, scilicet et mandatum esse bonum et per illud tamen „accepta occasione" se
esse occisum. Unde quasi rationabiliter obiiciens quaerit:
Ergo „quod bonum est" in se, ipsum videlicet praeceptum,
factum est mihi mors, id est damnatio? *Absit!* Nullius enim 5
debet dici damnabile praeceptum, nisi cuius oboedientia
damnosa est, sicut fuit praeceptum diaboli ad Evam. *Sed
peccatum.* Dixi, quia mandatum „bonum est" nec mihi vel
alicui „mors", id est damnabile, dicendum est. Sed tamen
ipsum causa quodammodo mihi damnationis factum est, ex 10
ipso, ut dictum est, „occasione" concupiscentiae „accepta",
iuxta illud historiographi: „Omnia enim mala orta sunt ex
bonis initiis."

Sic lege: „Sed peccatum", id est fomes ille, ut diximus,
peccati, *per bonum,* subaudis mandatum legis sive per le- 15
gem ipsam, ut supra monstravimus, *operatum est mortem*
animae, id est omnem concupiscentiam, ita *ut appareat
peccatum,* id est culpa illa concupiscentiae sit manifesta et
inexcusabilis et ita, ut sit maxima. Et statim quod maxima
sit, ostendit dicens *ut peccatum,* id est fomes ille supradic- 20
tus peccati, *fiat peccans supra modum,* hoc est: ad peccandum maxime nos inclinans *per mandatum,* id est „occasione", ut dictum est, „accepta" ex lege.

---

[33] Bislang nicht identifiziert; ähnlich: AMBROSIUS, *De Isaac vel anima*
7,60 (CSEL 32/1,641–700); danach AUGUSTINUS, *enchir.* 14 (CCL 46,55);
ders., *c. Iul.* 1,37 (PL 44,666) und öfter.

13. *Was also gut ist.* Zweierlei hat er gesagt: nämlich einerseits, daß das Gebot gut sei, und andererseits, daß er dennoch, nachdem er durch jenes „den Anlaß erhalten" habe (vgl. Röm 7,11), getötet worden sei. Daher macht er gewissermaßen vernünftigerweise einen Einwand und fragt: Also ist, „was" an sich „gut ist", nämlich gerade das Gebot, *mir zum Tode geworden,* das heißt zur Verdammnis? *Das sei ferne!* Denn niemandes Gebot darf man verdammlich nennen außer das, dem gegenüber der Gehorsam verdammlich ist, wie es zum Beispiel das Gebot des Teufels an Eva war (vgl. Gen 3,4 f). *Sondern die Sünde.* Ich sagte, daß das Gebot „gut ist" und nicht für mich oder jemand anders „Tod", das heißt etwas Verdammliches, genannt werden darf. Aber trotzdem ist es mir auf eine gewisse Weise zur Ursache der Verdammnis geworden, da aus ihm, wie gesagt wurde, die „Gelegenheit" zur Begierde „stammte" (vgl. Röm 7,11) nach jenem Ausspruch des Geschichtsschreibers: „Denn alle Übel stammen aus guten Anfängen."[33]

Lies folgendermaßen: Sondern die Sünde, das heißt jener Zündstoff der Sünde, wie wir sagten, *hat durch das gute* — ergänze: Gebot des Gesetzes — oder durch das Gesetz selbst, wie wir oben gezeigt haben, *den Tod* der Seele *bewirkt,* das heißt jegliche Begierde, so *daß*[34] die Sünde *offenbar wird,* das heißt jene Schuld der Begierde offenbar und unentschuldbar und zwar so, daß sie am größten ist. Und sogleich zeigt er, daß sie am größten sei, indem er sagt: *so daß die Sünde,* das heißt jener oben erwähnte Zündstoff der Sünde, *über alles Maß sündigt,* das heißt uns besonders zum Sündigen geneigt macht, *durch das Gebot,* das heißt, nachdem sie, wie gesagt wurde, aus dem Gesetz den „Anlaß erhalten" hat (vgl. Röm 7,11).

---

[34] Wegen des vorgestellten *ita* ist hier und im folgenden das *ut* bei Abaelard als *ut consecutivum* aufzufassen.

‹§ Quaestio›

§ Forte quaerat aliquis, quomodo mandatum legis seu ipsa lex bonum dicatur vel ad vitam datum, vel quare etiam a Deo | datum, si salvare oboedientes non poterat. Ad quod | 200 respondemus legem in hoc esse datam ad vitam, ut etiam 5 populo Dei vitae aeternae meritum initiaret, non perficeret; et ideo bonam, tantummodo esse, quia omnia eius, ut dictum est, iusta sunt praecepta etiam secundum litteram, si non perfecta, et causas habent rationabiles quaecumque Deus praecipit, etiam si eas ignoremus. Fuit autem magnae 10 dispensatio providentiae rudi adhuc penitus et indisciplinato populo ac durae cervicis semper atque rebelli inchoationis aliqua, non perfectionis, dare mandata, ut saltem in aliquo addisceret oboedire, qui nullam adhuc aut pene nullam expertus fuerat oboedientiam, ut poeta meminit: 15 „Est quodam prodire tenus, si non datur ultra."

Nec nos, cum iumenta domamus, magna eis onera primum imponimus, sed in parvis eorum primitus exercitatam insolentiam ad magna perferenda paulatim conducimus.

Credimus tamen eos omnes, qui illi imperfectioni man- 20 datorum amore Dei potius quam timore obtemperant, ante diem sui exitus, quod de perfectione eis per ignorantiam deerat, quia lex tacuerat, vel per spiritualem aliquem doctorem vel per internam divinae gratiae inspirationem eis revelari. Multos quippe homines spirituales atque iam per 25

---

1 Quaestio § *vorangestellt bei* O^{mg} | Quaestio R^{mg}m^{mg}O^{mg} ‖ 2 Forte § *vorangestellt bei* O ‖ 7 bonam *bei Abaelard* bona; *die Konstruktion mit* bona *würde einen Zusatz von* dicitur *oder* est *statt* esse *erfordern. Am wahrscheinlichsten dürfte eine Verschreibung von* bona *statt* bonam *sein.*

---

[35] Zu Röm 7,12, oben 510,23–28.

\<Frage\>

Zufällig könnte wohl jemand fragen, wieso das Gebot des
Gesetzes oder das Gesetz selbst gut genannt wird oder zum
Leben gegeben, oder warum sogar von Gott gegeben, wenn
es die, die ihm gehorchten, nicht retten konnte. Darauf
antworten wir, daß das Gesetz insofern zum Leben gegeben
wurde, damit es auch dem Volke Gottes die Verdienstmög-
lichkeit für das ewige Leben eröffnete, nicht vollendete;
und daß es deshalb nur gut ist, weil, wie gesagt wurde[35], alle
seine Gebote auch dem Buchstaben nach gerecht, wenn
auch nicht vollkommen, und weil alles, was Gott gebietet,
vernünftige Gründe hat, auch wenn wir sie nicht kennen.
Es war aber eine Planung von großer Voraussicht, dem
noch völlig ungebildeten und unerzogenen und stets hart-
näckigen und aufständischen Volke irgendwelche Gebote
zur Einführung, nicht zur Vollkommenheit zu geben, damit es wenigstens bei irgend etwas zu gehorchen lernte,
nachdem es bislang keinen oder fast keinen Gehorsam ken-
nengelernt hatte, wie der Dichter erwähnt: „Es ist möglich,
bis zu einem gewissen Punkt zu gehen, wenn es nicht weiter
möglich ist."[36]

Auch wir legen den Lasttieren, wenn wir sie zähmen,
zuerst keine schweren Lasten auf, sondern wir bringen bei
ihren Jungen zunächst ihr ungezügeltes Temperament all-
mählich dazu, große Lasten zu tragen.

Dennoch glauben wir von allen, die jenen unvollkommenen Geboten eher aus Liebe zu Gott als aus Furcht
gehorchen, daß ihnen vor dem Tag ihres Todes das, was
ihnen aus Unkenntnis an der Vollkommenheit fehlte, da
das Gesetz es verschwiegen hatte, entweder durch irgendeinen geistlichen Lehrer oder durch eine innere Eingebung
der göttlichen Gnade offenbart wird. Viele Menschen ja,
die geistlich gesinnt waren und schon durch eine Einge-

---

[36] HORAZ, *epist.* 1,1,32 (241 KLINGNER).

inspirationem doctrina evangelicae praedicationis instruc-
tos prior ille populus habuit, qui etiam inimicorum quoque
dilectionem non solum scriptis, verum etiam factis plurimum docuerunt. Unde psalmista: „Si reddidi", inquit, „re-
tribuentibus mihi mala", etc., et iterum: „Cum his, qui 5
oderunt pacem, eram pacificus." Qui etiam summum inimicum suum Saulem sibi a Domino in manus traditum non
solum non occidit, sed etiam occisum graviter planxit, et
eum, qui se eius occisorem professus est, morte statim
punivit. Salomon quoque beneficentiam in inimicos com- 10
mendans ait: „Si esurierit inimicus tuus, ciba illum", etc.

\<De caritate Dei\>

Longe tamen a perfectione evangelica tam legis quam | pro- | 201
phetarum dicta disiuncta sunt. Ad quam quidem perfectionem discipulos Veritas adhortans aiebat: „Mandatum no- 15
vum do vobis, ut diligatis invicem, sicut dilexi vos." Haec
est illa vera et sincera dilectio, quam et Apostolus de-
scribens ait: „Non quaerit quae sua sunt; omnia suffert,
omnia credit, omnia sperat, omnia sustinet", ut etiam pro
fratribus animam parata sit ponere nec sua tantum illis, sed 20
se ipsam impendere. Ac si diligenter attendamus quod ait
Veritas: „sicut dilexi vos", et Apostolus: „Caritas non quaerit quae sua sunt", revera inveniemus evangelicum de dilectione proximi mandatum singulare ac novum. Tam sincera
enim circa nos Christi dilectio exstitit, ut non solum pro 25

---

12 De caritate Dei *am Rande ist bei R bis zum Ende der Auslegung von
7, 13 vermerkt:* De karitate dei — de caritate dei ‖ 24 ... singulare ac
novum O^{mg} *bemerkt:* Nota optimum processum de sincera dilectione, qua
deus absolute propter se ipsum est diligendus.

bung in der Lehre der evangelischen Verkündigung unterwiesen waren, hat jenes Volk zuvor gehabt. Sie haben sogar die Liebe zu den Feinden nicht allein durch Schriften, sondern auch durch Taten in höchstem Maße gelehrt. Daher hat der Psalmist gesagt: „Wenn ich denen vergolten habe, die mir Böses erwiesen ..." (Ps 7,5), und wiederum: „Zu denen, die den Frieden hassen, war ich friedfertig" (Ps 120,6 f: Vg. Ps 119,7). Er[37] hat sogar seinen schlimmsten Feind Saul, der ihm vom Herrn in die Hände gegeben worden war, nicht nur nicht getötet, sondern sogar, als er getötet worden war, heftig betrauert und den, der sich als sein Mörder zu erkennen gab, sogleich mit dem Tode bestraft (2 Sam 1, 1–16). Auch Salomo sagt, indem er Wohltätigkeit gegen Feinde empfiehlt: „Wenn dein Feind hungert, gib ihm Speise! ..." (Spr 25,21).

<Über die Liebe zu Gott>

Trotzdem sind die Aussprüche ebenso des Gesetzes wie der Propheten von der Vollkommenheit des Evangeliums weit entfernt. Die Wahrheit sagte ja, als sie die Jünger zu dieser Vollkommenheit aufforderte: „Ein neues Gebot gebe ich euch, daß ihr euch untereinander lieben sollt, wie ich euch geliebt habe" (Joh 13,34). Dies ist jene wahre und reine Liebe, bei deren Beschreibung auch der Apostel sagt: „Sie sucht nicht ihren Vorteil; sie erträgt alles, glaubt alles, hofft alles, hält alles aus" (1 Kor 13,5.7), so daß sie sogar bereit ist, ihr Leben für die Brüder hinzugeben (vgl. Joh 15,13) und nicht nur ihren Besitz, sondern sich selbst für jene hinzugeben. Doch wenn wir sorgfältig beachten, daß die Wahrheit sagt: „wie ich euch geliebt habe" (Joh 13,34), und der Apostel: „Die Liebe sucht nicht ihren Vorteil" (1 Kor 13,5), werden wir in der Tat das einzigartige neue Gebot der Nächstenliebe des Evangeliums entdecken. So rein ist nämlich uns gegenüber die Liebe Christi gewesen, daß er nicht

---

[37] Nämlich der Psalmist = David.

nobis moreretur, verum etiam in omnibus, quae pro nobis egerit, nullum suum commodum vel temporale vel aeternum, sed nostrum quaereret; nec ulla propriae remunerationis intentione, sed totum nostrae salutis desiderio egit.

Revera haec vera et sincera dilectio. Quam diligenter 5 attendens Apostolus scripto nobis quam exemplo commendans ait: „Sicut et ego per omnia omnibus placeo non quaerens, quod mihi utile est, sed quod multis, ut salvi fiant." Certus tamen esse debet, qui sic agit, de amplissima tantae dilectionis remuneratione. Nec tamen hac intentione 10 hoc agit, si perfecte diligit. Alioquin „sua" quaereret et quasi mercenarius, licet in spiritualibus, esset.

Nec iam etiam caritas dicenda, si propter nos eum, id est pro nostra utilitate et pro regni eius felicitate, quam ab eo speramus, diligeremus potius quam propter ipsum, in nobis 15 videlicet nostrae intentionis finem, non in ipso, constituentes. Tales profecto homines fortunae potius dicendi sunt amici quam hominis et per avaritiam magis quam per gratiam subiecti.

Quod quidem diligenter beatus attendens Augustinus in 20 libro „Quaestionum LXXXIII", capitulo XXXV: „Nihil", | inquit, „aliud est amare quam propter semetipsam rem ali- | 202 quam appetere." Rursus idem, id quod scriptum est exponens: „Voluntarie sacrificabo tibi et confitebor nomini tuo, quoniam bonum est": „Quid offeram", inquit, „nisi quod 25 ait: ,Sacrificium laudis honorificabit me?' Quare ,voluntarie'? Quia gratis amo quod laudo. Gratuitum sit, quod amatur et quod laudatur. Quid est gratuitum? Ipse propter se, non propter aliud. Si enim laudas Deum quod det tibi aliquid,

---

[38] AUGUSTINUS, *divers. quaest.* 35,1 (CCL 44A,50)

nur für uns starb, sondern sogar in allem, was er für uns getan hat, keinerlei eigenen Vorteil suchte — sei es zeitlichen,
sei es ewigen —, sondern nur den unseren; und er hat ohne
jedes Streben nach eigenem Lohn, sondern nur aus Verlangen nach unserem Heil gehandelt.

In der Tat ist diese Liebe wahr und rein. Sie beachtet der
Apostel sorgfältig und empfiehlt sie uns durch seine Schrift
wie durch sein Beispiel und sagt: „So wie auch ich in allem
allen zu Gefallen bin; ich suche nicht, was mir, sondern was
vielen nützlich ist, damit sie gerettet werden" (1 Kor 10,33).
Dennoch muß, wer so handelt, der höchsten Belohnung für
eine solch große Liebe sicher sein. Doch betreibt er dies
nicht in dieser Absicht, wenn er vollkommen liebt. Andernfalls suchte er „seinen" Vorteil und wäre gewissermaßen ein
Lohnarbeiter, wenn auch bei geistlichen Tätigkeiten.

Auch dürfte man es nicht mehr Liebe nennen, wenn wir
ihn (sc. Gott) eher unseretwegen liebten, das heißt wegen
unseres Nutzens und wegen der Glückseligkeit in seinem
Reiche, die wir von ihm erhoffen, als um seiner selbst
willen: wenn wir in uns selbst nämlich das Ziel unserer Absicht begründeten, nicht in ihm. Solche Menschen muß man
in der Tat eher Freunde des Glückes als Menschenfreunde
nennen und mehr aus Geiz als aus Gnade untertan.

Dies hat jedenfalls der selige Augustinus sorgfältig beachtet und im „Buch der 83 Fragen" im 35. Kapitel gesagt:
„Nichts anderes bedeutet es zu lieben, als irgendeine Sache
ihrer selbst wegen zu erstreben."[38] Derselbe hat wiederum
gesagt, indem er die Schriftstelle auslegte: „Freiwillig will
ich dir opfern und deinen Namen bekennen, weil er gut ist"
(Ps 54,8: Vg. 53,8): „Was soll ich opfern außer dem, was er
(sc. Gott) sagt: ‚Das Lobopfer wird mich ehren'? (Ps 50,23:
Vg. Ps 49,23). Weshalb ‚freiwillig'? Weil ich ohne Lohn
liebe, was ich preise. Umsonst soll sein, daß geliebt wird
und daß gepriesen wird. Was bedeutet umsonst? Er selbst
um seiner selbst willen, nicht um etwas anderes willen.
Denn wenn du Gott lobst, weil er dir irgend etwas geben soll,

iam non gratis amas Deum. Erubesceres, si uxor tua propter
divitias amaret, et forte si tibi paupertas accideret, de adul-
terio cogitaret. Cum ergo te a coniuge gratis amari vis, tu
Deum propter aliud amabis? Quod praemium accepturus
es a Deo, o avare? Non tibi terram sed se ipsum servat, ‚qui 5
fecit caelum et terram'. ‚Voluntarie sacrificabo tibi'; noli ex
necessitate; si enim propter aliud laudas, ex necessitate laudas. Si adesset tibi, quod amas, non laudares." Item: „Con-
temne omnia, ipsum attende. Et haec, quae dedit, propter
dantem bona sunt." Item: „Ipsum gratis dilige, quia melius 10
ab eo non invenis, quod det, quam se ipsum; aut si invenis
melius, hoc pete. ‚Voluntarie?' Quia gratis. Quid est gratis?
‚Quoniam bonum est' <ob> nihil aliud nisi quia ‚bonum
est'."

Ex his itaque beati Augustini verbis aperte declaratur, 15
quae sit vera in aliquem ac sincera dilectio, ipsum videlicet
propter se, non propter sua diligi. Denique, si Deum quia
me diligit diligam et non potius quia, quidquid mihi faciat,
talis ipse est, qui super omnia diligendus est, dicitur in me
illa Veritatis sententia: „Si enim eos diligitis qui vos dili- 20
gunt, quam mercedem habebitis?" Nullam profecto mercedem iustitiae, qui non aequitatem rei dilectae sed utilitatem
meam attendo. Et aeque alium vel plus diligerem, si aeque
mihi vel amplius prodesset, immo nec eum iam diligerem,
si in eo utilitatem meam non sperarem.   25

---

13 ob *fehlt bei Abaelard*

---

[39] AUGUSTINUS, *in psalm.* 10 (CCL 39,653 f).
[40] AUGUSTINUS, *in psalm.* 10 (CCL 39,654).
[41] AUGUSTINUS, *in psalm.* 10 (CCL 39,654).

liebst du Gott nicht mehr umsonst. Du würdest erröten, wenn deine Frau dich wegen deines Reichtums liebte und, wenn dich zufällig Armut träfe, an Ehebruch dächte. Wenn du also von deiner Gattin umsonst geliebt werden willst, willst du da Gott wegen etwas anderem lieben? Was für einen Lohn wirst du von Gott erhalten, du Geiziger? Er bewahrt für dich nicht ein Land, sondern sich selbst, er, ‚der Himmel und Erde gemacht hat‘ (Ps 115,15: Vg. Ps 113,23). ‚Freiwillig will ich dir opfern‘ (Ps 54,8: Vg. Ps 53,8): Tu es nicht aus Notwendigkeit! Wenn du nämlich wegen etwas anderem preist, lobpreist du aus Notwendigkeit. Wenn bei dir zugegen wäre, was du liebst, würdest du es nicht preisen.“[39] Ebenso: „Verachte alles, achte auf ihn! Auch das, was er gegeben hat, ist wegen des Gebers gut.“[40] Ebenso: „Ihn liebe umsonst, weil du keine bessere Gabe von ihm findest, die er geben könnte, als sich selbst; oder wenn du etwas Besseres findest, dann strebe danach! ‚Freiwillig?‘ Weil umsonst. Was bedeutet umsonst? ‚Weil er (sc. der Name) gut ist‘ (Ps 54,8: Vg. Ps 53,8), aus keinem anderen Grunde, als weil er ‚gut ist‘.“[41]

Aus diesen Worten des seligen Augustinus geht daher ganz deutlich hervor, was wahre und reine Liebe zu jemand ist: daß man ihn nämlich wegen seiner selbst, nicht wegen seiner Gaben liebt. Schließlich: Wenn ich etwa Gott lieben sollte, weil er mich liebt, und nicht vielmehr weil er selbst — was auch immer er mir tut — der ist, der über alles geliebt werden muß, dann trifft auf mich jener Ausspruch der Wahrheit zu: „Wenn ihr nämlich nur die liebt, die euch lieben, welchen Lohn werdet ihr haben?“ (Mt 5,46). In der Tat keinen Lohn der Gerechtigkeit werde ich haben, der ich nicht auf die Angemessenheit der geliebten Sache gegenüber, sondern auf meinen Nutzen achte. Und auf gleiche Weise oder noch mehr würde ich jemand anders lieben, wenn er mir auf gleiche Weise oder noch mehr nützte, ja ich würde ihn sogar gar nicht mehr lieben, wenn ich in ihm nicht Nutzen für mich erhoffte.

Unde complures et paene omnes in tam reprobum sen-
sum | devoluti sunt, ut plane fateantur se nullatenus Deum | 203
venerari sive diligere, si eum sibi minime profecturum crederent, cum tamen ipse non minus diligendus esset, si eum
puniret, cum id ipse non nisi iuste faceret et eius praeveni-   5
entibus meritis vel aliqua causa rationabili, quae hoc ipso
quod iusta esset omnibus placere deberet. Denique quis
aliquem dignum gratia censeat quem non sibi gratis, sed
cupiditate retributionis deservire noverit? Si pro hoc servitio gratiae cuiquam rei sunt referendae, magis rebus nostris, 10
pro quibus nobis servitur, quam his, qui deserviunt, exhi-
bendae sunt, veluti cum mihi mercenarius, quem conduxi,
pro multa mercede multum deservit ac proficit, aut cum
mihi aliquis amore alterius, non mei ipsius, mihi famulatur,
gratia est referenda his, pro quibus id fit, non eis, qui   15
faciunt, est reddenda.

\<Obiectio\>

At fortassis dicis, quoniam Deus se ipso nos, non alia re, est
remuneraturus, et se ipsum, quo nihil maius est, ut beatus
quoque meminit Augustinus, nobis est daturus. Unde, cum   20
ei deservis pro eo, quod exspectas ab eo, id est pro aeterna
beatitudine tibi promissa, utique propter ipsum id pure ac
sincere agis et pro illa, qua debes, remuneratione, sicut ipsemet admonet dicens beatos illos, qui se ipsos propter re-

---

17 Obiectio *vorangestellt bei O^{mg} von späterer Hand*

---

[42] Im lateinischen Text: *eum* (ihn), was nicht zu *complures* paßt.
[43] Da Abaelard auf ein Beispiel aus dem menschlichen Leben verweist,

Daher sind mehrere und beinahe alle in ein solch verwor-
fenes Denken (Röm 1,28) verfallen, daß sie offen bekennen,
sie würden Gott überhaupt nicht verehren oder lieben,
wenn sie glaubten, daß er ihnen überhaupt nicht nützen
werde. Dabei müßte er doch nicht weniger geliebt werden,
wenn er jemand[42] bestrafte, da er das nur auf gerechte Weise
tun würde, und zwar aufgrund von dessen vorausgehenden
Verdiensten oder irgendeiner vernünftigen Ursache, die
eben dadurch, daß sie gerecht wäre, die Zustimmung aller
finden müßte. Schließlich: Wer sollte wohl jemand für dan-
keswürdig[43] halten, bei dem er erkennt, daß er ihm nicht
umsonst, sondern aus Verlangen nach Belohnung dient?
Wenn für diesen Dienst irgendeiner Sache Dank abgestattet
werden muß, dann muß er mehr unserem Vermögen, für
das man uns dient, als denen, die dienen, abgestattet werden. Zum Beispiel: Wenn mir ein Tagelöhner, den ich ge-
mietet habe, für großen Lohn großen Dienst leistet und
Nutzen erweist, oder wenn mir jemand aus Liebe zu jemand anders, nicht zu mir selbst, dient, dann muß der Dank
dem abgestattet werden, wofür dies geschieht, nicht denen,
die es ausführen.

<Einwand>

Doch vielleicht sagst du, daß Gott uns mit sich selbst, nicht
mit etwas anderem, belohnen will und sich selbst — das
größte, was es gibt, wie auch der selige Augustinus erwähnt
— uns schenken.[44] Wenn du ihm daher für das dienst, was
du von ihm erwartest, das heißt für die ewige Glückseligkeit, die dir versprochen ist, dann tust du dies auf jeden
Fall rein und aufrichtig seinetwegen, und zwar für jenen
Lohn, für den du es mußt, so wie er selbst mahnt, wenn er
die glückselig nennt, die sich selbst wegen des Himmel-

---

dürfte *gratia* hier (ebenso wie im folgenden) die Bedeutung „Dank" haben.
[44] Vgl. Augustinus, *doctr. christ.* 1,7,7 (CCL 32,10); ders., *in psalm.* 49,4
(CCL 38,587).

gnum caelorum castraverunt, et psalmista: „Inclinavi", inquit, „cor meum ad faciendas iustificationes tuas propter retributionem." At tunc profecto Deum pure ac sincere propter se diligeremus, si pro se id tantummodo, non pro nostra utilitate faceremus, nec qualia nobis donat, sed in se 5 qualis ipse sit, attenderemus. Si autem eum tantum in causa dilectionis poneremus, profecto quidquid ageret, vel in nos vel in alios, quoniam non nisi id optime faceret, eum, ut dictum est, aeque diligeremus, quia semper in eo nostrae dilectionis integrae causam inveniremus, qui integre sem- 10 per et eodem modo bonus in se et amore dignus perseverat.

Talis est verus paternae dilectionis affectus in filium vel | castae uxoris in virum, cum eos etiam sibi inutiles magis | 204 diligunt quam quoscumque utiliores magis habere possent. Nec si qua propter eos incommoda sustineat, potest amor 15 minui, quoniam amoris integra causa subsistit in ipsis, quos diligunt, dum eos habent, non in commodis suis, quae per eos habeant. Quod bene in consolatione uxoris Corneliae Pompeius victus et profugus commemorans ait: „Quod defles, id amasti." 20

Saepe etiam qui liberalis animi sunt homines et magis honestatem quam utilitatem sequuntur, si quos forte sui consimiles viderint, a quibus tamen nihil emolumenti sperent, maioris eos dilectionis amplectuntur affectu quam proprios servos, a quibus quotidiana suscipiunt com- 25 moda. Utinam et in Deum tam sincerum haberemus affectum, ut secundum quod bonus est in se magis quam secundum quod nobis utile est eum diligeremus, et ei, quod

---

[45] Vgl. oben 516, 12 – 520, 25.
[46] LUCAN 8, 85 (275 BADALÌ).

reiches entmannt haben (Mt 19,12). Und der Psalmist hat gesagt: „Ich habe mein Herz geneigt, deine Gerechtigkeit zu erfüllen wegen der Belohnung" (Ps 119,112: Vg. Ps 118,112). Doch dann würden wir in der Tat Gott rein und aufrichtig seinetwegen lieben, wenn wir dies allein für ihn, nicht für unseren Nutzen täten und wenn wir nicht darauf achteten, was er uns schenkt, sondern wie er selbst an sich ist. Wenn wir aber nur ihn zum Grund für unsere Liebe machten, dann würden wir ihn in der Tat, wie gesagt[45], auf gleiche Weise lieben, was auch immer er ausführte, sei es gegen uns, sei es gegen andere, da er dies nur aufs beste ausführen würde. Denn wir würden ja immer in ihm den Grund für unsere gesamte Liebe finden, der immer völlig und auf dieselbe Weise beständig gut in sich und der Liebe würdig ist.

Solcher Art ist die wahre Zuneigung väterlicher Liebe zum Sohn oder die der keuschen Gattin zu ihrem Mann, wenn sie diese selbst dann, wenn sie ihnen nicht nützlich sind, mehr als alle lieben, die sie als nützlicher ansehen könnten. Nicht einmal wenn sie derentwegen irgendwelche Nachteile erfährt, kann die Liebe sich verringern; denn der Grund der Liebe beruht ganz und gar auf denen, die sie lieben, solange sie sie haben, nicht auf ihren eigenen Vorteilen, die sie möglicherweise durch sie haben. Dies erwähnt treffend der besiegte und flüchtige Pompejus beim Trost seiner Gattin Kornelia und sagt: „Was du beweinst, das hast du geliebt."[46]

Oft auch schließen Menschen, die von edler Gesinnung sind und mehr der Ehrenhaftigkeit als dem Vorteil nachgehen, wenn sie zufällig Menschen ihresgleichen erblickt haben, von denen sie sich jedoch keinerlei Vorteil erhoffen, diese mit größerer Zuneigung ins Herz als die eigenen Knechte, von denen sie täglich Nutzen haben. Hätten wir doch auch zu Gott eine solch reine Zuneigung, daß wir ihn mehr im Hinblick darauf liebten, daß er in sich gut ist, als im Hinblick darauf, was für uns nützlich ist! Und bewahrte

suum est, nostra integre iustitia servaret, ut, quia videlicet
summe est bonus, summe ab omnibus diligeretur!

Quod autem fidelis anima supra dixit in psalmo se incli-
natam ad bona opera fuisse „propter retributionem", in-
choationem bonae operationis, non perfectionem ostendit. 5
Quisque etenim imperfectus primo ad bene operandum, id
est ad praecepta Dei implenda, spe retributionis allicitur et
timore potius quam amore, sicut scriptum est: „Initium sa-
pientiae timor Domini." Cuius quidem caritas est consummatio sive finis, id est perfectio, sicut alibi dicitur: „Omnis 10
consummationis vidi finem latum mandatum tuum nimis."
Bene itaque dixit: „Inclinavi", hoc est: In initio suae operationis spe et desiderio retributionis id aggressus est. Quod
vero eos Veritas laudat beatos „qui se castraverunt propter
regnum caelorum," id est continenter vixerunt propter 15
beatitudinem aeternam, ita intelligendum puto, quod hoc
per continentiam illam sunt assecuti, sicuti cum de aliquo
dicimus eum exisse ut moreretur, id est exisse et ideo mortem consecutum esse, non hac intentione ut ei accideret.

14. *Scimus enim.* Probat quod dixerat, legem videlicet 20   205
Moysi bonam esse, licet occasionem inde in peccatum acce-
perit, quia videlicet est spiritualis lex, non saecularis, tamquam
digito Dei scripta, id est Spiritu Sancto dictante composita et
data, non ab hominibus inventa. *Ego autem carnalis sum,* id
est carnalibus voluptatibus et terrenis inhians desideriis; 25

---

3 Quod solutio *vorangestellt bei O^{ms} von späterer Hand*

---

[47] Zu dieser Definition vgl. oben 293 Anm. 12 zu Röm 3,27.
[48] Vgl. zu Röm 5,20 oben 438,21–23.

doch unsere Gerechtigkeit ihm ganz und gar das, was ihm
zukommt[47], so daß er, da er ja in höchstem Maße gut ist, in
höchstem Maße von allen geliebt würde!

Daß aber eine gläubige Seele oben im Psalm gesagt hat,
sie sei zum Guten geneigt gewesen „wegen der Vergeltung"
(Ps 119,112: Vg. Ps 118,112), das weist auf den Beginn guten
Tuns, nicht auf die Vollendung hin. Jeder Unvollkommene
nämlich wird zunächst durch die Aussicht auf Belohnung
zum guten Tun, das heißt zur Erfüllung der Gebote Gottes,
verlockt und durch Furcht eher als durch Liebe, wie geschrieben steht: „Der Anfang der Weisheit ist die Furcht
vor dem Herrn" (Ps 111,10: Vg. Ps 110,10). Deren Vollkommenheit oder Ziel, das heißt ihre Vollendung, ist ja die
Liebe, wie es an einer anderer Stelle heißt: „Ich sah als Ziel
aller Vollkommenheit dein sich sehr weit erstreckendes
Gebot" (Ps 119,96: Vg. Ps 118,96). Gut hat er daher gesagt:
„Ich habe geneigt" (Ps 119,112: Vg. Ps 118,112), das heißt:
Er hat es zu Beginn seines Tuns in der Hoffnung und in dem
Verlangen nach Belohnung begonnen. Daß aber die Wahrheit die glücklich preist, „die sich entmannt haben wegen
des Himmelreiches" (Mt 19,12), das heißt, die enthaltsam
gelebt haben wegen der ewigen Seligkeit, das muß man, wie
ich glaube, so verstehen, daß sie dies durch jene Enthaltsamkeit so erlangt haben, wie wenn wir von jemand sagen,
er sei ausgegangen, um zu sterben, das heißt, er sei ausgegangen und habe deshalb den Tod gefunden, nicht sei er
aber mit dem Vorsatz ausgegangen, daß er ihm zustoßen
solle.[48]

14. *Denn wir wissen.* Er beweist, was er gesagt hatte, daß
nämlich das Gesetz des Mose gut sei (Röm 7,12), mag er
auch von dort die Gelegenheit zur Sünde erhalten haben:
Denn das Gesetz ist ja geistlich, nicht weltlich, gleichsam
mit dem Finger Gottes geschrieben, das heißt nach Diktat
des Heiligen Geistes verfaßt und erlassen, nicht von Menschen erfunden. *Ich aber bin fleischlich,* das heißt, ich strebe
nach leiblichen Vergnügungen und irdischen Begierden;

atque adeo „carnalis sum", ut sim *venumdatus sub peccato,*
hoc est: sponte me peccato et eius servituti subiiciens pretio
terrenorum bonorum, id est omnem exercens concupiscentiam propter illa acquirenda et obtinenda; vel etiam in
primis parentibus „venumdatus" cum ipsis sub peccato, ob 5
dilectionem scilicet et gustum pomi quod Eva concupivit.
Ecce unde facti sumus captivi! Vendere nos potuimus, redimere non possumus. Sanguis innocens datus est pro nobis,
nec nostris nos viribus a domino peccati liberare possumus,
sed gratia redemptoris. 10

15. *Quod enim operor.* Quantum carnalis et infirmus sit
factus et quanto pravae consuetudinis iugo depressus,
ostendit dicens se committere scienter malum ipsum quod
non vult, quasi si aliquis cogente domino id, quod non vult,
operetur. Et hoc est: „Quod enim operor", *non intelligo* 15
esse operandum, id est non credo, ut fieri debeat, immo
indubitanter scio esse malum et ideo non esse faciendum.
Non enim quod. Probat se male agere contra propriam
conscientiam, quia et quod bonum esse recognoscit, dimit-
tit, et quod non dubitat esse malum, facit. Et hoc est quod 20
dicit: *Non ago,* id est non facio, *bonum quod volo,* id est
quod approbo debere fieri et cui per rationem consentio,
sed malum quod odi, hoc est quod, ut dictum est, non volo,
sed rationis iudicio reprobo atque damno.

16. *Si autem.* Redit ad commendationem legis, ut ex 25
nostro quoque iudicio eam bonam esse convincat, quae id
videlicet prohibet, quod nos per rationem esse malum de-

---

[49] Wortspiel: *emere* (kaufen) — *redimere* (zurückkaufen, erlösen).

und „ich bin" so sehr „fleischlich", daß ich *verkauft bin
unter die Sünde,* das heißt: Aus eigenem Willen unterwerfe
ich mich der Sünde und ihrer Knechtschaft um den Preis
irdischer Güter, das heißt, ich übe jede Begierde aus, um
jene zu erwerben und zu besitzen. Oder: Auch in den ersten
Vorfahren bin ich mit ihnen zusammen „verkauft worden"
unter die Sünde, wegen der Liebe nämlich und wegen des
Kostens von dem Apfel, den Eva begehrt hat (Gen 3,6).
Sieh, woher wir Gefangene geworden sind! Verkaufen haben wir uns können, zurückkaufen[49] können wir uns nicht.
Unschuldiges Blut ist für uns dahingegeben worden, und
wir können uns nicht aus unseren eigenen Kräften von der
Herrschaft der Sünde befreien, sondern (*sc.* nur) durch die
Gnade des Erlösers.

15. *Denn was ich tue.* Wie sehr er fleischlich und schwach
geworden ist und durch welch großes Joch verkehrter Gewohnheit niedergedrückt, zeigt er, indem er sagt, er begehe
wissentlich gerade das Böse, das er nicht wolle, sozusagen
wie wenn jemand — wenn sein Herr ihn zwinge — das, was
er nicht wolle, tue. Und dies bedeutet: „Denn was ich tue",
von dem *erkenne ich nicht,* daß es getan werden muß, das
heißt, ich glaube nicht, daß es geschehen muß, ja ich weiß
unzweifelhaft, daß es schlecht ist und daher nicht getan
werden darf. *Denn nicht (sc. das Gute), das.* Er beweist, daß
er schlecht gegen sein eigenes Gewissen handelt, da er auch
das unterläßt, was er als gut erkennt, und das tut, von dem
er nicht bezweifelt, daß es schlecht ist. Und dies bedeutet,
daß er sagt: *Ich tue nicht,* das heißt, ich mache nicht, *das
Gute, das ich will,* das heißt, was — wie ich billige —
geschehen muß und dem ich durch meine Vernunft zustimme, sondern *das Böse, das ich hasse,* das heißt, das ich, wie
gesagt, nicht will, sondern nach dem Urteil meines Verstan-
des mißbillige und verurteile.

16. *Wenn aber.* Er kehrt zur Empfehlung des Gesetzes
zurück, um zu beweisen, daß es auch nach unserem Urteil
gut ist: Es verbietet ja das, was wir durch unsere Vernunft

prehendimus, sicut est concupiscere, cum ait: „Non concupisces." Et hoc est: „Si" *facio quod nolo,* id est quod non
approbo, *consentio* et concordo *legi* de hoc, *quia bona est,*
cum eam videlicet ea | prohibere video, quae ego ipse mala | 206
esse iudico, sicut concupiscentiam, de qua superius dixit, 5
sive ira, odium, invidia. Quam etiam nolentes habemus,
quia profecto concupiscere nollemus, licet, quod concupiscimus, volentes et cum delectatione peragamus.

<§ *Determinationes quaedam*>

§ Cum itaque dicitur omne peccatum voluntarium et cum 10
dicitur nemo peccare invitus, de actu hoc peccati, non de
concupiscentia est intelligendum. § Omnis quippe actus
peccati inde voluntarius potius quam necessarius dicitur,
quod ex voluntate quacumque praeeunte ipse descendit,
sive illud per ignorantiam sive per aliquam fiat coactionem. 15
Verbi gratia: Iacit aliquis lapidem improvide, et fortuitu,
non scienter, hominem interficit. Haec profecto interfectio
ex voluntate iaciendi lapidem, non interficiendi hominem
procedit. Est et alius qui irruentem super se hostem coactus
interficit, ne ab eo scilicet interficiatur; et peccare invitus 20
dicitur, cum id quoque tamen ex voluntate evadendi mortem potius quam ex desiderio ante habito occidendi hominem agat. Omnis itaque actus peccandi voluntarius et non
necessarius in eo dicitur, quod ex quacumque, ut dictum
est, voluntate descendit.   25

---

9 Determinationes § *vorangestellt bei* O^{mg} | Determinationes quaedam
R^{mg}m^{mg}O^{mg} ‖ 10 Cum § *vorangestellt bei* O ‖ 12 Omnis § *vorange-*
stellt bei O

---

[50] Zu Röm 7, 8, oben 508, 1–21.
[51] Während der Text den grammatikalisch korrekten Akkusativ *concu-*

als schlecht erkennen — wie es zum Beispiel das Begehren
ist —, indem es sagt: „Du sollst nicht begehren!" (Ex 20,17;
Röm 7,7). Und dies bedeutet: „Wenn" *ich tue, was ich nicht
will,* das heißt was ich nicht billige, *stimme ich zu* und bin
einverstanden mit *dem Gesetz* darin, *daß es gut ist;* denn ich
sehe ja, daß es das verbietet, was ich selbst als schlecht
beurteile, wie zum Beispiel die Begierde, von der er weiter
oben gesprochen hat[50], oder Zorn, Haß und Neid.[51] Sie[52]
haben wir auch, ohne es zu wollen; denn in der Tat wollten
wir wohl keine Begierde haben, mögen wir auch das, was
wir begehren, willentlich und mit Vergnügen durchführen.

<Gewisse nähere Bestimmungen>

Wenn daher gesagt wird, jede Sünde sei willentlich, und
wenn gesagt wird, niemand sündige gegen seinen Willen,
dann muß man dies vom Akt des Sündigens, nicht von der
Begierde verstehen. Jeder Akt der Sünde wird ja deshalb
eher willentlich als notwendig genannt, weil er aus einem
beliebigen vorausgehenden Willen hervorgeht, sei es, daß
die Sünde aus Unkenntnis, sei es, daß sie aus irgendeinem
Zwang heraus geschieht. Zum Beispiel: Jemand wirft un-
vorsichtig einen Stein und tötet zufällig, nicht bewußt einen
Menschen. Diese Tötung geht in der Tat aus dem Willen
hervor, den Stein zu werfen, nicht aus dem, einen Menschen
zu töten. Es gibt auch jemand anders, der notgedrungen
einen Feind tötet, der sich auf ihn stürzt, um nämlich nicht
selbst von ihm getötet zu werden; und man sagt, daß er,
ohne es zu wollen, sündige, da er auch dies doch eher aus
der Absicht heraus tue, dem Tod zu entgehen, als aus einem
schon vorher gefaßten Verlangen heraus, einen Menschen
zu töten. Jeder Akt des Sündigens heißt daher willentlich
und nicht notwendig insofern, als er — wie gesagt wurde —
aus irgendeiner Willensabsicht hervorgeht.

---

piscentiam bietet, stehen *ira, odium, invidia* im Nominativ.
[52] Gemeint: die *concupiscentia,* die Begierde.

Si quis tamen dicat occisionem illam hominis per iactum lapidis voluntariam, non concedo, sicut iactum lapidis voluntarium dico. Frequenter enim nomina ex adiunctis suas variant significationes, ut cum omnem substantiam concedamus, non tamen ideo omnem hominem. Ita et, cum omne 5 peccatum dicamus voluntarium, id est omnem actum peccati ex aliqua, ut dictum est, voluntate procedere, non tamen occisionem illam concedimus voluntariam, hoc est, ex voluntate quam aliquis haberet occidendi illum esse commissam. 10

Hoc itaque modo, cum coacti peccatum committimus, simul et quod volumus et quod nolumus efficimus, velut in supraposito exemplo, dum coacti hominem occidimus, mortem per hoc evitamus, quod volumus, et homicidium facimus, | quod non volumus. Sic et in coitu uxoris alterius 15 | 20 ipse nobis placet concubitus, non adulterii offensa vel reatus, quem incurrimus. Coitu itaque tantum, non adulterio delectamur, quia nihil ad voluptatem adulterii reatus pertinet sed magis ad conscientiae tormentum; et quo minus peccaremus atque adulterium vitaremus, eam, cum qua for- 20 nicamur, nequaquam esse coniugatam vellemus.

Cum itaque dicitur: „Non quod volo ago, sed quod nolo", nihil obest, si nolle et velle proprio et usitato modo sumamus, pro placere scilicet atque displicere, quia frequenter, ut dictum est, in eodem actu et quod placet et quod 25 displicet invenimus, sicut in ipso coitu carnalis voluptas et adulterii culpa. Possumus et iuxta superiorem rationem

Wenn trotzdem jemand jene Tötung des Menschen durch den Wurf des Steines willentlich nennen sollte, so gestehe ich es nicht zu, ebenso wie ich andererseits das Werfen des Steines willentlich nenne. Häufig nämlich verändern Begriffe aufgrund des Kontextes ihre Bedeutungen, so daß wir, wenn wir auch einräumen: jede Substanz, wir deshalb trotzdem noch nicht einräumen: jeden Menschen. So gestehen wir auch, obwohl wir jede Sünde willentlich nennen — das heißt, daß jeder Akt der Sünde, wie gesagt, aus irgendeinem Willen hervorgeht —, trotzdem nicht zu, daß jene Tötung willentlich sei, das heißt, daß sie aus dem Willen heraus begangen worden sei, den jemand hatte, jenen zu töten.

Auf diese Weise führen wir daher, wenn wir notgedrungen eine Sünde begehen, zugleich sowohl das aus, was wir wollen, als auch das, was wir nicht wollen. Zum Beispiel vermeiden wir im oben angeführten Beispiel, während wir notgedrungen einen Menschen töten, dadurch den Tod, was wir wollen, und wir begehen eine Tötung, was wir nicht wollen. So gefällt uns auch, wenn wir der Frau eines anderen beiwohnen, das Beiwohnen selbst, nicht die Kränkung durch den Ehebruch oder die Schuld, in die wir geraten. Durch den Beischlaf also nur, nicht durch den Ehebruch, werden wir erfreut, denn die Schuld des Ehebruchs hat nichts mit dem Vergnügen zu tun, sondern eher mit der Qual des Gewissens; und damit wir um so weniger sündigten und den Ehebruch vermieden, wollten wir, daß die, mit der wir Ehebruch treiben, gar nicht verheiratet wäre.

Wenn es daher heißt: „Nicht was ich will, tue ich, sondern was ich nicht will", steht nichts dem entgegen, wenn wir nicht wollen und wollen im eigentlichen und gebräuchlichen Sinn nehmen, als gefallen nämlich und mißfallen; denn häufig finden wir, wie gesagt wurde, in derselben Handlung sowohl, was gefällt, als auch, was mißfällt, so wie gerade im Beischlaf fleischliche Lust und Schuld des Ehebruchs sind. Wir können auch auf die weiter oben angeführte Weise

velle et nolle pro approbare et improbare accipere, quomodo et Deus nonnulla velle et nolle dicitur. Neque enim in
eo potest esse commotio animi, quae in nobis voluntas seu
voluptas, id est delectatio, dicitur, sed cum eum velle aliquid dicimus, aut eius approbationem aut dispositionem 5
significamus. Alioquin — cum dicit Veritas: „Quotiens
volui congregare filios tuos et noluisti?", vel Apostolus:
„Qui vult", inquit, „omnes salvos fieri et neminem perire",
et rursus psalmista: „Quaecumque voluit fecit", vel idem
Apostolus: „Voluntati enim eius quis resistit?" —, maxi- 10
mam incurreremus controversiam. In superioribus itaque
duobus locis velle Dei approbare dicitur, ut id videlicet,
quod approbat seu consulit, ut fiat, et quod, si factum sit,
tamquam sibi placitum remunerat, velle dicatur. Reliquis
vero duobus inferioribus locis velle eius disponere dicitur 15
atque apud se stabilire, quod facturus est. Quae quidem
voluntas numquam effectu carebit nec ei ab aliquo resiste-
tur.

17. *Nunc autem.* Postquam ita videlicet legi consentio per
rationem et a me ipso dissideo per ipsam rationem et car- 20
nalem concupiscentiam, dum spiritus scilicet adversus carnem et caro adversus spiritum concupiscit, *iam non ego illud*
malum *operor, sed peccatum,* id est prava concupiscentia.
Non dicit simpliciter: „Non ego illud operor", sed ita dicit:
„Non ego, sed peccatum", quod est dicere: Non ad hoc ex 25
natura, | sed ex vitio naturae iam ei dominante pertrahor, | 208
immo ex natura, per quam rationalis sum a Deo creatus, re-
luctor concupiscentiae et eam damno potius quam consentio.

---

[53] Abaelard gebraucht hier — wie auch an mehreren anderen Stellen —
consulere auch in der Bedeutung „raten", die im klassischen Latein nicht
gebräuchlich ist; vgl. MLW 2, s.v. consulere II, 1661; LATHAM, *Dictionary,*
s.v. consulere 4., 461 f.

wollen und nicht wollen als billigen und mißbilligen auffassen; auf diese Weise sagt man auch, Gott wolle einiges und wolle es nicht. Denn keineswegs kann in ihm eine
Gemütsbewegung sein, die in uns Wille oder Lust, das
heißt Vergnügen, heißt; sondern wenn wir sagen, er wolle
etwas, bezeichnen wir entweder seine Billigung oder
seinen Plan. Andernfalls würden wir in sehr großen Widerspruch geraten, wenn die Wahrheit sagt: „Wie oft wollte
ich deine Kinder um mich sammeln, und du wolltest
nicht!" (Mt 23,37), oder wenn der Apostel sagt: „Er will,
daß alle gerettet werden und niemand umkommt" (1 Tim
2,4), und wiederum der Psalmist: „Alles, was er wollte, das
hat er getan" (Ps 115,3: Vg. Ps 113,11 = 113B,3), oder
derselbe Apostel: „Denn wer widersteht seinem Willen"
(Röm 9,19)? An den beiden zuerst genannten Stellen heißt
daher Wollen Gottes Billigen, so daß man nämlich sagt,
er wolle das, was er billigt und zu dessen Durchführung er
rät[53] und was er, wenn es durchgeführt ist, gewissermaßen als ihm gefällig belohnt. An den übrigen beiden Stellen
weiter unten aber heißt sein Wollen Planen und Bei-sich-
Festigen, was er tun will. Dieser Wille wird ja niemals
ohne Erfolg sein, und ihm wird niemand sich widerset-
zen.

17. *Jetzt aber.* Nachdem ich ja so dem Gesetz aus Vernunft zustimme und zu mir selbst im Widerspruch stehe
gerade durch die Vernunft und die fleischliche Begierde,
während nämlich der Geist gegen das Fleisch und das
Fleisch gegen den Geist aufbegehrt, *tu nicht mehr ich jenes*
Böse, *sondern die Sünde,* das heißt die falsche Begierde. Er
sagt nicht einfach: „Ich tu jenes nicht", sondern er sagt so:
„Nicht ich, sondern die Sünde", was sagen will: Ich werde
hierzu nicht aufgrund meiner Natur verleitet, sondern aufgrund eines Fehlers der Natur, der sie schon beherrscht. Ja
vielmehr widersetze ich mich der Begierde aufgrund der
Natur, durch die ich von Gott vernünftig geschaffen bin,
und verurteile sie eher, als daß ich ihr zustimme. Dadurch,

Cum dicit: *Quod habitat in me* peccatum et non dicit: quod
est in me, quasi advenientem incolam, non naturalem civem
ipsum demonstrat, et iam habitaculum in se habentem per
diutinam consuetudinem, non transitum.

18. *Scio enim.* In me iam, ut dictum est, carnali facto, 5
peccatum inhabitat, id est assidue manet, ut iam quasi in
habitum sit mihi conversum, *quia bonum,* id est virtus quae
est optimus animi habitus, iam non manet in me carnali
facto. Quod significat cum dicit: *Hoc est in carne mea. Nam
velle.* Probat se virtute destitutum, cum bonum, quod vult, 10
id est per rationem faciendum esse approbat, implere per
infirmitatem carnalis concupiscentiae non queat. *Perficere
bonum* est bonae voluntati factum adiungere; quod in me,
inquit, *non invenio,* si bene me circumspiciam et diligenter
discutiam. *Velle* itaque *mihi* naturaliter *adiacet,* quia ex me 15
ipso et propria creatione rationem habeo, per quam bonum
faciendum esse approbo, sed ex me illud perficere non
habeo, nisi videlicet ex apposita mihi gratia.

19s. *Non enim quod.* Ac si diceret: Non invenio me
perficere *bonum quod volo,* quia e contrario illud dimitto 20
et malum *facio,* et ita — ut iam supra quoque meminit — *si
quod nolo, illud facio, non ego operor,* etc.

21. *Invenio igitur.* Quandoquidem lex, ut supra dictum
est, cognitionem peccati mihi attulit, per quam quidem
cognitionem volo bonum facere, quod ipsa docet, et ei per 25
rationem consentio, licet inde peccatum occasionem ac-

daß er sagt, die Sünde, *die in mir wohnt,* und nicht sagt: welche in mir ist, weist er darauf hin, daß sie gewissermaßen ein zuziehender Einwohner, nicht ein natürlicher Bürger ist und daß sie nunmehr in ihm einen festen Wohnsitz habe aus langer Gewöhnung, nicht nur einen vorübergehenden Aufenthalt.

18. *Denn ich weiß.* In mir, der ich nämlich schon, wie gesagt wurde (Röm 7,14), fleischlich geworden bin, *wohnt die Sünde,* das heißt, sie bleibt beständig, so daß sie mir gewissermaßen schon zu einer Dauerhaltung geworden ist. *Denn das Gute,* das heißt die Tugend, welche die beste geistige Dauerhaltung ist, bleibt nicht mehr in mir, nachdem ich fleischlich geworden bin. Dies bezeichnet er, indem er sagt: *Das heißt: in meinem Fleische. Denn das Wollen.* Er beweist, daß er von der Tugend abgekommen sei, da er das Gute, das er will — das heißt, von dem er durch seine Vernunft anerkennt, daß es getan werden muß —, durch die Schwäche der fleischlichen Begierde nicht erfüllen kann. *Das Vollbringen des Guten* bedeutet, der guten Absicht die Tat anzufügen. Dies, sagt er, *finde ich* bei mir *nicht,* wenn ich mich recht anschaue und sorgsam prüfe. *Das Wollen liegt mir* daher von Natur aus *nahe;* denn aus mir selbst und meiner eigenen Schöpfung heraus besitze ich die Vernunft, durch die ich billige, daß das Gute getan werden muß; aber aus mir selbst heraus vermag ich es nicht zu vollbringen, es sei denn freilich durch die mir zugefügte Gnade.

19f. *Denn nicht was.* Wie wenn er sagen wollte: Ich finde nicht, daß ich *das Gute, das ich will,* vollbringe. Denn im Gegenteil: Ich unterlasse es und *vollbringe* das Böse, und so — wie er auch oben schon erwähnt hat — *bin nicht mehr ich es, der es vollbringt, wenn ich das tue, was ich nicht will …* (Röm 7,17).

21. *Ich finde also.* Da ja das Gesetz, wie oben gesagt wurde (vgl. Röm 7,11), mir die Erkenntnis der Sünde gebracht hat — durch diese Erkenntnis will ich ja das Gute tun, welches es selbst lehrt, und ich stimme ihm durch meine Vernunft zu, mag auch die Sünde von dort einen Anlaß

ceperit; „igitur invenio", id est per me ipsum propriae
rationis iudicio comperio, *legem* esse bonum, id est rem
utilem mihi vel ministram magni boni, cum per eius doctrinam boni seu mali discretionem adeptus sim. *Mihi,* inquam, volenti eam *facere,* id est *bonum,* quod ipsa praecipit, 5
implere. In hoc quippe ipso, quod id, quod praecipit, facere
volo et per rationem appetere, revera recognosco, quia bona
est, in suis videlicet praeceptis. Quare autem dixerit „vo-
lenti" potius quam facienti, subponit dicens: | *Quoniam* | 209
mihi malum adiacet, hoc est: Pravae consuetudinis iugo 10
premor, quae bonam impedit voluntatem.

    22 s. *Condelector enim.* Quia dixit se velle facere bonum,
quod lex praecipit, et tamen non facere, unde utrumque
accidit exponit, dicens, quia se condelectari *legi secundum
interiorem hominem,* id est placere ei, quod lex praecipit et 15
se illud per rationem appetere — quam hoc loco „interiorem hominem" appellat, id est spiritualem et invisibi-
lem Dei imaginem, in qua factus est homo secundum animam, dum rationalis creatus est et per hoc ceteris praelatus
creaturis — et rursus dicens se videre *aliam legem in mem-* 20
bris suis, etc., id est se cognoscere ipsum peccati fomitem
vel concupiscentiae stimulos, quibus tamquam legi per infirmitatem carnis oboedit, in membris corporis sui regnare et sibi dominari, sicut gulositatem in gula, luxuriam
in genitalibus et cetera vitia in ceteris partibus corporis, 25
per quas exercentur. Legem illam concupiscentiae dico *re-*
pugnantem — id est contrariam, *legi* naturali *meae mentis,*
id est rationi, quae me quasi lex regere debet: Per rationem

erhalten haben —, „finde ich also", das heißt erfahre ich
durch mich selbst durch das Urteil meiner eigenen Vernunft, *daß das Gesetz* etwas Gutes ist, das heißt eine nütz-
liche Sache für mich, oder der Vermittler großen Gutes, da
ich durch seine Lehre das Unterscheidungsvermögen von
Gut und Böse erlangt habe. *Mir,* sage ich, der ich es *tun* will,
das heißt *das Gute,* was es selbst befiehlt, erfüllen. Gerade
darin ja, daß ich das, was es befiehlt, tun und durch meine
Vernunft erstreben will, erkenne ich in der Tat, daß es gut
ist, in seinen Geboten nämlich. Warum er aber lieber gesagt
hat: „der ich will", als: der ich tue, fügt er an, indem er sagt:
Denn das Böse hängt mir an, das heißt: Ich werde durch das
Joch falscher Gewohnheit bedrückt, die den guten Willen
behindert.

22 f. *Denn ich erfreue mich.* Da er gesagt hat, er wolle das
Gute tun, das das Gesetz vorschreibt, und tue es trotzdem
nicht, legt er dar, woher beides kommt: Er sagt, daß er sich
nach seinem *inneren Menschen am Gesetz* erfreue, das heißt,
daß ihm gefalle, was das Gesetz vorschreibt, und daß er dies
durch seine Vernunft erstrebe. — Diese nennt er an dieser
Stelle den „inneren Menschen", das heißt das geistliche und
unsichtbare Bild Gottes, nach dem der Mensch seiner Seele
nach dadurch geschaffen ist (vgl. Gen 1,26 f), daß er vernünftig geschaffen worden ist und dadurch den übrigen Geschöp-
fen vorgezogen. — Und wiederum sagt er, er sehe *ein anderes
Gesetz in seinen Gliedern* …, das heißt, er erkenne, daß
gerade der Zündstoff der Sünde oder die Stacheln der Begierde, denen er wie einem Gesetz aus Schwäche des Fleisches gehorcht, „in den Gliedern" seines Körpers regieren
und ihn beherrschen: zum Beispiel die Genußsucht im Gau-
men, die Ausschweifung in den Geschlechtsorganen und die
übrigen Laster in den übrigen Körperteilen, durch die sie ausgeübt werden. Von jenem „Gesetz" der Begierde sage ich, daß
es *widerstreitet* — das heißt dem natürlichen *Gesetz meiner
Vernunft* entgegengesetzt ist, das heißt der Vernunft, die
mich gewissermaßen wie ein Gesetz leiten muß. Durch die

quippe bonum, per concupiscentiam appeto malum — *et captivantem me,* hoc est: quasi captivum et nolentem me trahentem *in legem,* id est in oboedientiam *peccati* mente concepti, ut opere illud impleam. *Quae,* scilicet lex, ita me captivans et a Deo proprio Domino meo avertens, sicut iam 5 dictum, *est in membris meis.* Unde et „concupiscentia" dicitur „oculorum", per quam visa concupiscimus; et similiter dici potest ceterorum membrorum secundum quinque sensuum exercitia in carnalibus voluptatibus. Quod vero repetit: „quae est in membris meis", ad exaggerandam et 10 amplius nostrae memoriae commendandam infirmitatem nostram facit, qui quasi quot membra habemus tot fere in eis hostes iugiter sustinemus et inseparabiliter nobiscum ipsos portamus.

24. Unde vehementer exterritus querendo exclamat: *In-* 15 *felix ego homo,* subaudis revera sum, qui tot hostibus in ipso corpore meo circumsessus sum, quibus, ut superius dixi, a me ipso sum venumdatus et captivus traditus nec iam per me ab hac servitute liberari possum aut redimi. Et quia ita est: *Quis me liberabit,* id est: Quis erit tam potens et tam 20 | benignus mihi, ut me liberet *a corpore mortis huius,* id est | 210 ita prono et praeparato ad interficiendam animam, ne carnales scilicet suggestiones mihi praevaleant et cedat spiritus carni, id est ratio victa succumbat et consentiat voluptati?

25. *Gratia Dei,* id est non lex, non propriae vires, non 25 quaelibet merita, sed divina beneficia gratis nobis *per Iesum,*

---

[54] Lateinisch *querendo* entweder = *quaerendo* (indem er fragt) oder *querendo* (indem er sich beklagt).

Vernunft begehre ich ja das Gute, durch die Begierde das
Schlechte — *und daß es mich gefangenhält,* das heißt mich
gewissermaßen als Gefangenen und gegen meinen Willen
zum *Gesetz,* das heißt zum Gehorsam gegenüber *der Sünde*
zieht, die ich im Geiste als Vorstellung habe, so daß ich sie
durch die Tat erfülle. *Dieses,* Gesetz nämlich, das mich so
gefangennimmt und von Gott, meinem eigentlichen Herrn,
abwendet, wie schon gesagt wurde, *ist in meinen Gliedern.*
Daher spricht man auch von der „Begierde der Augen"
(1 Joh 2, 16), durch die wir Gesehenes begehren; und ähnlich kann man von der Begierde der übrigen Glieder sprechen entsprechend der Ausübung der fünf Sinne bei körperlichen Vergnügungen. Daß er aber wiederholt: „die in
meinen Gliedern ist", das tut er, um unsere Schwäche her-
auszustellen und sie noch weiter unserem Gedächtnis einzuprägen. Wir ertragen in ihnen zusammen sozusagen fast
ebenso viele Feinde, wie wir Glieder haben, und tragen sie
untrennbar mit uns.

24. Daher ruft er aus, indem er höchst erschreckt klagt[54]:
Ich — ergänze: bin wirklich ein — *unglückseliger Mensch,*
der ich von so vielen Feinden unmittelbar in meinem Körper belagert bin; ihnen bin ich, wie ich weiter oben gesagt
habe, von mir selbst verkauft und als Gefangener ausgeliefert worden und kann nicht mehr durch mich selbst aus
dieser Knechtschaft befreit oder zurückgekauft werden.
Und weil es so ist: *Wer wird mich erlösen,* das heißt: Wer
wird so mächtig sein und so gnädig zu mir, daß er mich erlöst *von dem Leibe dieses Todes* — das heißt vom Leib, der
so geneigt und bereit ist, die Seele zu töten —, damit nämlich die Eingebungen des Fleisches nicht die Oberhand
über mich behalten und der Geist dem Fleische nachgibt,
das heißt die Vernunft besiegt unterliegt und der Lust zustimmt?

25. *Die Gnade Gottes,* das heißt nicht das Gesetz, nicht
die eigenen Kräfte, nicht beliebige Verdienste, sondern
göttliche Wohltaten, die uns umsonst *durch Jesus,* das heißt

id est salvatorem mundi, collata. Cum autem subdit: *Christum* et *Dominum nostrum,* potentiam et iustitiam, qua salvare queat nos, ostendit. Christus quippe, id est unctus, regiam quam habet potestatem exprimit. Cum vero ait: „Dominum nostrum", ius, quod habet in nobis tamquam 5 servis suis, demonstrat, ut nos iuste a dominio peccati sive diaboli possit eruere et a captivitate praedicta tamquam suos reducere.

Igitur ego. Quandoquidem per rationem, ut dictum est, bonum, quod lex praecipit, volo, sed per peccatum, quod 10 habitat in carne mea, malum operor, „igitur" *mente,* id est ratione, „ego" *servio legi Dei,* tamquam domino videlicet ad oboediendum ei per rationem. Sed „ego" *ipse carne,* id est carnalis desiderio voluptatis stimulante, „servio" *legi peccati,* id est: pravis concupiscentiae suggestionibus quasi 15 legi obaudio.

8,1. *Nihil ergo.* Quia videlicet, ut dictum est, gratia Dei per Christum suos liberat, „ergo nihil" *damnationis his qui,* etc., hoc est: qui in hoc superaedificati sunt fundamento. Quomodo autem hos cognoscere valeamus, determinat: *qui* 20 videlicet *non ambulant secundum carnem,* id est: Si quandoque per infirmitatem carnis aliquam labuntur, sicut fecit Petrus mortem timens corpoream, non perseverant post concupiscentias suas eundo de vitio in vitium.

2. *Lex enim.* Dixit quia „gratia Dei liberabit" eum „per 25 Christum"; et quomodo id fiat, nunc aperit: quia „lex" *spiritus vitae,* id est lex caritatis et divini amoris potius quam timoris, sicut erat lex vetus, *in Christo Iesu,* id est,

den Retter der Welt, gebracht worden sind. Dadurch aber, daß er anfügt: *Christus* und *unsern Herrn,* weist er auf die Macht und die Gerechtigkeit hin, durch die er uns retten kann. Christus, das heißt der Gesalbte, drückt ja die königliche Macht aus, die er besitzt. Dadurch, daß er aber sagt „unseren Herrn", zeigt er das Recht, das er über uns als seine Knechte besitzt, so daß er uns rechtmäßig der Herrschaft der Sünde oder des Teufels entreißen und aus der vorher genannten Gefangenschaft als die Seinen zurückführen kann.

Ich also. Da ich ja durch die Vernunft, wie gesagt wurde (Röm 7,22), das Gute will, das das Gesetz vorschreibt, aber durch die Sünde, die in meinem Fleische wohnt, das Schlechte tue, *diene* „ich also" *mit meinem Geiste,* das heißt der Vernunft, *dem Gesetze Gottes,* als Herrn nämlich, um ihm durch die Vernunft gehorsam zu sein. Aber „ich" *selbst* „diene" *durch das Fleisch,* das heißt, weil das Verlangen nach fleischlicher Lust reizt, *dem Gesetz der Sünde,* das heißt: Ich bin den falschen Eingebungen der Begierde sozusagen wie einem Gesetze gehorsam.

8,1. *Nichts also.* Da ja, wie gesagt wurde (Röm 7,24f), die Gnade Gottes durch Christus die Seinen befreit, „gibt es also nichts" *an Verdammnis für die, die* … das heißt die auf dieses Fundament gebaut sind. Auf welche Weise wir diese aber erkennen können, bestimmt er näher: *die* nämlich *nicht nach dem Fleische wandeln,* das heißt: Wenn sie irgendwann aus irgendeiner Schwäche des Fleisches zu Fall kommen, wie es Petrus aus Furcht vor dem leiblichen Tod tat, dann verharren sie nicht dabei, indem sie ihren Begierden von einem Laster zum anderen nachgehen.

2. *Denn das Gesetz.* Er sagte, daß die „Gnade Gottes" ihn „durch Christus befreien werde"; und auf welche Weise es geschieht, eröffnet er nun: Denn „das Gesetz" *des Geistes des Lebens,* das heißt das Gesetz der Nächstenliebe und der Liebe Gottes eher als das der Furcht — wie das alte Gesetz

per eum nobis data et exhibita, *liberavit me a lege peccati
et* ideo *mortis,* | hoc est, a praeceptis vel suggestionibus |211
carnalis concupiscentiae, ne eis scilicet consentiendo oboe-
diam. „Spiritus vitae", id est Spiritus Sanctus, qui est vita
animarum, quia amor est. Ideo „lex" huius „spiritus" lex 5
amoris dicitur filios generans, non servos constringens, id
est Evangelium, quod totum caritate refertum est. Unde et
ad Christum dicitur: „Diffusa est gratia in labiis tuis", quia
tota eius praedicatio caritate plena est. Unde et Spiritus
apostolos replens scientia, sicut promiserat Filius dicens: 10
„Ille vos docebit omnia" — quae etiam doctrina signifi-
catur, cum dicitur: „Factus est repente de caelo sonus", id
est, sermo intelligentiae factus eis per inspirationem in
mente —, merito in igneis demonstratus est linguis, cum
eorum scilicet linguae nihil nisi caritatis fervorem essent 15
praedicaturae.

3. *Nam quod.* Exponit, quomodo in Christo sit liberatus
a lege peccati. Nam *Deus* Pater, id est divinae potentiae
maiestas, misit *Filium suum in similitudinem carnis peccati,*
hoc est: Coaeternam sibi sapientiam fecit humiliari usque 20
ad assumptionem passibilis et mortalis hominis, ita ut per
poenam peccati, cui subiacebat, ipse etiam carnem peccati,
id est in peccato conceptam, habere videretur. *Et de peccato,*
id est de poena peccati, quam pro nobis sustinuit in carne,
id est in humanitatem assumptam, non secundum divini- 25
tatem, *damnavit peccatum,* id est poenam peccati a nobis
removit, qua iusti etiam tenebantur antea, et caelos aperuit.

---

25 assumptam *So alle Hss; vielleicht sollte man besser lesen:* in humanitate
assumpta *(in der angenommenen Menschheit).*

war —, das uns *in Christus Jesus,* das heißt durch ihn, gegeben und erwiesen worden ist, *hat mich vom Gesetz der Sünde und* daher *des Todes frei gemacht,* das heißt von den Befehlen oder Eingebungen der leiblichen Begierde, damit ich ihnen nämlich nicht durch meine Zustimmung gehorsam bin. „Geist des Lebens": das ist der Heilige Geist, der das Leben für die Seelen bedeutet, weil er die Liebe ist. Daher heißt das „Gesetz" dieses „Geistes" Gesetz der Liebe, das Kinder hervorbringt, nicht Knechte bindet, das heißt das Evangelium, welches ganz von Liebe erfüllt ist. Daher wird auch zu Christus gesagt: „Gnade ist ausgegossen über deine Lippen" (Ps 45, 3: Vg. Ps 44, 3), weil seine ganze Verkündigung voller Liebe ist. Daher ist auch der Geist, der die Apostel mit Wissen erfüllte, wie es der Sohn versprochen hatte, als er sagte: „Jener wird euch alles lehren" (Joh 14, 26) — diese Lehre wird auch bezeichnet, wenn es heißt: „Plötzlich geschah vom Himmel her ein Brausen" (Apg 2, 2), das heißt die Fähigkeit, sich verständlich auszudrücken, die ihnen durch eine Eingebung im Verstand mitgeteilt wurde —, zu Recht in Feuerzungen gezeigt worden (Apg 2, 3), da ihre Zungen ja nichts außer der Glut der Liebe verkündigen sollten.

3. *Denn was.* Er legt aus, auf welche Weise er in Christus vom Gesetz der Sünde befreit worden ist. Denn *Gott* Vater — das heißt die Erhabenheit der göttlichen Macht — hat *seinen Sohn in der Ähnlichkeit des Fleisches der Sünde* gesandt, das heißt: Er hat die mit ihm gleich ewige Weisheit veranlaßt, sich zu erniedrigen bis zur Annahme eines leidensfähigen und sterblichen Menschen (vgl. Phil 2, 8), so daß er durch die Sündenstrafe, der er unterlag, auch selbst sündiges, das heißt in Sünden empfangenes, Fleisch zu haben schien. *Und von der Sünde aus,* das heißt von der Sündenstrafe aus, die er für uns im Fleische ertrug, das heißt zur Menschheit hinzugenommen, nicht nach seiner Gottheit, *verdammte er die Sünde,* das heißt entfernte die Sündenstrafe von uns, durch die zuvor auch die Gerechten gefangengehalten wurden, und öffnete die Himmel.

4a. *Ut iustificatio legis.* Non dicit opera legis, quae nequaquam iustificant, sed quod lex praecipit de his, quae ad
iustificationem attinent, sine quibus iustificari non possumus, sicut est Dei et proximi caritas; quam lex imperfectam
habet, sicut supra monstravimus, sed per Christum in nobis 5
perficitur. Et hoc est quod ait, ut caritas Dei et proximi,
quam lex praecipit, *in nobis* perfecta nos iustificaret. Ipsum
quippe Christum tamquam Deum, ipsum tamquam proximum vere diligere summum illud beneficium, quod nobis
exhibuit, compellit. Quod est in nobis peccatum damnare, 10
id est reatum omnem et culpam destruere per caritatem ex
hoc summo beneficio in nobis propagatam.

Origenes: „Verius", inquit, „habetur apud Graecos: ,pro 212
peccato damnavit peccatum', id est ipse hostia pro peccato
factus. Per hanc hostiam carnis quae dicitur, ,pro peccato 15
damnavit', id est delevit, peccatum." Quia remissionem
quoque peccatorum nobis in sanguine suo et reconciliationem operatus est. Vel: de peccato a diabolo vel a Iudaeis in
se commisso „damnavit peccatum" in nobis, ut dictum est,
malis etiam ipsis optime utens et in bonum convertens.   20

Duo illa, quae praemissa sunt, ad duo subposita sunt
referenda et copulanda. Ad hoc quidem quod ait: „De
peccato damnavit peccatum", illud subiungit: „quod" *impossibile erat legi,* scilicet damnare vel auferre peccatum. Ad
illud vero quod subditur: „ut iustificatio legis" *impleretur,* 25
illud est adnectendum: *in quo infirmabatur,* ipsa lex sci-

⁵⁵ Zu Röm 7,6, oben 490–504.
⁵⁶ ORIGENES, *comm. in Rom.* 6,12 (FC 2/3, 296 f).

4a. *Damit die vom Gesetz geforderte Gerechtigkeit.* Er
meint nicht die Werke des Gesetzes, die keineswegs rechtfertigen, sondern, was das Gesetz über die Dinge vorschreibt, die die Rechtfertigung betreffen, ohne welche wir
nicht gerechtfertigt werden können, zum Beispiel die Gottes-
und Nächstenliebe. Das Gesetz enthält sie unvollkommen,
wie wir oben gezeigt haben[55], aber durch Christus wird sie
in uns zur Vollkommenheit gebracht. Und dies bedeutet,
daß er sagt: damit die Gottes- und Nächstenliebe, die das
Gesetz vorschreibt, *in uns* zur Vollkommenheit gebracht,
uns rechtfertige. Christus selbst ja gleichsam als Gott, ihn
selbst gleichsam als den Nächsten wahrhaft zu lieben, nö-
tigt uns jene höchste Wohltat, die er uns erwiesen hat. Dies
bedeutet, in uns die Sünde zu verdammen, das heißt: alle
Anklage und Schuld durch die Liebe zu zerstören, die aufgrund dieser höchsten Wohltat in uns verbreitet worden ist.

Origenes hat gesagt: „Richtiger heißt es bei den Griechen: ‚Um der Sünde willen verurteilte er die Sünde‘, das
heißt, er selbst ist zum Opfer für die Sünde geworden.
Durch dieses sogenannte leibliche Opfer ‚verdammte‘ er,
das heißt zerstörte er, ‚an Stelle der Sünde‘, die Sünde.“[56]
Denn auch die Vergebung der Sünden und die Versöhnung
hat er für uns in seinem Blute erwirkt. Oder: Von der Sünde
aus, die vom Teufel oder von den Juden gegen ihn begangen
worden war, „verdammte er die Sünde“ in uns, wie gesagt
wurde, indem er auch gerade die bösen Dinge aufs beste ge-
brauchte und zum Guten wandte.

Jene beiden Formulierungen, die vorausgeschickt sind,
müssen auf die beiden nachfolgenden bezogen und mit
ihnen verbunden werden. Daran nämlich, daß er sagt: „Von
der Sünde aus verdammte er die Sünde“, fügt er jenes an:
„was" *dem Gesetz unmöglich war,* nämlich die Sünde zu
verdammen oder fortzunehmen. Mit jenem aber, was angefügt wird: „damit die vom Gesetz geforderte Rechtfertigung" *erfüllt werde,* muß jenes verbunden werden: *dadurch daß es geschwächt wurde,* das Gesetz selbst nämlich,

licet, *per carnem*, hoc est: Ad habendam plenam et perfec-
tam iustificationem lex infirma fuit propter carnalem populum, cui data fuit, ut supra ostendimus de imperfectione
mandatorum eius agendo. Impossibile itaque erat legi per
oboedientiam sui peccatum auferre, cum perfecta, ut dic- 5
tum est, non haberet praecepta. Ad quam praecipue perfectionem „infirmabatur", id est impediebatur, propter inso-
lentis populi carnalitatem.

4b. *Qui non secundum*. „In nobis", dico, „impleretur"
per Christum, qui eius doctrina et exemplo et summa illa 10
caritatis exhibitione spirituales per desiderium, non carnales, effecti sumus. Et hoc est: „qui non" *ambulamus secundum carnem*, id est carnalibus desideriis iam non induci-
mur, sed gratia Dei, id est Spiritu Sancto, regimur et de
virtute in virtutem promovemur.   15

5. *Qui enim*. Dixi iustificari eos, qui non secundum
carnem, sed secundum spiritum ambulant, et merito, quia
„qui" *secundum carnem sunt*, id est carnalibus desideriis
irretiti, illa *sapiunt*, id est illorum experimentis utuntur,
quae carnis sunt, id est quae ad carnales attinent voluptates. 20
Qui vero secundum Spiritum sunt, hoc est, qui spiritualibus
accenduntur desideriis, sentiunt experiendo dona ipsa Spiritus Sancti.

6. *Nam prudentia*. Vere „qui secundum carnem sunt, 213
quae carnis sunt sapiunt", quia mortem scilicet animae, id 25
est damnationem, per ipsa carnalium desideriorum experi-
menta, quae nos alliciunt, acquirimus; sicut e contrario
prudentia spiritus, id est experientia virtutum et donorum

---

[57] Zu Röm 7,6, oben 490–504, und 7,13, oben 514,1 – 516,11.

durch das Fleisch, das heißt: Zum Besitz der vollen und vollkommenen Gerechtigkeit war das Gesetz zu schwach wegen des fleischlich gesinnten Volkes, dem es gegeben worden war, wie wir oben gezeigt haben, indem wir von der Unvollkommenheit seiner Gebote handelten.[57] Unmöglich war es daher für das Gesetz, durch seine Befolgung die Sünde fortzunehmen, da es, wie gesagt wurde, keine vollkommenen Gebote hatte. Für diese Vollkommenheit war es insbesondere „zu schwach", das heißt wurde es behindert, wegen der fleischlichen Gesinnung des unverschämten Volkes.

4b. *Die wir nicht nach.* „Damit in uns", sage ich, die Gerechtigkeit „erfüllt werde" durch Christus, die wir durch seine Lehre und sein Beispiel und jenen höchsten Erweis der Liebe durch unser Verlangen geistlich, nicht fleischlich geworden sind. Und dies bedeutet: „Die wir nicht" *nach dem Fleische wandeln,* das heißt uns nicht mehr von fleischlichen Begierden verführen lassen, sondern von der Gnade Gottes, das heißt vom Heiligen Geist, gelenkt und von einer Tugend zur anderen vorangebracht werden.

5. *Denn die.* Ich sagte, gerechtfertigt würden die, die nicht nach dem Fleische, sondern nach dem Geiste wandeln, und zu Recht: Denn „die" *nach dem Fleische sind,* das heißt in fleischliche Begierden verstrickt, *haben Geschmack* an dem, das heißt machen ihre Erfahrungen mit dem, *was des Fleisches ist,* das heißt, was sich auf fleischliche Vergnügungen bezieht. *Die aber nach dem Geiste sind,* das heißt, die von geistlichen Verlangen entflammt werden, nehmen durch ihre Erfahrung unmittelbar die Gaben des Heiligen Geistes wahr.

6. *Denn die Klugheit.* Wahrhaftig „haben die, die nach dem Fleische sind, Geschmack an dem, was zum Fleisch gehört", weil wir uns nämlich den Tod der Seele, das heißt die Verdammnis, gerade durch das Erproben der fleischlichen Begierden erwerben, die uns anlocken. Ebenso wird umgekehrt *die Klugheit des Geistes,* das heißt die Erprobung der Tugenden und der Gaben Gottes, uns zum *Leben*

Dei *vita* fiunt nobis *et pax,* id est, quietam ab omni pertur-
batione conferunt vitam.

7. *Quoniam sapientia.* Ideo „prudentia carnis" mortem
acquirit, quia Deo contraria est et omnino displicens. Et
quare displiceat, statim adnectit: quia *legi Dei non est sub-* 5
iecta, hoc est: praeceptis divinis oboedire non sinit; *nec*
enim potest, scilicet oboedientiam Dei servare.

8. *Qui autem.* Exponit quid sapientiam carnis dicat Deo
inimicam: hoc est esse *in carne,* id est in carnalibus delectari
voluptatibus et per hoc displicere. 10

9. Continuatio: Dixi sapientiam carnis inimicam Deo,
nec sine causa, sed ideo, quod „qui in carne sunt", etc. *Vos*
autem. Ne desperarent Romani, quibus scribebat, audien-
tes quod „qui in carne sunt, Deo placere non possunt",
quasi propter se etiam dictum esset, consolatur eos dicens: 15
„Vos autem" gratia Dei iam *non estis in carne, sed in spiritu,*
id est non in carnalibus sed spiritualibus desideriis. Et ne
iterum de hoc, quod attestatur quasi certus esset, nimis confiderent et ad superbiam amplius incitarentur, quibus maxime ad elationem eorum reprimendam scribit, quasi dubi- 20
tative hoc se profiteri insinuat dicens: *Si tamen Spiritus,* hoc
est: Spiritum *Dei* habetis habitatorem potius quam hospi-
tem, id est permanentem *in vobis* per inhabitantem gratiam
suam, non a vobis recedentem vel per vos transeuntem.
Quantum autem sit periculum Spiritu Dei carere, adnectit 25
dicens, quod *si quis non habet Spiritum Christi, hic non est*
eius, videlicet membrum, quia Spiritus eius ipse est amor et

---

[58] *Dubitative,* Gegensatz: *affirmative* (als feste Behauptung).

und zum *Frieden,* das heißt, sie verschaffen uns ein vor aller Wirrsal ruhiges Leben.

7. *Denn die Weisheit.* Deshalb erwirbt die „Klugheit des Fleisches" (Röm 8,6) den Tod, weil sie Gott zuwider ist und gänzlich mißfällt. Und warum sie ihm mißfällt, fügt er sogleich an: weil sie sich *dem Gesetze Gottes nicht unterwirft,* das heißt: nicht zuläßt, den Geboten Gottes zu gehorchen; *denn sie vermag dies auch nicht,* nämlich den Gehorsam gegen Gott bewahren.

8. *Diejenigen aber.* Er legt aus, was er als Weisheit des Fleisches bezeichnet, die Gott verhaßt ist: Dies bedeutet, *im Fleische* zu sein, das heißt, sich an fleischlichen Lüsten zu erfreuen und dadurch Gott zu mißfallen.

9. Fortsetzung: Ich nannte die Weisheit des Fleisches Gott verhaßt (Röm 8,7), und nicht ohne Grund, sondern deshalb, weil „diejenigen, welche im Fleische sind ..." (Röm 8,8). *Ihr jedoch.* Damit die Römer, denen er schrieb, nicht verzweifelten, wenn sie hörten, daß „die im Fleische sind, Gott nicht gefallen können", wie wenn es auch ihretwegen gesagt worden wäre, tröstet er sie, indem er sagt: „Ihr aber" *seid* durch die Gnade Gottes *nicht* mehr *im Fleische, sondern im Geiste,* das heißt nicht in fleischlichen, sondern in geistlichen Verlangen. Und damit sie wiederum nicht allzu sehr auf dies vertrauten, was er bezeugt, wie wenn er sich sicher wäre, und sie noch weiter zum Hochmut angestachelt würden — ihnen schreibt er ja besonders, um ihre Überheblichkeit zurückzudrängen —, teilt er mit, daß er dies gewissermaßen voller Zweifel[58] vorbringe, indem er sagt: *Wenn anders der Geist,* das heißt: Wenn ihr den Geist *Gottes* eher als ständigen Einwohner denn als Gast habt, das heißt, wenn er in euch bleibt durch seine einwohnende Gnade, nicht von euch zurückweicht oder durch euch hindurchgeht. Wie große Gefahr es aber bedeutet, den Geist Gottes zu entbehren, fügt er an, indem er sagt, daß, *wenn jemand den Geist Christi nicht hat, der nicht sein ist,* nämlich sein Glied. Denn sein Geist ist gerade die Liebe selbst und das

vinculum, quo huic capiti membra sua cohaerent. De quo
quidem Spiritu specialiter dicitur, quia „Deus caritas est".
Cum autem primo dixerit Spiritum „Dei" et postea „Chri-
sti", ipsum profecto Chris|tum, cuius etiam dicit divinum | 214
Spiritum, Deum esse demonstrat. 5

10. *Si autem.* Ac si diceret: Sed si „Spiritum Christi"
habemus, quod est dicere: „Si" *Christus* per Spiritum suum,
id est per gratiam donorum suorum, utpote remissionem
peccatorum et collationem virtutum, *in nobis est, corpus
quidem* nostrum *mortuum est,* id est corporali morti 10
obnoxium, *propter peccatum* scilicet priorum parentum
sive carnalis concupiscentiae maculam, in qua est conceptum; sed *spiritus* noster *vivit propter iustificationem,* id est:
Ex virtutibus, quae eum iustificant, mortem damnationis
evitat; ac si aperte dicat: Licet in Christo remissionem etiam 15
originalis peccati consequamur, cuius quidem peccati mors
etiam carnis est poena, non tamen hanc nobis abstulit
poenam, qui removit causam.

<§ *Quaestio*>

§ Unde non minima fieri quaestio solet: quare videlicet 20
poena haec reservatur, ubi peccatum, quod eius causa est,
condonatur, ut, qui videlicet in baptismo plenam peccatorum remissionem percipiunt, statim illam saltem, quam in
paradiso ante peccatum habebant, immortalitatem non
recuperent. Ad quam quidem quaestionem Isidorus „De 25

---

9 nobis *Daß Abaelard bei der Auslegung des Verses 10 in der ersten Person
Plural spricht, zeigt, daß er offensichtlich* nobis *statt* vobis *gelesen hat.* ||
19 Quaestio § *vorangestellt bei* O^{mg} | Quaestio R^{mg}m^{mg}O^{mg} || 20
Unde § *vorangestellt bei* O

Band, durch das seine Glieder mit diesem Haupte verbunden sind. Von diesem Geist heißt es ja speziell, daß er „Gott als Liebe ist" (1 Joh 4, 8). Da er aber zuerst den Geist als den „Gottes" und später als den „Christi" bezeichnet hat, zeigt er, daß in der Tat Christus selbst — dem auch, wie er sagt, der göttliche Geist gehört — Gott ist.

10. *Wenn dagegen.* Wie wenn er sagte: Doch wenn wir den „Geist Christi" haben, was zu sagen bedeutet: „Wenn" *Christus* durch seinen Geist, das heißt durch die Gnade seiner Gaben — wie nämlich die Vergebung der Sünden und das Bringen der Tugenden —, *in uns*[59] *ist, so ist* unser[60] *Leib zwar tot,* das heißt dem leiblichen Tode verfallen, *um der Sünde willen,* nämlich der der Ureltern oder wegen der Befleckung durch die fleischliche Begierde, in der er empfangen worden ist; doch unser *Geist lebt um der Rechtfertigung willen,* das heißt: Aufgrund der Tugenden, die ihn rechtfertigen, entgeht er dem Tod der ewigen Verdammnis; wie wenn er wohl offen sagte: Mögen wir in Christus die Vergebung auch der Erbsünde erlangen — für diese Sünde ist ja auch der leibliche Tod die Strafe —, so hat der, der die Ursache entfernt hat, uns dennoch nicht auch diese Strafe genommen.[61]

<Frage>

Daraus entsteht gewöhnlich eine durchaus nicht geringfügige Frage: warum nämlich diese Strafe beibehalten wird, wo doch die Sünde, die ihre Ursache ist, vergeben wird, so daß infolgedessen die, die ja in der Taufe volle Vergebung der Sünden empfangen, nicht doch sogleich jene Unsterblichkeit zurückerlangen, die sie im Paradies vor der Sünde hatten. Auf diese Frage antwortet ja Isidor im ersten Buch,

---

[59] Vg.: euch.
[60] So Abaelard.
[61] Das heißt: Die Strafe des leiblichen Todes bleibt bestehen, obwohl die Schuld der Erbsünde vergeben ist; vgl. die unmittelbar folgende *Quaestio.*

summo bono" respondens libro primo capitulo XXIII ait:
„Si a poena praesenti homines liberarentur per baptismum,
ipsum putarent baptismi pretium, non illud aeternum. Ergo
soluto reatu peccati manet tamen quaedam temporalis poena, ut illa vita ferventius requiratur, quae erit a poenis 5
omnibus aliena."

Quis etenim nesciat omnes fere homines plus temporalem vitam quam aeternam appetere, cum pro ea, quam
retinere non possunt, multo amplius quam pro aeterna
laborent, et plus corporis quam animae mortem pavere et 10
magis sollicitari de praesentis vitae aerumnis quam futurae?
Si huius itaque animalis vitae felicitatem se detinere confiderent, amplius ad ecclesiae sacramenta propter istam quam
propter aeternam properarent; et huius qualicumque refrigerio contenti, illius | perfectionem gloriae vel omnino 15 | 2▪
contemnerent vel minus appeterent in hoc ipso iniqui, quod
summo bono inferius anteponerent.

11. *Quod si Spiritus.* Dixi quia „corpus" nostrum „est
mortuum", id est morti temporali subiectum remanet etiam
post remissionem omnium peccatorum. Sed ab hac etiam 20
mortalitate ipsum liberabitur in resurrectione, ut non solum
animam, verum etiam corpus divina glorificet gratia. Et hoc
est, quod ait: „Si spiritus" *eius,* hoc est Patris, quo videlicet
Patre divina specialiter designatur potentia; „eius", inquam,
„qui" per propriam potentiam *suscitavit* iam caput nostrum 25
a mortuis, id est *Iesum,* habitans, ut dictum est, in nobis,
ipse idem qui „suscitavit Iesum" non ab infirmitate sed a
morte, etc. — Ideo resuscitationem Christi repetit, ut ea

---

26 habitans *Vg.:* habitat

---

62 Isidor von Sevilla, *sent.* 1,22,3 (PL 83,588A–589A).
63 Wörtlich: tierischen.

Kapitel 23, „Über das höchste Gut" und sagt: „Wenn die Menschen durch die Taufe von der gegenwärtigen Strafe befreit würden, würden sie eben dies für den Lohn der Taufe halten, nicht jenes Ewige. Also bleibt nach Vergebung der Sündenschuld trotzdem eine gewisse zeitliche Strafe, damit man jenes Leben noch heftiger sucht, welches ohne alle Strafen sein wird."[62]

Wer wüßte denn wohl nicht, daß fast alle Menschen mehr das zeitliche Leben als das ewige erstreben, da sie sich für dieses, welches sie nicht behalten können, weit mehr mühen als für das ewige, und daß sie sich mehr vor dem Tod des Körpers als vor dem der Seele fürchten und sich mehr beunruhigen wegen der Mühen des gegenwärtigen als der des künftigen Lebens? Wenn sie daher darauf vertrauen könnten, daß sie das Glück dieses irdischen[63] Lebens behielten, würden sie mehr wegen dieses als wegen des ewigen zu den Sakramenten der Kirche eilen; und zufrieden mit dem — wie auch immer beschaffenen — Trost dieses Lebens, würden sie die vollkommene Herrlichkeit jenes entweder gänzlich verachten oder doch zu wenig erstreben, gerade darin ungerecht, daß sie dem höchsten Gut ein geringeres vorzögen.

11. *Wenn aber der Geist.* Ich sagte, daß unser „Leib tot ist" (Röm 8,10), das heißt dem zeitlichen Tode unterworfen bleibt auch nach der Vergebung aller Sünden. Doch auch von dieser Sterblichkeit wird er bei der Auferstehung befreit werden, so daß die göttliche Gnade nicht nur die Seele, sondern auch den Leib verherrlicht. Und dies bedeutet, daß er sagt: „Wenn der Geist" *dessen,* das heißt des Vaters — durch dieses „Vater" wird ja speziell die göttliche Macht bezeichnet —, „dessen", sage ich, „der" durch die eigene Macht schon unser Haupt, das heißt *Jesus, auferweckt hat von den Toten,* in uns, wie gesagt wurde, wohnt, dann wird ebenderselbe, der „Jesus auferweckt hat", nicht aus einer Krankheit, sondern vom Tode ... — Deshalb wiederholt er die Auferweckung Christi, um uns durch die häufigere

saepius memorata securiores nos reddat — *vivificabit et
nostra mortalia corpora,* ut eandem resurrectionis gloriam
in capite et membra participent; „vivificabit", non quomodo corpora reproborum, quae passibilia erunt et cruciatui
apta, sed *propter inhabitantem Spiritum,* hoc est: prout 5
debetur reverentiae Spiritus Christi, qui in corporibus illis
quasi in templo iam habitat et quiescit iam per eius gratiam
repressis motibus carnis.

<§ Quaestio>

§ Non parva est quaestio — cum divina substantia huma- 10
nam sibi in unam Christi personam coniunxit, et eadem sit
penitus Patris et Filii et Spiritus Sancti substantia indivi-
dua —, cur Filius potius quam Pater aut Spiritus Sanctus
dicatur incarnatus. Vel, cum sint opera Trinitatis indivisa,
ut videlicet quidquid una personarum facit, et ceterae fa- 15
ciant, quomodo Filius carnem assumpsisse dicitur et non
Pater aut Spiritus Sanctus? — Sed hoc ex „Anthropologia"
nostra petatur.

12. *Ergo fratres.* Quandoquidem „qui in carne sunt, Deo
placere non possunt, ergo" *non sumus debitores carni,* id est 20
desideriis carnalibus oboedire non debemus, qui nihil | cui- | 216
quam contra Deum debemus, qui etiam propter Deum
animam ponere recte iubemur — hoc saeculares attendant
potestates nullam sibi scilicet a subiectis oboedientiam deberi, cum aliquid, quod Deus prohibet, eis iniungunt, etiam 25

---

9 Quaestio § *vorangestellt bei* O^{mg} | Quaestio R^{mg}O^{mg} ‖ 10 Non §
vorangestellt bei O

---

[64] Vg: eure.
[65] Ein solches Werk Abaelards ist nicht überliefert, doch vgl. *Th. Chr.* 4,
60–64 (CCM 12, 290–293); vgl. *Th. S.B.* 3, 44–47 (CCM 13, 176 f), dazu oben

Erinnerung an sie gewisser zu machen — *auch unsere*[64]
sterblichen Leiber lebendig machen, so daß an derselben
Herrlichkeit der Auferweckung am Haupte auch die Glieder teilnehmen. „Er wird sie lebendig machen" nicht wie
die Körper der Verworfenen, die leidensfähig sein werden
und für die Peinigung geeignet, sondern *um des einwohnenden Geistes willen,* das heißt demgemäß, wie es der
Achtung vor dem Geist Christi geschuldet wird, der in
jenen Leibern gewissermaßen wie in einem Tempel schon
wohnt und ruht, nachdem durch seine Gnade die Regungen
des Fleisches schon unterdrückt sind.

<Frage>

Keine geringe Frage ist — da die göttliche Substanz sich die
menschliche zu der einen Person des Christus verbunden
hat und die ganz und gar unteilbare Substanz des Vaters und
des Sohnes und des Heiligen Geistes identisch ist —, warum vom Sohn eher als vom Vater oder vom Heiligen Geist
gesagt wird, er sei Mensch geworden. Oder: Wo doch die
Werke der Dreifaltigkeit ungetrennt sind, so daß nämlich
alles, was eine der Personen tut, auch die übrigen tun, wieso
heißt es da, der Sohn habe Fleisch angenommen und nicht
der Vater oder der Heilige Geist? — Doch dies mag man
aus unserer „Anthropologia" entnehmen.[65]

12. *Demnach, Brüder.* Da ja „die, die im Fleische sind,
Gott nicht gefallen können" (Röm 8,8), *sind wir* demnach
nicht dem Fleische verpflichtet, das heißt, wir dürfen nicht
fleischlichen Begierden gehorchen, die wir niemandem zu
etwas gegen Gottes Willen[66] verpflichtet sind, die wir sogar
zu Recht geheißen werden, Gottes wegen das Leben hinzugeben — dies mögen die weltlichen Gewalten beachten, daß
ihnen nämlich von den Untergebenen kein Gehorsam geschuldet wird, wenn sie jene zu irgend etwas verpflichten,

---

Einleitung 36 Anm. 151.
[66] Wörtlich: gegen Gott.

si fide vel sacramento eos sibi in hoc astrinxerint — *ut*
secundum carnem vivamus. Exponit quod praemisit, quomodo videlicet intelligendum sit nos „non" esse „debitores
carni", ne forte hoc aliquis de substantia carnis dictum
acciperet; cui quidem debitores sumus, quantum ad neces-   5
sariam eius curam pertinet, in victu scilicet et vestitu, ut hoc
ei ministremus. Tale est ergo, ac si dicat: „Non sumus",
inquam, „debitores carni ita", ut „secundum carnem vivamus", licet in carne, hoc est, ut carnalia sectemur desideria.

13. *Si enim,* hoc est: Non estis obnoxii carni, quia eius   10
oboedientia vos damnaret. Et hoc est: *Moriemini,* hoc est,
mortem animae, quod est peccatum, incurretis ei consentiendo, si ea stimulante non quantum potestis reluctemini. *Si*
autem Spiritu, id est dono aliquo divinae gratiae magis
quam vestra virtute, *mortificaveritis facta,* si nondum peni-   15
tus suggestiones exstirpare potestis, *vivetis* e contrario vera
animae vita sive hic in virtutibus sive in aeterna beatitudine.
„Facta" mortificantur — tamquam si parvulus in utero
conceptus antequam nascatur extinguatur —, dum mala,
quae mente concipimus, ne usque ad opera prodeant, prae-   20
venimus omnem quantum possumus occasionem auferen-
tes, sicut scriptum est: „Beatus qui tenebit et allidet parvulos
suos ad petram", hoc est: concepta per aliquam suggestio-
nem mente peccata, dum adhuc quasi parvula sunt, morti-

---

[67] A liest wie die Vulgata „deine".

was Gott verbietet, selbst wenn sie sie sich durch ein Treue-
versprechen oder einen Eid hierzu verpflichtet haben —, *so
daß wir nach dem Fleische leben müßten.* Er legt aus, was
er vorausgeschickt hat: wie nämlich zu verstehen sei, daß
wir „nicht dem Fleische verpflichtet" sind, damit nicht
zufällig jemand annehme, dies sei von der Substanz des
Fleisches ausgesagt. Diesem sind wir ja verpflichtet, soweit
es sich auf die dafür nötige Pflege bezieht — bei der Nah-
rung nämlich und bei der Kleidung —, daß wir ihm dies
verschaffen. Es ist also so, wie wenn er etwa sagte: „Wir sind
nicht", sage ich, „so dem Fleische verpflichtet", daß „wir
nach dem Fleische leben", mögen wir auch im Fleische
leben, das heißt: daß wir fleischlichen Begierden nachgehen.

13. *Denn wenn,* das heißt: Ihr seid nicht dem Fleische
verpflichtet, weil der Gehorsam ihm gegenüber euch verdammen würde. Und dies bedeutet: *Ihr werdet sterben,* das
heißt: Dadurch, daß ihr ihm zustimmt, werdet ihr euch den
Tod der Seele, was die Sünde ist, zuziehen, falls ihr euch
nicht, so sehr ihr könnt, widersetzt, wenn es euch ansta-
chelt. *Wenn ihr aber durch den Geist,* das heißt durch
irgendeine Gabe der göttlichen Gnade mehr als durch eure
Tugend, *die Werke (sc. des Fleisches) tötet* — falls ihr noch
nicht gänzlich seine Einflüsterungen beseitigen könnt —,
werdet ihr im Gegensatz dazu *leben* durch das wahre Leben
der Seele, sei es hier in Tugenden, sei es in der ewigen
Glückseligkeit. „Die Werke" werden getötet — sozusagen
wie wenn ein Embryo im Mutterleibe nach seiner Empfängnis, ehe er geboren werden kann, getötet wird —,
indem wir Vorsorge treffen, daß das Böse, das wir uns im
Geiste vorstellen, nicht bis zur Ausführung gelangt, weil
wir ihm — so weit wir können — jede Gelegenheit entziehen, so wie geschrieben steht: „Selig, der seine[67] Kinder
packen und sie an einem Felsen zerschmettern wird!" (Ps
137,9: Vg. Ps 136,9), das heißt: der die durch irgendeine
Einflüsterung im Geiste vorgestellten Sünden, solange sie
noch sozusagen im Kindheitsstadium sind, töten und um-

ficabit atque interficiet allidendo ea ad petram, id est con-
fringendo ea et dissipando ad illud omnium bonorum sta-
bile fundamentum, quod Christus est, dum, quod per infirmitatem carnis mens humana concupiscit, per amorem
Christi ratio roborata, ne perficiatur, satagit, sicut alibi 5
idem commemorat Apostolus dicens: „Caro concupiscit
adversus spiritum, spiritus adversus | carnem", id est ratio | 217
carnis suggestiones reprimens, ne videlicet usque ad opera
procedant. Et Salomon: „Melior est", inquit, „patiens viro
forti et qui dominatur animo suo expugnatore urbium." 10

14. *Quicumque enim.* Bene, inquam, „vivetis, si, spiritu"
scilicet, „facta carnis mortificaveritis", quia „quicumque"
aguntur potius quam coguntur, id est amore alliciuntur
magis quam timore compelluntur, *Spiritu Dei, filii sunt Dei*
potius quam servi, id est per amorem ei magis quam per 15
timorem subiecti.

15. *Non enim.* Ac si aliquis quaereret: Habetne Deus
plures filios, cum eius unigenitus dicatur Christus? Respondet: Habet quidem plures, sed per adoptionem, non
per naturam, quia et vos ipsi *spiritum adoptionis accepistis,* 20
in quo efficiuntur filii Dei. Unde et ipse alibi dicit, „quia
caritas Dei diffusa est in cordibus nostris per Spiritum
Sanctum, qui datus est nobis." „Spiritum" itaque „adoptionis" dicit donum caritatis, per quod nos adoptamur a Deo
in filios. *In quo,* scilicet spiritu, hoc est, in professione et 25
recognitione cuius doni, nos ad Deum *clamamus* intente
atque exsultanter dicimus: *Abba, Pater!,* hoc est: Eum potius profitemur Patrem quam Dominum, ac per hoc nos
potius filios quam servos recognoscimus. Sic enim et Ve-

bringen wird, indem er sie an einen Felsen schleudert, das
heißt, indem er sie zerbricht und zersprengt an jenem festen
Fundament alles Guten, welches Christus ist: dadurch, daß
die durch die Liebe Christi gestärkte Vernunft sich darum
bemüht, daß das, was der menschliche Sinn aus der Schwäche des Fleisches heraus begehrt, nicht vollendet wird, so
wie derselbe Apostel anderswo mit folgenden Worten erwähnt: „Das Fleisch begehrt gegen den Geist auf, der Geist
gegen das Fleisch" (Gal 5,17), das heißt die Vernunft, die
die Eingebungen des Fleisches unterdrückt, damit sie nämlich nicht bis zu Werken gelangen. Und Salomo hat gesagt:
„Besser ist ein Langmütiger als ein Held und besser, wer
sich selbst beherrscht, als ein Eroberer von Städten" (Spr
16,32).

14. *Denn alle, die.* Gut, sage ich, „werdet ihr leben, wenn
ihr, im Geist" nämlich, „die Taten des Fleisches tötet", denn
„alle, die" sich eher *vom Geiste Gottes leiten lassen* als sich
zwingen lassen — das heißt die mehr durch Liebe angezo-
gen werden als durch Furcht gezwungen —, *sind durch den
Geist Gottes* eher *Kinder Gottes* als Knechte, das heißt ihm
mehr aus Liebe als aus Furcht untertan.

15. *Denn nicht.* Wie wenn jemand fragte: Hat Gott noch
mehr Kinder, obwohl Christus sein Einziggeborener heißt?
Er antwortet: Er hat zwar noch mehr, aber durch Adoption,
nicht von Natur aus; denn auch ihr selbst *habt den Geist
der Kindschaft empfangen,* durch den Gotteskinder ent-
stehen. Daher sagt er auch selbst anderswo: „Denn die
Liebe Gottes ist ausgegossen in unseren Herzen durch den
Heiligen Geist, der uns gegeben ist" (Röm 5,5). „Geist der
Kindschaft" nennt er daher das Geschenk der Liebe, durch
das wir von Gott als Kinder adoptiert werden. *In welchem,*
nämlich dem Geist, das heißt, beim Bekennen und Erkennen von dessen Gabe, *wir* inständig zu Gott *rufen* und
ausgelassen vor Freude sagen: *Abba, Vater!,* das heißt: Wir
bekennen ihn eher als Vater denn als Herrn, und hierdurch
verstehen wir uns eher als Kinder denn als Knechte. So

ritas in Evangelio frequenter docuit nos, scilicet Deum
potius vocare Patrem quam Dominum, ut ex hoc quoque
ad filialem nos hortaretur subiectionem. Unde et, cum illam
discipulis spiritualem traderet orationem: „Orantes", inquit, „dicite: Pater noster, qui es in caelis", etc. Unde et bene 5
abbates monasteriorum patres dicimus, ut ex ipso nomine
magis amari tamquam patres quam timeri tamquam domini
aperte admoneantur.

„Clamamus", inquit, nos Hebraei „Abba", vos ex gentibus „Pater", cum hoc scilicet nomen sit Hebraeum sive 10
Syrum, illud Graecum sive Latinum. Augustinus, „In epistola ad Galatas": „Abba Pater. Duo sunt verba, quae po-
suit, ut posteriore inter|pretetur primum — Nam hoc est | 218
‚Abba' quod ‚Pater' — propter universum populum, qui de
Iudaeis et gentibus vocatus est, ut Hebraeum verbum ad 15
Iudaeos, Graecum ad gentes pertineat." Idem, in libro tertio „De consensu evangelistarum": „Hoc est ‚abba' Hebrai-
ce quod est Latine ‚pater'." Haymo super hunc locum:
„Abba Hebraeum est et Syrum, ‚pater' Graecum et Latinum. Praevidens ergo Apostolus utrosque populos ad fi- 20
dem colligendos posuit duo nomina sub una significatione,
ut qui credunt ex Hebraeis et Syris, dicant: ‚Abba, miserere', qui ex Graecis aliisque dicant: ‚Pater'. Tale quid in
Evangelio Marci habetur dicente Domino: ‚Abba, Pater, si
possibile est, transeat calix iste a me'." 25

Spiritum servitutis in timore dicit donum illud servilis
timoris, quo non a mala voluntate sed a mala conpescimur

---

[68] AUGUSTINUS, *in Gal.* 31 (PL 35, 2127).
[69] AUGUSTINUS, *cons. evang.* 3, 4, 14 (CSEL 43, 285).

nämlich hat die Wahrheit es uns häufig im Evangelium
gelehrt, daß wir nämlich Gott lieber Vater nennen sollten
als Herrn (Mt 6, 8 f.14 f), um uns auch hierdurch zum kind-
lichen Gehorsam zu ermahnen. Daher sagte er auch, als er
den Jüngern jenes geistliche Gebet übergab: „Wenn ihr
betet, sagt: Unser Vater, der du bist im Himmel …" (Mt
6, 8 f; Lk 11, 2). Daher nennen wir auch zu Recht die Äbte
der Klöster „Väter", damit sie unmittelbar durch den Namen offenkundig ermahnt werden, sich mehr als Väter
lieben denn als Herren fürchten zu lassen.

   „Es rufen", sagte er, wir Hebräer „Abba", ihr aus den
Heiden „Vater", da dieser Name ja hebräisch oder syrisch,
jener griechisch oder lateinisch ist. Augustinus zum „Brief
an die Galater": *Abba, Vater.* Er hat zwei Wörter angeführt, damit durch das spätere das erste ausgelegt werde
— denn das bedeutet ‚Abba‘, was ‚Vater‘ bedeutet —: wegen
des gesamten Volkes, welches aus Juden und Heiden berufen
ist, so daß das hebräische Wort sich auf die Juden, das grie-
chische sich auf die Heiden bezieht."[68] Derselbe im dritten
Buch „Von der Übereinstimmung der Evangelisten": „Dies
bedeutet ‚Abba‘ auf Hebräisch, was auf Lateinisch ‚pater‘
(*sc.* bedeutet)."[69] Haymo zu dieser Stelle: „Abba ist hebräisch und syrisch, ‚pater‘ griechisch und lateinisch. Als also
der Apostel voraussah, daß beide Völker zum Glauben ver-
sammelt werden sollten, setzte er zwei bedeutungsgleiche
Wörter, so daß die Gläubigen aus den Hebräern und Syrern
sagen: ‚Abba, erbarme dich‘, die aus den Griechen und den
anderen sagen: ‚Pater‘. Etwas Derartiges steht im Evangelium des Markus, wo der Herr sagt: ‚Abba, Pater, wenn es
möglich ist, gehe dieser Kelch von mir!‘ (Mk 14, 36)."[70]
Den Geist der Knechtschaft in Furcht nennt er jene Gabe
knechtischer Furcht, durch die wir nicht vom schlechten
Willen, sondern vom schlechten Handeln zurückgehalten

---

[70] Ps.-Haymo von Halberstadt, *Expositio* 8 (PL 117, 430BC); Formen
der direkten Anrede auch zu Röm 1, 8, oben 128, 6 – 130, 19.

actione formidine poenae sicut antea Iudaei per poenas
legis corporales. „Non" *accepistis* „spiritum <servitutis>"
per Evangelium sicut olim Iudaei per legem.

16. *Ipse enim spiritus* „adoptionis", quem diximus et
habemus, facit recognoscere spiritum nostrum, id est ratio- 5
nem, *quod sumus filii Dei,* hoc est, ei per amorem subiecti.
Nihil enim melius quisque quam propriam recognoscit
conscientiam et utrum servus an filius potius dicendus sit.

Notandum vero Apostolum in his, quibus loquitur Ro-
manis, quorum nonnulli vehementer erant reprehendendi, 10
generalem fidelium personam hoc loco se intelligere et non
tam quales illi essent, quam quales esse deberent, exponere.

17. *Si autem filii,* scilicet „adoptionis", utique *et heredes,*
quia ad hoc adoptantur, id est gratis eliguntur, ut hereditatem assequantur; *heredes quidem Dei,* hoc est Patris, et 15
coheredes Christi, hoc est naturalis eius Filii, in illa videlicet beatitudinis possessione perpetua. Ostendit, quantum
sit assequi illam hereditatem Dei, per quam Filio eius Christo similes efficimur. *Si tamen.* Dixi: „Heredes" sumus, hac
tamen intentione, „si" *compatimur* ipsi Christo, quia non 20
coronabitur quis, nisi qui legitime certaverit, adversus ho-
stium scilicet seu vitiorum impugnationem. Et quia, ut ait
Cypria|nus, martyrem non facit poena sed causa, addit: *ut* | 219
conglorificemur, hoc est: si ita patimur, ut cum Christo
glorificari digni simus. Quod tunc fit, quando caritas ad 25
patiendum praeparat, non necessitas trahit, et pro Christo sicuti pro nobis, ut sic ei mutuum solvamus. Omnes
itaque, quantum in ipsis est, pro eo compatiuntur, quicum-

---

2 servitutis *fehlt bei Abaelard*

---

[71] *Intentio* hier: Obersatz in der Logik.
[72] In Wirklichkeit AUGUSTINUS, *serm.* 327,1 (PL 38,1451).
[73] *Mutuum* (Wechselseitiges, Darlehen). Gemeint: Durch unsere Liebe
zahlen wir Christus seine Liebe zurück.

werden aus Furcht vor Strafe, so wie früher die Juden durch die körperlichen Strafen des Gesetzes. *Ihr habt „nicht"* einen „Geist <der Knechtschaft>" durch das Evangelium *empfangen* so wie einst die Juden durch das Gesetz.

16. *Gerade der Geist* „der Kindschaft" *nämlich*, den wir genannt haben (Röm 8,15) und den wir besitzen, bewirkt, daß unser Geist, das heißt die Vernunft, erkennt, *daß wir Kinder Gottes sind*, das heißt: ihm aus Liebe untertan. Denn nichts erkennt jeder besser als das eigene Gewissen und ob er eher Knecht oder Kind genannt werden muß.

Anzumerken ist aber, daß der Apostel unter diesen Römern, zu denen er spricht — von denen einige heftig getadelt werden mußten —, allgemein an dieser Stelle die Person der Gläubigen versteht und nicht so sehr darlegt, wie jene waren, sondern wie sie sein müßten.

17. *Wenn aber Kinder*, nämlich durch „Adoption" (vgl. Röm 8,15 Vg.), dann auf jeden Fall *auch Erben;* denn dazu werden sie adoptiert, das heißt umsonst erwählt, daß sie die Erbschaft erlangen sollen. *Erben Gottes ja*, das heißt des Vaters, und *Miterben Christi*, das heißt seines natürlichen Sohnes, bei jenem ewigen Besitz der Glückseligkeit nämlich. Er zeigt, wie groß es ist, jene Erbschaft Gottes zu erlangen, durch die wir seinem Sohne Christus ähnlich werden. *Wenn jedenfalls.* Ich sagte: Wir sind „Erben", doch unter dieser Bedingung[71]: „wenn" *wir mitleiden* mit Christus selbst; denn gekrönt werden wird jemand nur, wenn er rechtmäßig gekämpft hat (vgl. 2 Tim 2,5), nämlich gegen den Angriff der Feinde oder der Laster. Und weil, wie Cyprianus sagt, zum Märtyrer nicht die Strafe, sondern die Ursache macht[72], fügt er hinzu: *damit wir mitverherrlicht werden*, das heißt, wenn wir so leiden, daß wir würdig sind, mit Christus verherrlicht zu werden. Dies geschieht dann, wenn die Liebe uns zum Leiden bereitmacht — und zwar für Christus ebenso wie für uns —, nicht die Notwendigkeit zwingt, so daß wir ihm so Geliehenes[73] zurückzahlen. Alle leiden daher, so weit es in ihrer Macht steht, für ihn

que, ut diximus, pro eo pati parati sunt, si videlicet ipsi persecutori non desunt, licet eis desit persecutor.

18. *Existimo enim.* Ac si aliquis quaereret: Estne tanta illa hereditas, ut pro ea promerenda patiendum sit usque ad mortem, sicut Christus passus est? Respondet: Immo tan- 5 tam esse existimo, ut omnia merita hominum, quantumcumque ipsi patiendo mereantur, longe excedat. Et hoc est quod ait: *Non sunt condignae passiones huius temporis,* hoc est: Temporales istae et transitoriae tribulationes, quantaecumque fuerint, non sunt tanti meriti, ut eis debeatur illa 10 ineffabilis et aeterna gloria futurae vitae, *quae revelabitur in nobis,* quia iam quidem „filii Dei sumus", sicut scriptum est, sed „nondum apparet, quid erimus." Nulli enim transitorio, quamvis sit bonum, ex debito redditur perpetuum bonum; sed per gratiam Dei meritis nostris superadditam 15 id obtinemus, ad quod nequaquam ex meritis nostris sufficiebamus.

Et si diligenter attendamus, nihil transitorium aeterni boni remuneratione dignum est. Sola quippe „caritas", quae „numquam excidit", vitam promeretur aeternam, et 20 quicumque aequales sunt caritate, pares apud Deum habentur remuneratione, etiam si alter effectu caritatis privetur aliquo casu praepeditus. Unde et merito beatus Augustinus aequalem de martyrio coronam asserit habere Iohannem, qui passus non est, quam et Petrus habet, qui passus est, ut 25 non tam passionis effectum quam affectum Deus attendat.

19. *Nam exspectatio.* Bene dixi *futuram gloriam,* quae revelabitur in nobis, scilicet filiis Dei, quia hanc *revela|tionem,* | 220

---

[74] AUGUSTINUS, *bon. coniug.* 21, 16 (CSEL 41, 221). Im Lateinischen Wortspiel: *effectum* (Ausführung) — *affectum* (Stimmung).

mit, die, wie wir sagten, bereit sind, für ihn zu leiden, wenn
sie sich nämlich selbst einem Verfolger nicht entziehen,
mag ihnen auch ein Verfolger fehlen.

18. *Denn ich glaube.* Wie wenn jemand fragte: Ist denn
jene Erbschaft so groß, daß man, um sie zu verdienen, bis
zum Tode leiden muß, so wie Christus gelitten hat? Er
antwortet: Ja fürwahr, ich glaube, daß sie so groß ist, daß
sie alle Verdienste der Menschen weit übertrifft, wieviel
auch immer sie durch Leiden verdienen mögen. Und dies
bedeutet, daß er sagt: *Die Leiden dieser Zeit sind nicht zu
vergleichen,* das heißt: Jene zeitlichen und vorübergehenden Drangsale, wie groß sie auch gewesen sein mögen, sind
nicht so verdienstvoll, daß ihnen jene unaussprechbare ewige Herrlichkeit des künftigen Lebens geschuldet wird, *welche an uns offenbar werden wird.* Denn „wir sind" zwar
schon „Kinder Gottes", wie geschrieben steht (Röm 8,16),
doch „es ist noch nicht offenbar, was wir sein werden"
(1 Joh 3,2). Denn nichts Vergängliches, wie gut es auch sein
mag, wird verdientermaßen mit ewigem Gut belohnt; doch
durch die Gnade Gottes, die zu unseren Verdiensten hinzugefügt worden ist, erhalten wir das, wozu wir keineswegs
aufgrund unserer Verdienste genügten.

Und wenn wir es genau betrachten, ist nichts Vergängliches
der Belohnung mit ewigem Gut würdig. Allein „die Liebe"
ja, „die niemals aufhört" (1 Kor 13,8), verdient das ewige
Leben, und alle, die gleich sind an Liebe, werden bei Gott
als gleich angesehen hinsichtlich der Belohnung, auch wenn
der eine — durch irgendeinen Zufall verhindert — auf die
Betätigung der Liebe verzichten muß. Daher behauptet auch
der selige Augustinus zu Recht, Johannes, der nicht gelitten
hat, besitze die gleiche Märtyrerkrone, wie sie auch Petrus
besitzt, der gelitten hat. Gott betrachte daher nicht so sehr
das Geschehen des Leidens wie die Stimmung des Herzens.[74]

19. *Denn das Harren.* Zu Recht habe ich die *Herrlichkeit*
als *zukünftige* bezeichnet, die an uns offenbar werden soll
(Röm 8,18), das heißt an den Kindern Gottes; denn *das*

scilicet gloriae filiis Dei debitae, exspectatio fidelium omnium *exspectat.* Ac si diceret: Exspectans unusquisque exspectat — sicut dicitur: „Euntes ibant" — hoc est: perseveranter atque confidenter sperant, bonis scilicet operibus eam promerentes, „revelationem" *filiorum Dei,* id est 5 remunerationem illam, in qua revelabitur, qui filii Dei sint et ad vitam praedestinati, quod adhuc occultum est. „Creaturam" eos dicit, qui creationem Dei in se ipsis incorruptam satagunt custodire ac reformare imaginem Dei, in qua creati sunt, peccatis, quae eam delent vel maculant, quantum va- 10 lent, resistendo.

20. Et vere hanc revelationem exspectant fideles, quia propter illam contemnunt vitae praesentis vanitatem et nolentes eam sustinent cupientes etiam iam potius „dissolvi et esse cum Christo". Et hoc est, quod ait: *Creatura* ipsi 15 *subiecta est nolens enim,* hoc est: Hanc vanam vitam, quae et transitoria est et aerumnis plena, sustinet invita, quantum in se est, *sed propter eum,* scilicet eam tolerat, *qui subiecit eam in spe,* illius scilicet futurae revelationis, hoc est: In hac eam affligendo humiliat, ut in illa quae speratur exaltet. 20

21. Quae vero sit illa spes creaturae, id est quid sperent hic afflicti fideles, subponit dicens: *Quia et ipsa,* etc., id est: Hoc sperant, quod liberabuntur ibi a iugo passibilis et corruptibilis carnis, quo hic opprimuntur inviti. *Libertatem* dicit illius vitae gloriam, in qua nulla erit oppressio, 25 cum nemo aliquid contra voluntatem suam incurrerit.

---

[75] Im Lateinischen *figura etymologica: exspectans exspectat.*

Harren aller Gläubigen harrt dieser *Offenbarung,* nämlich
der der Herrlichkeit, die den Kindern Gottes geschuldet wird.
Wie wenn er sagte: Erwartend erwartet[75] ein jeder — so wie
man sagt: „Gehend gingen sie" (Ps 126,6: Vg. Ps 125,6) —,
das heißt, beständig und zuversichtlich hoffen sie — wobei sie
sie nämlich durch gute Werke im voraus verdienen — auf „die
Offenbarung" *der Kinder Gottes,* das heißt jene Vergeltung,
bei der offenbar werden wird, wer Kinder Gottes und zum
Leben Vorherbestimmte sind, was bislang noch verborgen
ist. „Schöpfung" nennt er diejenigen, die sich bemühen, die
Schöpfung Gottes in sich selbst unverdorben zu bewahren
und das Bild Gottes wiederherzustellen, nach dem sie geschaffen sind (Gen 1,26f), indem sie den Sünden, die es zerstören oder beflecken, so weit sie vermögen, widerstehen.

20. Und wahrhaftig warten die Gläubigen auf diese Offenbarung; denn sie verachten ihretwegen die Eitelkeit des
gegenwärtigen Lebens und ertragen sie nicht freiwillig, voller Begierde, auch jetzt schon lieber „zu sterben und mit
Christus zusammen zu sein" (Phil 1,23). Und dies bedeutet,
daß er sagt: *Die Schöpfung ist* der Vergänglickeit *unterworfen, nicht freiwillig nämlich,* das heißt: Sie erträgt dieses
eitle Leben, welches vergänglich ist und voller Mühen,
unfreiwillig, soweit es auf sie ankommt. Doch *um dessen
willen* erträgt sie es nämlich, *welcher sie unterworfen hat
auf Hoffnung hin,* nämlich auf jene künftige Offenbarung,
das heißt: In diesem Leben erniedrigt er sie, indem er sie
niederdrückt, um sie in jenem, das erhofft wird, zu erhöhen.

21. Was aber jene Hoffnung der Schöpfung ist, das heißt,
was die hier niedergedrückten Gläubigen hoffen, fügt er an,
indem er sagt: *Denn auch sie ...* das heißt: Sie hoffen dies,
daß sie dort vom Joch des leidensfähigen und vergängli-
chen Fleisches befreit werden, durch das sie hier gegen
ihren Willen unterdrückt werden. *Freiheit* nennt er die
Herrlichkeit jenes Lebens, in dem es keine Unterdrückung
geben wird, wenn niemand gegen seinen eigenen Willen in
etwas hineingeraten wird.

22. *Scimus enim.* Ostendit per partes creaturam hic af-
flictam ad illam, quam ibi sperat, „libertatem gloriae" toto
desiderio anhelare, quia videlicet tam hi, qui inter fideles
sunt minores, quam illi, qui maiores. Minores autem distinguit per hoc quod dicit: *omnis creatura,* maiores vero per 5
hoc quod subponit: *Primitias spiritus habentes.* Quod
itaque dicitur „omnis creatura", tale est, ac si diceret: Hi
qui omnino sunt creatura vel qui toti sunt creatura, non
creatores, nullos videlicet creare vel generare Deo per prae-
dicationem valentes. Apostoli vero et | eorum vicarii tam- 10 | 22
quam aliorum, ut diximus, creatores quodammodo sunt,
iuxta quod hic ipse alibi dicit Apostolus: „In Christo enim
Iesu per Evangelium ego vos genui"; et iterum: „Filioli mei,
quos iterum parturio, donec formetur", etc. — *Ingemiscit*
et parturit, hoc est: ingemiscendo parturit. Gemitus autem 15
fidelium hic vel de terrena afflictione proveniunt secundum
illud: „Euntes ibant et flebant, mittentes semina sua" vel de
caelestis patriae desiderio, sicut est illud: „Heu mihi, quia
incolatus meus prolongatus est", et rursum: „Super flumina
Babylonis illic sedimus et flevimus, donec recordaremur tui, 20
Sion." Parturiunt autem, hoc est: Labore maximo fructum
bonorum operum proferre mediantur et satagunt, *usque*
adhuc, hoc est: non horarie, sed quamdiu vivunt. „Parturio"
namque verbum est meditativae formae, non perfectae, et
ideo bene minoribus atque imperfectis aptatur, qui quasi in 25

---

[76]   *Meditativae formae — perfectae formae.*

22. *Denn wir wissen.* Er zeigt an den einzelnen Teilen,
daß die hier niedergedrückte Kreatur mit ganzem Verlangen nach jener „Freiheit der Herrlichkeit" seufzt (Röm
8,21), die sie dort erhofft: Denn ebenso tun es nämlich
diejenigen, die hier unter den Gläubigen geringer sind, wie
jene, die bedeutender sind. Die Geringeren grenzt er aber
dadurch ab, daß er sagt: *die ganze Kreatur,* die Größeren
aber dadurch, daß er anfügt: *die die Erstlingsgaben des
Geistes besitzen.* Daß also gesagt wird „die ganze Kreatur",
ist so, wie wenn er sagte: diejenigen, die gänzlich Kreatur
sind oder die insgesamt Kreatur sind, nicht Schöpfer, da sie
ja niemand durch die Verkündigung für Gott zu erschaffen
oder zu erzeugen vermögen. Die Apostel aber und ihre
Stellvertreter sind auf gewisse Weise sozusagen Schöpfer
anderer, wie wir sagten, gemäß dem, was eben dieser Apostel anderswo sagt: „Denn in Christus Jesus habe ich euch
durch das Evangelium gezeugt" (1 Kor 4,15 Vg.), und wiederum: „Meine kleinen Kinder, die ich von neuem gebäre,
bis Gestalt annimmt …" (vgl. Gal 4,19). — *Sie seufzt und
liegt in Wehen,* das heißt, sie gebiert unter Seufzen. Die
Seufzer der Gläubigen aber gehen hier entweder aus der
irdischen Bedrückung hervor — gemäß jenem Ausspruch:
„Sie gingen hin und weinten und trugen ihren Samen zur
Aussaat" (Ps 126,6: Vg. Ps 125,6) — oder aus dem Verlangen nach der himmlischen Heimat, so wie jener Ausspruch
lautet: „Weh mir, daß mein Wohnen verlängert ist!" (Ps
120,5: Vg. Ps 119,6), und wiederum: „An den Strömen von
Babylon, da saßen wir und weinten, solange wir an dich
dachten, Zion" (Ps 137,1: Vg. Ps 136,1). Sie gebären aber,
das heißt: Sie sind unter größter Mühe eifrig damit beschäf-
tigt, die Frucht guter Werke hervorzubringen, *bis zum
heutigen Tage,* das heißt nicht für den Augenblick, sondern
so lange sie leben. „Parturio" (*sc.* ich gebäre, liege in Wehen)
nämlich ist ein Wort von einer ein Verlangen, nicht eine Vollendung bezeichnenden Form[76], und daher paßt es gut für die
Geringeren und Unvollkommenen, die gewissermaßen am

initio sunt cogitationis, non in perfectione operationis.
Haec autem verba Apostoli, cum ait: „Ingemiscit et parturit", illis dominicis concordant verbis, quibus dicitur: „Mulier cum parit, tristitiam habet", etc.

23. *Primitias spiritus habentes,* id est maiora Sancti Spi- 5
ritus dona sicut praedicatores sancti, qui secum et alios Deo
acquirunt. Ad quod quidem praedicationis officium tamquam ad maximum Spiritus Sancti donum ipse nos Apostolus in prima ad Corinthios adhortatur dicens: „Aemulamini
autem charismata meliora. Et adhuc excellentiorem viam 10
vobis demonstro", et post pauca: „Sectamini caritatem,
aemulamini spiritualia, magis autem ut prophetetis", hoc
est: ut officium prophetarum praedicando assumatis.

Et ipsi gemimus, gravati scilicet passibilitate et corruptione carnis sicut ceteri, sed ex spe consolationem habentes, 15
quae scilicet spes quasi ancora est navis nostrae inter huius
| saeculi fluctus. Quam statim consolationem adiecit dicens: | 222
exspectantes, id est cum fiducia sperantes, *adoptionem filiorum Dei* de ipsis gentibus, hoc est: ipsos adoptari a Deo
et constitui heredes in regno caelesti. „Adoptionem" hanc 20
dico *redemptionem corporis nostri,* hoc est: ecclesiae, cuius
membra sumus. Nihil quippe est aliud nos a Deo sic adoptari quam per Unigenitum suum a diaboli potestate seu iugo
peccati nos redimi, ut haec tota adoptio divinae gratiae, non
meritis nostris tribuatur. 25

24. *Spe enim.* Dixit superius, quia revelationem filiorum
Dei exspectamus sperando et quia praesentis vitae vanitati

Anfang der Überlegung stehen, nicht bei der Vollendung der Handlung. Diese Worte des Apostels aber, wenn er sagt: „sie seufzt und gebiert", stimmen mit jenen Herrenworten überein, durch die gesagt wird: „Wenn die Frau gebiert, hat sie Traurigkeit ..." (Joh 16,21).

23. *Die die Erstlingsgaben des Geistes besitzen,* das heißt die größeren Gaben des Heiligen Geistes, wie zum Beispiel die heiligen Prediger, die bei sich auch andere für Gott gewinnen. Zu diesem Amt der Verkündigung ja als größter Gabe des Heiligen Geistes ermahnt uns der Apostel selbst im ersten Brief an die Korinther, wenn er sagt: „Strebt aber nach den besseren Gnadengaben! Und ich zeige euch einen noch hervorragenderen Weg" (1 Kor 12,31), und kurz danach: „Jagt der Liebe nach, strebt nach den Geistesgaben, noch mehr aber danach, daß ihr prophezeit!" (1 Kor 14,1), das heißt, daß ihr das Prophetenamt durch eure Verkündigung annehmt.

Wir seufzen auch selbst, bedrückt nämlich von der Leidensfähigkeit und Verdorbenheit des Fleisches wie die übrigen, doch durch die Hoffnung im Besitz von Trost. Diese Hoffnung ist nämlich gewissermaßen der Anker unseres Schiffes in den Fluten dieses Zeitalters. Diesen Trost hat er sogleich hinzugefügt, indem er sagte: *indem wir erwarten,* das heißt mit Zuversicht hoffen, *auf die Annahme der Kinder Gottes* gerade aus den Heiden, das heißt: daß sie von Gott angenommen und als Erben eingesetzt werden im himmlischen Reich. Diese „Annahme" nenne ich *Erlösung unseres Leibes,* das heißt der Kirche, deren Glieder wir sind. Nichts anderes bedeutet es ja, daß wir von Gott so angenommen werden, als daß wir durch seinen Einziggeborenen von der Macht des Teufels oder vom Joch der Sünde erlöst werden, so daß diese ganze Annahme der göttlichen Gnade, nicht unseren Verdiensten, zugeschrieben werden muß.

24. *Denn der Hoffnung nach.* Weiter oben hat er gesagt, daß wir die Offenbarung der Kinder Gottes (vgl. Röm 8,19) dadurch erwarten, daß wir hoffen, und daß wir der Eitelkeit

in hac spe subiecti sumus, ne propter labores diffidamus.
Et ne quis obiiceret spem istam non esse certitudinem et
ideo in ea non esse confidendum, ideo dicit, quia omnes
quotquot salvamur, per spem salvamur. Et statim quod spes
de non apparentibus tantum recte dicatur, adnectit dicens: 5
Spes autem quae, hoc est: cognitio, quae de apparentibus
est, nequaquam *spes* dicenda *est. Nam quod videt quis,* hoc
est: *Quid sperat* aliquid, „quod videt"? Ac si diceret: Nihil
est, quod videndo speret ipsum, ut si quis videat se divitem
factum esse, quod fortasse ante speraverat, iam non de hoc 10
spem vel existimationem sed certitudinem habet.

25. *Si autem quod.* Ostendit, quomodo spe salvi fiamus,
quia videlicet illa spes, quae dicta est vitae futurae, nos
patientes reddit, ne in tribulatione vitae praesentis deficia-
mus. Et hoc est: „Si" enim, quia scilicet „quod" *non vide-* 15
mus speramus, patienter illud *exspectamus,* non in agone
praesentis certaminis deficientes.

26. *Similiter autem,* sicut videlicet spes nos adiuvat patientiam praestando, ita *et Spiritus* Sanctus in hoc agone *no-*
stram adiuvat infirmitatem, necessarias nobis orationes sug- 20
gerendo. Et hoc est: *Nam quid,* ita *ut oportet* et nobis
necessarium est, *oremus,* in tribulationibus videlicet positi,
frequenter ignoramus, in multis videlicet dubitantes, quod
eorum nobis utile sit, sicut et ipse Apostolus quando ter | Do- | 223
minum rogavit stimulum satanae sibi auferri. *Sed ipse Spiri-* 25
tus postulat pro nobis, hoc est: postulare nos facit, quod ne-

des gegenwärtigen Lebens in dieser Hoffnung unterworfen sind, damit wir nicht wegen der Mühen das Vertrauen verlieren. Und damit nicht jemand einwenden könnte, jene Hoffnung sei keine Gewißheit und daher dürfe man auf sie nicht vertrauen, sagt er daher, daß wir alle, die wir gerettet werden, durch die Hoffnung gerettet werden. Und sofort schließt er an, daß man von Hoffnung richtig nur bei nicht Sichtbarem spricht, indem er sagt: *Die Hoffnung aber, welche,* das heißt Erkenntnis, die sich auf Sichtbares bezieht, darf man keineswegs *Hoffnung nennen. Denn was jemand schaut,* das heißt: *Wie hofft jemand* auf etwas, „was er schon schaut"? Wie wenn er sagen wollte: Es gibt nichts, was jemand dadurch erhoffen könnte, daß er es schaut. Zum Beispiel: Wenn jemand sieht, daß er reich geworden ist, was er vielleicht zuvor erhofft hatte, hat er nun darauf keine Hoffnung mehr oder Glauben daran, sondern Gewißheit.

25. *Wenn aber, was.* Er zeigt, wie wir durch Hoffnung gerettet werden, da ja jene Hoffnung, die sich, wie gesagt, auf das kommende Leben richtet, uns geduldig macht, damit wir in der Drangsal des gegenwärtigen Lebens nicht schwach werden. Und dies bedeutet: „Wenn" wir nämlich, da wir ja, „was" *wir nicht sehen, erhoffen,* jenes geduldig *erwarten,* indem wir im Kampf des gegenwärtigen Wettstreites nicht schwach werden.

26. *Ähnlich aber.* So wie nämlich die Hoffnung uns hilft, indem sie Geduld verschafft, so *steht auch der* Heilige *Geist* in diesem Kampf *unserer Schwachheit bei,* indem er uns die notwendigen Gebete eingibt. Und dies bedeutet: *Denn was wir,* so, *wie es sich gebührt* und es für uns nötig ist, *beten sollen,* wenn wir uns nämlich in Bedrängnissen befinden, wissen wir häufig nicht, da wir nämlich bei vielem im Zweifel sind, was davon uns nützlich ist, so wie auch der Apostel selbst, als er dreimal den Herrn gebeten hat, daß der Stachel Satans von ihm genommen werde (vgl. 2 Kor 12,8). *Aber der Geist selbst tritt für uns ein,* das heißt veranlaßt uns zu erbitten, was wir nicht wußten, indem er

sciebamus, videlicet docendo et eius desiderium maximum inspirando.

27. *Qui autem.* Dixi quia nos postulare facit *gemitibus inenarrabilibus,* hoc est: tantis desideriis, ut potius sentiri quam edisseri queant. Sed licet sint inenarrabiles, ei tamen 5 sunt cogniti, *qui scrutatur corda* et „inspector" est „cordis", ea videlicet potius attendens, quae versantur in corde, quam quae proferuntur de ore. *Quid desideret,* id est desiderare nos faciat, *quia postulat pro sanctis,* id est sanctos postulare facit *secundum Deum,* hoc est: secundum hoc, quod ipse 10 Spiritus Dei a Deo accepit, quia a Deo habet esse, procedendo scilicet ab ipso, et secundum quod in ipsa Dei dispositione ordinatum esse novit. Unde certum est Deum non posse latere, quid agat Spiritus eo disponente.

28. *Scimus autem.* Tamquam aliquis opponens diceret: 15 Quomodo adiuvet Spiritus sanctos, quos tot videmus afflictionibus laborare? Dicit quia etiam ipsas afflictiones et quaecumque accidunt sanctis, tam prospera scilicet quam adversa, *in bonum* eis convertit et ad eorum utilitatem perducit. Qui vero sint diligentes *Deum,* subponit dicens: 20 *his qui vocati sunt sancti,* hoc est, internae vocationis inspiratione sunt sanctificati, *secundum propositum* Dei potius quam secundum eorum praecedentia merita, hoc est, secundum hoc potius, quod divinae gratiae placuerit, quam secundum hoc, quod ipsi meruerint. 25

29. *Nam quos praescivit.* Exsequitur diligenter, quomodo secundum „propositum" Dei, hoc est divinae gratiae placitum, sint sanctificati, dicens quia, „quos praescivit", postmodum etiam praedestinando conformes Christo red-

es uns nämlich belehrt und uns das größte Verlangen danach eingibt.

27. *Der aber.* Ich sagte, daß er uns dazu veranlasse, zu
bitten *mit unaussprechlichen Seufzern,* das heißt: mit solch
großem Verlangen, daß man es eher empfinden als ausspre-
chen kann. Doch mögen die Seufzer auch unaussprechlich
sein, so sind sie dem doch bekannt, *der die Herzen erforscht*
und „Prüfer des Herzens" (Spr 24,12) ist, da er nämlich
eher auf das achtet, was im Herzen bewegt, als was vom
Munde vorgebracht wird. *Was er begehrt,* das heißt uns zu
begehren veranlaßt; *denn er bittet für die Heiligen,* das
heißt veranlaßt die Heiligen zu bitten, *nach Gottes Wohl-*
gefallen, das heißt gemäß dem, was der Geist Gottes selbst
von Gott empfangen hat — denn er hat sein Sein von Gott
empfangen, da er ja von ihm ausgeht —, und gemäß dem,
was, wie er erkannt hat, unmittelbar in Gottes Plan be-
schlossen ist. Daher ist es gewiß, daß vor Gott nicht verborgen sein kann, was der Geist nach seinem Plan ausführt.

28. *Wir wissen aber.* Wie wenn jemand einen Einwand
machte und sagte: Wie sollte wohl der Geist den Heiligen
helfen, die doch, wie wir sehen, unter so vielen Bedrängnissen leiden? Er sagt, daß er ihnen auch gerade die Bedrängnisse und was auch immer den Heiligen widerfährt, nämlich ebenso Glückliches wie Unglückliches, *zum Guten*
wendet und zu ihrem Nutzen lenkt. Wer aber die sind, die
Gott lieben, fügt er an, indem er sagt: *denen, die zu Heiligen*
berufen sind, das heißt durch die Eingebung einer inner-
lichen Berufung geheiligt sind, *nach dem Vorsatz* Gottes
eher als nach ihren vorausgehenden Verdiensten, das heißt
eher nach dem, was der göttlichen Gnade gefallen hat, als
nach dem, was sie selbst verdient haben.

29. *Denn die er vorher erkannt hat.* Er führt sorgfältig
aus, wieso sie nach dem „Vorsatz" Gottes, das heißt nach
dem Gefallen der göttlichen Gnade, geheiligt worden sind,
indem er sagt, daß Gott die, „die er vorher erkannt hat",
später auch dadurch, daß er sie vorherbestimmte, Christus

didit. Scire Deus dicitur ea, quae approbat et quae eius
notitia sunt digna, iuxta illud: „Novit Dominus viam iustorum", sicut e contrario mala ignorare vel nescire dicitur,
iuxta quod ipse Filius reprobis ait: „Nescio vos." Illos
itaque praescisse dicitur, | quorum, antequam essent, futu- 5 | 224
ram electionem approbavit. Quoscumque itaque sic „praescivit", eos postmodum *praedestinavit,* hoc est: donis gratiae suae praeparavit. Praedestinatio quippe divinae dicitur
praeparatio gratiae, quae in electis tantum est.

„Praedestinavit", inquam *conformes fieri,* hoc est: ad hoc 10
ut similes fierent *imaginis filii sui,* hoc est Christi, qui est
„imago Dei", hoc est expressa similitudo Patris, in omnibus
scilicet bonis ei secundum divinitatem aequalis, iuxta illud
quod ait: „Philippe, qui videt me, videt et Patrem"; ac si
diceret: quia ex me integre cognosci potest, qualis vel quam 15
bonus ipse sit Pater. Tunc autem Christo conformamur, si
„veterem hominem cum actibus suis" deponentes ipsum
induamus Christum, sicut scriptum est: „Qui dicit se in
Christo manere, debet, sicut ille ambulavit, et ipse ambula-
re"; ita, inquam, „conformes fieri", *ut sit ipse,* videlicet 20
Christus, „primogenitus in multis fratribus", hoc est: inter
multos, qui eiusdem Patris sunt filii per adoptionem, ipse,
qui per naturam Filius est, more primogenitorum excellat
dignitate, non eis adaequetur, sicut ipse Patri aequalis est,
cuius „imago" dicitur.   25

30. *Quos autem.* Praedestinantur electi, id est ad vitam
aeternam praeparantur per fidem illuminati, quam primo

---

[77] AUGUSTINUS, *praed. sanct.* 10,19 (PL 44,974f); vgl. zu Röm 1,4, oben
114,17–22.

gleichförmig gemacht hat. Man sagt, Gott wisse das, was er billigt und was seiner Kenntnisnahme würdig ist, gemäß jenem Ausspruch: „Der Herr kennt den Weg der Gerechten" (Ps 1,6). Ebenso sagt man umgekehrt, er kenne nicht oder wisse nicht das Böse, gemäß dem, was der Sohn selbst den Verworfenen sagt: „Ich kenne euch nicht" (Lk 13,25.27). Man sagt daher, daß er jene vorher erkannt habe, deren künftige Erwählung er, noch ehe sie existierten, gebilligt hat. Alle, die er daher so „vorher erkannt hat", die hat er später *vorherbestimmt*, das heißt durch Gaben seiner Gnade vorbereitet. Vorherbestimmung nennt man ja die Vorbereitung durch die göttliche Gnade[77], die sich nur bei den Erwählten findet.

„Er hat sie dazu vorherbestimmt", sage ich, *gleichförmig zu werden*, das heißt: dazu, daß sie *dem Bild seines Sohnes* ähnlich würden, das heißt Christus, der das „Bild Gottes" ist (Kol 1,15), das heißt das ausgeprägte Ebenbild des Vaters, in allem Guten nämlich ihm nach seiner Gottheit gleich, gemäß jenem Ausspruch von ihm: „Philippus, wer mich sieht, sieht auch den Vater" (Joh 14,9), wie wenn er sagte: Denn aus mir kann man vollkommen erkennen, welcher Art oder wie gut der Vater selbst ist. Dann aber werden wir Christus gleichförmig, wenn wir „den alten Menschen mit seinen Handlungen" (Kol 3,9) ablegen und Christus selbst anlegen, wie geschrieben steht: „Wer sagt, daß er in Christus bleibt, muß so, wie jener gewandelt ist, auch selbst wandeln" (1 Joh 2,6). So, sage ich, hat Gott sie vorherbestimmt, gleichförmig zu werden, *damit er selbst,* nämlich Christus, „der Erstgeborene unter vielen Brüdern sei", das heißt, daß unter vielen, die durch Adoption Söhne desselben Vaters sind, er selbst, der von Natur aus Sohn ist, nach Art der Erstgeborenen an Würde hervorragt, nicht ihnen gleichgestellt wird, so wie er selbst dem Vater gleich ist, dessen „Ebenbild" er heißt (vgl. Kol 1,15).

30. *Die er aber.* Die Erwählten werden vorherbestimmt, das heißt zum ewigen Leben vorbereitet, nachdem sie durch

tamquam omnium bonorum fundamentum suscipiunt; vocantur postmodum per spem illexi, cum iam misericordia Dei et virtute sacramentorum cognita ad bene operandum alliciuntur, propter aeternorum scilicet retributionem; deinde iustificantur sincerae caritatis affectu non iam Deo 5 tam propter sua quam propter ipsum adhaerentes; denique magnificantur, in caelesti scilicet patria sublimati.

<§ Quaestio>

§ Quaestio se hoc loco ingerit, de divina scilicet providen- 225 tia seu praedestinatione, quae liberum nobis arbitrium 10 auferre videntur, cum omnia videlicet sicut a Deo praevisa sunt necesse sit evenire nec aliquem praedestinatum possibile sit perire. Certum quippe est omnia, antequam fiant, eo modo, quo futura sunt, a Deo esse provisa, sive bona sint sive mala, nec in aliquo providentiam eius posse falli. Cum 15 itaque hunc hominem, qui forte moechaturus est, providerit moechaturum esse, necesse est eum moechaturum esse. Quod si eum necesse est esse moechaturum, hoc est inevitabile, iam non est in libero eius arbitrio seu potestate peccatum hoc evitare. Non igitur propter hoc peccatum, 20 quod nullatenus evitare potuit, reus est constituendus. Atque ita omnia mala in Dei providentiam tamquam eorum necessariam causam retorquenda videntur et sic omnia eo modo, quo eveniunt, necessario provenire, cum videlicet sic a Deo provisa fuerint, nec ullo modo aliter posse continge- 25 re.

---

8 Quaestio § *vorangestellt bei O^{mg}* | Quaestio *R^{mg}O^{mg}* ‖ 9 Quaestio § *vorangestellt bei O*

---

[78] Vgl. Ps.-AUGUSTINUS, *symb.*, exordium (PL 40, 1189).

den Glauben erleuchtet sind, den sie zunächst als Grundlage aller Güter[78] empfangen. Sie werden danach berufen, durch Hoffnung angelockt, wenn sie — nachdem sie schon das Erbarmen Gottes und die Kraft der Sakramente erkannt haben — zum guten Handeln verlockt werden, wegen der Belohnung mit ewigen Gütern nämlich. Danach werden sie gerechtfertigt durch den Zustand reiner Liebe, wenn sie Gott nicht mehr so sehr wegen seiner Gaben, sondern um seiner selbst willen verbunden sind. Schließlich werden sie verherrlicht, wenn sie nämlich in der himmlischen Heimat aufgenommen worden sind.

<Frage>

Eine Frage drängt sich an dieser Stelle auf, bezüglich der göttlichen Voraussicht oder Vorherbestimmung nämlich, die uns den freien Willen zu nehmen scheinen, da nämlich alles notwendigerweise so, wie es von Gott vorhergesehen wurde, eintreten muß und da es unmöglich ist, daß jemand als Vorbestimmter zugrunde gehen kann. Es ist ja gewiß, daß alles, ehe es geschieht, von Gott auf die Weise, wie es geschehen wird, vorhergesehen wurde, sei es gut, sei es schlecht, und daß in nichts sein Vorhersehen sich täuschen kann. Wenn er daher vorausgesehen hat, daß dieser Mensch, der zufällig einen Ehebruch begehen wird, einen Ehebruch begehen wird, muß er notwendigerweise einen Ehebruch begehen. Wenn es aber notwendig, das heißt unvermeidbar ist, daß er einen Ehebruch begehen wird, dann steht es nicht mehr in seinem freien Willen oder in seiner Macht, diese Sünde zu vermeiden. Also darf er nicht wegen dieser Sünde, die er auf keinen Fall hätte vermeiden können, angeklagt werden. Und so scheint es, daß alle Übel auf Gottes Vorsehung als ihre notwendige Ursache zurückgeführt werden müssen und daß so alles auf die Weise, wie es geschieht, notwendigerweise eintritt, da es ja so von Gott vorhergesehen wurde, und sich auf gar keine Weise anders ereignen kann.

Nos autem concedimus eum, qui moechaturus est, necessario moechaturum esse, cum id Deus providerit; sed
non ideo simpliciter dici convenit eum esse necessario
moechaturum. Non enim haec modalis cum determinatione illam simplicem infert. — De quo quidem diligentius 5
disserendum „Theologiae" nostrae reservamus, et quae dif-
ferentia sit providentiae ac praedestinationis seu fati.

31. *Quid ergo.* Quandoquidem Deus ita de nostra sollicitus est salute, ut praescierit, praedestinet, praedestinatos
vocet, vocatos iustificet, iustificatos magnificet: „Quid" 10
dicemus ad haec, hoc est: Contra haec quod impedimentum
poterimus invenire? Nullum utique, quia etsi ex nobis
infirmi sumus: *quis contra nos* praevalere poterit, *si Deus
pro nobis,* hoc est, cum Deum habeamus patronum?

32. De cuius quidem patrocinio vel defensione quam 15
securi esse valeamus, adnectit commemorans eius singularem dilectionem, quam nobis exhibuit, dicens: *Qui non
pepercit | etiam proprio Filio,* id est consubstantiali, non | 226
adoptivo, *sed tradidit illum,* videlicet ad mortem, *pro nobis
omnibus,* scilicet „quos" praescivit seu, ut dictum est, 20
„praedestinavit", ut in eius sanguine nostrorum maculas
dilueret peccatorum. Quod vero ait: „etiam proprio Filio",
innuit Deum et aliis adoptivis filiis antea pro nobis non
pepercisse, sicut Isaiae sive Ieremiae vel nonnullis aliis
prophetarum, qui ad populum Dei missi tamquam marty- 25
res pro salute hominum sunt occisi. *Quomodo non etiam,*

---

[79] *Simpliciter,* Gegensatz: *cum determinatione* (mit näherer Bestimmung),
vgl. oben Einleitung 25 f.

Wir gestehen aber zu, daß der, der einen Ehebruch begehen wird, ihn notwendigerweise begehen wird, wenn Gott
dies vorhergesehen hat. Aber man darf deshalb nicht einfach[79] behaupten, er werde notwendigerweise einen Ehebruch begehen. Denn diese nach Art und Weise näher
bestimmte Aussage zieht nicht jene einfache nach sich. —
Darüber allerdings sorgfältiger Erörterungen anzustellen,
heben wir für unsere „Theologia" auf, und darüber, welcher Unterschied zwischen Voraussicht und Prädestination
oder Schicksal besteht.[80]

31. *Was also.* Da ja Gott so wegen unseres Heils besorgt
ist, daß er vorher erkannt hat, vorherbestimmt, die Vorher-
bestimmten beruft, die Berufenen rechtfertigt, die Gerecht-
fertigten verherrlicht (Röm 8,30): „Was" *werden wir hier-*
zu sagen, das heißt: Welchen Hinderungsgrund werden wir
dagegen finden können? Gar keinen, denn auch wenn wir
von uns aus schwach sind: *Wer wird wider uns* die Oberhand behalten können, *wenn Gott für uns ist,* das heißt,
wenn wir Gott zum Schutzherrn haben?

32. Wie sicher wir uns ja seines Schutzes oder seiner
Verteidigung sein können, fügt er an, indem er mit folgenden Worten seine einzigartige Liebe erwähnt, die er uns
erwiesen hat: *Der sogar seinen eigenen Sohn nicht verschont*
hat — das heißt den ihm wesensgleichen, nicht einen angenommenen —, *sondern ihn dahingegeben hat,* nämlich zum
Tode, *für uns alle* — „die er" nämlich vorher erkannt oder,
wie gesagt wurde, „vorherbestimmt hat" —, damit er in
seinem Blut die Flecken unserer Sünden tilgte. Daß er aber
sagt „auch seinen eigenen Sohn", weist darauf hin, daß
Gott auch andere, angenommene Söhne zuvor für uns
nicht verschont hat, wie zum Beispiel Jesaja oder Jeremia
oder einige andere der Propheten, die zum Volk Gottes
gesandt und als Märtyrer für das Heil der Menschen getötet worden sind (vgl. Lk 11,47–51). *Wie nicht auch,* das

---

[80] *Th. Sch.* 3,96–111 (CCM 13,539–546).

hoc est: Qua ratione potest dici, ut in tanto de traditione
Filii sui dono non dederit *nobis omnia,* nostrae scilicet
saluti necessaria?

33. *Quis accusabit?* Quandoquidem Deus, ut dictum est,
de nostra ita sollicitus est salute: cuius accusatio quidquam 5
adversus nos obtinere poterit? Numquid accusatio ipsius
Dei qui non solum non accusat, verum etiam, ut dictum est,
iustificat? Ac si diceret: Non.

34. Aut, si etiam accusator cesset, quis in nostra condem-
natione perstiterit? Numquid ipse *Christus,* qui tantam 10
nobis exhibuit dilectionem — sicut ipse ait: „Maiorem hac
dilectionem", etc. —, ut pro nostra moreretur salute? Ac si
diceret: Non.

Immo qui. Quasi corrigens quod dixerat: *qui mortuus est*
— quod est infirmitatis —, subponit resurrectionis gloriam 15
in ipso nobis exhibitam atque promissam, quae nos in omni
tribulatione maxime consolatur. Et quoniam resurrectio
nonnullorum fuit iterum mortuorum sicut Lazari, vel etiam
reproborum erit ad sinistram constituendorum, subdit: *qui*
est ad dexteram Dei, hoc est: Secundum ipsam humanita- 20
tem resuscitatam in aeterna beatitudine perseverat, ibi quoque non immemor nostrae salutis, ubi tamquam advocatus
Patrem *interpellat pro nobis,* ipsam videlicet, in qua tanta
pro nobis passus est, humanitatem oculis Patris semper
praesentando et sic nos ei tamquam mediator reconcilian- 25
do.

„Interpellat" igitur, ut dictum est, tamquam inter nos et
Deum medius intercedat per ipsam, ut dictum est, nostrae naturae substantiam. Sanctos etiam ipsos intercedere et orare

heißt: Auf welche Weise kann man sagen, daß er *uns* in solch einem großen Geschenk der Hingabe seines Sohnes nicht *alles* gegeben habe, was nämlich für unser Heil notwendig ist?

33. *Wer wird Anklage erheben?* Da ja Gott, wie gesagt wurde, so um unser Heil besorgt ist: Wessen Anklage wird da etwas gegen uns ausrichten können? Etwa die Anklage Gottes selbst, der uns nicht nur nicht anklagt, sondern sogar, wie gesagt wurde, *rechtfertigt?* Wie wenn er sagte: Nein.

34. Oder — wenn sogar der Ankläger fehlt: Wer sollte da wohl auf unserer Verdammung bestehen? Etwa ausgerechnet *Christus,* der uns solch große Liebe erwiesen hat — so wie er selbst sagt: „Eine größere Liebe als diese …" (Joh 15,13) —, daß er für unser Heil starb? Wie wenn er sagte: Nein.

Ja vielmehr, der. Er korrigiert gewissermaßen, daß er gesagt hatte: *der gestorben ist* — was ein Zeichen von Schwäche ist —, und fügt die Herrlichkeit der Auferstehung an, die uns in ihm gezeigt und versprochen worden ist. Sie tröstet uns in jeder Anfechtung ganz besonders. Und weil es eine Auferstehung von einigen gegeben hat, die noch ein zweites Mal gestorben sind, wie zum Beispiel die des Lazarus (vgl. Joh 11,43 f; 12,1), oder wie es auch die der Verworfenen sein wird, die zur linken Seite aufgestellt werden sollen, fügt er an: *der zur Rechten Gottes sitzt,* das heißt: Gerade nach seiner wiedererweckten menschlichen Natur bleibt er dauernd in der ewigen Seligkeit, auch dort sehr wohl eingedenk unseres Heils, wo er als Anwalt beim Vater *Fürbitte für uns einlegt.* Dabei stellt er nämlich gerade die menschliche Natur, in der er so Großes für uns erlitten hat, stets dem Vater vor Augen und versöhnt uns so mit ihm als unser Mittler (vgl. 1 Tim 2,5).

„Er legt" also „Fürbitte ein", wie gesagt wurde, indem er sozusagen zwischen uns und Gott als Mittler einspringt, gerade durch die Substanz unserer Natur, wie gesagt wurde. Wir sagen, daß auch die Heiligen selbst für uns eintreten

pro | nobis dicimus affectu potius caritatis vel meritorum | 227
suorum suffragiis quam prolatione vocis. Unde et cum
dicimus: „Sancte Petre, ora pro nobis", tale est, ac si dicamus: „Miserere nostri, Domine, propter merita beati
Petri".   5

35. *Quis ergo nos.* Quandoquidem tantis beneficiis tantam nobis gratiam Deus exhibuit et in se ipso confirmavit,
quae res nos ulterius poterit avellere ab eius dilectione? Ac
si diceret: Nulla. Atque id statim comprobat per ea, quae
maxime videntur posse homines a Deo avertere. Ac primo 10
de adversis sic ait: *Tribulatio?* Ac si diceret: Non. „Tribulatio" dicitur quaecumque corporis afflictio ut verberatio,
angustia mentis anxietas ut est metus, *persecutio* de loco ad
locum propulsio, *periculum* mortis apparatus, *gladius* ipsa
mors.   15

36. *Sicut scriptum est,* in psalmo scilicet XLIII; ac si
diceret: Utique verum est, quod nihil horum poterit separare, *quia,* sicut dicit propheta, *propter te,* id est quia inseparabiliter tibi adhaeremus, periculis vitae afflicti subiacemus
tota die, id est toto tempore vitae nostrae, quae quidem ad 20
comparationem vitae infidelium, qui in tenebris ambulant,
dies est dicenda, fide videlicet illuminata. *Aestimati sicut:*
Scriptum est de impiis dicentibus de iustis: „Nos vitam
illorum putabamus insaniam", etc.; *oves occisionis,* hoc est,
dignae occisione et nihil ulterius utilitatis habentes nec de 25
ipsa etiam morte sua fructum aliquem ad esum tribuentes
nec ullatenus interfectoribus suis, tum pro imbecillitate
suae naturae, tum etiam pro mansuetudine sua, resistentes.

---

[81] Aus der Allerheiligen-Litanei.
[82] Gemeint: Opferlämmer.

und für uns bitten, eher durch die Gesinnung der Liebe
oder die Unterstützungen durch ihre Verdienste als durch
das Erheben ihrer Stimme. Daher ist es auch, wenn wir
sagen: „Heiliger Petrus, bitte für uns!"[81], so wie wenn wir
etwa sagten: „Erbarme dich unser, Herr, wegen der Verdienste des seligen Petrus!"

35. *Wer also* kann *uns?* Da Gott uns ja durch solch große
Wohltaten solch große Gnade erwiesen und bei sich selbst
gestärkt hat: Welche Sache wird uns da ferner von seiner
Liebe fortreißen können? Wie wenn er sagte: Keine. Und
das beweist er sogleich durch das, was vor allem die Menschen von Gott abwenden zu können scheint. Und zuerst
spricht er folgendermaßen von den widrigen Dingen: *Bedrängnis?* Wie wenn er sagte: Nein. „Bedrängnis" heißt jede
beliebige Verletzung des Körpers, zum Beispiel eine Geiße-
lung, *Not* eine Beklemmung des Geistes, wie sie die Furcht
darstellt, *Verfolgung* die Vertreibung von Ort zu Ort, *Gefahr* die Zurüstung zum Tode, *Schwert* der Tod selbst.

36. *Wie geschrieben steht,* nämlich im Psalm 43 (Ps 44,23:
Vg. Ps 43,22). Wie wenn er sagen wollte: Auf jeden Fall ist
wahr, daß nichts hiervon uns wird trennen können. *Denn,*
wie der Prophet sagt, *um deinetwillen,* das heißt, weil wir
untrennbar an dir hängen, sind wir verletzt den Gefahren
des Lebens ausgesetzt *den ganzen Tag,* das heißt die ganze
Zeit unseres Lebens. Dieses muß ja — im Vergleich mit dem
Leben der Ungläubigen, die im Finstern wandeln — Tag
genannt werden, da es ja durch den Glauben erleuchtet ist.
Wir sind geachtet wie: Es steht von den Ungläubigen geschrieben, die von den Gerechten sagen: „Wir hielten ihr
Leben für Wahnsinn ..." (Weish 5,4). *Schlachtschafe*[82], das
heißt, die das Schlachten verdient haben und keinen weite-
ren Nutzen besitzen und sogar nicht einmal selbst durch
ihren Tod einen Beitrag zum Essen leisten und keineswegs
ihren Schlächtern Widerstand leisten, einerseits wegen ihrer natürlichen Schwäche, andererseits wegen ihrer Sanft-
heit.

37. *Sed in his.* Dixi: Non poterunt omnes oppressiones istae constantiam nostram superare, ut videlicet a Deo separent, sed e contrario haec omnia perseverando vincimus per gratiam Dei potius quam per nostram virtutem. Et hoc est, quod ait: *propter eum, qui dilexit nos,* hoc est: propter 5 adiuvantem eius gratiam.

38. *Certus sum.* Ideo tam fiducialiter loquor de divina gratia fideles adiuvante, ut nullis videlicet de causis a Deo possint separari, quia iam de his non solum fidem, verum | etiam certitudinem magnis assecutus sum experimentis, 10 | 22
quod videlicet *neque mors* comminata, *neque vita* promissa, scilicet in hoc mundo, *neque angeli,* id est angelica dignitas a quocumque nos tentante nobis promissa — sicut diabolus Evae promisit quod essent sicut dii — *neque* etiam *principatus, neque virtutes,* id est istorum ordinum excel- 15
lentia, quae maior est dignitate angelici ordinis. — Quos quidem ordines diligenter beatus Gregorius distinguens ait: „Graeca lingua angeli nuntii, archangeli vero summi nuntii vocantur. Qui minima nuntiant, angeli, qui vero summa, archangeli vocantur. Hinc est, quod ad Mariam non quilibet 20
angelus, sed Gabriel archangelus mittitur." Item: „Virtutes vocantur illi, per quos signa et miracula frequentius fiunt. Potestates vocantur, qui hoc potentius ceteris in suo ordine perceperunt, ut eorum ditioni virtutes adversae subiectae sint, quorum potestate refrenantur, ne corda hominum tan- 25
tum tentare praevaleant, quantum volunt. Principatus vocantur, qui ipsis quoque bonis angelorum spiritibus

---

[83] GREGOR DER GROSSE, *in evang.* 2,34,8 (PL 76,1250CD).

37. *Aber in diesem.* Ich sagte: Alle jene Bedrängnisse
werden unsere Standhaftigkeit nicht überwinden können,
so daß sie uns nämlich von Gott trennen, sondern im
Gegenteil: All dies überwinden wir dadurch, daß wir stand-
haft sind, durch die Gnade Gottes eher als durch unsere
Tüchtigkeit. Und dies bedeutet, daß er sagt: *um dessen*
willen, der uns geliebt hat, das heißt wegen seiner helfenden
Gnade.

38. *Ich bin gewiß.* Deshalb spreche ich so zuversichtlich
von der göttlichen Gnade, die den Gläubigen hilft, so daß
sie nämlich aus keinerlei Gründen von Gott getrennt werden können: weil ich diesbezüglich schon nicht nur Glauben, sondern auch Gewißheit durch große Erfahrungen erlangt habe: daß nämlich *weder* angedrohter *Tod noch* ver-
sprochenes *Leben,* nämlich in dieser Welt, *weder Engel,* das
heißt die Würde von Engeln, die uns von irgendeinem Ver-
sucher versprochen worden ist — wie der Teufel Eva versprochen hat, daß sie wie Götter sein sollten (Gen 3,5) —,
noch selbst *Herrschaften noch Gewalten,* das heißt die her-
ausragende Stellung jener Ordnungen, die an Würde größer
ist als die Würde der Ordnung der Engel (*sc.* imstande sein
werden, uns von der Liebe Gottes zu trennen). — Diese
Ordnungen unterscheidet ja der selige Gregorius sorgfältig
und sagt: „Auf Griechisch nennt man Engel Boten, Erzengel jedoch höchste Boten. Diejenigen, die sehr Geringes
melden, nennt man Engel, die aber sehr Bedeutendes, Erzengel. Daher kommt es, daß zu Maria nicht ein beliebiger
Engel, sondern der Erzengel Gabriel geschickt wird."[83]
Ebenso: „Gewalten nennt man die, durch die häufiger Zeichen und Wunder geschehen. Mächte nennt man die, die
das in höherem Maße als die übrigen in ihrer Ordnung empfangen haben, daß die widrigen Gewalten ihrer Botmäßig-
keit unterworfen sind. Durch ihre Macht werden sie gezügelt,
so daß sie nicht imstande sind, die Herzen der Menschen
so sehr zu versuchen, wie sie wollen. Herrschaften nennt
man diejenigen, die auch den guten Geistern der Engel selbst

praesunt, qui subiectis aliis dum, quae sunt agenda, dispo-
nunt eis, ad explenda ministeria principantur." — *Neque
instantia,* id est: praesentia bona vel mala, *neque fortitudo,*
id est violentia cuiuscumque potestatis,

39. *neque altitudo neque profundum,* hoc est: sublimatio 5
alicuius humanae gloriae vel deiectio atque humiliatio in
quantamcumque vilitatem; ac si diceret: Neque prosperitas
aliqua humana neque adversitas *neque creatura alia* quam
videlicet suprapositae, id est angelicae potestates, etc. — *A
caritate Dei,* qua videlicet eum sincere propter ipsum dili- 10
gimus, *quae est in Christo Iesu,* hoc est: per Christum
salvatorem nostrum nobis inspirata sive in ipso aedificata
atque radicata et fundata.

9,1. *Veritatem dico.* Quod dixit se et consimiles sui fideles
a caritate Dei non posse avelli, experimento proprio | vult 15 | 22
probare, dicens scilicet se, dum maximus ecclesiae persecutor existeret, ad hoc laborasse, ut suos ad fidem Christi
conversos inde averteret; et hoc est: *in Christo Iesu,* hoc est:
Per Christum Iesum iurans veraciter „dico", quantum ad
ipsius rei eventum, quod ita se habet, ut dico; et *non mentior* 20
testimonium mihi perhibente conscientia mea, hoc est: Reus
mendacii non sum, cum sic credam sicuti dico. Potest
quippe aliquis, quantum ad rei eventum, veritatem in verbis
per ignorantiam habere et tamen contra conscientiam loqui
et per hoc incurrere mendacii reatum. Non enim mentitur 25
apud Deum, hoc est reus mendacii non reputatur ab eo, nisi
qui per duplicitatem loquitur. Loquenti conscientia sua
perhibet testimonium, quando non dissidet animus a ver-

84 GREGOR DER GROSSE, *in evang.* 2,34,10 (PL 76,1251CD).

vorstehen. Sie herrschen über die ihnen untertanen anderen, indem sie für sie planen, was zu tun ist, um ihre Dienste zu erfüllen."[84] — *Weder Gegenwärtiges,* das heißt gegenwärtige Güter oder Übel, *noch Gewalt,* das heißt die Gewalttätigkeit irgendeiner Macht;

39. *weder Höhe noch Tiefe,* das heißt Erhebung zu irgendeinem menschlichen Ruhm oder Hinabstürzen oder Erniedrigung zu wie großer Niedrigkeit auch immer: Wie wenn er sagen wollte: Weder irgendein menschliches Glück noch Unglück *noch irgendein anderes Geschöpf* als nämlich die oben genannten, das heißt die Engelsmächte ... — *Von der Liebe Gottes,* mit der wir ihn nämlich rein um seiner selbst willen lieben, *die in Christus Jesus ist,* das heißt durch Christus, unseren Heiland, uns eingegeben oder auf ihn gebaut und in ihm verwurzelt und auf ihn gegründet.

9,1. *Ich sage die Wahrheit.* Daß er gesagt hat, er und ihm ähnliche Gläubige könnten nicht von der Liebe Gottes fortgerissen werden (vgl. Röm 8,35), will er durch seine eigene Erfahrung beweisen. Er sagt nämlich, er habe — während er ein sehr großer Verfolger der Kirche war — darauf hingearbeitet, seine Landsleute, die zum Glauben an Christus bekehrt waren, von dort abzuwenden (vgl. Apg 8,3; 9,1 f; 1 Tim 1,13). Und dies bedeutet: *In Christus Jesus,* das heißt: Indem ich bei Christus Jesus schwöre, „sage ich" wahrhaft, soweit es den Ausgang der Sache selbst betrifft, daß es sich so verhält, wie ich sage; *und ich lüge nicht, da mein Gewissen mir Zeugnis gibt,* das heißt: Ich kann keiner Lüge bezichtigt werden, da ich so glaube, wie ich sage. Es kann jemand ja, so weit es den Ausgang der Sache betrifft, aus Unkenntnis mit seinen Worten die Wahrheit sagen und trotzdem gegen sein Gewissen reden und sich dadurch die Schuld des Lügens zuziehen. Denn vor Gott lügt nur, das heißt wird von ihm nur als des Lügens schuldig angesehen, wer aus Arglist redet. Dem Redenden gibt sein Gewissen ein Zeugnis, wenn die Gesinnung nicht von den Worten ab-

bis, hoc est: quando creditur ab ipso sicut dicitur. „Mihi",
inquit, qui eam novi, etsi non vobis; „conscientia", dico,
„mea", existens *in Spiritu Sancto,* hoc est: fundata et radicata in caritate Dei, ex qua scilicet caritate pullulare men-
dacium non potest. Unde et bene „Spiritus veritatis" dici- 5
tur.

2. Hanc videlicet dico veritatem, *quoniam tristitia est
mihi magna* quantum ad compunctionis quantitatem, et
continua quantum ad temporis diuturnitatem, *cordi meo,*
hoc est: non simulata in exteriori habitu, sed vera in ipso 10
animi affectu.

3. Et unde sit „tristitia", subponit: quia videlicet *optabam* olim, non modo, *ego ipse,* qui modo magni aliquid esse
videor et prae ceteris adversari Iudaismo et pristinae vitae
contrarius, „optabam", inquam, *pro fratribus meis anathe-* 15
ma esse a Christo, hoc est: Nitebar modis omnibus fieri
separatio nostratum, id est Iudaeorum, „a Christo", ut non
solum scilicet ego separatus essem a Christo, sed ipse
aliorum essem separatio et tam verbis quam factis eos quoque, qui ei iam per fidem adhaeserant, ab eo averterem, sicut 20
scriptum est: „Saulus adhuc spirans minarum", etc. Vel ita:
Ut fratres meos averterem a Christo, omnes generaliter
avertere cupiebam, sicut scriptum est: „Ut si quos inveniret
huius viae viros", non videlicet | solum Iudaeos, etc. Quod | 230
autem fratres generaliter dicat quicumque de genere suo 25
sunt, id est quoslibet Iudaeos, determinat subdens: *qui sunt
cognati mei secundum carnem,* hoc est: de cognatione mea
carnali, et ideo tunc vehementius animo meo inhaerentes,
ut plurimum pro eis agerem.

weicht, das heißt, wenn man selbst so glaubt, wie man sagt. „Mir", sagt er, der ich es kenne, wenn auch nicht euch. „Mein Gewissen", sage ich, das beruht *auf dem Heiligen Geiste,* das heißt gegründet und verwurzelt ist in der Liebe zu Gott (vgl. Eph 3, 17). Aus dieser Liebe kann ja keine Lüge hervorgehen. Daher heißt sie auch zu Recht „Geist der Wahrheit" (Joh 14, 17; 15, 26; 16, 13).

2. Diese Wahrheit rede ich nämlich, *daß ich große Trauer habe,* soweit es die Größe der Reue, und beständige, soweit es die Dauer der Zeit betrifft, *in meinem Herzen,* das heißt: keine in der äußeren Haltung nur vorgetäuschte Trauer, sondern wahre unmittelbar in der Stimmung des Herzens.

3. Und woher die „Trauer" stammt, fügt er an: *Denn ich wünschte ja* — einst, nicht jetzt —, *ich selbst,* der ich jetzt etwas Großes zu sein scheine und mehr als die übrigen gegen das Judentum zu kämpfen und dem alten Leben entgegengesetzt —, „wünschte", sage ich, *für meine Brüder von Christus verflucht zu sein,* das heißt: Ich bemühte mich auf alle Arten und Weisen, der Trennungsgrund für meine Landsleute, das heißt die Juden, „von Christus" zu werden, so daß nämlich nicht nur ich allein von Christus getrennt wäre, sondern selbst der Trennungsgrund für andere wäre und — ebenso mit Worten wie mit Taten — auch die von ihm abwendete, die schon im Glauben seine Anhänger geworden waren, wie geschrieben steht: „Saulus stieß immer noch Drohungen aus ..." (Apg 9, 1). Oder folgendermaßen: Um meine Brüder von Christus abzuwenden, verlangte ich danach, alle ohne Unterschied abzuwenden, wie geschrieben steht: „Damit er, falls er Männer dieses Weges fände" (Apg 9, 2) — nicht nur Juden nämlich ... Daß er aber allgemein Brüder alle die nennt, die von seinem Volk sind, das heißt alle beliebigen Juden, das bestimmt er näher, indem er anfügt: *die meine Verwandten sind dem Fleische nach,* das heißt: aus meiner leiblichen Verwandtschaft, und daher damals heftiger in meinem Herzen verhaftet, so daß ich besonders viel für sie tat.

4. Et ne tantum eos intelligamus, qui ad tribum Beniamin pertinent, unde erat Apostolus, immo generaliter totum genus Iudaeorum, addit: *qui sunt Israelitae,* id est de genere Iacob patriarchae, qui prius Iacob a parentibus, postmodum Israel a Domino appellatus est, hoc est: „vir videns 5 Deum". Unde et praecipue nomine eius tota posteritas insignita gloriabatur, quasi soli ipsi Deum videre, id est cognoscere, concessum esset, quasi iam ulterius nec Christi nec alicuius doctrina indigeret; ut hinc quoque ipse Paulus Christi disciplinam nonnulla de causa se sprevisse insinuet 10 necnon et ex his, quae sequuntur, de commendatione scilicet illius olim peculiaris populi Dei, cum ait: *Quorum adoptio est filiorum,* hoc est: qui primo per gratiam adoptati sunt a Deo in filios et specialiter ab eo dilecti innumerabilium beneficiorum exhibitione monstrantur, *et gloria,* id est 15 gloriatio in praesenti ex adoptione ista procedens, qua se etiam nunc in ecclesia gentibus conversis praeponere volebant.

Unde autem haec „adoptio" vel gloriatio eorum maxime processerit, diligenter prosequitur dicens eorum esse *testa-* 20 *mentum* et ad eos primitus, non ad gentes, latum fuisse, sicut scriptum est: „Non fecit taliter omni nationi et iudicia sua non manifestavit eis." Ad hoc quidem illud pertinet, quod superius dixerat: „Quid ergo amplius Iudaeo, aut quae utilitas circumcisionis? Multum per omnem modum. 25 Primum quidem, quia credita sunt illis eloquia Dei." *Et obsequium,* id est publicum divini cultus officium in taber-

4. Und damit wir darunter nicht nur die verstehen, die zum Stamme Benjamin gehören — woher der Apostel stammte (vgl. Röm 11,1; vgl. Phil 3,5) —, sondern vielmehr allgemein das ganze Volk der Juden, fügt er hinzu: *welche Israeliten sind,* das heißt vom Geschlechte des Patriarchen Jakob, der zunächst von seinen Eltern Jakob, später vom Herrn Israel genannt worden ist, das heißt „ein Mann, der Gott schaut" (vgl. Gen 32,28). Daher rühmte sich auch vor allem die ganze mit seinem Namen bezeichnete Nachkommenschaft, als ob ihr ganz allein zugestanden sei, Gott zu schauen, das heißt zu erkennen, als ob sie darüber hinaus noch weder Christus noch die Lehre von irgend jemand nötig habe. Daher macht auch von hier aus der Apostel Paulus selbst deutlich, daß er die Lehre Christi mit einigem Grund verachtet habe, und auch aufgrund dessen, was folgt — nämlich von der Empfehlung jenes Gott einst eigenen Volkes (vgl. Dtn 7,6; 14,2; 26,18) —, wenn er sagt: *Denen die Kindschaft gehört,* das heißt: Es wird durch den Erweis unzähliger Wohltaten auf die hingewiesen, die zuerst aus Gnade von Gott als Kinder angenommen und besonders von ihm geliebt worden sind, *und der Ruhm,* das heißt ein Sich-Rühmen in der gegenwärtigen Zeit, das aus dieser Annahme hervorgeht. Dadurch wollten sie sich auch jetzt in der Kirche vor den aus Heiden Bekehrten hervortun.

Woher aber diese „Annahme" oder ihr Sich-Rühmen besonders hervorgegangen ist, dem geht er sorgfältig nach, indem er sagt, ihnen gehöre *der Bund,* und zu ihnen, nicht zu den Heiden, sei er zunächst gebracht worden, wie geschrieben steht: „An keinem andern Volk hat er so gehandelt, und seine Rechte hat er ihnen nicht verkündet" (Ps 147,20). Hierauf bezieht sich ja jenes, was er weiter oben gesagt hatte: „Was hat also der Jude voraus, oder welches ist der Nutzen der Beschneidung? Viel in jeder Hinsicht. Erstens nämlich, daß ihnen die Aussprüche Gottes anvertraut wurden" (Röm 3,1f). *Und der Gehorsam,* das heißt die öffentliche Verpflichtung zum Gottesdienst in der Stifts-

naculo vel in templo, *et promissa,* scilicet innumera, tam de
terra Chanaan possidenda et terrenis com|modis quam de | 231
spiritualibus etiam bonis per Christum ex eis nasciturum,
sicut mox adnectit dicens:

5. *Quorum* sunt *patres,* secundum carnem potius quam 5
secundum fidei imitationem, illi, *ex quibus* et ipse *Christus
est secundum carnem,* utpote ipsi patriarchae Abraham,
Isaac et Iacob, quibus de Christo promissiones factae sunt,
quod in semine eorum scilicet benedicerentur omnes gentes. Quia vero dixerat „patres" Christi, ne per hoc videretur 10
Christus ex patribus illis incepisse, addit: *qui est super
omnia benedictus,* id est laudandus et glorificandus *in
saecula,* id est per omnes temporum successiones ab ipso
tamquam a divina sapientia optime ordinatas. *Amen,* id est
verum est. Geminatio assertionis tam oris quam cordis 15
professionem indicat, sicut et ibi: „Amen, amen dico vobis", et: „Sit sermo vester: Est est, non non."

<Explicit liber tertius; incipit quartus.>

---

18 Explicit ... quartus *AR*

hütte oder im Tempel, *und die Verheißungen,* nämlich unzählige, ebenso über den Besitz des Landes Kanaan und
irdische Vorteile wie auch über geistliche Güter durch
Christus, der aus ihnen geboren werden sollte, so wie er es
bald anfügt, indem er sagt:

5. *Denen die Väter* gehören, nach der Abstammung eher
als nach der Nachahmung im Glauben, jene Väter, *von
denen* auch *Christus* selbst *dem Fleische nach stammt,* wie
nämlich gerade die Patriarchen Abraham, Isaak und Jakob,
denen Verheißungen über Christus gemacht wurden, daß
nämlich in ihrem Samen[85] alle Völker gesegnet werden
sollten (Gen 22,18; 28,4.14). Da er aber gesagt hatte „Väter" Christi, fügt er hinzu, damit es nicht scheinen könne,
Christus habe seinen Ausgang von jenen Vätern genommen: *der über alles gepriesen ist,* das heißt zu loben und zu
rühmen, *in Ewigkeit,* das heißt durch alle Zeitenfolgen, die
von ihm als der göttlichen Weisheit aufs beste geordnet
sind. *Amen,* das heißt: es ist wahr. Die Verdopplung der
Beteuerung weist auf das Bekenntnis ebenso des Mundes
wie des Herzens hin, so wie auch dort: „Amen, amen, ich
sage euch" (Joh 1,51) und: „Eure Rede sei: Ja, ja und nein,
nein" (Mt 5,37).

<Das dritte Buch endet; es beginnt das vierte.>

---

[85] Gemeint: ihrer Nachkommenschaft.